茶山优秀传统文化系列丛书

茶山乡贤

陈永正题

东莞市茶山镇人民政府 编

陈贺周 编著

世界图书出版公司

图书在版编目（CIP）数据

茶山乡贤 / 东莞市茶山镇人民政府编；陈贺周
编著. —广州：世界图书出版广东有限公司，2021.2
ISBN 978-7-5192-8210-3

Ⅰ. ①茶… Ⅱ. ①东… ②陈… Ⅲ. ①名人—
生平事迹—东莞 Ⅳ. ①K820.865.3

中国版本图书馆CIP数据核字（2020）第255732号

书　　名	茶山乡贤	
	CHASHAN XIANGXIAN	
编　　者	东莞市茶山镇人民政府	
编 著 者	陈贺周	
责任编辑	魏志华　李　婷	
装帧设计	王志勇	
责任技编	刘上锦	
出版发行	世界图书出版广东有限公司	
地　　址	广州市海珠区新港西路大江冲25号	
邮　　编	510300	
电　　话	020-84451969　84453623　84184026　84459579	
网　　址	http://www.gdst.com.cn	
邮　　箱	wpc_gdst@163.com	
经　　销	各地新华书店	
印　　刷	恒美印务（广州）有限公司	
开　　本	787 mm × 1 092 mm　1/16	
印　　张	35.75	
字　　数	600千	
版　　次	2021年2月第1版　　2021年2月第1次印刷	
国际书号	ISBN 978-7-5192-8210-3	
定　　价	220.00元	

序

东莞市茶山镇具有深厚的历史文化底蕴。据《茶山乡志》卷首，1500多年前，"梁武帝时，乡人创建雁塔寺，僧人沿山种茶，茶山之名实始于此"。约在明正德九年（1514年），茶山乡贤林光在《重建东岳行宫记》中称："茶园距东莞邑治三十里，境幽土融，水清山丽，士庶交集，商贾懋兴，衣冠文物，通于中州，盖邑钜乡也。"当代，杨宝霖先生在《茶山历史文化》一文中称："（东莞）各镇现存镇人所著古籍，莞城外，茶山最多。"

千百年来，一代又一代茶山乡贤，为茶山打造出光辉灿烂、独树一帜的茶山优秀传统文化。这些茶山乡贤包括：在元末明初平定岭南、被朱元璋赐封为"东莞伯"的何真，明朝理学名家、陈献章的高足林光，明朝解元、与郭棐共同编修万历《广东通志》的袁昌祚，明末清初岭南诗人、画马名家张穆，清朝岭南大学者、《岭南丛述》编著者邓淳，等等。

为了贯彻落实中共中央、国务院印发的《乡村振兴战略规划（2018—2022年）》，深入挖掘茶山优秀传统文化蕴含的思想观念、人文精神、道德规范，大力传承、弘扬茶山乡贤文化，茶山镇凭藉深厚的历史文化底蕴、丰富的历史文献资源，积极开展《茶山乡贤》的编著工作。经过两年多的不懈努力，收录茶山历代乡贤250多人、篇幅达60万字、图文并茂的《茶山乡贤》已编著完成。

《茶山乡贤》所载的250多位乡贤，涵盖爱国、德政、义举、美德、敦睦、著述、艺术、才能等范畴，为茶山群众树立起一座座属于茶山本土、近在身边的道德丰碑。可以预见，《茶山乡贤》将在茶山镇的思想道德建设工作中，发挥其凝聚人心、教化群众、淳化民风的重要作用，为茶山镇实现乡村振兴提供一股强大的力量。

茶山乡贤的故事也是鲜活的茶山故事。在250多篇茶山乡贤的传记中，我们可以认识到茶山从北宋至当代的波澜壮阔的历史，了解到茶山乡贤们筚路蓝缕开发茶山、同心同德建设茶山的精彩故事，鉴赏到茶山乡贤的思想深刻、格调高雅、造诣高超的诗、文、书、画作品，体会到茶山乡贤为茶山、东莞、广东，乃至全国作出的卓越贡献。这将为茶山群众坚定文化自信、讲好茶山故事、建设"湾区宜居小镇，品质活力茶山"，提供坚实的思想文化基础。

　　茶山镇是广东、全国万千乡镇之一，茶山优秀传统文化是中华优秀传统文化的一部分。在《茶山乡贤》一书中，我们亦可以窥得中华民族历代人才辈出、中华优秀传统文化博大精深之一斑！是为序。

蒋述卓

广东省作家协会主席

暨南大学原党委书记、副校长

2020年12月18日于广州

前言

一、弘扬茶山乡贤文化

2014年2月，习近平总书记在主持中共中央政治局集体学习时强调："培育和弘扬社会主义核心价值观必须立足中华优秀传统文化……要认真汲取中华优秀传统文化的思想精华和道德精髓……使中华优秀传统文化成为涵养社会主义核心价值观的重要源泉。"

2017年10月，党的十九大报告指出："文化是一个国家、一个民族的灵魂……深入挖掘中华优秀传统文化蕴含的思想观念、人文精神、道德规范，结合时代要求继承创新，让中华文化展现出永久魅力和时代风采。"

2018年3月8日，习近平总书记在参加十三届全国人大一次会议山东代表团审议时指出："乡贤文化曾是我国乡村文化发展的主要方式。新时代，要更加注重引导和培养乡贤……使其成为社会稳定的维护者和乡村文化的弘扬者。"

东莞市茶山镇具有深厚的历史文化底蕴，茶山优秀传统文化是中华优秀传统文化的组成部分，茶山优秀传统文化在茶山乡贤身上得到了集中展现。因此，弘扬茶山乡贤文化，讲好茶山乡贤故事，汲取茶山乡贤的思想精华和道德精髓，结合时代要求继承创新，是茶山人民群众坚定文化自信、培育和弘扬社会主义核心价值观、实现乡村振兴的重要途径。

茶山乡贤的故事，是发生在茶山这片土地上、发生在我们身边的故事。这些故事具有天然的亲和力、强烈的感染力。茶山乡贤是我们身边的榜样，榜样的力量是无穷的。从茶山乡贤的身上，我们能获得前行的力量，为新时代的茶山建设作出自己的贡献。

二、"茶山乡贤"的定义

《汉语大辞典》："乡贤：乡里中德行高尚的人。""乡贤"是有高尚的德行、较高的成就，对社会作出较大贡献，为乡人所推重的贤人。

我们希望弘扬茶山乡贤的思想精华和道德精髓，故书中的"茶山乡贤"必然以德行居先，至于是否有较高的成就、对社会作出较大的贡献、为乡人所推重，是相对次要的。因此，只要其品德、事迹能对今天的茶山人民群众产生正面的激励，我们就认为他（她）是茶山乡贤。相反，如果其品德、事迹与今天的道德标准不符，即使其作为正面形象记载于文献，亦不视作是茶山乡贤。

三、彪炳史册、灿若星辰的茶山乡贤

早在明嘉靖十二年（1533年），林光已崇祀于广州府乡贤祠。民国《东莞县志》卷五十五："万历十四年（1586年），邑人谓真功德不宜泯灭，陈于当道，奉旨赐地建祠于莞城北，敕县官春秋致祭。"除何真、林光外，崇祀于广州府乡贤祠或东莞县乡贤祠的茶山乡贤当不在少数，而记载于方志、族谱、文集、碑刻等各类文献，可列为茶山乡贤的茶山人，更是彪炳史册、灿若星辰！收录于本书的茶山乡贤约有250人，至于记载于文献却因种种原因没有收录于本书，乃至没有文献记载、已淹没于历史洪流之中不为世人所知的茶山乡贤，就不可胜数了。

世所推崇、收录东莞历史人物较为齐备的民国《东莞县志》卷五十四至卷七十三《人物略》共收录东莞人物625人，其中茶山人物74人，约占11.8%。茶山镇是东莞市下辖32个镇（街）之一，面积45.4平方千米，约占东莞总面积2465平方千米的1.8%。茶山镇在民国《东莞县志》中11.8%的人物占比，是1.8%的面积占比的6.6倍，不可谓不高！

民国《东莞县志》中各朝代茶山人物占比统计表

朝代	全县人物总人数	茶山人物人数	占比
晋、南汉、宋、元	46	3	6.5%
明	258	36	13.95%
清	321	35	10.9%
合计	625	74	11.8%

四、茶山乡贤的思想精华和道德精髓

在灿若星辰的茶山乡贤身上，我们应该汲取、弘扬哪些思想精华和道德精髓，助力茶山人民群众培育和弘扬社会主义核心价值观、实现乡村振兴？下面从爱国、德政、义举、美德、敦睦、著述、艺术、才能等八个方面进行论述。

（一）爱国

宋末，叶永青追随熊飞、文天祥抗元，战死疆场，以身报国。元末，何真举义兵保卫乡里，平定岭南；明洪武元年（1368年），举岭南全境归顺明朝，后被明太祖朱元璋封为"东莞伯"。明朝，黄尚进率兵剿匪，为民牺牲；张仲孝、刘元杰英勇抗击倭寇；进士卢瑛田率兵平复重庆；画家张穆、诗人陈万几心怀故国，投笔从戎。清朝，武进士叶至刚百战大小金川，维护国家统一；鸦片战争时期，一介书生邓淳积极参与团练，抵抗英军侵略广东，写下我国第一篇反抗英军入侵领土的檄文；谢高卓战死于台湾；叶良在抗击法国侵略者的"镇南关大捷"中立下赫赫战功；谢遇奇跟随左宗棠收复新疆等地，被封为"建威将军"（正一品武官）。民国，袁良骝参加淞沪抗战；陈逸云弃文从军，被授予少将军衔，被喻为"民国花木兰"；殷仲铭率队抗日，保卫东莞；罗允俭、罗允本英勇抗日，为国捐躯。在中国共产党的引领下，范伟全程参加二万五千里长征；罗柱、罗立斌、罗克明、罗涛等人先后参加革命，为建立中华人民共和国浴血奋战。中华人民共和国成立后，罗立斌跨过鸭绿江，奔赴朝鲜参加抗美援朝战争……在这些茶山乡贤身上，洋溢着浓浓的保家卫国的爱国主义情怀。他们的光辉事迹可歌可泣，彪炳史册！

（二）德政

从古至今，茶山乡贤从政者不计其数，德政惠及全国各地。下面分类略举几例。

1. 维护国家尊严

明朝，何真任江西行省参知政事时，安南国（今越南）派遣使者经江西向明朝进贡，何真坚持原则，妥善安排会见外国使者的礼节，维护了国家尊严。清朝，康熙皇帝派邓廷喆任"钦差册封安南国王正使"。安南国王想按该国礼仪受封，邓廷喆义正辞严地说："天朝的典礼，谁敢逾越？"出使期

间，邓廷喆坚拒馈赠。回国后，康熙皇帝称赞说："廷喆此行能全国体。"

2. 心系百姓

明朝，何真任湖广左布政使期间，不顾个人安危，毅然向朱元璋上奏王府工程的弊病及应对的便民政策，为湖广百姓免除一大祸患；林光任襄府左长史时，襄阳及周边地方兵灾、饥荒相继，粮食储备不足，林光请求减征钱粮，遂免十分之三；袁昌祚任四川布政使司参议时，受命进山督办进贡木材，不侵扰地方百姓而完成任务；谢觊任富川知县时，为当地免除向朝廷进贡甘梨。清朝，陈应乾任宜章县令时，不惜得罪总兵，为百姓免除劳役；邓大林在户部任职时，力排众议，为百姓免除赋税，拒绝向百姓摊派。

3. 公正廉明

明朝，钟继英任南畿提学时，吴梦熊被冤入狱。钟继英查明案情，吴梦熊得以出狱，后来高中进士。谢觊任广昌县令时，明察秋毫，断事如神，被百姓称誉为"活城隍"。清朝，刘连魁任福建平和县令，在任十年，审案公平正义、宽厚仁慈，百姓没有一直打的官司，狱里没有滞留的犯人，百姓称颂刘连魁为"刘菩萨"。

4. 廉洁奉公

明朝，林球曾任上虞县令，辞官回茶山后，包袱里除了几件旧衣服，什么也没有，一贫如洗，觉得愧对家人，不好意思回家，遂寄宿于东岳庙。钟云瑞任职时，岁时馈赠，概不接受。钟继英奉命巡视长芦盐场，其时主持盐政可以轻易获得巨额金银，但钟继英严格自律、洁身自好，将所有盈余、罚没的金钱上交，从不中饱私囊。陈鼎两袖清风，在汉川县令任上去世时，家里穷得竟然无钱殡葬，汉川百姓为陈鼎建祠奉祀。民国时，陈官桃在河南高等审判厅厅长任内，公费所余十万余元，没有私取一分一毫，而是用于改建新办公楼。河南百姓称颂陈官桃为官廉洁、不苟取。

5. 刚正不阿

明朝，钟云瑞任湖广右参议时，宦官部属横行犯法，钟云瑞不畏强权，绳之以法。钟继英任北城巡城御史，朝中大臣张居正以私人恩怨，竟授意钟继英杀人。钟继英说："杀人献媚，我不做这样的事。"清朝，邓奇任原武县令，管河同知的门人与百姓发生纠纷，门人于次日自杀，管河同知要求杀百姓抵罪，邓奇坚决不同意。管河同知又以连坐他人来威逼邓奇，邓奇仍坚持己见，释放了涉事百姓。民国年间，陈官桃任河南高等审判厅厅长，法部执政者无视规定，任人唯私，法官靠关系而升官之风日盛。陈官桃用人不阿部长之意，遂辞官而归。

（三）义举

在古代，乡贤是维系乡中安全、教化、公益的中坚力量。茶山乡贤为百姓利益挺身而出的事迹堪称义举。明朝时，钟云瑞辞官回乡后时常为百姓解决纷争，深得百姓敬重，更率领百姓增修茶山寨城墙、抵御流寇侵扰，为茶山作出了巨大的贡献，茶山百姓为钟云瑞兴建慕德祠。清乾隆年间，孙屋附近的十排义渡被土豪据为己有，孙士登率领周边百姓向县令告状，最终判决十排义渡重归公益。袁煜勋除了热心公益、教育事业外，亦着力于革除茶山乡的旧有陋习，常常出面主持公道，压制豪强，扶助弱小，肃清盗匪，维护社会安宁。

富而能仁、乐善好施、热心公益，救人于饥荒、水火之中，这类义举在茶山历史上不胜枚举。元泰定三年（1326年），东莞县出现大饥荒，百姓缺乏粮食，袁菊隐出巨资购买粮食赈济灾民，救活了很多人。官府将他的事迹上报朝廷，皇帝下敕书褒奖，赐给官服。明朝时，袁晃倡议捐资兴建广济桥，个人捐款占总捐款八成。工期紧急时，袁晃不惜亲自挑石建桥。广济桥建成后，惠及茶山五百年。富商刘钜有儒士之风，在宅旁营建鹏南书院，教育茶山乡的优秀学子与刘姓子弟，又捐出二十亩肥田设立鹏南学田，供应书院、学子所需。刘钜捐出的学田至民国时期仍惠泽茶山学子。刘钜在北京经商时，在北京崇文门外买地一块以埋葬客死异乡的人，深受东莞同乡颂扬。明清鼎革时，兵荒马乱，龙湖头（今属超朗村）村民被横征暴敛，陈龙晖捐钱代村民交纳。钱不足时，陈龙晖妻子张氏屡次捐出自己的首饰，与丈夫一起帮助村民，村民甚至不知是谁捐出的首饰。民国时期，殷仲铭乐善好施，修桥、筑路、创办医院、保护社学等善事不胜枚举，为乡人所称道。当代，刘锡森、袁衢康、陈景流、袁瑞明、陈健文、刘惠文、刘荫稳、刘青林等茶山乡贤积极为家乡捐资兴建学校、道路、医院等公益项目，为茶山的发展作出了贡献。

（四）美德

此处所说的"美德"，包括大部分高尚的品德，如恤孤、仗义、助人、诚信等。明朝，戚用方家族中有两个自幼失去父母的男女孤儿，戚用方将其当成自己的子女一样抚养。两个孤儿长大成人后，戚用方又为他们隆重操办婚礼。嘉靖年间，大理寺正林希元不肯徇情审案，被贬为泗州判官。钟云瑞上疏说："此案是我与林希元一起办理的，如果林希元有错，那我也有错。如果我坐视林希元被贬，那我就有出卖朋友的嫌疑。我申请一同降职、调职。"钟云瑞的仗义之举深得士大夫赞扬。谢文魁家里贫穷，一日，邻居戚家的一位老妪向谢文魁诉说家中已经两天没有生火煮饭了，谢文魁自己家里也没有多余的米，刚好看到有卖米人路过，便让卖米人先赊一斗米给戚家老妪，三日后找他拿钱。清朝时，林宝树诚信经商。一日，他在石龙的店铺发生火灾，他立刻赶赴石龙，走到半路，突然停下脚步说："我昨夜答应朋友拿几两银给他，现在要赶回茶山，不能耽误了朋友的事。店铺虽已焚毁，但我不能失去诚信。"陈龙安赴兵部参加考试，同行考生染上重病，陈龙安倾尽盘缠为其医治，最终仍不治，遂放弃考试，奔走五千里长途，将其送回家乡治丧。陈龙安重友、仗义之心可歌可颂。

（五）敦睦

"敦睦"是指亲善和谐，特别是家庭、家族内部的亲善和睦。为了实现"敦睦"的亲属关系，明洪武五年（1372年），何真撰写《义田遗训序》及《义祠序》，亲自制定何氏家训和家族治理细则，以义祠、义田作为家族共同资产，统一管理、平均分配，资助祭祖、赡养、教育、抚恤、嫁娶、丧葬、睦邻、修造等家族事务，"立义祠以宗之，义宅以居之，义田以赡之，义塾以教之，义言以训之"，以期实现"均于给赏，习于礼让，兴于仁厚，相亲而相爱，相勉而相恤"的理想，让何氏家族能世代传承良好家风。朝廷重臣、翰林学士、文学家宋濂读后，高度赞誉何真"孝于祖宗，惠及族人，所践所言，允可为法"，是世人的榜样。

下面略举一些茶山乡贤的敦睦事迹。

1. 慈爱

明朝时,林光的父亲林彦愈虽然是一个商人,但非常重视教育林光。林光想读的书,不论多少钱,林彦愈都会买给他,没得卖的,就亲自抄给他看。林光长期在学校学习,林彦愈为他提供一切所需,让他能一心读书、不为生活所累。林光能成为一代理学名家,实在离不开父亲的大力支持。清初,卢挺刚出生五个月,父亲去世,母亲谢氏带卢挺至南社娘家。家贫,谢氏织布为生,在父亲谢重华的帮助下,备受艰辛,抚育卢挺,以诗书教育卢挺。卢挺后来用功苦读、考中举人,成为品德高尚的广东名儒。谢重华颇为自豪,说:"是吾儿!"

2. 孝顺

明朝,袁月川年少时,其父在琼山(今海南省海口市)经商时去世。听到父亲的死讯后,袁月川仰天哭泣,几不欲生,亲赴琼山扶灵归葬。榜眼伦以训得知他的孝顺事迹后,为他题匾"孝友格天"以褒扬他。钟卿当官后,父亲得重病,钟卿亲自为父亲煎药,尝过后才喂给父亲。父亲弄脏的衣服泡在水槽里,钟卿也常常亲自清洗。谢文魁非常有孝心,每次在外寄信回家,都叮嘱妻子要恭谨孝敬家中老人。母亲去世后,谢文魁终身想念母亲,曾作《忆母诗》。清初,李万荣纵火杀入茶山城内,殷龙不忍抛下母亲,背着母亲逃走,最终与母亲一同遇难。总督、巡抚赐予"孝性天存"匾额,向世人旌表殷龙的孝举。

3. 友爱

元朝时,王成据茶山,袁清吉的哥哥被人诬告,将被处死,袁清吉急忙求见王成,愿意代哥哥受死。王成遂放了袁祥吉,将袁清吉杀害。后人为纪念袁清吉,尊称其为"洁斋先生"。明朝,钟佐常常鼓励弟弟们刻苦读书,他自己在外辛劳经商,弟弟们得以在家专心读书。钟佐最小的弟弟钟继英全力学习,考取嘉靖四十四年(1565年)乙丑科进士,曾任翰林院庶吉士等职。钟继英之所以能取得如此高的成就,有赖于钟佐的培养、成全。

4. 和睦

明朝时,钟佐的夫人谢氏以孝顺、恭谨闻名,钟佐在外经商,谢氏代丈夫照顾婆婆，甚得婆婆喜欢。她对几位儿媳很宽容，并亲自教育她们。每天早晨起来，她一定要召集几位儿媳，督促她们纺织，还亲自动手纺织，作出表率。她与妯娌相处时十分礼貌、谦让，始终和睦。

（六）著述

东莞文史泰斗杨宝霖先生在《茶山历史文化》一文中称："（东莞）各镇现存镇人所著古籍，莞城外，茶山最多。"又称：

> 据民国《东莞县志·艺文略》载茶山人所著历代文献，原有经部9种、史部23种、子部29种、集部45种，共106种。现存《庐江郡何氏家记》不分卷，明何崇撰；《南川冰蘗集》十三卷，明林光撰；《莞沙续集》三卷，明袁昌祚撰；《辟雍纪事》不分卷，明卢上铭撰；《铁桥集》不分卷，明张穆撰；《石岳诗寄》不分卷，清林凤冈撰；《石岳文寄》不分卷，清林凤冈撰；《霭楼逸志》六卷，清欧苏撰；《霭楼剩览》四卷，清欧苏撰；《岭南丛述》六十卷，清邓淳撰；《粤东名儒言行录》二十四卷，清邓淳撰；《宝安诗正》六十卷（残本），清邓淳编；《主一斋随笔》九卷，清邓淳撰；《后易草堂诗存》不分卷，清钟学修撰；《茶山乡志》（残本），清桐山居士编；《茶山乡志》十三卷，袁应淦、钟学修、刘文亮编。

据《东莞市茶山镇志》，2007年以前的茶山志书、族谱记载的茶山籍人著作共136种，2007年以前的茶山籍人现代著作共65种。如此深厚的文化底蕴、丰厚的文化资源，值得我们深入挖掘其中蕴含的思想观念、人文精神、道德规范。

茶山能够有如此深厚的文化底蕴、丰厚的文化资源，离不开一代又一代茶山乡贤的刻苦学习、专心钻研、艰辛著述。明朝时，林光小时候家贫，家里没有点灯的油，便去到舂米间的灯下读书，常常读至半夜。林光会试落第后，拜陈献章为师，和陈献章往来研习学问有二十年之久。后来，林光成为陈献章的首席弟子、一代理学名家，其理学思想在明朝思想史中占有一席之地。张穆以画马闻名全国，同时也是一位杰出的诗人，有《铁桥集》传世。古文字大家容庚称誉曰："诗如其人，雅健不凡，似杜甫，似高、岑，时有奇气类李白，于岭南三家而外，允推独树一帜。"清朝时，邓淳著有《岭南丛述》六十卷，杨宝霖盛赞曰："可以说是道光年间广东的百科全书，是研究广东历史不可缺少的资料。"邓淳晚年痛心于东莞历史文献散佚、毁灭，虽然年老、穷困、患病，仍怀抱着强烈的使命感，以"余日无多"的紧迫感，不顾旁人讥讽，日夕不停，亲自竭力选辑《宝安诗正》。其艰辛卓著、用心良苦，实在令人动容、景仰不已。当代，袁乃驹是我国著名化工、核工业专家。他在《我的自述》中说："我参与的学术领域是比较宽的，并不是我有什么特殊的能耐，只是尽量适应国家的需要，努力学习，努力工作，报效国家……由于涉及面很广，很多内容都是原先不熟悉的，但我没有知难退缩，而是采取了不耻下问的态度。不懂就问，不明便学，尽量弄清楚其中的核心和关键，在工作中不断扩充自己的知识，也加深了对问题的了解，克服困难完成任务。"袁乃驹的爱国精神、治学精神，特别值得今天的茶山学子们认真学习！

（七）艺术

在艺术方面，尤其是绘画、书法艺术，茶山历代人才辈出，有大量杰作传世。明朝，袁秋以楷书自成一家，闻名遐迩，今存"修初祖宋将公墓记"碑及下朗袁氏大宗祠"雄绪堂"匾，极为宝贵。袁敬擅长书法，其子袁登道擅长山水画，张其淦《东莞诗录》卷十六称："袁登道……山水为粤东冠。"在2004年出版的《东莞历代书画选》一书中，袁登道为年代最早的东莞画家，收录四幅画作。张穆工诗，以画马闻名，亦工翎毛（尤工画鹰）、山水、人物、兰竹，亦擅书法、刻印，堪称"诗书画印"四绝。单小英在《张穆研究》中称："张穆的马、翎毛、人物画，为岭南画坛增添了浓墨重彩的一笔，他的马画在当时的全国画坛也是异军突起，推为独步。张穆画的一个鲜明特色是以画寄情，以画托意，在绘画中体现出鲜明的爱国情感和民族气节，这种爱国情感和民族气节也成就了他绘画的独特风格。"此外，明末解元陈学佺以白描佛相人物闻名于广东。清末民初，林树熙以山水画闻名。民国时期，黄少梅、黄般若、刘君任为岭南画坛巨匠，盛名远扬。民国女将陈逸云及其姐陈逸夫亦擅丹青。卢启光为粤剧界著名的文武生主角，小武功夫别具一格，中华人民共和国成立后，曾任东莞粤剧团团长、广西南宁粤剧团艺术顾问。

（八）才能

茶山乡贤以其卓越才能，在不同的领域取得了杰出的成就。

1. **农业**

明朝，吴弘政从事农业生产，十分注重农业技术，每天教导家丁们要"顺天时、尽地力"，开垦、种植、施肥、灌溉等生产活动，都能做到合理安排、实施。

2. **商业**

《茶山乡志》卷一："茶园，邑之会也。寨城比邑加广，包三山七岭，蔚生才俊。富室所营嘉木，动以千计。其俗少农而多贾，度岭峤，涉湖湘，浮江淮，走齐、鲁、燕、赵间，往往以糖、香谋大利，故居人多富。

按，明代富商巨贾，以本邑而论，茶山最占多数。张穆之云：'万历中，陈、刘、袁、原，皆以大贝、明珠起家，动辄千万。'其余如钟家之尚德，殷屋之仲济，大巷之袁庚月，上元之袁守淡，下葫之袁荫泉、少泉，尚有十余家，可谓盛矣。"

按，张穆所称"刘"即刘钜，钟尚德即钟佐，袁守淡即袁瑞機，袁少泉即袁奇瑀。此外，明朝南社的谢彦庆，清朝茶山圩的林宝树，清末民初超朗的麦日桃，均是富甲一方的商人。

3. **医术**

清乾隆年间，原籍梅州的谢淮治愈了邓大林母亲的病，邓大林邀请谢淮入籍茶山。谢淮的曾侄孙谢杰祥不但医术精湛，更有仁爱之心。有一次，谢杰祥外出遇雨，一位牧童背着谢杰祥趟水。谢杰祥见牧童身体瘦弱，很可怜他，偷偷给他把了把脉，预料他可能只有三年命，绕道至其家，请其母亲尽快给他娶妻生子。三年后，牧童果然病发去世，但幸得留下香火。现代的陈渔洲、陈子乾亦为一时名医。当代的陈洪光，为广州市胸科医院重症监护室（ICU）主任、副主任医师。2003年"非典"期间，陈洪光坚守岗位救治"非典"病人，后因不幸感染"非典"而殉职，被追认为革命烈士。

4. 教育

茶山历代文风鼎盛，皆因一代又一代贤师作育英才。茶山乡贤成材后，担任学职，为全国各地培育人才、评选人才者，亦不在少数。明朝，林光任浙江平湖教谕时，以尊师重道为己任，劝勉、奖掖学子，唯恐不够周到，一时之间，平湖的学风大变。钟继英曾任南畿提学，被尊为"畿辅儒宗"。后任广西提学副使，其时张居正推行新法，各地督学竞相迎合而大幅裁减学生，唯独钟继英秉持公平仁慈、呵护人才之心，裁减的人数不超过五分之一，后因此辞官。袁璀在家塾亲自教授儿子袁以芳、侄子袁应衡、宗侄袁昌祚。督学蔡可泉在茶山录取四人，袁璀门下三人皆入选，且皆为不到二十岁的青年才俊，成为一时佳话。清朝，卢挺曾任归善儒学教谕、琼州府教授，为粤东名儒。卫金章学问渊博、品行醇正，曾任惠州府训导、连州学正、广州府教授。袁必得曾任南雄府教授，讲学于天峰书院，寒暑不辍，南雄士子好学之风由此兴盛，又捐俸倡议重建南雄学宫、乡贤名宦祠，南雄教育场所得以恢复。近现代的袁煜勋、袁应淦、卫子珊、刘文亮、钟学修亦为一时名师，桃李满门。

5. 科技、学术

茶山乡贤从事科技、学术工作，取得重要成就者不在少数。袁镇岳历任厦门大学经济学院顾问、经济研究所所长、经济系主任等职，长期从事《资本论》的研究和政治经济学的教学。袁功甫从事会计教学和实践五十年，桃李满天下，是一位教育家、会计学家、骈文学家和诗人。袁乃驹，化工专家，曾任清华大学化工系教授、博士生导师。刘庆良，遥感专家，曾参与"腾冲区域航空遥感应用技术"研究项目，获国家科技进步一等奖，终身享受国务院颁发的政府特殊津贴。罗海鹏，数学家，曾任广西科学院副院长、中国计算机学会理事等职，主持多个国家自然科学基金和广西自然科学基金项目，曾获广西科学院科技进步特等奖等奖项。

五、致谢

在本书的编写过程中，东莞文史泰斗杨宝霖先生以耄耋高龄，屡屡赐函谆谆教示，对本书初稿提出了极为中肯、宝贵的意见和建议，谨此向杨先生致以诚挚的感激和崇高的敬意！

承蒙广东省博物馆提供张穆、黄少梅画作的图片，东莞市博物馆提供茶山碑刻拓片的图片及考古现场的图片，莞城图书馆赠送《东莞历史文献丛书》一套，邓尔雅黄般若文献陈列馆提供黄般若画作的图片，黄子良先生提供报功祠的图片，程中山博士提供刘乃勋的图片，张笑艳女史提供何真《铁券文》丝质品、岗头何氏宗祠的照片，谨此致谢！

在本书的编写过程中，也得到茶山镇各村（社区）宣传委员、群众的大力支持、热心帮助。在此，谨向林绍材、邓勤、范湘平、谢游标、谢陈邦、袁满滔、殷士元、袁沃河、林会亨、骆炳根、陈培坤、卫广锐、袁其斌、袁炳钿、袁蔚强、林培稳、陈伟江等先生（排名不分先后）致谢！

众多为本书提供过帮助的同人、乡亲、朋友，恕未能一一尽列，谨此一并致谢！

本书从张磊先生的著作中转载了若干篇茶山乡贤的传记，张先生已归道山，谨此向张先生致以崇高的敬意！

本书编写完成后，承蒙中国书法家协会原副主席陈永正先生为本书题签，广东省作家协会主席、暨南大学原副校长、党委书记蒋述卓先生为本书赐序，谨此向二位先生致以诚挚的感激！

六、结语

因编者学识浅陋、时间仓促等原因，本书未能做到尽善尽美，可能存在一些遗漏、错误、瑕疵、不足，期望方家不吝教正。接下来，我们将继续搜集茶山乡贤的资料，若干年后对本书进行修订、再版。我们相信，茶山乡贤的高尚品德、嘉言懿行、感人事迹，茶山乡贤对茶山作出的杰出贡献，将永远铭记于茶山人民心中！

凡例

1. 《茶山乡贤》中的"茶山"是指今东莞市茶山镇辖区，但某些古代乡贤传记中提到的"茶山"，则是指中华人民共和国成立前的茶山乡（包括今茶山圩、茶山村、上元村、下朗村、横江村等）。

2. 本书所称"乡贤"是有高尚的德行、较高的成就，对社会作出较大贡献，为乡人所推重的贤人。

3. 本书收录的茶山乡贤，其本人或其祖先为茶山人。但如果其与祖先相隔多代，则不收录，如卫元确、卫佐邦。朱祚昌虽然是今博罗人，但其母为下朗村人，本人在下朗村成长，则收录。林兰雪为茶山人邓大林之妻，亦收录。

4. 本书涵盖古今，收录约250位茶山乡贤。未收录于本书的茶山乡贤，仅仅是因为没有收集到该乡贤的资料，并非因为该乡贤不够杰出。

5. 本书分成《乡贤传记》《乡贤简传》两篇，仅仅是因为各乡贤资料详略不同，绝非有意区分乡贤地位的高低。

6. 乡贤的排列以生卒年为序，并归入相应的朝代（年代）。已故者，逝世年代晚的排在后面；健在者，出生年代早的排在前面。不能确定生卒年的，按其大致年代排列。某些乡贤跨越了两个朝代（年代），如张穆生活于明末清初，民国《东莞县志》《茶山乡志》将其归入明朝，本书亦将其归入明朝。其他类似的乡贤则按其主要事迹发生的年代归入相应朝代（年代）。

【上篇】

乡贤传记 / 001

【清朝】

【民国、中华人民共和国】

乡贤传记

何真（粟边村供图）

何真 东莞伯，岭南功臣，明朝元勋

何氏家世

何真（1322年9月19日—1388年8月8日），字邦佐，号罗山，员头山（今粟边村何屋）人。

何真高祖何肇易（字乾符）原居南雄沙水村珠玑巷。曾祖何嗣（卒于1274年）奉母辛氏迁居莞城栅口（今莞城灯头一甲附近），再迁员头山，娶横冈袁氏，生何真祖父何发藻（1257—1312年），家道日昌，在员头山、石壁头（今粟边附近）、周塘等处都有产业，招来张、游、吴、黎、陈、魏、黄等佃户在旁居住。何真父亲何叔贤（1297—1329年），为人耿直，重文勇义，乡称善士，娶上茶园（今上元村）叶氏，生何真、何迪（字邦彦）。何叔贤卒年仅三十三岁，其时何真仅八岁。

何真母亲叶氏十分贤惠，守寡后，慈爱且严格地抚育、教育何真、何迪兄弟二人。何真少年时，英俊魁伟，好骑马奔驰、练习剑术。母亲对他说："时世平安，你不攻读诗书，以树家风，只顾着骑马射箭，你父亲寄望你当官、兴家立业，你这样不是辜负他了吗？"何真聆听母亲教诲后，树立远大的志向，认真攻读诗书，文、武、医、卜之书，无一不通。成年后，何真娶上茶园叶氏、继室廖氏，生八子：何荣、何华、何富、何贵、何崇、何宏、何弼、何维。

元末时，时世混乱，法纪丧失，土豪横行，以强凌弱、以富欺贫的情况比比皆是，但何真没有随波逐流，而是出孝入悌，关爱百姓，有仁义之风，深得乡人敬重。

东莞展览馆"影响中国的东莞人"人物雕塑，何真列于首位（陈贺周摄）

初上战场

何真相貌堂堂，早年被有识之士认为有侯伯之相。元至正（1341—1368年）初年，何真和舅父一起到福建、浙江。回程时，在海上遇到盗寇，舅父惊慌投水溺死，何真被盗寇捉住。盗寇问何真是来干什么的，何真说是来游览。盗寇头目对喽啰说："我们已劫得他的财物，看他相貌不凡，就不要毁了他的前程吧。"盗寇便将米、锅归还何真，放何真回乡。

何真在广州路有好友三人，分别是广东廉访司书吏赵伯高、李文彬和都元帅府知印范士雄。何真借着他们的关系，得以拜见都元帅府元帅及海北道廉访司佥事黑的儿，长官以礼相待，并和何真亲切交谈。何真亦与广州路的儒士黄观澜、孙蒉、林齐汉有很深的交情，日后颇得他们襄助。

南台御史八撒剌不花主政广东道，任命何真为河源县务副使。其后，何真转任淡水盐场管勾，但因时世混乱，没有赴任，而是回乡侍奉母亲。

"至正十一年（1351年）全国反元大起义爆发后，广东反元义军蜂起。十三年（1353年），南海县邵宗愚、卢述善起兵，自称元帅。"①广东都元帅府及万户府调各县兵卒分路征讨邵宗愚。东莞县选派何真、封微之率兵从征。封微之嫉妒长官将何真之名列在其前面，唆使长官派何真为前锋，率领战船深入敌方港口，与敌交战。果不其然，何真大败而回。长官羞愧地说："我正担心你被敌人堵在港口内，幸好你还是回来了。"何真气愤地说："掌握全军大权的将领才可以背水布阵。你这不是让我去送死吗？这样打仗，只会让有识之士耻笑！"说完，何真便辞别回乡。

首战王成

其时广东各地土豪纷纷起义，何真前往拜访广东道长官八撒剌不花，面陈剿寇安民之策。然而八撒剌不花很迂腐，其子秃坚不花掌握军队大权。秃坚不花只会贪图享受，不懂军事，各地军队里担任元帅的都是些胆怯之徒。可想而知，何真所献的计策没有被采纳。所幸的是，长官还是准许何真回乡聚众保卫乡里。

与此同时，东莞县各乡都有土豪起兵抗元、保卫乡里，据一乡或数乡称雄，各土豪常常互相争夺地盘，有时又互相合作。其中以石冈（今属石排镇）王成的势力最大，各乡土豪大多听命于王成。王成希望何真也归附自己，便邀请何真一起筹款起兵攻打东莞城，何真借故推辞。王成不死心，写信给何真，想去何真家饮酒结盟。

何真将事情报告叔父何季直。何季直问何真："你觉得王成这是什么意思？"何真说："王成无非是想捉我回去杀鸡儆猴罢了。"何季直又问："你有什么对策？"何真早已想好计谋，说："我先去板石（今属常平镇）、李湖

---

① 方志钦、蒋祖缘：《广东通史（古代上册）》，广东高等教育出版社，1996年，第1018页。

请梁志大、李俊卿二人派兵来援。现在我们身边只有张文可勇猛过人，此外再选些壮士，备好武器，等王成来了，请他喝酒吃饭，务必将其手下灌醉。等我带着援兵回到家附近，你使个眼色，让张文可向王成斟酒，顺势推翻酒桌，刺杀王成。我带着援兵杀回家里，王成手下必然四散逃跑。如果他们抵抗，我们就扛着王成的尸体示众，他们必然溃败。然后，我们直捣王成老巢。"何季直有些犹豫，说："此计固然是好，但一旦失败，我们全家就命不保矣。我们不如暂时归附王成，再另作打算。"何真很坚决，说："此时不杀王成，以后就很难再有机会了。"何真叫来张文可和何季直一起商量，商量完毕，便去板石、李湖请求援兵。

次日，王成果然前来拜访何真，何季直出门迎接。王成问："何真去哪了？"何季直答："他有事外出了。"何季直招待王成入席饮酒吃饭。何真带着援兵快回到家时，密告何季直。在紧急关头，何季直吓得头也不敢抬，张文可则急得不可自制。此时，守在门外的王成步兵远远看到何真的援兵，马上向王成报告，王成立即夺门而出，坐船逃去。

何真见计谋已经败露，家乡已不能久留，匆忙和何季直一起带着家人逃跑，分散寄居在友人家里。王成派兵四出搜捕，何真家人只好辗转寄居于增城、博罗等地素不相识的人家里。

虎口脱险

元至正十四年（1354年），何真与何季直、梁志大等人赴元帅府告发王成作乱。元帅府调万户府兵剿捕王成，但出师不利，只好退兵。王成反咬一口，贿赂元帅府，逮捕告发者入狱，又悬红缉捕何真等人，称擒获何真者重赏银一百两。

何真见王成势力日渐盛大，而官府法纪日渐衰败，只好另谋生路。何真心生一计，伪造领兵文书，和何季直前往博罗县征兵。路经博罗县沙河驿站时，何真被人认出后捉住，要押他去王成处领赏。何真对头目说："我是官府派来的，你们却把我捉住并陷害我，官府绝不会饶了你们。况且，是我告发王成在先，官府派我领军缉捕王成，官军稍后就到。你捉我去领赏，导致官军无人统领、自相残杀，祸及一方百姓，到时你自己是死是活，谁也不知道！你好好考虑一下！"喽啰在旁也劝头目说："既然如此，不如放他走吧。"头目于是放了何真。

何真追上何季直，经过另一个驿站时，又遭到守兵盘查，被押解到博罗县审讯。幸好何真与博罗县的一位衙吏相熟，通过衙吏向县官禀告，何真获得释放，前去泥冈村（今属深圳市罗湖区）的佃户家暂住。

联合封氏

元至正十五年（1355年），东莞县（按，包括今东莞市、深圳市、香港特别行政区等地）内有二十多股土豪割据势力，各据一方。王成的势力最大，据石冈、福隆、石涌、横沥、龙眼冈、龙湖头、茶园、水南等处。[1]陈仲玉次之，据吴园。王成、陈仲玉二人号称"二长"。此外，李确据靖康场（盐场），文仲举据归德场，吴彦明据东莞场，郑润卿据西乡、黄田，杨润德据水心镇，梁国瑞据官田，刘显卿据竹山下、萍湖，萧汉明据盐田，黎敏德据九江水、崩江，黄时举据江边，封微之据枫涌、寮步，梁志大据板石、老洋坪、柏地、黄漕，袁克宽据温塘，陈子用据新塘，王惠卿据厚街，张祥卿据篁村，张黎昌据万家租、小享，曹任拙据湛菜。[2]

何真暂居泥冈，附近的文仲举、郑润卿二人经常请何真代领其兵，攻无不克。其时王成、陈仲玉用诡计杀死封微之，攻占寮步等地，封微之之子封靖卿只得去东煮投靠文仲举，与暂居于此的何真相见。何真、封靖卿二人一见如故。封靖卿说："我父亲的老部下都想我夺回家乡，但我丧服未除，何兄肯助我一臂之力吗？"何真说："你的想法与我不谋而合！但要夺回寮步等地，必须依靠地利并借文仲举之力才能成事。"何真、封靖卿遂和文仲举商量，构筑清塘镇军营。

得马获禾

元至正十六年（1356年），文仲举命何真、封靖卿及封靖卿部将余舜英去构筑清塘镇军营，另派李可坚等人镇守此处。

清塘镇军营完工后，何真请求文仲举说："我想到清塘镇暂居，那里离

---

①据陈伯陶纂修《东莞县志》卷三十，东莞县养和书局，1927年。
②此据《庐江郡何氏家记》。民国《东莞县志》卷三十所载引自《东莞伯家传》，与此略异。

我家乡员头山较近，容易得到族人的音讯，方便照应。"文仲举答应何真的请求。何真遂和弟弟何迪、长子何荣、义子张文可及一众家丁前往清塘镇居住。

清塘镇距员头山、茶园（今茶山）约三十里。一夜，何真率领家丁渡江（今寒溪河）刺探占据茶园的王成的消息。路上望见远处有一匹带鞍的白色母马，何真命张文可前去将马骑回来。第二天一早，何真见马匹通体雪白，十分喜欢，立刻骑上去，在马背上试了试弓箭、刀剑等武器，感觉得心应手。何真有些疑虑，怕这匹马是亲友遗失的，派人到处询问。听到亲友都没有遗失马匹，何真终于心安，喜不自禁说："天助我也！"

其时社会动荡，很多田地都丢荒了，各处百姓严重缺乏粮食。在清塘镇外的田里，长着成片野禾，稻谷成熟后，就像是有人耕种的。何真对封靖卿、余舜英说："民以食为天，如今发生饥荒，民心动摇，饥民会投靠哪股势力，不可预测。我们一定要趁着稻谷成熟，马上抢收回来，以备万一。"封靖卿、余舜英二人有点心软，任由百姓随意收割，敌人一来，健壮者还可以背着稻谷逃走，体弱者只能抛下稻谷逃命。何真看不下去，对弟弟何迪说："我们率领部众，前去救急扶危，正在今日！"

何真骑马疾驰在田野上，后面跟着一众家丁。众人在田地齐集后，何真对家丁们说："今天叫你们来割稻，不是为了我个人，而是为了百姓。你们就算劳累，也不要抱怨。"家丁龙南起率先高声应道："我们但愿主人您不再居于人下，我们这些下人不再受制于人。就算劳累，也是我们的荣幸！我们绝不抱怨！"何真很感动，说："我之所以和封靖卿联手驻扎清塘镇，正是不想抛弃你们。现在到处粮食紧缺，就算割稻辛苦，也是为了养活你们的父母妻儿，你们不要觉得辛苦。"

家丁们听完何真的话，心里十分温暖，马上全力割稻。何真与几个勇士穿着盔甲、拿着武器，在高地上守卫。此时，敌人也准备到田里割稻，远远望见一匹白马，得知白马是何真的，只好撤退。何真等人挑着沉甸甸的稻谷回到军营后，清塘镇百姓终于不用忍饥挨饿了。

识破奸计

何真、封靖卿及其部将余舜英与文仲举部将李可坚一同驻守清塘镇。李可坚仗着自己是文仲举亲信，态度异常傲慢，常常辱骂封靖卿、余舜英，封、余二人怏怏不乐。何真看在眼里，预料矛盾即将爆发，便辞别封、余二人，回泥冈居住。

不出何真所料，李可坚放任士卒横行霸道，惹得群情激愤。封靖卿和余舜英商量，设计杀了李可坚。李可坚部下飞奔报告文仲举，文仲举派何真前去攻打封靖卿。何真面有难色，对文仲举说："我的长子何荣还在封靖卿军营里。如果封靖卿出来迎战，我必定能打败他。但如果封靖卿坚壁固守，那就很难攻下。两军对战，如果封靖卿杀了我儿子，那还好；如果不杀，您肯定疑心我和封靖卿有密约。您还是派别的将领去吧。"文仲举坚持让何真前去，说："父子之情，比切肤更痛，我也很理解。但封靖卿素来怕你，除了你，无人能担此大任，还是请你上马出征，杀一杀封靖卿的气焰。如果他不出城应战，你就收兵回来。"

何真识破文仲举的奸计，知道文仲举是怕他和封靖卿联手抵抗自己，故派他去攻打封靖卿，让他和封靖卿绝交。何真也想到了应对办法。

何真领兵去到清塘镇军营前，只见封靖卿紧闭城门，站在高高的城墙上，对何真喊道："您儿子何荣在我这里好好的，您来这里所为何事？"何真答道："文仲举派我来告诉您，您背叛文仲举，不是您本人之意，是李可坚欺人太甚，您的部下裹挟着你杀了李可坚。您和文仲举重新结盟、重归于好，可以吗？"封靖卿说："和谁结盟，我已有决定！"何真说："王成杀了您父亲，和您有不共戴天之仇。您可以投靠的，只有占据靖康场的李确，但李确为人险诈，您投靠他亦非长久之计。您要慎重考虑。"封靖卿说："您就不必多言了。"

何真见该说的都说了，抽出四支箭，偷偷拔去锋利的箭头，一口气接连向城墙上射去，射完便往后撤退。城墙上的封靖卿将箭捡起，见箭上都没有箭头，知道何真不是真的想攻打自己，只是迫于文仲举的压力而已。

文仲举的部将见封靖卿闭门不出，对何真说："我家主人来之前就说了，假如封靖卿不出战，我们就退兵。"何真便率领众人退兵而回，晚上驻扎在北岸（今属黄江镇）。

何真退兵后，何真长子何荣哀求封靖卿说："家父前来，实在是迫不得已，您不要怪罪他。"封靖卿拍拍何荣的背，说："你父亲与我，比骨肉兄弟还亲。文仲举强迫他前来攻打我，是想让我杀了你，绝了我们的交情，我怎会中他的阴谋诡计？"何荣不信封靖卿的话，怕封靖卿马上杀了自己，便趁着夜色偷偷从城墙跳下，脚也扭伤了，忍痛逃出清塘镇，渡河去到北岸。

夜色中，何荣听到远处传来张文可夜巡问话的声音，大声呼叫张文可。张文可连忙前去把何荣扶起来，扶到何真营中。何真见何荣逃了回来，很是气愤，责备何荣说："封靖卿与我交好，他军营中听我号令的人多的是，他绝对不会杀了你。你现在活着逃回来还好，如果有什么不测，那就死得冤枉了。我退兵后，你见过封靖卿吗？"何荣将封靖卿的话一五一十告诉何真，何真感慨地说："知我者，是封靖卿！你千万不能把这些话泄漏出去！"

次日，何真率兵回营，向文仲举报告此行情况。文仲举听了很高兴，心想何真、封靖卿二人肯定从此绝交。何真辞别文仲举，回到泥冈，常常暗中派弟弟何迪前往清塘镇向封靖卿示好。与此同时，郑润卿和以前一样，经常请何真代为领兵征战，二人的合作更加紧密。

接连悲痛

元至正十七年（1357年）六月，何真母亲叶氏去世。战乱之时，礼教松弛，但何真依然严格为母亲守丧，每次出战，都以布蒙住盔甲、马鞍，以示丧服在身，战罢，立刻换上正式丧服，闻者皆佩服何真的孝心。

元至正十八年（1358年）四月，何真妻子叶氏去世，何真自己也得了喉疾，非常痛苦。其时四方战乱，道路阻隔，何真无法求医，只能在家卧病在床。有一天，何真悲叹道："我死后，我的兄弟、子女免不了死在王成手上。"晚上，何真梦到母亲，母亲坐在床边安慰何真说："你现在病重得很，何必还一心想找王成报仇呢？你父亲说你机智、谋略远超王成，终归会擒获王成。你的命硬得很，不用担心！"接着，何真又梦到一个妇人前来问他："你有什么病？"何真答："喉痛。"妇人指着盐腌的梅子说："你把盐梅含在嘴里，病很快就会好。"妇人说完就离去了。何真母亲也对何真说："盐梅是药。"何真醒来后，叫人拿来盐梅含在嘴里。数日后，何真的喉疾果然痊愈。

病愈后，何真娶黄田盐场官吏之女廖氏为继室。

征郑受挫

元至正十八年（1358年），郑润卿使计刺杀了笋冈（今属深圳市，尚有何真家族后裔）土豪欧广父子，派人前往泥冈请何真前往笋冈驻守。何真到笋冈后，向百姓宣布："郑润卿命我前来驻守笋冈，你们不用惊慌。"在何真的守卫下，笋冈的墟市照常开市，农民也照常耕作，将士们更是对何真心悦诚服。

郑润卿为人迂腐、怯懦，大小事都听信谋士林达可、邓恭可，而林、邓二人总是在郑润卿面前诬告、诋毁何真。有一日，何真前去拜见郑润卿，又听到旁人的风言风语。何真佯装没有听见，见过郑润卿后便匆匆告辞。才离开一里许，何真策马驰回笋冈军营，对部下说自己有病，要卧床休息。军营中管事的人前来请示，何真也称有病不见，又向亲信传达命令，要他们加倍小心守卫军营。

与此同时，林达可、邓恭可对郑润卿说："昨天何真来拜见您，您本该趁此机会把何真留在这里，派何真负责其他事情，同时让何真将家属送到我们这里作为人质。这样，黄田盐场等各处军营都一一受我们节制。您要尽快设计把何真召来。如果何真不来，就派将领前去将其擒获。何真终归不会居于人下，如果不趁早把何真解决掉，等到何真羽翼丰满，必成心腹大患。"

郑润卿听信二人之计，派人到笋冈请何真前来。守兵对来使说："何公昨天回来时染病不适，现在还躺在床上起不来。"守兵又特意请来使进到客厅饮酒，让来使听到何真的呻吟声。

来使离开后，何真对弟弟何迪说："你去跟叔父说，郑润卿已经动了杀机，我们该怎么办？"何季直也无可奈何，对何迪说："我已经老了，一切都由你哥哥决定。"

何真向何迪分析形势，说："如今祸在旦夕。如果我们顺从郑润卿，可能会保命，但只能居于人下。如果我们反抗，以郑润卿的势力范围，南有东莞场吴彦明，西有东煮文仲举、水心镇杨润德，东有盐田萧汉明，北有竹山下刘显卿，都是郑润卿的姻亲，肯定联合起来围攻我们，我们腹背受敌。况且，我们员头山本村的勇士的父亲都是郑润卿的部下，我们带着他们去攻打郑润卿，这也是个心腹之患。"何元忠在一旁坚定地说："是和是打，唯命是从！我什么时候怕过死？！"

何真又分析说："郑润卿本身没什么实力，他的将士更没有什么难对付的。只是我的义子张文可娶的是郑润卿部下的女儿，漂亮得很，如今作为人质，还在郑润卿那里，我怕的是张文可放不下妻子，我们就少了一员猛将。"何真叫来张文可，坦诚说出他的担忧。张文可不假思索，立马答道："我们是为父母、为家园而战，大丈夫何患无妻？"何真见张文可深明大义，十分欣喜。何真派人前往郑润卿军营，对张文可妻子说，你丈夫病危，让你速速回去。张文可妻子顺利回到张文可身边。

何真派何迪、何荣前往清塘镇向封靖卿请求支援。封靖卿一见到何迪就说："我与你大哥为异姓兄弟。就算一同战死沙场，也死而无憾！"封靖卿二话没说，就派猛将谢存道带兵跟随何迪回笋冈。

郑润卿又派人来催促何真前去，何真还是佯装卧病在床而婉拒。送走使者后，何真知道战斗一触即发，对何迪说："如果此战获胜，郑润卿必定忌惮我们的兵力，不会再来威逼我们。就算打了败仗，我们还有投靠封靖卿这条退路。"

清塘镇的援兵来到后，何真命令笋冈百姓每家煮好一斗米的饭，又向各家借来布匹，用红色、黑色染好旗帜，系在援兵的枪上，让何迪等人率领援兵前往郑润卿辖境。为了阻止笋冈周边百姓逃向郑润卿那边，何真命令各乡百姓都关好门户，全部进入笋冈城内躲避，如果巡查时发现其遵守命令，就不动其财产、牲畜；如果发现还在家里或躲在外面，允许士兵洗劫其财产；如果逃往他乡被捉住，马上斩杀。

郑润卿打听到何真要来攻打自己，立刻召来谋士商量对策，不敢轻易出击。何真趁此机会，赶紧向前推进，数日之内，筑好黄冈军营，命何元忠镇守；筑黄田场、海南栅山下军营，命陈文用镇守。

决战之日，何真命妻兄廖允忠、长子何荣率兵攻打吴彦明镇守的黄龙冈军营，由陈文用率领水兵从海路助攻。何迪率领清塘镇兵据守罗陂水，以截断郑润卿的后路。何真亲自领兵镇守交通要道，抵御西乡来敌。

廖允忠、何荣将要攻下黄龙冈军营时，从东煮、西乡前来的敌人援兵已大举杀向何真，以五倍的兵力将何真及其部众团团围住。何真想撤退，但想到自己一撤退，廖允忠、何荣所率领的将士就立刻被敌人切断退路、全军覆灭，何真只得拼死一战。敌人的援兵越围越多，越围越密，明晃晃的刀枪不停刺向何真及其马匹。突然，何真的马匹受惊跳起，马鞍破裂，何真重重摔了下来。敌人的气焰更加嚣张，拼命喊道："何真堕马了，快把他擒下！"眼看何真就要被敌人捉住，何迪一骑绝尘，率领部将杀入重围，飞身下马，将自己的马让给何真骑，再跨上何真的马，和一众将士一起全力冲击敌人的包围。一阵混战之后，何真、何迪等人得以全身退回笋冈军营。

廖允忠、何荣见何真已撤退，也不敢恋战，狂奔二十余里，向笋冈方向撤退。何荣其时还未到二十岁，率领骑兵殿后，被敌人追击，受伤者近半。张文可等人则被敌人赶入海中。廖允忠带领的人马被敌军拦住了退路，廖允忠冲着将士大声喊道："他们还活着，会怕死。就当我们已经死了，给我杀！"双方大战良久，殿后的何荣也退回来了，立刻与廖允忠一起向敌人反攻，杀敌十余人。敌人顿时泄了气势，只得让出退路，让廖允忠、何荣等人全身而退。

入夜，被赶入海中而侥幸生还的人陆续回到军营，近半的人则已葬身大海，张文可仍然未见下落。张文可一向对何真忠心耿耿，宰牛时，他能双手捉住两个牛角，将一头牛重重地扭倒在地，敌人都称他为"破面张"，闻风丧胆。何真见张文可还没有回来，心急如焚，伤心地对众人说："张文可死了，我的事业也就到此为止了。"何迪、何荣等人听了，无不泪如雨下。料想不到的是，到了半夜，张文可背着剑、持着枪回到了军营。何真见到张文可，大喜，激动地拍着张文可的背说："我以为你已经死了！我的事业大半寄托在你身上，可如今，事已至此，该怎么办呢？"张文可安慰何真说："我张文可既然活着回来了，就希望您能收拾残兵，一雪前耻。下次战斗，如果有谁冲在我张文可前面，我甘受军法处置！"何真听了，大受鼓舞，心为之一振。

其时，大败而回的何真将士士气极其低落，哭声震天。何真命令将士修缮残破的盔甲、兵器，严防死守，以防敌军犯境，说："昨天大败，是我轻敌了，导致将士死伤众多。对死去的将士，我会厚厚抚恤他们的家属。现在满城将士都在痛哭，我的悲痛比你们更痛百倍以上。但是，我不能将悲痛流露出来，白白助长敌人的气焰。你们众位将领要遍告下面的士兵、百姓停止哭泣。等我们打了胜仗，再哀悼死者也不迟。"众人于是停止哭泣。

大败郑氏

兵败之后，何真痛定思痛，细心谋划反攻之计。何真想起自己的部将郑思聪是郑润卿的同宗兄弟，而郑思聪的部下沈惠存在郑润卿麾下时常常受赏，便命郑思聪写信给郑润卿，派沈惠存去送信。信中说："何真上次大败而回，将士已死大半，现存人马大多已身受重伤，侥幸没有受伤的将士不过百人，马不过十匹。现在何真营内粮草不多，将士受饥挨饿，面如菜色。如果您现在带兵前来，我在里面接应，一定能擒获何真。不早作决定，只会节外生枝、夜长梦多。机不可失，时不再来！我在何真营内等您下达命令！"

郑润卿收到郑思聪的信，喜出望外，拿着信对部下说："剿灭何真，正在此时！"郑润卿马上给郑思聪复信，约定接应旗帜的颜色，让沈惠存带回何真军营。何真依照来信所定颜色、时间，命何迪等人领兵埋伏在瓢湖迳，命何荣、廖允忠领兵埋伏在东涌、西涌，命何元忠等人镇守黄冈营，命张文可、郑思聪等人镇守大本营，何真自己则领兵埋伏在交通要道。

到了约定的日期，郑润卿的将士果然从瓢湖迳大举来袭，吴彦明的将士也从西涌奔来。快到何真大本营时，郑军见郑思聪果然打着约定颜色的旗帜，心中暗喜。双方交锋，郑思聪佯装败退，退回城里。郑军不知有诈，进兵来到城下。郑思聪登上城楼，大声喝令将士打开城门迎战，郑军还以为是迎接自己的。到炮声响起、伏兵汹涌冲出时，郑军才知己陷入重围，但为时已晚。郑军将士四处逃窜，但都被何真部队追上斩杀或生擒。

有一队郑军特别顽强，居然没有择路逃窜，而是原地不动，摆好阵势迎战，在何真部队的追兵、伏兵夹击之下，一时也没有落下风。只见何真部队一名叫陈彪的步兵手持一面贴地的大旗，毫不畏惧地向敌阵冲去。郑军以为只有一人，马上向其扑来，没想到大旗里居然藏着张文可。张文可立马起身，挥刀接连斩杀对方两三名善战的猛士。本来摆好防御阵势的郑军顿时溃败，被何真部队追得四处逃窜。

何真部队大获全胜，鸣金回营。上次败仗的阵亡将士的家属暂时忘记哀痛，欣喜若狂地说："终于血债血偿了！终于血债血偿了！"

是次大胜，何真部队共生擒郑军四百多人，斩首七百六十多人。何真倾尽家财赏赐将士，但还是不够，又向自己部队里较富裕的家庭借钱赏赐给封靖卿的援兵，自己的部下还没有得到赏赐的，就将其功劳记下来，日后再赏。

送别封靖卿的援兵时，何真握着封靖卿部将游明善的双手说："这次劳烦你们前来救急。封靖卿的大恩大德，我何真铭心不忘！"游明善没有居功，说："当日我们主人封靖卿修筑清塘镇军营，多得您全力帮助。您镇守清塘镇时，周边的土豪也不敢觊觎我们。文仲举的部下横行施暴，也是靠您出面制止。那年饥荒，您率领将士们收割田里的野禾，让清塘镇百姓得到半年口粮，百姓无不感激您的救命之恩。您离开之后，文仲举及其部下肆无忌惮地欺负、侮辱我们主人封靖卿，清塘镇上下无不思念您的威严、恩德。这次您向我们请兵，一众将士都争相请缨出战。如今只是打了个小胜仗，怎能偿还得了您以前的恩德？"一众封靖卿将士都久久不忍离去。

封靖卿援兵离去之后，何真想到短时间内不能筹到足够的钱论功行赏，便对俘虏们说："你们前来战斗，无辜战死的有七百多人。你们这些生还的人，都是我以前的部下，我也不忍心杀了你们。现在我的将士还没有论功行赏，我命你们的头目写信给你们的主人，让他们拿钱来赎你们。如果家里实在没钱，就打发妻子或子女前来领人。你们能获救，那是拜你们主人所赐。"郑润卿、吴彦明收到部下的信，只好拿钱来向何真赎人。何真得钱后，立即放人，并悉数按功劳簿所录，对麾下将士们论功行赏。尽管如此，还是有些贫民没有被赎回。何真很仁慈，对他们说："你们自己没钱赎身，你们的主人也没有让你们的家人前来领人，你们已经被主人抛弃了。我也只好给你们戴上脚镣，每人每天给一升米，等我铲除了郑润卿、吴彦明，才放你们回去。如果有人胆敢逃跑，就不要怪我斩杀你们。"俘虏们无不磕头谢恩，大声回答："我们感谢主人不杀之恩还来不及，哪敢逃跑？"

出征惠州

元至正十九年（1359年），何真命沈惠存修筑、驻守梅林营，命堂弟何汉贤修筑、驻守赤岭营，命欧孟素修筑、驻守黎洞营，命林一石修筑、驻守林村（今属塘厦镇）营，命邹子能修筑、驻守岑田（今香港锦田）营，命次子何华修筑、驻守黄坑营。何真的势力范围已大大拓展，逐渐逼近惠州地域。

何真次子何华也是一员猛将，精于骑射。何华曾与郑润卿部将朱文用交战，朱文用使用激将法，冲着何华大喊："你这小子仗着马跑得快，我才擒不下你。有种的话，下马和我一战！"何华年少气盛，立刻跳下马，冲到阵前和朱文用大战起来。果然，在地上交战，何华真不是朱文用的对手，只能且战且退。退回己方阵地后，何华立刻飞身上马，反守为攻，向朱文用追过去，操起弓箭接连射向朱文用。敌军见何华如此神勇，没有一人敢上前阻挡，只得心有不甘地撤退。正是有何华等众多猛将镇守，敌人十分忌惮，何真辖境内的百姓得以照常耕种，安居乐业。

何真深知东莞各地土豪都是割据乡间，不受官府制约，目无法纪，横行施暴，时时混战，如果自己像他们一样总是师出无名，就算势力、地盘再大，若得不到官府承认，只能被官府列为寇匪，终归是死路一条，没有发展前途。何真想到曾和惠州路彭氏长官有过交往，自己和彭氏也算得上是志同道合，正可以通过彭氏获得官府的承认。

此时东莞各地土豪截断交通要道，何真无法前往惠州和官府沟通，遂命罗宗泰修筑、驻守葫芦镇，命邓九皋修筑、驻守三峰营，将辖境向惠州方向拓展。诸军营筑好后，何真命长子何荣率领精锐将士驻扎麻庄乡，命侯怀德前往惠州向彭氏说明来由。

惠州城内将士打听到何真派人前来，以为是来攻打自己，大为惊骇。彭氏说："大家不用担心，何真是我的旧相识，只因东莞王成作乱，被迫逃到泥冈。东莞到处都是土豪割据，何真孤身处于群狼饿虎之中，迫不得已，才派长子何荣等人前来惠州求助。何真也只是为了得到官府承认，让其部队有一个正当的名义而已，别无所图。"众人一听，才安心下来。

彭氏派人出城将侯怀德一行迎进惠州城。彭氏见到侯怀德，觉得正可借何真之力铲平惠州的土豪，不禁大喜，说："如今各地土豪据地称霸，目无官府，你的主人何真以此为耻，不加入他们的队伍，派你们前来惠州沟通情谊。我一定要报告上级，请求上级给你们颁令，你们就师出有名了。如今出了惠州城便不属官府所有。隔着东江，有个叫宝江的地方，土豪十分猖獗。你们此时前来，惠州百姓有幸了！只可惜，你们年纪太小，未必能扫荡宝江。"侯怀德心想，这不是瞧不起我们吗？连忙大声回答："我们年纪虽然小，但如果我们不英勇善战，能来到惠州吗？"彭氏点头连连称是。

三日后，彭氏设宴犒劳何荣等将士，派他们前往宝江剿寇，又派惠州守将刘守政、谢子实一同出征。何荣对刘、谢说："我们的将士与你们的将士从来没有一起战斗过，我们还是分成两队，分头进攻吧。"刘、谢二人同意。到了宝江，与敌人一交锋，刘、谢所率的兵卒便丢盔弃甲逃跑，何荣等人得不到支援，只能且战且退。退到东江边，无路可退，何荣心中大怒，指着刘、谢等人大骂："前面就是大江，如果你们还是光想着逃跑，不敢冒死一战，那你们就一起去死吧！"说罢，何荣等人骑着马、挥着剑冲向敌阵，属下的步兵也跟在后面汹涌前进，一下子就冲开了敌人的阵线，接连斩杀数十人。敌军马上泄了气势，只能后撤，被何荣率领一众将士追在后面斩杀，一共斩首万来人，生擒百余人。

何荣鸣金收兵回到惠州城中，彭氏赞叹不已，连声称赞何荣等人用兵如神、英勇善战。彭氏为将士们送上好酒，设宴犒劳，论功行赏。惠州城中的将士、百姓也争相带来酒、肉，犒劳大胜而回的军队。

经此一战，惠州各地土豪对何真部队忌惮三分。只有外水里、都乐里两处的土豪不以为然，一心想在路上伏击何荣等将士。何荣听到后，放出风声，佯装前往别处剿寇。二土豪果然中计，各自退回城寨严守，不敢轻举妄动。

何荣没有长驻惠州，而是退回至三峰营。和彭氏辞别时，彭氏给何荣颁发印信，何真的将领可凭印信调遣惠州军队。彭氏又立即将何真、何荣等人的战功报告给上级，上级任命何真为惠州府判，催促何真到惠州赴任。何真此时忙于应对周边敌人，无暇赶赴惠州。惠州的反元势力越来越强盛，迫于压力，彭氏接连催促何真赴任，何真只得命弟弟何迪带着金银、布帛前往惠州支援。

彭氏有一匹红色的高头大马，桀骜不驯，无人能骑，彭氏将此马让何迪骑。每次出征剿寇，何迪都骑着这匹红马，率领将士冲锋陷阵，惠州将士无人不服。寇警稍平，何迪辞归东莞，彭氏让何迪将红马骑回东莞送给何真，说："你大哥骑着这匹马，就会想起我。"何迪回来后，何真骑上红马试了一下，觉得非常合适，说："我之前的白马死后，我只能用破布裹着它埋在地里。我现在望见白马的葬身之地，还是十分伤心。每次出战，无好马可骑，我都想着之前的白马。今天我试了试这匹红马，果然非凡，我信心大增！如果我他日成功，实在是拜彭氏所赐！"

喜迎诏书

元至正二十年（1360年），惠州长官彭氏向上级报告，称何真"有将才"，广东道长官升何真为惠州路同知，委以剿叛重任，督促何真尽早赴惠州上任。何真命何迪、何荣等人镇守大本营及各处军营，亲自率领将士前往惠州。

惠州土豪孙德贤、常景俊在大冒山筑有军营，率兵据守通往惠州的交通要道白木迳，想阻拦何真前进。何真派人前往白木迳应付，自己绕道前往惠州赴任。孙德贤、常景俊不识好歹、螳臂当车，居然想劫下何真，逼何真归降。何真大怒，亲率将士直捣其大冒山老巢，出其不意，将其一举击败，生擒孙德贤、常景俊二贼魁，招安其部下，大胜而回，命吴文惠镇守大冒山。

其时惠州到处都有像孙德贤、常景俊一样拦路劫财的土豪，朝廷的诏书很难送达惠州。忽有一日，朝廷使者带着诏书乘船从海路送往惠州，何真大喜，马上迎入新筑好的军营，将该军营命名为"至喜营"。次日，何真命姚信卿、张文可等人为前锋在前面开路，自己在后面亲自护送诏书前往惠州，沿途严密防护。何真护送着诏书，又押着孙德贤、常景俊二贼魁来到惠州城外，彭氏亲率一众官僚出城迎接，将诏书恭迎至惠州衙门开读。惠州士子、百姓都说："现在虽然干戈遍野，但诏书飞降、何真到任，我们可以高枕无忧了。"

何真择日上任。礼毕，彭氏对何真说："近来要不是您的子弟兵前来惠州救援，惠州城早已被盗寇攻陷。"惠州各地土豪听闻何真已经到任，纷纷到官府归降，何真对其一一慰劳。各土豪回到乡间，对何真称赞不已，都说："何真声如洪钟，刚柔并济，慰劳降附，无不尽善。左右将校，有虎狼之威。何真确是豪杰之士！"

何真上任不久，察觉惠州原来的将领刘守政、谢子实不甘心居于自己之下，二人心里愤愤不平，何真常常叮嘱部下时刻谨防二人变节。

惠州局势稍平，何真对彭氏说："惠州现在已稍为安定，我先回去东莞应付原先的敌人，如果惠州有寇警，请立即通报，我即时赶回。"

招降杨梁

何真回到东莞后，据守水心镇等地的杨润德对部下说："我们割据一乡，已有了盗寇的恶名，终究不是长久之计。如今何真任惠州同知，刚从惠州回来，我想派儿子前去祝贺。"部下们一致赞成，杨润德便派儿子带上马匹、马鞍、布匹等贺礼前去向何真道贺。何真将其迎进宾馆，以礼款待，又派使者去杨润德处回礼、联姻，杨润德将女儿许配给何真次子何华。由此，杨润德割据的水心镇、桥垅等军营与何真部队和平共处。

割据九江水的黎敏德对何、杨联姻颇有非议，认为对自己是重大威胁，加紧修筑塘勒军营，命陈以安镇守。何真见此，亲率弟弟何迪等将士进攻黎敏德属下的黄泥潭军营。不料出师不利，步将张才俊中箭受重伤，被抬回军营后死去。何真伤心不已，解下自己的战袍盖在张才俊的尸体上，厚葬张才俊，誓报此仇。不久，何真再次亲率将士进攻黄泥潭军营。面对更强大的攻势，黎敏德只得弃营逃命。黎敏德所属黄泥潭等军营遂归何真所有。

何真的老敌人郑润卿见何真的势力日渐壮大，终日惴惴不安，再也不敢向何真辖境进犯，转而吞并其他弱小土豪的地盘。割据官田（今属香港）的梁国瑞被郑润卿打败，带着谋士殷一宗及一众家属投靠何真。梁国瑞对何真说："您素来怜悯穷途末路之人，我带着妻儿、家属前来投靠，我知道您会收留他们的。古语有云：'败军之将，不足以言勇。'我无颜在您麾下征战，准备带着部下前去广东道元帅府，看能不能有所作为、恢复旧地。如果您有用我之处，只须给我捎个信，赐我一个报答的机会，我立刻派将士前来助战！"

梁国瑞归附广东道元帅府后，在一次战斗中不幸牺牲。何真收到讣告后，失声痛哭，在其家属寓所设置灵位，亲临祭奠，优厚抚恤其家属。一个多月后，何真召来梁国瑞的谋士殷一宗，说："你代我告知梁国瑞的旧部，如果他们想投靠新主人，或者投靠亲属，都可以离开部队，不必疑虑。"殷一宗大为感动，说："如今能够割据一乡的土豪，无非是继承祖业罢了，并没有过人之才。土豪属下的乡民为了保住身家性命，才不会管他的主人是贤主还是恶霸。这种情况下，我们不投靠您，还可以投靠谁呢？"殷一宗回去后，对梁国瑞旧部说："何真待我们的旧主人梁国瑞极优厚，如果大家想投靠何真，不必猜疑。如果大家想投靠亲属，何真也会送上盘缠，不必有任何顾虑。"将领黄孟昌也建议说："人各有志，大家都回去跟妻儿商量一下，再回来报告。"各将士回家和妻儿商量后，都说："梁公将我们的家属寄托于何真，深得何真体贴、抚恤，老人、孩子们都过得平安快乐，虽然离家半年，却没有离乡别井的悲伤。我们不投靠何真，还能去哪里呢？"殷一宗、黄孟昌把将士们的想法报告给何真。何真大喜道："你们既然肯归附于我，就留在原来的队伍之中，无须改变。"何真对梁国瑞的旧部毫不猜嫌，待之如心腹部队。

惠州总管

元至正二十一年（1361年），广东道元帅黄常请求镇守惠州。黄常兵权到手去到惠州后，立即罗织罪名，将惠州原来的长官彭氏逮捕入狱并处死。何真收到情报后，立刻命何迪留守东莞各处军营，自己亲率部队前往惠州征讨黄常。

正如何真之前所预料，惠州将领刘守政、谢子实倒向黄常，占据惠州城，抵御何真。入夜后，何真长子何荣率领将士咬着防止说话的木棍，悄无声息地攀上惠州城墙，击溃守城将士，重新收复惠州城。谢子实、黄常趁着夜色逃脱，刘守政则退守惠州城外的富沙角营。

次日晨，何真率领部队入城，惠州父老百姓挤满了大路两边，欢呼迎接。惠州市面保持平静，店铺如常开业，完全没有受到战事打扰。何真入城不久，何荣俘获谢子实，带至何真面前。何真见到谢子实，厉声叱骂道："你和刘守政二人皆受彭氏大恩，彭氏罹难，你们不但袖手旁观不去救他，反而倒向黄常，助纣为虐，死有余辜！"骂完，何真派人将谢子实拖出街市，斩首示众。

何真派人寻到彭氏埋葬的地方，亲自带祭品前往祭奠，痛哭不止。回来后，派人挑选坚实木材，为彭氏打造棺木，迁葬彭氏。彭氏遗子年纪尚幼，何真优厚抚恤其乳母，嘱咐一定要抚养彭氏遗子成人。

是年，暴雨成灾，惠州城大半被淹。黄常联合据守东江下游的王成，率兵乘船溯东江而上，妄图趁着水灾攻克惠州城。何真亲率将士坚守。黄常深知惠州城粮草充裕，不易攻克，只作壁上观，并不投入真正的兵力，只有王成的士兵阵亡最多。惠州城有一位逃兵被王成俘获，对王成说："惠州城现在由何真亲自镇守，坚如铁桶，你们是绝对攻不下的，只会白白牺牲将士罢了。不如先撤退，再作打算。"王成只得悻悻而退。

王成退兵后，何真命何荣、何华进攻刘守政据守的富沙角营，生擒刘守政。何真怒叱刘守政，说："你和谢子实都由彭氏一手提拔为将领，彭氏被捕入狱，你们非但不率领部下前往救援，反而背弃仁义道德，协助黄常横行施暴。我兵临惠州城下，你们二人更成为黄常的左膀右臂。你们如此不忠不义，我都不知道怎样骂你了。"刘守政低首不言，追悔莫及，和谢子实一样被何真斩首示众。

何真将光复惠州城之事上报广东道，获朝廷颁下诏书，擢升为惠州路总管。

何真马不停蹄，加紧扎制竹筏，派兵荡平惠州沿东江一带的土豪。博罗县万户马丑寒、平陵李满林、蓝口（今属河源市东源县）陈瑞渊、墩头何福、胡洞镇胡毅可、十社陈英俊、莲塘冈李仁翁等割据一方的军阀、土豪都前来惠州归附何真。

招降郑吴

何真虽然在惠州、循州（包括今惠州市、河源市、汕尾市、梅州市等地）方向势如破竹，但并没有忘记东莞，命何迪、吴文惠等人留守惠州城等处，亲率广东道元帅府及博罗县万户马丑寒的部队回东莞，征讨郑润卿、吴彦明等土豪。

何真的部队去到韩洞，一举擒获郑润卿亲弟郑显卿，韩洞、黄里等军营即时归降。郑润卿退守西乡营，何真率部队隔河对峙。何华、马丑寒去到河边，向对岸轮番射箭示威，箭如雨下。马丑寒身高六尺，臂力惊人，所用的箭比普通箭还要长六寸。河对岸的郑润卿部下捡起马丑寒射过来的箭，拿给郑润卿看，郑润卿及其将领都十分震惊，认为此乃天神之箭。郑润卿吓得紧闭城门，不敢出战。

何真见此，派归降的郑润卿亲信作为使者，前往郑润卿城下劝降。使者说："我奉何公之命，前来劝谕你们。郑润卿德高望重，只不过受了身边小人离间，才和何公产生矛盾。你们作为部下，不得不各为其主，与何公作战。郑润卿妻子是何公的姨表侄女，算得上是亲人，哪能容不下对方？何公不远百里前来贵营，只想结为一家，并无伤害之意。如果你们能守得住，那就随你们怎么样。如果守不住，那就只能结为一家了。"

郑润卿听出来使的话带着讥讽，急忙召来谋士商量对策，又迎使者入城，问："何公会宽容我们吗？"来使肯定地答道："何公现任惠州路总管，奉命到各处铲除叛乱。博罗、河源等地割据一方的土豪，尽管占据着险要地形，都闻风而降。归降后，何公让他们继续镇守原有军营，只须派儿子前来侍候。如今，您城外无险要地利，城内有可疑之人，不趁早决定，祸在旦夕！"

郑润卿还是犹豫不决，左右亲信劝说道："我们看得出，何真志在开创雄图大业，绝非贪图眼前小利。我们和何真继续为敌，只是白白屠杀无辜生灵。我们还是答应何真开出的条件吧，以免得个肝脑涂地的悲惨下场。"郑润卿考虑再三，对来使说："你回去复命，我马上派人前来归降。"

使者回去不久，郑润卿就用车载着妻子及儿子郑伯常去何真营前投降。何真设宴款待，宴后让郑润卿回去，只留下其儿子郑伯常作为人质。次日，吴彦明亦前来投降，何真设宴款待，同样让其回去。次日，吴彦明带着宴席、美酒前来再表归降诚意，留下儿子作为人质，何真遂与老将、士兵们开怀畅饮。

何真见东莞的局势已较为平定，遂回惠州。

大败魏氏

元至正二十二年（1362年），麦仲律与割据靖康场等地的李确作战，败走，前往惠州投靠何真。

其时魏可道割据外水里、狮子围、都乐里、东楼围等地，何真命麦仲律率兵征讨魏可道。麦仲律被魏将黄友卿击败，不得不且战且退，但他依然勇猛异常，喝叱属下将领道："谁敢不殿后保护部队撤退，我立马斩了谁！"说罢，跃马挥剑，冲在所有将士前面，迎击敌人。由于魏军过于强大，麦仲律的战阵被击溃，麦仲律也被长枪刺中受了重伤。麦仲律仰天长叹："我还有什么脸面回去见何真呀！"麦仲律退回惠州后，何真出城迎接。看到麦仲律身受重伤，何真也不禁泪下，抽泣着说："你来投靠我，我俩情如骨肉，你现在伤重成这样，我怎么对得住你呀。"麦仲律忍着伤痛，以虚弱的声音答："以死报答您，我死而无憾。"第二天，麦仲律伤重去世，何真伏尸痛哭，命人厚葬麦仲律，立碑志纪念。

数日后，何真命何迪、何荣、何华率兵征讨魏可道，双方大战十来日仍不分胜负。魏军将领以黄友卿最为勇猛，策马纵横阵前，屡伤何军的将士、马匹。何荣激励部将叶志卿说："黄友卿英勇善战，你打得过他吗？如果你能杀掉他，我把我的马赏给你！"叶志卿立刻回答："不难！"果然，双方一有交战，叶志卿都冲在最前面。

是日，魏军被击退。黄友卿除去战袍，借着援兵到来，趁机逃走，何荣立刻策马追逐。忽然间，何荣被躲在暗处的黄友卿一枪刺中盔甲背后的领子。黄友卿的长枪使尽了全力，何荣差一点堕马落地。电光火石间，何荣勒马跃起，瞬间跳出黄友卿的长枪之外。黄友卿持枪策马直追，幸好何荣的马比黄友卿的马跑得快，绝尘而去。何荣转身对黄友卿说："黄友卿，你真是一员猛将！等到我们杀了魏可道、生擒你，你就不要另觅新主了，我们会重用你！"

黄友卿逃回军营后，向魏可道报告说："今天虽然被击溃了战阵，但我差一点就生擒何真长子何荣。"魏可道问："为什么？"黄友卿说："何荣骑的马太好了。我不忍心刺伤好马，就用长枪刺中何荣，想人、马一起擒获，想不到还是让他逃走了。"魏可道一听，恨其愚蠢，把黄友卿痛骂一顿。

其后，魏可道统辖的水围营归降何真，何真命表弟林景贤守营。不久，水围营叛变，擒住林景贤等二人，将二人绑住抛入湖中。抛人者以为二人已经淹死，便回去了。林景贤二人在湖底拼命挣脱绳索，几乎气绝，最终成功游回岸边，仓皇逃回惠州城。何真见到二人、听到其经历后，惊叹地说："如此事迹，史籍都少有记载。这绝不是你们个人的能力，这是神灵护佑你们。"

何真率兵亲征魏可道，攻破魏可道的多个军营。进攻到魏可道大本营时，何真放魏可道亲属逃离，对魏可道说："你所有军营都在我手上，此时就算王成前来救援，他能抵御我的大军吗？为了你的队伍，你还是投降吧。否则，非但殃及无辜生灵，你自己也身家不保。"魏可道听后，仰天长叹，对部下说："我归降何真，只会居于人下。况且，我杀死、杀伤何真那么多将校，就算何真容得下我，死伤的将校也当我是仇人。就算我今天战胜不了何真，我去别的地方投靠别人也绝不怨恨。"

何真见魏可道无投降之意，便兵分四路，向魏可道军营进攻。魏可道和黄友卿等部将商量逃奔崖山。大家都劝魏可道投降，魏可道断然拒绝，说："我就算投降，也不是在今日。你们想跟我走的，就跟着我。不想跟我走的，就自便！"黄友卿却有自己的打算，心想："我英勇善战，天下闻名。何真正在用人之际，我归降何真，必定居人之上，大有用武之地。"黄友卿打定主意，遂生擒魏可道，向何真投降，得何真重赏。

大战王成

元至正二十三年（1363年），何真率领清塘、板石、江边诸营兵力进攻王成据守的乌湿营。何华与表兄叶宗辉率领前锋筑起堡垒与王成对战，被王成击败，二人弃垒逃回。何真大怒，命人各打五十杖，又命二人重筑堡垒，严厉警告二人说："如果这次修筑的堡垒不坚固，我斩了你们。"何华、叶宗辉二人领命。次日再战，二人冲在最前面与敌人血战，丝毫不敢退却。血战至傍晚，堡垒初步筑成。王成见此，连夜发起猛攻。何真马上调兵驰援，击退王成的凶猛攻势，守住新筑好的堡垒。又经过数日反攻，攻破王成的乌湿营。

王成退守福隆（今属石排镇），何真则兵分几路，逐个击破其周边的石涌、横沥、龙眼冈、龙湖头（今属超朗村）等处军营，先将王成的支援路线切断，再一举击破其福隆营。王成退守其家乡石冈（今石排镇中坑村附近）。双方在广阔的田野里筑起无数堡垒，双方的兵船、战马络绎不绝，战况空前激烈。王成败退，据守燕子窝（今石排镇燕窝村）；再败退，据守茶园；又败退，趁着夜色沿水路逃至水南营（今石碣镇水南村）。

何真在水南对面的西湖（今石龙镇西湖）扎下军营，命惠州将领黄德来援。黄德造战筏沿东江顺流而下，战筏周长百丈，能容战士数百，中间筑有高楼，装有火铳等武器。何真又命湛菜（今中堂镇湛翠村）守将曹叔安率领兵船来援。援兵到后，何真趁着涨潮，用兵船以缆绳牵引战筏，把将士运抵王成城下。在火铳、弓箭齐发的掩护下，何真将士抢滩登陆，环攻王成军营。王成苦战抵御，并向据守广州、东莞等处的卢述善、邵宗愚、张黎昌等人求援，来援的战船达数百艘。双方大战数日，彼此势均力敌，伤亡都差不多，但何真稍处下风。何真将领曹叔安被敌人的火筒击中额头，战死阵前；战筏上的水兵被王成的援兵击溃，战筏也被夺去。何真命人编织数十个巨大的竹筒，竖在东江中，往竹筒里填土，筑成河堤一样的江中堡垒。王成见此，非常惧怕。只可惜天降暴雨，东江水面暴涨、水流湍急，何真只得下令停工撤兵。

何真转而进攻东莞城，张黎昌败走，退守万家租（今属万江街道）。何真命邹子能镇守东莞城。篁村（今属南城街道）的张邦祥、赤岭（今厚街镇赤岭村）的陈希鲁、厚街的王惠卿等上豪闻风而降。李确率军来战，被何真部队击败，弃乌沙（今长安镇乌沙村）营，退守海南栅（今虎门镇南栅村）营。何真率军去到东煮，归德的曾伯由、白石的文七亦闻风而降。

何真命将士镇守东莞各处军营，自己率军回惠州，攻克河源县的三王石，生擒寨主叶满山，周边一众山寨闻风而降。

进军广州

元至正二十三年（1363年）八月，卢述善、邵宗愚攻破广州城，杀死广东道长官八撒剌不花，大肆焚掠。

元至正二十四年（1364年），在惠州的何真亲自率军西征，以收复被邵宗愚占据的广州。

何真兵至博罗县仙迹铺时，此处已被王成占据，王成派何真的宗亲何南侃镇守。何真命堂弟何汉贤前去劝降。何南侃狂妄自大、拒不投降，说："我怕何真的话，就不在这里了。我奉的是王成之命，我恨不得生擒何真，向王成进献！兄弟你为什么要为何真做说客？你再不退后的话，就不要怪我不当你是同宗兄弟，要用箭射你了！"

何真一听何南侃的话，火冒三丈，策马飞奔到阵前，亲身上阵杀敌。混战之间，何真被发射过来的石头击中额头，昏倒在地。何军将士见此，大惊失色，连忙将何真背回己方阵地。良久，何真才苏醒过来。何真用布巾裹住伤口，骑马再次飞奔阵前，命人紧敲军鼓，传令攻城。何真挥着宝剑，大声喝令："听到鼓声不登城者，斩！"将士们听到何真的命令，冒着暴雨一般的弓箭、石头，架起云梯，登上城墙杀敌。何南侃乘着天黑，逃去无踪。

何真攻下仙迹铺后，张社、佛岭、白沙、石滩、增城、小迳、车陂、莲花诸军营闻风而降，龙门等城镇亦听从何真调遣。

主政广东

邵宗愚攻陷广州城后，占据广东都元帅府发号施令。广东都元帅府辖下的各地元帅，如德庆州元帅李质、岐石元帅梁以默等人，均由广东道前长官八撒剌不花授职。八撒剌不花被邵宗愚杀死后，各地元帅群情激愤，遂以秃坚不花为盟主，合谋征讨邵宗愚。另一方面，与邵宗愚联手攻陷广州城的卢述善，亦因争夺财产、权位而与邵宗愚产生矛盾，计划反攻广州城。

坐镇广州城的邵宗愚大举搜罗城内美女，抓回来做自己的妾侍、婢女，又放纵麾下将士奸淫掳掠、横行霸道。广州百姓对此咬牙切齿、敢怒不敢言。幸好邵宗愚有一个贤明的外甥赵显安，轻财好士，颇得麾下将校人心，才得以暂时统治广州城。

赵显安劝谕邵宗愚说："如今各方面都准备攻打我们，如果我们不及早谋划，祸在旦夕！"邵宗愚却不以为然，说："大不了我们退回老家三山（今属佛山市南海区）。"赵显安为邵宗愚详细分析形势，说："就算我们回到三山，形势已大不相同了。过去我们和卢述善交好，和四周土豪也算是和平相处。但如今我们攻陷广州城，杀死朝廷命官，何真又率兵从惠州杀来，群雄闻风降附，就算我们退守三山，岂能像以前那样安宁？我们将广州城双手奉上，迎何真入城，全身而退，何真必定感恩我们，我们也就安全无恙了。"邵宗愚听从赵显安的劝谕，先行退出广州城，退守三山，由赵显安去东门楼迎接何真入驻广州城。

何真登上东门楼，命将士把守各个城门，又派兵卒沿城内街坊列好队伍，以防发生变故，然后才到广东道衙门会晤廉访司佥事黑的儿等官员。稍后，何真祭奠、礼葬被邵宗愚杀死的广东道长官八撒剌不花，又寻访原来的官吏，给他们发放薪俸并重新委任，对被杀官吏家属则致以慰问、抚恤。

通过一系列有力举措，何真迅速扭转广州城内乃至广东道的混乱局面。广州城内铺肆如常营业。之前因邵宗愚占据广州城而不受广东都元帅府节制的德庆、岐石、紫泥、四会、市底、盐步、陈村、清远等地元帅，重归广东都元帅府麾下，接受何真管治。何真又命一众将领驻扎在广州城外，严守广州的各处交通要冲。

固守广州

德庆州元帅李质向何真建言道："您刚刚掌管广东道的军政大权，您的仁政、军威已经有目共睹。古时南越国王赵佗的领地终会归入您手。但邵宗愚这盗贼攻陷广州城，杀死朝廷官员，罪大恶极，死有余辜。您现在不和他断绝关系，实在是有负众望。"何真颇有些左右为难，说："确实如此。但邵宗愚献出广州全城，迎我进驻，如果我马上杀了他，实在有些不忍心。

邵宗愚素来骄纵，日后等他犯下重大过错，我们再杀他也不迟。如果现在就突然下手，那些和他一样割据一方的各地土豪一定觉得我何真背信弃义，这样的话，我又如何取得他们的信任，与他们合作？我如何能稳定现时的局面？"李质继续分析其中利弊，说："如今广东道暂时和朝廷失去联系。假如您现在姑息、放过邵宗愚，各地枭雄不知道您用意何在，一定以为您是纵容罪恶。一旦形势有变，或是朝廷重新掌管广东局面，各地枭雄一定会以此为罪名，联手向您进攻。届时，您如何自辩清白，如何应对？"何真听了李质的深入分析，点头称是，遂在衙门外张贴告示，尽数邵宗愚犯下的弥天大罪。

邵宗愚见此，立刻率部队将广州城团团围住，企图夺回广州城。邵宗愚围城几近一年（1364年冬至1365年秋）。广州城内粮尽，士兵百姓只能煮野草根及弓弩的皮革作为粮食。虽然如此艰难，但百姓都没有变心，与何真及其将士们一起坚守。向外打通粮道后，何真立刻派将士率领市民、壮夫到其他辖境购买粮食、柴薪。车队络绎往还，运回的粮食、柴薪由军民分享，广州城内居民脸无饥色。岭南其他方的官员、百姓看到广州城内的安稳、团结，都十分羡慕、佩服。

与此同时，何真命何迪、何华及将领吴文惠、马丑寒、李满林出征循州、梅州、河源、龙川、兴宁等县，攻下后，命他们各守其城。

元朝赐封

何真一向无割据岭南之心，在掌握广东道军、政权力后，虽然局势仍然未稳定，但仍筹划派人北上和朝廷沟通。其时各地战乱，陆路、水路不通，何真命人建造海船，由海路前往朝廷。

元至正二十五年（1365年），何真派遣省都事鲁献道向朝廷上呈地方文表、进贡地方物产，并向朝廷呈报何真由广东道长官授职、奉命征讨各地盗寇的详细经过。枢密院引鲁献道觐见元朝皇帝，元朝皇帝亲自询问岭南的情况，鲁献道一一回答。元朝皇帝很赞赏何真的平乱之功，对宰相赞叹说："如今四方失守，四方重臣却飞扬跋扈，你争我斗，不受朝廷节制。想不到岭南地处南海边陲，却能不费朝廷之力，仅靠自己的地方力量就能收复失地，还派员上呈文表，让朝廷知道岭南的情况。你们中书省、枢密院不但要设宴款待来人，给他们提供食宿、物资，更要给何真等人论功、授职。等到顺风时节，再送他们回去。"宰相领旨。第二、第三日，中书省、枢密院分别赐宴款待鲁献道一行。

是年冬天，北风吹起，正适合海船南下，枢密院再次引鲁献道觐见皇帝，向皇帝辞别。皇帝下旨，命令铸造广东分省南台银印，授何真为资善大夫、江西福建等处行中书省左丞，[1] 钦赐龙衣、御酒；赠何真已去世的父亲为资善大夫、浙江等处行中书省左丞、上护军、庐江郡公，何真已去世的母亲为庐江郡夫人，何真已去世的祖父为中奉大夫、广东道宣慰使司都元帅府都元帅，何真已去世的祖母为淑人，何真已去世的妻子为庐江郡夫人；授何真的继室廖氏为庐江郡夫人；何真堂弟何达卿为散官、江西省理问；何真亲弟何迪为中奉大夫、广东道宣慰使司都元帅，何迪之妻为夫人；何真堂弟何汉贤为散官、江西行中书省都镇抚；何真堂弟何亨济为广西省都镇抚；何真堂弟何克信为武略将军、惠州路万户；何真堂弟何元忠为散官、福建行中书省理问；何真堂弟何宗茂为福建都镇抚；何真长子何荣为武略将军、广州路银牌万户，何荣之妻为淑德夫人；何真次子何华为广州路总管府同知；何真三子何富为惠州路府判；何真妻舅廖允忠为湖广省理问；何真外侄叶宗辉为广东省都镇抚；封靖卿为肇庆路总管；马丑寒为亚中大夫、广东都元帅府同知；罗宗泰为循州州判。

腹背受敌

元至正二十五年（1365年），陈友谅残部将领熊天瑞联合诸山寨部伍进攻循州、梅州，何迪驰援，仍遭战败，二州被红巾军占领。吴文惠镇守的河源及属下军营幸好据险守住，何迪退回河源选兵再攻循州、梅州，重新收复二城，降其将领张寿等人，命吴文惠总领河源、循州、梅州二地。吴文惠去世后，由殷一宗镇守。

何真实际控制的地域颇为广阔，命亲属、将士镇守各地：亲弟何迪镇守惠州，堂弟何元忠镇守循州，堂弟汉贤镇守增城通往广州的咽喉要道小迳，妻舅廖允忠镇守海丰，长子何荣镇守东莞的靖康场增田营，三子何

---

[1]此据《庐江郡何氏家记》。宋濂《何氏义田遗训》与此略异："由惠州府判，五迁为江西等处行中书省左丞，阶资善大夫……后合福建、江西为一省，改拜公资德大夫、江西福建行中书省左丞。"

027

富镇守瓦窑营，外侄叶宗辉镇守东莞的茶园营，义子张文可镇守太平寺，封靖卿镇守清塘，马丑寒镇守博罗、河源等县，罗宗泰镇守三家店，李成祖镇守坑田，周祐镇守石岩（今属深圳市）。

然而，何真控制的地域也不是十分稳固，时常受到卢述善、邵宗愚等部队分头猛烈进攻，腹背受敌，顾此失彼，一些地方时得时失。

在东莞，李确联手卢述善、张黎昌率领兵船进攻何荣镇守的增田等军营。何真见军情危急，命何迪临时代理广东分省的政务，命何贵等将士固守广州城及惠州路，亲自率领马丑寒等将士驰援何荣。

在广州，邵宗愚继续率兵围攻广州城，形势一日比一日危急。在顾此失彼的情况下，何真只得命何荣放弃增田营，退守英武镇，自己返回惠州城布置防守，旋即返回广州城。何真途经板石时，还差点被梁志大的亲属谋害。

六月，广州城已被围困大半年，但幸得将士们奋死守住。何真试图冲出重重包围，命何荣等将领在广州城百里外的大席帽山扎营，又命将士分头攻克被邵宗愚占据的东瀼、大水坑、车陂（今属广州市）、冼村（今属广州市）、小迳等军营。

何贵被俘

邵宗愚外侄赵显安以兵船进攻茅冈，在附近小迳镇守的何汉贤派长子何彦宗驰援，激战之后，茅冈军营被攻陷，何彦宗被俘至邵宗愚处囚禁。赵显安继续推进，进攻小迳。由于部下变节通敌，小迳军营亦被攻陷，何汉贤战死，家属被掳，残部逃至何富镇守的瓦窑营。赵显安继续推进，进攻车陂军营，何富命将领镇守瓦窑营，亲自驰援。

何富弟弟何贵亦骑马前来助战，但人和马匹都陷入泥泞的水田里。赵显安养子赵妃得见此，立刻奔向前想生擒何贵。何富眼见弟弟情况危急，立刻策马前往救援。赵妃得见何富策马驰来，向何富连发数箭，一箭射中马颈，一箭射中马鼻。何富毫不畏惧，伸手将箭拔掉，跃马挥剑向赵妃得斩去，一剑斩落赵妃得的头盔。刹那间，赵妃得蹲下身，仰着向何富射箭，射中马喉。此时，何贵和马匹已逃出泥泞，何富见此，奔回己方阵地，易马再战。虽然有何富、何贵二兄弟亲自督战，但车陂还是失守。天色渐晚，何贵退守大水坑营，何富退守瓦窑营。

不久，冼村营亦被攻陷，由邵宗愚弟弟邵全可镇守。何贵率兵攻破冼村，收复失地，俘获邵全可，送至广东分省囚禁，但冼村不久后又失守。

继而，大水坑失守，邵宗愚派三倍兵力夜攻东濒营。何贵心想，东濒是广州城的前沿阵地，如果东濒失守，广州城可谓唇亡齿寒，决定率兵驰援东濒。东濒守将梁万珍眼见敌人的弓箭、石头像暴风雨一样向城上射来，心里异常惧怕，偷偷打开东濒北门逃走。何贵全然不知梁万珍已逃走，仍然全力与敌人血战，不幸被敌人用长枪击倒，被绑起来送至冼村营。

押送者见何贵年仅十五六岁，年少英俊，想收为养子。有一位妇人走上前说："这是何真四子，是一位万户。"何贵应道："是！"押送者遂不敢。

赵显安听说俘获了何真四子何贵，命人将何贵押至面前。何贵拒不屈服，赵显安说："到如今，你还逞什么强呢？"何贵大义凛然地说："朝廷命我父亲何真镇守广东，我虽然年纪尚小，但我也是个万户。我为国征战，今得一死，何其荣幸！"赵显安左右强迫何贵下跪，何贵坚决不从，赵显安说："不要再强迫他了，免得他自杀。"

赵显安亲自押送何贵回三山，带至邵宗愚面前。邵宗愚问："真的是何真的亲生儿子？"赵显安答："是。他虽然年纪小，但丝毫不怕死。"邵宗愚命令何贵下跪，何贵严辞拒绝。邵宗愚大怒，命人拿铁锤锤打何贵，打到何贵几乎丧命，才收入监牢。

次日，何贵又被带至邵宗愚面前。邵宗愚问何贵："你为何来到这里？"何贵坦然答道："战败被俘，自古有之。"邵宗愚又问："广州城是我让给你父亲的，你父亲却与我绝交，这是什么道理？"何贵义正辞严，反问邵宗愚："城池乃国家重地，当然要任命臣子镇守。我父亲奉朝廷之命镇守广东，就算你不让出广州城，我父亲也有职责联合各方力量，收复广州城。广州城何来是你让出来的？如果我父亲不与你这样的盗寇绝交，这世间还有正义可言吗？"邵宗愚见辩论不过何贵，只得说："我姑且留你小命。哪天我和你父亲重新交好，我就把你放回。否则，我杀了你！"

和邵宗愚勾结在一起的广东道原右丞趺里迷失问何贵："小贼，我问你。我是朝廷命官，你父亲为什么占据广州城，不让我进城？"何贵依然义正辞严，答："大人您是朝廷命官，如果您从官方驿道前来广州城，守城将领怎敢不迎接您进城？但是，您却违抗朝廷命令，玩忽职守，和盗寇走在一起，您走的是正道吗？如果我们让您进城，这世间还有公道吗？"跌里迷失一听，恼羞成怒，大声骂道："小猴子！你再敢嘴硬，我把你凌迟了！"何贵毫不畏缩，双目怒视跌里迷失，大义凛然、字字铿锵地答："我在战场上出生入死，刀风剑雨乃是寻常小事，得死犹生！堂堂天朝，会亏待死士吗？！"跌里迷失一时语塞，只好对左右说："继续囚着这小子。"

邵宗愚兄弟邵仁可派信使前往何真军营，想以何贵换回被俘的兄弟邵全可。何真没有答应，说："我有六个儿子，现在虽然有一个被你们俘虏了，我岂会绝后？我堂弟何汉贤只有何彦宗一个儿子，如果换俘，那就换何彦宗回来。"信使回去复命后，邵仁可感叹说："亲子不换而换侄子，何真确是男子汉、大丈夫！"于是，何彦宗被放回，何贵仍然被囚。

何贵被囚禁的时候，邵仁可部下有一人是赵显安妻舅黄德明。何贵和黄德明虽然素不相识，但二人一见如故。黄德明很同情何贵的遭遇，常常去和何贵谈天，安慰何贵，亲自或命仆人给何贵送上水果、糕饼等食物。何贵十分感激黄德明，也做好了随时被杀的准备，说："您对我的大恩，可惜我此生无法报答了。"

广州失陷

元至正二十五年（1365年）九月，邵宗愚勾结廉访副使广宁围攻广州。在何真率将士忙于抵御邵宗愚围攻广州城并且即将获胜的关键时刻，何真麾下猛将马丑寒的母亲在博罗县病终。讣告报至，马丑寒未经请示何真，擅自退下阵地，赶回博罗县奔丧。阵地被敌军攻陷，元帅金子文被杀死。由此，邵宗愚部队的攻势更加猛烈，接连击溃何真的几处军营，广州城岌岌可危。

广州形势危急，镇守惠州的何迪、何荣驰援广州，顺道往博罗吊唁。吊唁时，何迪、何荣察觉马丑寒言色有异，很有可疑，到广州后，立即向何真报告。

十月，马丑寒果然偷偷勾结王成，带领博罗、龙川、兴宁的驻军及循州、梅州的山寨部队一起叛变。

马丑寒叛变的消息传来，何真深知一旦邵宗愚与王成再次联手，广州将彻底沦为孤城，立刻陷入敌手。何真当机立断，决定放弃广州城，率军回惠州。何真命人分道进攻敌营，引开敌军注意力。与此同时，何真怕广州城百姓因城陷受饥，命人打开粮仓，佯装运输军饷，实则将粮食分给百姓。入夜，何真、何富分别率领将士、家眷，一前一后，起程回惠州。

仓皇回惠

途经虎耙迳时，何富听闻驰援广州时身受重伤的骁将李原吉落在后面，命大部队稍作停留，自己带数人骑着马、带着饭回去接李原吉。何富找到李原吉时，李原吉已经饥肠辘辘。何富马上拿出饭给李原吉吃，李原吉感动流泪，边吃边说："韩信如果没有漂母送饭给他吃，也就死了。这次我们东回惠州，您不顾千金之身，冒险返回，带饭给我这个士卒吃。日后冲锋陷阵，谁也别想冲在我李原吉前头！"等李原吉吃完饭，何富几人骑着马，轮流带着李原吉跟上了大部队。部队所带的粮食不多，士卒们饿了，何富就命人将劣马杀了吃。

何真一行去到一处山坳时，路边有一棵大树倒下来横着拦在路上，树高四尺有余，马匹跨不过去。何真所骑赤色玉脸骝马去到树前，停住脚步，迟疑了一下，便弯下前足从树底爬了过去，马鞍上连一点泥尘也没有沾上。众人见此马有如此灵性，无不欢呼，说："这是神灵在帮助我们呀，我们不用担心，我们的事业一定能成功！"

何真一行去到龙门、平陵两处军营，守将廖罗、李满林备好酒食远迎。李满林见到何真，马上就哭起来，说："马丑寒叛变了，各处军营都跟着他一起叛变。我因为生病，去不了马丑寒的军营，被迫将儿子送去作为人质。"何真很理解李满林的心情，说："我正是带着全部人马回来剿灭这个叛贼。你前来迎接我，说明你仍愿意追随我。如果你现在就跟我一起去征剿马丑寒，马丑寒一定会杀了你的儿子。等我杀了马丑寒这个叛贼，你再跟我出征也不迟。"李满林很感激何真的体谅，说："马丑寒叛变时，我父子本来是想投奔惠州的，无奈江水暴涨，江上遍布叛贼兵船，而我的身边都是本地人，谁肯抛家弃子跟我们一起投奔惠州呢？我们逃不走，叛贼就逼我将儿子送去做人质。临别时，我儿子说：'我们父子今日就永别了。我现在去敌营做人质，一定能暂缓局势，报答何公对我们的大恩大德，我死而无憾！'如今，我有幸带着人马重回您麾下。如果您想着暂缓我儿子一死，而不让我跟您出战，实非我所愿！"何真很感动，不禁泪下，对一众将领说："李满林舍小家而顾大家，实在是大丈夫！他们父子的话，你们要好好记住。"

何真率将士去至龚庄，轻易击破叛营，斩杀叛将陈彪。至安和镇，此处仍由何真妻舅廖允忠等人镇守。何真要来两只小船，何真及继室、何富等人乘一只船，其他将士乘另一只船，沿小河回惠州。

傍晚，二船去到水口。即将进入东江时，敌船突然窜出拦住河面，朝二船猛烈射箭。何真与船上将士马上披上盔甲，弯弓射箭回击。贼人不知船里的人是何真，但见船上射来的箭实在太密、太猛，只得稍稍退后，转而追逐另一只船，捉住两名何真部将，带至马丑寒跟前。一位何真部将宁死不跪马丑寒，马丑寒大怒，亲自抢起铁锤，锤碎了他的头，将其残暴杀死。

夜半，何真才回到惠州城，何迪拿钥匙打开城门，接何真入城。

击退王成

何真回惠州不久，王成率领兵船前来攻打惠州城。其时刚下过暴雨，江水暴涨，王成兵船船尾的楼台几乎与惠州城墙同高。双方交锋，王成猛攻，何真固守，一时势均力敌。王成见久攻不下，命人对守城将士高呼："何真放弃广州城，回到安和镇，已被马爷（马丑寒）重重包围，有人马，无粮草，命不久矣。你们速速将何迪擒来，我们重重有赏。"何真一听，马上登上城楼，对敌军厉声喝叱道："王成在船上吗？叫王成出来见我！"敌军一看何真亲自镇守惠州城，气焰立马低了下去，暂时退却。

安和镇虽然仍由何真将士固守，但安和镇至惠州沿途都已落入敌手，在安和镇的何真将士无法驰援被围的惠州城。马丑寒向王成献计说："何真在惠州，他的得力谋士、将士都在安和镇。如今我们重重围住惠州城，城内人马粮草紧缺。只要我们昼夜无休，不停进攻，马上就可以血洗惠州城。"王成采纳马丑寒的建议，即时加强对惠州城的攻势。

面对王成越来越猛烈的攻势，加上城内粮草紧缺，何荣心急如焚，命全部将士悉数上城，日夜防御。何荣想打破局面，让部分将士出城与敌军鏖战，不但无功而回，还有将士伤亡。

骑将詹受卿手臂中箭，只能用布包扎着。见敌人射来的弓箭、石头像暴雨一般落下，他登上城楼，愤怒地对将领们大喊："你们这些将领为什么不敢出城决一生死，只敢在躲在城里死守？"此时何荣恰好巡逻到詹受卿前，詹受卿上前说："我不求一时之生，但求开门一战。就算战死，死也甘心！"何荣说："你手臂都受伤了，怕是难与敌人争锋吧？"詹受卿毫不畏惧，朗声回答："还可以一战！"何荣大受鼓舞，发令说："营中能与詹受卿一起出城冲破敌阵者，分享赏银一千两。带头者，赏鞍马银二百两。"何荣问詹受卿还需要什么协助，詹受卿说："不用劳烦其他将领，我只需挑选三百名志同道合的死士，必定击溃贼军！"

何荣如数点兵三百人交詹受卿率领，命诸将士集中弓箭、火炮力量于城楼、城堞，一起向敌人发射。一时间，火炮齐轰，万箭齐发。敌军面对如此猛烈的火力，慌忙后退。詹受卿见时机已到，立刻打开城门，骑马率领三百名敢死队向着城外的敌阵冲了出去。双方兵刃相接，敌军顿时乱了阵脚。何荣又命城内的大部队冲出去，以泰山压顶之势扑向敌军。王成、马丑寒本来张开伞盖坐在阵后督战，没想到詹受卿在混战中一下子直捣至跟前，吓得慌忙逃窜。敌军勉强抵御了一阵，便向后方溃退。

詹受卿等将士回到惠州城中后，何荣如数给将士们赏赐银两。

经此一败，王成、马丑寒胆怯了，不敢轻易进犯惠州城。

射杀叛将

惠州城暂时安稳，何真转而担忧起同样处于敌围之中的安和镇。何真部将建议驰援安和镇，何真深思熟虑后说："古语有云'扬汤止沸，不如灶底抽薪'我们只有进攻宝冈，截断宝冈与安和镇的支援路线，才能保住安和镇。这就是兵书上说的'攻其所救，则围自解'。"

何真命何富率领笋冈、清塘、板石、江边（今企石镇江边村）诸营兵力攻打宝冈。马丑寒得报，只得从围攻安和镇的部队中抽调部分人马前来支援。何富的部队用毒箭射伤敌军人马，攻破宝冈，王成、马丑寒逃去，退保博罗。何真将在宝冈所获财物分赐各营将士。被围的安和镇得知攻破宝冈，士气顿时高涨。

何真乘胜追击，率大军直捣博罗。马丑寒擅长射箭，每次出战，都站在阵前射箭。何真麾下的李茂新亦擅长射箭。何真命李茂新用毒箭与马丑寒对射，果然射中马丑寒的左指。马丑寒将箭拔出，伤口并没有流血。马丑寒知道这是毒箭，立刻退回军营。李茂新回到阵中，向何真报告马丑寒已被自己的毒箭射中，一定会中毒身亡。何真很高兴，许诺赏银二百两。不到三日，何真收到情报说马丑寒果然中毒身亡，便如数赏赐李茂新。马丑寒死后，其部队如鸟兽散，何真很快就攻下博罗，命将士进驻。何真找到马丑寒的尸体，戮尸示众，以示背叛下场。

王成将领张进祖趁机搜掠马丑寒家财，乘船逃去。马丑寒旧将苏元和、江德和等十余人骑马逃走，拟追随张进祖。何荣骑马追上苏元和，劝他回来，说："这次叛变的只是马丑寒一人，但他已经死了。你们这就逃走，忍心抛弃你们的家属吗？何不回到我们麾下，和家属团聚？岂不是更好？"苏元和不肯相信，说："回到麾下当然是好，只恐怕各位再也容不下我们了。"何荣肯定地说："我敢和你们对天发誓！"苏元和等人见何荣如此真诚，遂调转马头往回走，下马围在何荣面前拜谢。何荣对天发誓："你们回去后，如果我父亲伤害你们性命，我甘愿自杀，向天谢罪！"众人欣然跟随何荣回到营中。

何真见到苏元和等人后，对他们说："马丑寒违背道德，天所不容。你们今后立功，我会一视同仁，亲若诸将。"又命他们回去领回原来的部属，继续率领。众将士欢聚如故。

攻下博罗后，何真继续乘胜追击，旌旗蔽日，杀声震天，接连攻下石冈、福隆等营，王成一再溃退。老洋坪（今属横沥镇）、石涌、山鸡萌诸营闻风争相归降。

对于昔日降敌今又归降的将士，何真很宽容、谅解，对将领们说："凡领兵遇归附者，不要责怪他们背叛。他们昔日降贼，也是迫于无奈。如今回归，就像是赤子回到慈母怀中。你们不要违抗我的命令！"在接下来的战斗中，将领们对何真的命令都能遵照执行。

擒获王成

元至正二十六年（1366年），王成退守茶园，在大桥头（今茶山圩罗山桥附近）外，沿河岸竖起高大的木栅栏，木栅栏内筑起战楼，楼上储备大量弓箭、石头，居高临下守护木栅栏，抵御何真部队在城外进攻。王成及其部队躲在茶园城内，拒绝出战。

何真的将领们都觉得木栅栏异常坚牢，难以攻入，何真则不以为然，说："重赏之下，必有勇夫。"何真传令曰："能拔下一根木栅栏的木柱并率先冲至战楼之下者，赏银十两，次者递减。"将士们大受激励，命人斩来大树做成巨大的木盾牌，十来人或七八人头顶着一块块木盾牌向前冲，弓箭、火炮则在后方攻击木栅栏后面的战楼，使其顾此失彼。将士们凭着木盾牌的掩护迅速冲到木栅栏之下，奋力拆毁木栅栏。原本坚牢的木栅栏顿时被撕开缺口，将士们一拥而入，分头向王成的军营进攻。入夜后，王成趁着天黑逃走，退守水南营。

何真将军营移至西湖的东江岸边，准备渡江进攻王成，又张榜悬赏，称：能擒获王成者，赏银一千两。不久，王成将领张进祖果然见财心动，擒获王成向何真领赏。何真见到王成，给他松了绑，引他坐到上座，笑着说："您为什么养虎为患？"王成惭愧地回答："我开始以为他是猫，谁知他就是老虎！"

张进祖向何真求赏。何真如数将一千两银给了张进祖之后，命人将张进祖绑住，放进一个大汤锅中，用车载着，又命张进祖的妻子在车中烧火烹煮张进祖。士兵们沿街敲锣打鼓，载着张进祖游街示众。锣鼓声一响，士兵们就命张进祖大喊："四方百姓，不要学我这个奴仆出卖主人，一定受此极刑！"张进祖喊完，士兵们马上大喊："奴仆出卖主人，必如此人！"沿途百姓们目睹此事，都佩服何真赏罚分明。

何真用槛车押着王成运回惠州。后来，王成向何真表示愿意回乡种田，何真释放了王成。

何真攻下茶园后，东莞沿海诸叛营闻风归降，只有李确据靖康场，文仲举据东莞、归德，刘丑卿据新涌、黄田，郑裕卿据西乡、固成，吴彦明据南头等营，不肯归降。

势如破竹

元至正二十七年（1367年），何真迅速荡平东莞等处割据势力，收复广州城。

是年初，何真亲自率兵进攻据守靖康场的李确。李确向卢述善、文仲举求援，二人调来百艘兵船支援。何真亲率大军在靖康场之前列营，成大军压境之势，另派封靖卿等将领率兵绕道从背后进攻靖康场。李确溃败，携家眷退守海南栅。李确所据的靖康场诸营归降。

何真乘胜挥军进攻据守东莞的文仲举，文仲举负隅顽抗。十多年前，何真和文仲举的侄子文朝贵一起在广东都元帅府领兵听调，何真待文朝贵视如己出。文仲举联合其他割据势力攻打何真时〔如元至正十八年（1358年）联合郑润卿〕，文朝贵哭着向文仲举进谏，说："何真谋略超人，赏罚分明，见义忘利，岭南无人可比，其子弟、将领也英勇善战、足智多谋。如今何真暂时有难，我们虽然不能支援，但也该保持中立，和他保持良好关系。等到何真强盛了，我们就能和何真相安无事、相见如故，这不是很好吗？"文仲举当年根本没有听取文朝贵的进谏，如今何真兵临城下时，文朝贵感叹地说："我以前说过的话，现在不是应验了吗？我既然曾受何真之恩，如果知恩不图报，反而背叛他，与他为敌，我还有何脸面面对其部伍？我宁死也不做背义鬼！"文朝贵遂称病，不领兵出战，文仲举派人杀了文朝贵，另派文朝章领兵出战。其时连日刮北风，何真命千余名士卒每人拖着带叶的树枝，在泥土路上疾行前进。双方交锋时，何真部队扬起滚滚沙尘，遮天蔽日，文仲举部队见状大为恐慌，迅速溃败，被何真部队斩杀无数。东莞营被攻陷，文仲举逃至市底，投靠黄子德。吴彦明、郑裕卿二人听到文仲举战败逃走，亦弃营逃走，前往投靠卢述善。由此，西乡、南头诸营皆归降何真。

何真命廖允忠征海丰，沿途所遇敌军皆望风而降。对于主动投降者，廖允忠命他们各自镇守原有军营。

何真命何荣征增城，敌营皆降，命将领分别镇守。

何真命叶宗辉征白沙、石湾等营，白沙营首先归降。叶宗辉一向军令严厉，白沙营将士都不敢去叶宗辉面前投降。叶宗辉所领部队入城后，对居民秋毫无犯，城内外父老乡亲都欢喜地说："过去时世混乱，乡豪割据一方，横征暴敛，民不自保。后来，我们归附何公，何公法宽令严，我们得以男耕女织、安居乐业，不用再担惊受怕。不幸的是，去年何公被人背叛，我们又重入虎狼之口，再遭残暴。如今，幸得叶宗辉将军光复白沙，我们得以阖家平安。我们各人捐资，不拘多少，献给叶宗辉将军，感激他对我们的再造之恩！"于是，白沙百姓合捐一千两银送到叶宗辉营前。叶宗辉没有收下银两，对父老乡亲们说："这些银两足见你们的归诚之心。你们以前投降贼人，是受贼人所迫。如今我奉何公之命光复白沙，不费一箭，你们就投诚。现在我见到你们，忘不了之前的军民友好关系。如果我收下银两，那就是唯利是图了。"遂命人将银两退还给白沙百姓。

叶宗辉攻下白沙、石湾诸营后，会同何荣出征增城未归降的军营。张文可收复太平寺数十营。何真则以英武镇为大本营，四出征战周边未归降的军营。

何真命何荣、何富征车陂、冼村等营，又命何彦宗攻小迳营。小迳作为广州城东南面的防御重地，邵宗愚命朱宝安、黄子敬、莫亚敬等猛将在此镇守。朱宝安固守小迳城内不敢出战，何真命令将士们说："限你们在击鼓三次的时间内攻破小迳营！先登城者赏银一百两，次者递减，将领加功另赏！"何真一声令下，进攻的鼓声响起，将士们冒着敌人像暴雨一样的弓箭、石头，一波接一波，奋勇冲至城下。第三次鼓声响起时，将士们已经沿着云梯突破敌人的防御，登上城墙。朱宝安见城已被攻破，连自己所骑的白花马"滚沙龙"也不要了，慌忙率麾下将士乘船逃走。何真部队攻入城内，擒获猛将黄子敬，斩之。冲在前面的何彦宗发现莫亚敬快要逃到船上，他正是两年前在小迳杀死自己父亲并俘获自己的仇人。何彦宗跃马高呼道："前面就是我父亲的冤家莫亚敬，请地下阴灵拦住他的去路！"莫亚敬听到熟悉的声音，大惊失色，吓得跌倒在地上。何彦宗跃马上前，挥剑斩杀莫亚敬，将其首级带回军营受赏。

何荣率兵攻车陂营。邵宗愚外侄赵显安率领部队在此镇守。他们虽然奋力抵御，一刻也不敢吃饭，一刻也不敢解下盔甲，一刻也不敢卸下马鞍，但还是无法抵挡住何荣部队的猛烈攻势，被打得落花流水，伤亡惨重，只得弃营逃走。车陂诸营皆降。

收复广州

五月，何真进攻广州城。

赵显安以几乎全部兵力镇守广州东门外千军镇。何荣、何富、杨润德、张文可则在大水坑至席帽山下，沿途扎营，一字排开，旌旗蔽日，戈甲鲜明，与赵显安部队对峙。

广东右丞跌里迷失与廉访司副使广宁龟缩广州城内，不敢出战。右丞跌里迷失派信使向何荣传话，问："你们率军到此，所为何事？你们金鼓不鸣、弓矢不发，又是为何？"何荣答道："我们还没有收到命令。"使者又说："跟何左丞说，派个信使来跟我们商量。"

何真派木八剌沙前往。跌里迷失问："你是何人？"木八剌沙答："我是何左丞的信使木八剌沙。"跌里迷失又问："你为何不拜见本官？"木八剌沙不卑不亢，答："穿着盔甲的勇士不用行拜礼。"跌里迷失又问："何左丞派你来有什么话要说？"木八剌沙正色道："大人奉朝廷之命，来本省任职右丞，为什么不从官府驿道前来上任？却与盗贼勾结，荼毒生灵？我们何左丞虽然是土人（按，元朝时南方汉人最低等），但亦有忠君爱国之心。到处都有盗贼起兵，官府不能压制，何左丞时任河源县务官，只能弃官回乡。何大人见盗贼横行乡里，不能自保，便前去拜见广东道长官、南台御史八撒剌不花，向他面陈保民平寇的良策，后来被正式任命为惠州路官员。何大人起义兵除寇，惠州境内重获安宁。前几年，省城广州失陷，南台御史八撒剌不花死于非命。何大人率义兵光复广州城，又派信使向朝廷报告，获朝廷任命为广东分省左丞，授广东分省南台银印。大人您镇守的广州城是朝廷的城池。我们开始还以为大人被贼人胁迫，但如今何左丞已经来到广州城外，大人却闭门不出，也不派遣使节前来迎接，让朝廷颁授的由何左丞执掌的广东分省南台银印漂泊在广州城外，这样可以吗？这算是敬畏朝廷吗？大人您勾结贼人，已经很明显了！"跌里迷失一听，理屈词穷，只能虚张声势，说："谅何左丞没有进入广州城的本事！"

木八剌沙回军营向何真复命。其时何真率部队已经在广州城外驻营两日。何真对将领们说："我们大军临城，每天都要运输大量粮草。如果不尽快攻破广州城，我们的将士就会缺粮。我限你们在七日内破城，否则绝不轻恕！"何富召集将领们商议攻城之计，说："如今军令已下达，我们要全力奋战。现在我们驻重兵在广州城东北，敌军必然严密防守。只有广州城西自清水濠至太平桥、西庙一带，是敌军的软肋，夜晚必无驻兵防守，巡防也较为懈怠。我们在夜里静悄悄地带着云梯攀上城墙，必定建功！"骁将张俊祖等人听到何富的计谋，十分兴奋，踊跃请战。

张俊祖等将领挑选三百名敢死队，带至何真面前，向何真报告攻城之计。何真很赞赏，当即向将士们赏赐一千七百多两银。何真命令将士们："每十人扛一架云梯，每人赏银五两，抓阄决定由谁领头，加银五两。敢死队由三名将领率领，每人赏银二十两，各率领十架云梯。敢死队登城后，举火为号，打开城门，方便大部队攻入城内。不是披坚执锐的敌兵，不能杀。居民闭门躲避的，不能惊扰。"各将士皆听令。

另一方面，何荣、何富二人屯重兵在广州城东门之外，先按兵不动，命人登高眺望，若看到城西举火，便立即击鼓登城进攻。

当天晚上，月亮没有出来，夜色很暗。张俊祖等人率领三支敢死队，待退潮之后，涉水渡过清水濠，悄无声息地一路快步前进。如何富之前所料，一路上都没有遇到敌军巡防。去城墙之下，将士们把云梯架在城墙上，立刻像猴子一样迅速向上攀登。登上城头后，马上举火为号。

东门之外，何荣、何富立刻命令击鼓进攻，督促士兵们登梯上城，并放炮攻城。城西敌军已被牵制，不能前来东门支援，镇守东门的敌军一听到鼓声、炮声，都吓得双腿颤抖，无法组织有效的抵御，被登上城墙的何真部队逐一斩杀，东门也被打开。何真大部队一涌而入，奋勇杀敌，敌军只得从小市门、正南门逃走。右丞跌里迷失随朱宝安逃脱，副使广宁在逃跑时被杀死。

攻入广州城后，何荣命人拜见佥事黑的儿说明入城缘由，让黑的儿属下将领无须惊慌。何荣又命人分守广州城各个城门，防范敌军反攻。

次日早晨，广州父老去到何真的军营前欢迎何真入城。东门外，佥事黑的儿在此恭候何真。入城后，何真命令已入城的将士在驻扎地自行开火做饭，不能扰民。何真又命令广州城百姓：凡藏匿民家的敌兵，能擒者赏；不能擒者，报官府缉捕；违抗命令者绝不赦罪。由此，藏匿在广州城内的敌兵被搜捕殆尽。

广州城内市场、店铺恢复营业，市民百姓都欢喜、赞叹地说："之前邵宗愚占据的时候，我们百姓都愁眉苦脸。店铺虽然开着，但店家害怕被抢掠，只能将货物深藏起来。家里越富裕的，心里越担忧，不知何时会家破人亡。如今何左丞重回广州，城市安然无恙。古时良将，有谁比得上何左丞？"

何真择了一个好日子，举行新旧官员交接、上任仪式，自己亲自主掌广东分省的军政大权，又张贴安民告示，设宴犒劳将士。

广州城内父老百姓、官员为庆祝何真收复广州城，给何真送上一幅绣有精美图画、诗词的软障（屏风），上面绣着一首词《水龙吟·为我左辖钧相何大人凯还之庆》："东南一柱擎天，星辰错落，风云走，雷轰电扫，搀抢、荧惑，光芒何有？地肃天清，虹消云雾，水明山秀，是我公英杰，济时长策，姑小试，经纶手。　箫鼓归来未晚，正人间富秋时候。边土开拓，庇民奠国，厥功长懋。独占孤忠，平生清白，天颜知否？看日边飞下，紫泥封诰，与君为寿。"（大意：何大人像东南一柱擎天，率部队拯救万民于战乱之中，就像是风起云涌、电闪雷鸣之后，天空中星辰错落、星光闪耀，主兵祸的灾星顿时失去光芒。何大人英伟杰出、满腹经纶，其救世谋略才略略出手实施，就已经让岭南雨过天晴，大地肃穆，天朗气清，水明山秀。何大人的部队重回广州城，正值秋天时分，不算太晚。何大人功绩巨大，开拓边疆，报国安民。在岭南，只有何大人真正平生清白、忠君爱国，皇上您知道吗？！皇上一定会降下诏书，隆重褒扬。等到那时，我们广州官员、百姓再向何大人祝寿！）

何真很感谢广州父老百姓的厚意，赐宴招待，一起畅饮美酒。何真对广州百姓说："邵宗愚、卢述善两个叛贼自甲辰冬至乙巳秋（1364年冬至1365年秋）围攻广州城。在广州城内严重缺乏粮食的紧急时刻，马丑寒背叛投敌，截断了惠州到广州的支援路线。不得已，我只能带着广东分省的大印回到惠州，静待重新收复广州城的时机。马丑寒中箭死后，我收复失地。我和右丞跌里迷失商量过，我原以为他会击退寇贼、恢复朝廷法纪、迎我入城，没想到他居然和寇贼勾结在一起。如今，我率军一举收复广州城，右丞跌里迷失和寇贼一起逃走，副使广宁也在混战中被敌兵杀死。我现在能和诸位相会，靠的就是大家人心团结。"

广州父老百姓对何真说："邵宗愚、卢述善围攻广州城的时候，南台御史八撒剌不花死于非命。虽然寇贼纵横于城外，但幸得大人您拯救广州百姓于水火之中，不断从城外运送粮食、柴薪入城，商人乐于开业，工匠也没有停工，广州城内称得上是太平之世。后来，敌人围城越来越严密，广州城内严重缺乏粮食，您就派遣将士护送百姓出城运输粮食、柴薪，早上护送百姓出去，晚上护送百姓回来，如此大半年，广州城内不至于断粮。没想到的是，马丑寒占据博罗这个战略要地背叛您，您不得已挥师东归，救援惠州。广州城重陷敌手，百姓横遭暴虐，惨不堪言。如今，大人您挥师击退寇贼，收复广州，安定百姓。我们广州百姓就像赤子重新回到慈母怀抱。"

广州已定，何真命何荣驻守增城，命殷一宗等将领出征循州、梅州，各山寨闻风而降。

何真派遣都事徐渊之前往朝廷，报告收复广东省城之事，向朝廷进贡地方物产。何真获朝廷授予"资德大夫"官衔，钦赐龙衣、御酒，仍旧主政广东分省。何迪、何荣等一众将领都获得升职、赏赐。

剿灭余寇

与此同时，何真命何荣统兵，率领张文可等将士征讨谭一龙、张鹏程。

到达后，各将领分营驻扎。次日，何荣率领一百来号人马外出挑选更合适的驻营地，不料在途中遇到敌军大队。何荣本想退回大本营，但此时敌人已经射箭进攻，只得勉强应战，被敌人截断与大本营及其他军营的联系。各营被敌人逐个击破，大批将士阵亡。何荣只得退回增城。

何荣向何真报告战况，何真怒不可遏，大声斥骂道："要不是我们是父子，我难以下手，我就把你军法处死！"

何真对这次大败非常不忿，一心一雪前耻。是年（1367年）秋，何真命杨润德统兵，由何富协助，率领张文可等将士再次征讨谭一龙、张鹏程。

到达后，何富等将士择地驻营，首尾相顾。张鹏程率先迎战，张文可率兵鏖战，未分胜负，各自回营。何富命步将姚世昌率兵夜袭敌营，但被敌人击溃，姚世昌只得退至张文可军营。

谭一龙率兵围攻张文可军营。谭一龙在阵前大声问道："营中是哪位大将？"张文可应声道："你不认识太平寺将领张文可？"谭一龙有些傲慢，说："如果你这个太平寺将领投降，我还可以和你歃血为盟，结为兄弟。否则，你免不了营破身亡！"张文可闻此，大声骂道："你当我太平寺将领张文可是什么人？！"张文可命令士兵们坚守阵地，说："这些小贼，怎能破得了我的军营？！"就在此时，张鹏程率敌兵前来支援。面对越围越多的敌人，张文可只得弃营奔到山中。

张鹏程转而率兵围攻何富军营。何富出营布阵，命令将士们："我们现在身处深山老林，是退无可退的万死之地。我们宁可一起战死，也绝不能被敌人击溃！"将士们应声道："敌我交锋，退阵者斩！"万户黄吉用、冯志昌大声高呼："今天我们不战胜敌人，还有脸回去吗？"将士们士气顿时高涨，拔剑奋勇迎敌。猛将张俊祖孤身骑马冲入敌阵，斩杀敌人后还硬生生将敌人坐骑拽回军营。其他将领见此，也不甘落后，骑马杀入敌阵，斩杀数十敌人，另有众多敌人堕马。敌人败走，何富命人守住要道，拦截追杀。

谭一龙见张鹏程溃败，放弃追击张文可，转而驰援张鹏程。何富见谭一龙的援兵马上就要来到，鼓舞将士们说："这是贼首谭一龙。我们虽然人疲马乏，但我们乘胜迎击，来援的敌人必定胆怯，我们一定能够取胜！"双方才交锋，业已解围的张文可也率兵从后方进攻。敌人腹背受敌，只得退守寨中，据险抵御。入夜，张俊祖率兵渡过护寨河，攀上寨墙，与谭一龙巷战。谭一龙大败，抛妻弃子逃走。次晨，张俊祖迎何富入寨。何富亲自慰问伤者，命人为伤者疗伤。

由此，周边诸山寨闻风而降。何富命黄寨元帅黄庸德镇守诸山寨。

元至正二十八年（1368年）初，何真命杨润德署理广东分省政事、军事，亲自率领何荣、何华、何富、张文可等将领征讨割据胥江（今北江三水段）的李文俊。何华首破花山寺营，李文俊、范以仁退保胥江。面对何真的强大兵力，李文俊知道自己无力抵御，只得派长子李英等人前来投降。至此，何真主导的军事行动基本结束。

拒绝称王

何真在岭南的势力稳固后，有人向何真献上吉祥物，称此乃帝王受命于天的征兆，劝何真效法南越王赵佗在岭南称王。何真向无称王称帝之心，派人把他抓起来杀了。何真依然以元朝为正统，静待天下时势变化。

元至正二十八年（1368年），朝廷授何真为荣禄大夫，由左丞升为右丞，何真没有接受。

归顺明朝

此前，何真派遣都事刘尧佐、检校梁复初等人航海前往朝廷进贡。1368年初，二人回到福建时，恰逢明军大将汤和、征南将军廖永忠平定福建，廖永忠奉朱元璋之命征广东。廖永忠将写给何真的劝降信交刘尧佐、梁复初带回，并从海路直趋潮州。

廖永忠在信中说："识天时者，谓之俊杰。能保全地方百姓和自己家庭者，谓之有才能之人。如今，各路军阀都归顺明朝，辅佐贤明的皇帝，这是千载难逢的机遇。你们广东连年兵祸，生灵涂炭，社会动荡之至。但您何真等人能挺身而出，保障一方百姓。广东有今天的良好局面，如果不是您何真才能出众，能这样吗？我受明朝之命，率领大军南征，已经平定了福建、浙江。就算方国珍拥有水陆两路军队，陈友定兄弟拥兵数十万，都不日瓦解，束手归顺明朝。这难道不是上天命我们明朝要广拓疆土、成就伟业吗？你们通晓古今，怎能不认真思考如今的时局？虽然我们准备攻打广东，但想到广东各地百姓都是善良之人，如果我们不贴出告示招抚百姓，实在违背了仁人君子奉天征讨的原意。如今，我专门派使者告谕您，如果你们诚心受降，必然功盖当世、造福后代。如果你们有别的想法，酿成兵祸，你们谁承担责任？因此，我们驻军广东边境，恭候您的佳音，希望你们好好思考、筹备一下，其他就不说了。"

何真得到廖永忠的书信后，知道元朝已经衰亡，天命终将归于明朝，便率领父老穿上白色丧服，在官衙中大哭，祭奠元朝，然后给廖永忠复信。

何真在信中说："我听闻上古明君圣主将出之时，必然有贤臣智将辅佐，以成就大业。政治、教化，必然造福世人；挥军进攻，必然所向无敌。明君圣主可谓文武双全！二月初九（1368年2月27日），刘尧佐、梁复初向我报告您平定福建的功绩，实在令人景仰、羡慕。您赐函予我，让二人平安归来。您在信中字字推重诚信之义，完全没有举兵屠杀的言词。王者无敌，古来贤臣智将无出您之右。我何真只是广东沿海的一个小小百姓，学识荒疏，不幸遭逢乱世，无法自保，只能勉强出头，聚集兵士，保卫乡土，仅此而已。我实在没有想到朝廷会论功行赏、赐予爵位，让我位居一品。我作为元朝之臣，本应以忠诚、气节为先，岂料天不佑元，君臣颠倒。如今，元朝的势力在中原已经瓦解，在南方、北方也即将崩溃。这实在是天意，并非人力可以改变。元朝旧臣奋力抵抗，也只是效一己之忠、白白连累百万无辜百姓而已。我们广东只是个小地方，没有谁会来争夺，而山河社稷终归要归于贤明君主。您在信中向我明示'吴越王钱氏归顺宋朝''对着黄河发誓，封赏功臣'这样的语句。而我归顺明朝是顺应天意、保卫百姓，是理所应当的，绝不敢劳烦您发下重誓。我衷心希望您以苍生百姓为念，妥善进驻，安抚、慰劳百姓，让百姓能衷心感激王者之师。我何真虽然失去元朝臣子的气节，但能够藉此拯救广东百姓，就已经足够。"

三月壬辰日（1368年4月9日），廖永忠的军队来到潮州，何真派遣刘尧佐带着书信坐船去潮州迎接。其时，河源守将殷一宗飞报，明朝将领陆仲亨将从江西过来进攻河源。己亥日（4月16日），刘尧佐受何真之托，将何真所辖全部十余个郡县的印章、户口、兵马、钱粮的簿籍呈给廖永忠，奉上归降文表，以示归降明朝。

四月，廖永忠来到东莞场，何真率领官员、部属迎接、慰劳，二人一见如故，相谈甚欢。廖永忠慰问了何真，告知何真朝廷的政策，又贴出告示招降诸路豪强。

何贵获救

廖永忠去到省会广州，见到广州城内在何真管辖下市井安然。然而在广州城外，邵宗愚仍不肯归降，以螳臂挡车，廖永忠遂率军征之。

出征前，何真设宴招待出征将领，嘱托说："我的四子何贵已被邵宗愚囚禁四年。如果他还活着，希望你们能救他回来。"

将士们出征不久便攻破邵宗愚军营，擒获邵宗愚全家并将其处死。在牢中的何贵听到来者说的都是北方口音，知道邵宗愚军营已被攻破。何贵的牢友拆破监牢，将仍戴着脚镣的何贵扶出。一位姓江的将领紧记何真嘱托，找到何贵后，将何贵背回战舰，为何贵斩断脚镣、脱下脏衣服，并给何贵送上美酒、食物。

何贵获释后，非常高兴，当场吟诗一首（无题）云：

> 翻身跳出鬼门关，万里风云豁壮颜。
> 人道屈原终死去，谁知苏武复生还。

胸中韬略应三省，眼底英雄又一翻。

佩我龙泉跨我马，出门重整旧江山。

即将坐船离开时，何贵见赵显安妻舅黄德明被擒获。何贵在监牢时多得黄德明照顾，一心想报答大恩，对江将领说："那个被抓的是和我同难的家人。"江将领命人将黄德明带到船中，黄德明遂得生还。江将领将何贵带至将军面前，将军用船送何贵回家。

何贵回到家里，全家人欢喜雀跃。次日，何真带何贵去到江将领寓所，亲自向江将领谢恩，并送上银两、绸缎。

赵显安的十岁儿子也被俘获。何贵念着赵显安妻舅黄德明对自己的悉心照顾，遂拿银两将赵显安儿子赎回，待之如子。

觐见皇帝

廖永忠将归降文表送至京师（今南京）。不久，明朝皇帝朱元璋赐诏褒奖何真，召何真入京觐见。诏书曰：

奉天承运皇帝，诏曰：自元君解纽，天下瓜分，生民涂炭，未见定于一者。朕以布衣，举兵濠上，创业金陵，除残去暴，十有四年矣。近者，遣将四出，戡定八闽，肃清齐鲁；广西之师，相继奏捷。大将提兵逐虏，必复中夏。虽曰易得，终是加兵。思昔豪杰之士，保境安民，以待有德。若窦融、李勣，拥兵据险，角立群雄之间，非真命不屈。此汉唐名臣，于今未见，正此兴叹。近得广东何真奉表称臣，合朕所思。敕中书驿诏来庭，锡以名爵。呜呼！天厌纷纭，人思平治，尔之所举，实为知时。坚乃初诚，以懋厥功。故兹诏示，想宜知悉。

（大意：奉天承运皇帝，诏曰：自从元朝衰败，群雄并争，天下瓜分，生灵涂炭，还未见到谁能一统江山。朕以布衣之身，在濠梁（今凤阳）举兵，定都金陵（今南京），除残去暴，已经十四年。近来，朕派遣军队出征四方，平定了福建，肃清了齐鲁，广西军队也相继取胜，大将军率领军队北伐，驱逐胡虏，必定恢复中华。虽说地方易得，但毕竟用到了残忍的兵力。朕心想，昔日的豪杰之士都是保卫辖境、保障百姓平安，以等待有德之人来统治。像汉朝的窦融、隋唐时的李勣，都是掌握着军队，占据险要的地点，独立于群雄之间，非真正的君主不降。此两人是汉唐名臣，如今就没有这样的人了，朕为此深深叹息。近日，广东何真奉上归降文表，俯首称臣，正合朕意。命中书省通过驿路传递诏书，召何真前来朝廷，赐予功名爵禄。啊！上天已厌倦了纷争，百姓希望天下太平。你的义举，实在称得上是知时识势。你要坚定你起初的归诚之心，创下更大的功绩！特颁此诏，望你知悉。）

何真奉朱元璋之诏，入京觐见，带着广东的地方物产——两只象、两匹良马、两只秦鹦（八哥）向朝廷进贡。

其时朱元璋在陈州，由太子监国。太子在文华殿接见何真，何真将秦鹦带至太子座前，秦鹦用人语高呼："皇帝万岁！皇后齐年！太子千秋！"太子一听，高兴地笑了。左丞相李善长称赞道："进贡的鸟儿也会向皇帝祝寿。由此可见，何真诚心归顺！"随后，太子向何真慰问致意，并由明朝重臣李善长、胡惟庸亲自设宴款待何真一行。

朱元璋回京师后亲自接见何真。朱元璋高度赞扬何真归顺明朝，认为何真是真正的豪杰，说："天下纷争，所谓豪杰有三种人。能将社会动乱扭转为安定繁荣的，是上等豪杰。保卫人民、看清时势变化、知道归附明主的，是次等豪杰。负隅顽抗、荼毒百姓、至死不悔的，不足论。近来，我们明朝军队兵临浙江、福建，爱卿投诚归附，没有劳烦我们一兵一卒，兵不血刃，百姓安居。爱卿确是知时识势之人！"

何真叩头答谢，说："古时周武王讨伐纣王，拯救人民，八百诸侯不约而同前来辅佐。如今，皇上您平定混乱，实现天下安定。顺从天命，人心所向，全国各地都向明朝投诚。我何真本来只是蛮邦之人，开始时因为时势动乱，便聚集乡民，大家图个活命，实在没有别的想法。如今有幸遇上明朝像太阳一样照亮四方黑暗，我纵然愚蠢，但又怎敢违抗天命？"

朱元璋说："不给百姓苍生带来祸患的人，应该世代享受福泽。朕很赞许你的忠诚，朕想到江西地近广东，特授你为江西行省参知政事，以表彰你归附明朝的诚心。《左传》说：'美好名声，是德行的外在体现。'现在，爱卿你已有了显赫名声，更要修养品德，辅佐朕治理国家！"其时，方国珍、李思齐先后归顺明朝，朱元璋也授他们为行省参政，但都只是个空衔，仅须在朝廷里朝见朱元璋，朱元璋唯独让何真到地方就任。

次日，朱元璋钦赐何真元宝二十锭（重一千两），过膊龙绉丝五十匹，素色绉丝五十匹，素罗、纱、绢各百匹；何真的随从官每人过膊龙绉丝一匹，素色绉丝一匹，绢二匹。

第三日早晨，何真被带到朱元璋面前谢恩。朱元璋设宴亲自款待，能入座的仅李善长、何真二人。朱元璋问何真："广东自古以来，有几人称得上是贤能之人？"何真答道："唐朝有张九龄，宋朝有崔与之。"朱元璋说："在我们明朝，是爱卿你。"

宴后，朱元璋授予何真部下杨润德、梁以默、黄德清、欧汝文、关熙、殷一宗、简世宗等人州县官职，其余一百六十人跟随何真上任。

皇帝初赐的诏书照例是要上缴的，何真叩头请求将诏书珍藏在家里，让后世子孙也能感受这份崇高荣耀。朱元璋同意何真的请求。

主政江西

洪武二年（1369年），何真在江西行省参知政事任上。安南国（今越南）派遣使者经广东、江西向明朝进贡。何真对右丞张天麒、参政滕殷说："安南国丞相到了驿站，我们将委派首领（头目）前去将他们迎接过来。不过，我们应该预先商定好双方见面的礼节。"张天麒、滕殷不假思索，说："应该用宾主礼（按，双方地位平等的礼节）。"何真不同意，说："皇上刚刚登基，外国闻讯前来进贡，此时，我们应该明确上下之分，让他们识得大体。否则，他们会以为我们江西没有有识之士。"于是，何真派郎中前去和使者商议。使者说："贵省长官是主；我作为一国之相，是宾。我们应该用宾主礼相见。"郎中回来复命，张天麒、滕殷都同意，但何真坚决不同意，派郎中再次前去交涉。根据何真的指示，郎中正告使者说："大明朝廷对于官员等级已有明确规定，你们国王只与我省长官同级，你们丞相只与我省首领（头目）同级。我省长官与你们丞相见面，怎能用平等的宾主礼？"使者不同意。郎中复命后，张天麒、滕殷有些心软，说："使者从远方来到我们江西，我们应该尊敬人家。"何真坚决不让步，说："这样的话，那你们会见使者吧，我宁愿不见！"郎中再次前去交涉，使者说："道理既然如此，那就听从你们的安排。"于是，何真、张天麒、滕殷一起设宴款待使者，然后送使者赴京。消息传到京城后，大家都佩服何真能坚决维护国家尊严。

何真在江西任上，凡本省人赴京，如果缺乏盘缠、路费，屡屡以自己的银两接济他们。因此，不断有人前来向何真求助。在封靖卿劝说后，何真才改为用俸米资助。

何真在江西的官邸原是洪州（今南昌）名士冯昂宵旧宅，年久失修。何真敬重冯昂宵的为人，由此更爱惜其旧宅，捐资一百两银重修。

何真非常注重文化、教育。在江西，何真捐资刊刻、印刷四书，又将元朝江西著名书法家揭傒斯所书千字文刊刻、印刷，又拿出一百两银，让部下刘友原前往浙江、福建的书坊购买各种书籍、文集。闲暇的时候，何真就和名儒黄文博等人一起讲习、讨论经史、文艺，时常通宵达旦。

主政山东

洪武三年（1370年），朱元璋召何真回京师，对何真说："朕考虑到北方未平，而山东省是补给、支援前线大军的重要省份，特调爱卿到山东任职。"朱元璋在东板房设宴为何真饯行。

何真作诗述怀，诗云：

入觐京师恩授山东行省有感而作[①]

鼎沸图存已十年，平生忠义在安边。

英雄不学万人敌，方寸长悬尺五天。

宣布曾分南国政，贤劳敢咏北山篇。

贞心独有松堪比，臣节惟应老更坚。

[大意：我平生忠义，在元末十余年的乱世中，举义兵剿盗，既为了自保，也为了国家边疆安稳。英雄不一定要学习能抵御万人的兵法、为国征战，从政当官也可以为国效劳，所以我的心总是记挂着皇上。我此前在南国（江西）主政，虽然劳碌，但我为

---

① 诗题据《东莞诗录》卷四。

了报效国家，不敢归隐山林。我对国家的忠贞之心，只有万古长青的松树可以比拟。我作为臣子的节操，更应该老而弥坚。]

何真在山东任职时，大将军、魏国公徐达要求山东省供应弓箭，山东省也如数调拨了，但其中有些箭的箭杆因为年岁久远，有些变脆了，有些折断了。徐达大怒，派一位千户前来，提山东省官员赴军营答话。何真觉得此事责无旁贷，说："我应该去。"何真的同僚侯集劝阻何真，说："大将军素来军令严厉，您与大将军没见过面，您去到军营，一定会有不测之祸。"何真坚决地说："虽死不辞！"侯集说："我曾经是皇上的副官，曾与大将军朝夕相处。我去的话，应该可以自保。"何真有些过意不去，说："你去了，我如何心安呀。"虽然何真极力阻止，但侯集还是坚持由他前去。去到军营前，侯集先托旧友给副将军通报，副将军对大将军徐达说："山东省官员已经提来了，是侯集。"徐达知道是熟人，说："这就难处治他们了。"侯集被引见徐达，马上跪下来。徐达问侯集："你们省供应的箭，为什么大多不能用？"侯集没有辩解，直说："这是我的罪过！万望大人您可怜我。"徐达有些不忿，说："要不是想着你以前曾在皇上跟前办事，我一定杀了你！这次我饶了你，赶快回山东省办事！"

广东收军

洪武四年（1371年）初，朱元璋召何真回京师，在东板房赐宴款待，在座的还有韩国公李善长、学士宋濂。其时广东境内尚未完全平定，各地仍有不少地方土豪或旧有军事力量，影响朝廷统治和社会稳定，朱元璋命何真回广东将这些残存军事力量收编、集结起来，送往京师听调。

何真回到广东后，向各府、州、县发出公文，要求各地张榜公告头目、军士名单，并由各地里长上报其余军人，限期赴官府报到。南海的旧头目黄子敬、欧吉，番禺的郭顺等人，主动到官府领取批文后招集旧部赴官府。各地榜上有名的头目、军士都成群结队，或百或十，赴官府报到。收编所得军人由选定的头目率领赴京，沿途官府为其提供粮食、船只。

何真命何荣负责登记、造册。何荣先行回京上奏朱元璋。朱元璋很满意，对何荣说："你父亲真是办事有方！"又赐宴款待何荣。

诗怀壮阔

何真经过江西省时，江西省各地大小文武官员、父老、儒士出门远迎，一路相送。路过江西、广东交界的梅关时，何真作诗二首[①]云：

> 奉命重过庾岭梅，伤心马迹旧苍苔。
> 山僧唤起烹茶急，父老惊传策杖来。
> 古树阴森张相庙，飞烟远杂粤王台。
> 自知桃李为春令，全仗东风巧剪裁。

奉命回粤道经梅关谒张文献祠
> 提兵昔过梅关北，奉命今还庾岭东。
> 古寺尚留朱履迹，旧题羞见碧纱笼。
> 一天云气千山雨，万壑松声十里风。
> 谒罢相祠重回首，蓬莱宫阙五云中。

在收编过程中，遇到负隅顽抗的山区寇匪，何真派兵征剿。何真怀着必胜的信心，作《征蛮洞吟》[②]云：

> 蛮烟漠漠障荆隈，日到中天尚未开。
> 中土尽皆霑雨露，边夷何足动风雷。
> 投鞭饮马黄河竭，指手挥戈华岳摧。
> 不识洗天风雨起，片霞犹得碍中台。

在集结军队完毕后，何真回家乡员头山省亲。何真坐船途经峡口（今属东城街道）龙母庙时，见沿河山水奇秀，诗兴大发，作诗（无题）云：

> 水落鼋鼍护钓台，峡山风动野云开。
> 寒潭昨夜龙归晚，带得前山骤雨来。

[①] 第一首无题。第二首亦收录于《东莞诗录》卷四"何真"，诗题、诗句据此。
[②] 此诗载于《庐江郡何氏家记》附录，无作者与时间，据诗中所述，当为何真作于回广东收编军队之时。《东莞诗录》卷四"何真"亦收录此诗，诗题作《征蛮洞作》，诗句与《庐江郡何氏家记》所载略异。

回家后，何真旧部封靖卿邀请何真至其家叙旧，设宴款待。

何真十分庆幸自己能在战乱中幸存，仍紧记和封靖卿的同盟情谊，如今战马、弓箭终于可以不用上战场了，很羡慕封靖卿能够归隐田园，作诗（无题）云：

乱后英雄能有几，吾曹何幸幸而存。
未云共喜筵前乐，且惜同盟血未干。
战马任从闲白昼，壁弓犹可照青樽。
梅园菊圃勤修整，待我回来更共看。

封靖卿很感激何真这位社稷功臣仍挂念自己，也祝愿何真在仕途上青云直上，和诗（无题）云：

济济功臣扶社稷，天涯小友尚心存。
芝兰香蔼春无歇，胶漆盟深晕未干。
薇省日长诗万卷，云霄路坦酒盈樽。
殷勤再拜向新月，天意将圆得共看。

何真从东莞返回京师时，封靖卿在觉华寺[1]为何真饯行，何真依依惜别，作诗（无题）云：

乱同生死十余年，治结恩情意愈坚。
愧我自痴贪利禄，输君闲雅乐田园。
风萍逐水难留恋，岸柳攀枝思郁然。
遥想鄱阳湖上月，谁怜孤旅夜行船。

何真返程途经韶关南华寺时，作赋（无题）云：

寻僧久欲参僧禅，十年清梦寻无缘，埸来布袜青鞋缠，偶结静社东林边，灵花宝山流暖烟，削云千尺开青莲，翔鸾翥鹤相联翩，曹溪流水去不旋，化作飞瀑悬青天，松风万壑鸣冰弦，春林

① 《庐江郡何氏家记》作“郭华寺”，郭华寺即在中堂之觉华寺。

裂锦花争研，飞花乱落春风颠，拂衣欲就香中眠，归来俗务纷纷然，彼此忧乐何其偏，寄言老师当垂怜，为留寸地容归田。

途经南雄时，何真到何将军庙拜祭自己的先祖，作诗（无题）云：

王事驱驰暂息鞍，碧潭犹有古祠存。
派分东莞员山趾，本出南雄沙水村。
袅袅香烟腾虎踞，离离旭日覆龙蟠。
登临再拜频惊讶，我是云仍宗子孙。

何真回到京师后，觐见朱元璋。朱元璋很高兴，在东板房赐宴款待何真，又命何真回山东省复职。

严守城禁

是年（1371年）冬的一个雪夜，皇室内官来到山东省治（今山东青州）城外，守城将士立刻上报，山东主要官员都前来迎接。其时三鼓（晚上十一时至凌晨一时），内官高声呼喝，要求打开城门让他们入城。官员们准备打开城门时，何真制止，说："城门不能轻易打开。"等到五鼓（凌晨三时至五时）敲完后，何真才让人打开城门。山东官员将内官迎至官署后，才知道内官是前来考核山东官吏的政绩。内官觉得何真轻慢自己，回京师后，便向朱元璋上奏，要求惩治。朱元璋认为何真的做法完全没有问题，反而值得赞赏，说："三鼓时分，城门严密防守，严禁通行，怎敢轻易开门让你们进去呢？万一出什么事故呢？"朱元璋没有批准内官的上奏。

义田遗训

洪武五年（1372年），何真在公事之暇亲自辑录自己生平事迹，写成《何氏家记》，又亲自撰写《义田遗训序》及《义祠序》。《义田遗训序》《义祠序》二文记载了何真设立义祠、义田的事迹：何真率领族人在东莞兴建祖祠，购置田产祭祀祖宗；与弟弟何迪将先人遗下的田产捐出，用作祭祀自己父母；更将自己在惠州丰湖之西的宅邸捐出来作为义祠、义宅、义塾，将自己在东莞、归善（今属惠州市）、博罗、番禺的百余顷良田捐出来作为义田，亲自制定何氏家训和家族治理细则，以义祠、义田作为家族共同资产，统一管理、平均分配，资助祭祖、赡养、教育、抚恤、嫁娶、丧葬、睦邻、修造等家族事务，"立义祠以宗之，义宅以居之，义田以赡之，义塾以教之，义言以训之"，以期实现"均于给赏，习于礼让，兴于仁厚，相亲而相爱，相勉而相恤"的理想，让何氏家族能世代传承良好家风。何真又刊印四书、千字文送给全族子孙，教导何氏子孙识字、向学。

洪武九年（1376年），何真将所撰《何氏家记》《义田遗训序》《义祠序》拿给朝廷重臣、翰林学士、文学家宋濂。宋濂读后非常赞叹，说："我奉旨编写《元史》时没有见到您的文章，实在有些遗憾。现在我拜读之后，怎能让这些丰功伟绩掩藏起来，让其默默无闻于后世呢？"宋濂为何真撰写《何氏义田遗训序》。此文详细记载了何真的生平，高度称赞了何真的功绩；记载了何真设立义祠、义田、义塾的缘由，高度赞誉何真"孝于祖宗，惠及族人，所践所言，允可为法"，是世人的榜样。

何真《义田遗训序》曰：

尝闻人之祖宗，如木本根，本根固，则枝叶茂，倘失培植，胡望其蕃？嗟予食息间，未尝不感念祖宗积庆、胤嗣之蕃，然蒸尝而不丰腆，可乎？

会王成辈流毒乡井，致我族属遗播。既而凶党日滋，王纪日紊，邻境、名城悉为贼有，遂奋倡义谋。赖先灵默相，义旅一麾，复惠定广，官安职，民乐业，朝廷锡爵，俾予分省镇之。幸遇大明丽天，士民请顺天救民，遂遣使奉表，钦蒙旨谕归朝，广东之民赖安。

余蒙恩荣，每惭才薄，弗克补报。爰念祖宗无追远之规，是培植歉，胡能善后？爰集族议曰："昔罹艰厄，万死一生，幸际升平，皆由先泽所致。吾曹当量资丰约，协宜置蒸尝，以流泽光后。"咸曰："诺！"遂备金建祠，置田供祀。复谓弟邦彦曰："既金允祖祀，至吾考妣，尤宜丰享。若将先人恒产充尝，是在吾与弟。"亦曰："善！"于是定式垂后。

呜呼！历世来，积功累仁，勤斯育斯，笃祐吾身，翘予戎马间，将余二纪，备尝险阻，幸遇明时。然置田建基，亦孔劳矣。兴言及此，夫岂易哉？若分诸嗣，各专其有，恐遗均施之义。或不肖者鬻而弃之，宁能禁诸？莫若立义田之规，俾子孙世守，庶流风远畅。用是，以己之宅为义祠，己之田为义田，选族贤者主之，又贻训词，尚其鉴兹。

夫骨肉之亲，本同一气，福泽流衍，宜与同霑。与其同于一时，孰若同于悠久？悠久之道，匪义罔立。吾将举族均于给赉，习于礼让，兴于仁厚，相亲而相爱，相勉而相恤。立义祠以宗之，义宅以居之，义田以赡之，义塾以教之，义言以训之。率吾一气之亲，利及无穷，庶免失坠之患，亦无疏戚之分。

昔诸葛武侯以成都桑田李赞皇，以平泉木石付其子孙，此古哲庇族已著，嘉谟厥后。范仲淹创义田，使孤寡疾弱有给，嫁娶丧葬有资，宗祀绳绳，世有所主，情周义至，伦理昭宣。予不敏，敢窃其略而私揆焉。如彼良谟，不敢例论，尤望吾嗣，有如文正公之后者世出，宗吾之义，成吾志矣。虽然，今日经始有限，将来生育无穷，惟以余裕，续吾不足，是又有期待尔矣。

呜呼！亲亲之道，莫先于义，惟惇义，无往不顺；惟义乖，同室不惬。尔曹循吾义，则光于前、膺于福；戾吾训，则众有诮、咎于身。可不慎欤？是故创始虽艰，守成尤难。为后嗣者，毋忝厥命。于吾义祠，祭则思之；于吾义宅，敝则完之；于吾义田，隘则增之；于吾义塾，修而举之；于吾义训，谨而识之。毋尊凌卑，毋贵慢贱，毋富欺贫，毋阋墙，而尔汝毋听妇而分争，必也惠及永永，恩周生生，庶泽被后人，世世裕显。宗祖本源，支流益远益亲，义门之庆，愈炽愈昌。

故曰："莫为之前，虽美不彰；莫为之后，虽盛不传。"惟尔子孙，慎而遵之，修而守之，俾同沾福泽于悠久，不亦善欤？

时大明洪武壬子五年，中奉大夫、山东等处行中书省参知政事何真何真《义祠序》曰：

一，义祠主事者三：曰房长，曰主祠，曰主赋。行目者十：一祭祀，二户役，三义塾，四分赡，五恤族，六嫁娶，七丧葬，八睦邻，九修造，十余积。

一，房长。选族最长者为之，岁支谷壹百石与其食用，令稽本祠租赋收支，并惩族之有过者。如徇私，众黜之，选有德者代之。

一，主祠。以长子、嫡孙主之，岁支谷壹百石与其食用，令主祭，兼同房长稽数察过。若贪私者，举贤者代之，如有子贤，即替之。

一，主赋。专理大祠租赋，仍选廉干二人副之，岁俱支谷壹百石与其食用。凡收支，须报房长、主祠眼同登簿，勿致贪匿。如贪匿，致余不积、田不增、用不敷、惠泽不流，此薄义者，房长与主祠会众追其侵匿，罢其支赡，革不入祠。呜呼！吾欲主赋者世享酬劳之谷，存乎义也。恐其肆贪，故设惩罚，庶不败吾义。倘故违犯于斯罚，有识君子见则薄之，殁祠不得入其门，心宁不愧？噫！慎之！

一，祭祀。各坟，春清明、秋霜降祭之，远者次日，又远者又次日。祭以冬至、立春及讳、忌，俱牛、猪、羊与诸品祭之。族有绝者，迎主祠祭。

一，户役。房长与主祠同支祠租完祠粮役，须与主赋会算登簿。

一，义塾。岁延才德师儒训子孙，族有通儒者，即请为师，如入学家贫及家远者，月支谷贰石赡用，房长、主祠朔望至斋考课，毋忽。

一，分赡。若无给与等差，必有不敷。除房长、主祠、主赋、入学者已定给数，其诸子立室三年，岁支谷五十石。第一代孙立室三年，岁支谷四十石。第二代立室三年，岁支谷三十石。第三代立室三年，岁支谷二十石。第四代以后子孙，皆立室三年，岁支谷十石。永为定式，勿再增减。妇孀守者，虽无子，亦全支，有子已娶而同爨者，只与子支。族有男、妇年七十以上贫者，岁与绵布二匹。如子孙有犯义者、为盗者、与人为奴者、营克皂壮者，并不许支赡，亦不许与祠祭之列。其因患难、死丧偾身者，不在此限。呜呼！惟尔子孙，勿以赡微而轻之，当惜予创始之艰，而欲崇本重源，期在虽微不绝，虽疏不弃，俾义永存可也。

一，恤族。有残疾、贫乏者，虽疏远，终是同宗，月支谷五斗。

一，嫁娶。族嫁女者，助谷二十石，娶妇者，助谷一十五石。

一，丧葬。族中葬者，助谷十石。贫而无棺者，买棺与之。

一，睦邻。凡邻里，务在和睦。凡凶吉事，随宜遣礼助之。贫而无棺者，买棺与之。

一，修造。凡本祠房舍及田塘、陂源崩颓，须在租内支用修筑，毋忽。

一，余积。凡家用，俭则有余，奢则不足，须量入而出，俾有余羡以增业。不然，业有限，用无穷，羡以敷支？尔房长、主祠、主赋者，勿以有余而骄奢，勿贪冒而轻施，务使有余增业，以永继承，固所愿也。勖诸！

一，主祠、主赋者规措有方，生财有道，均施有给，盈积有余，上克尊祖，下克惠裔，终世日，助谷五十石，仍祀于祠。

一，显达子孙能出财增田入祠者，终世日，祀于祠。

一，子孙为官吏贪赃罢职者，绝其分赡，更不与祠祭之列。如赃枉诬者，不在此限，庶义无轻弃。

一，族有忿争，非奸盗、人命、重事，不得冒官司，须投房长、主祠分剖是非，令改过。如再犯，则罚一年分赡。如不改，又罚三年分赡。改即复，不改即永绝其支赡。若不投房长、主祠知会，是悖祖训，诚不肖者。此不在三责之限，即不许与祠祭之列。

一，祠租有仓廒，若钱物则置柜装，勿藏私家，以启便用。凡收支，主祠、主赋眼同封闭，主祠收执，主赋通管，一收一支，具报房长登簿数查。如主祠有故，房长权与主赋封收。族有远居者，主赋计其合支谷，就附近租支给，具报房长登簿，庶免转运之劳。

一，族妇不孝舅姑、不顾家务、嗜酒无礼者，房长谕其夫，令改过。如谕三次不改者，出之。如淫行者，不在三诫限，即出之。若夫纵容，是玷家门，即永绝支赡，不许入预祠祭。

一，本祠毋收赌博器具，亦不令妓歌宴。

一，祭祀、筵会日，拜列坐次，依昭穆尊卑次序，不得亲间疏、贵凌贱、富欺贫、卑踰尊，如越分者，责正之。

一，置行止簿。凡子孙贤德忠孝，能立功于国，可为法于家，书于善簿。有不肖犯罪者，书恶簿。祭祀日，众目共阅，以劝惩云。

一，祭祀有仪节，子孙当诚敬预集。远者，验主仆名数，每人日支斋食米二升。非大故者，不得不来。如不来一次，罚其分赡一年。二次，罚二年。三次，罚三年。四次不来，是不念祖宗不孝人，即永绝支赡。

一，遗训。务后之房长、主祠、主赋者遵训严诫，俾赡恩流布，违者罚无贷。庶上有严驭，下有肃敬，毋务姑息而视为文具。

一，义田遗训刊颁，各领一本，俾知遵承。不然，目不见，耳不闻，胡以责其修守？

一，遗训该载不尽，后代有见识者，斟酌续之。

　　　　　　时洪武五年，岁次壬子，山东行中书省参知政事何真

宋濂《何氏义田遗训序》曰：

英杰之士，立大功而享爵位者，非其先基仁累善，何能自致哉？然其先有德而子孙不知报祀者有矣，知报祀其祖而弃蔑其子孙者有矣，是皆不达礼义之弊也。

山东参知政事何公，其笃于礼义者乎？公名真，字邦佐，世居广之东莞，至公始迁惠州。祖讳发藻，元赠中奉大夫、广东道宣慰使、都元帅、护国军，追封庐江郡公。父讳叔贤，赠资善大夫、江浙等处行中书省左丞、上护军，追封庐江郡公。祖妣邵氏、母叶氏，封庐江郡夫人。公祖暨公，世有潜德，乡称善士。公生八岁而丧父，母夫人守志不夺，慈鞠严教，少伟然有志。

当元至正中，中原兵起，广民王成构乱，公为小官，即请而

讨之。已而解惠州之围，逐叛将黄常，复惠州。会贼陷广州，公以兵复之。由惠州府判，五迁为江西等处行中省左丞，阶资善大夫，分省治广。公弟迪以从军征功，擢中奉大夫、广东道宣慰使、都元帅兼金枢密院事，遂推恩封其二代。后合福建、江西为一省，改拜公资德大夫、江西福建行中书省左丞，仍治广州。岁乙巳九月，贼挟廉访司副使广宁等叛，围广，公御之。踰十月，部将与贼通，绝粮道，公出避，城陷。丁未五月，复克之。明年，制授荣禄大夫，自左丞升右丞，未拜而皇明兵平江西，诏至谕公，公举广东之籍以降。上嘉公保民顺命之绩，授中奉大夫、江西等处行中书省参知政事。洪武庚戌，移山东行省。越七年，以老致其政。

初，公追思显荣之盛，由于先世，既于东莞率族人建祠置田，以祀群祖，复与弟迪谋，悉以其先所遗田，储租入，以祭其祢。公犹未慊于心，乃以惠州城西之私第为义祠，斥所有田百余顷为义田，俾宗子主祀事。恐族人不知学也，有塾以教之；恐其羞服或乏也，有粟帛岁赈之；嫁娶丧葬，有以助之；疾病疲癃，有以养之。惧其久而失其意也，为书以训之，俾嗣弗坏，而来请铭。

呜呼！先王所以亲民善俗之道远矣，贤人志士欲推之于世，而势有所不能，欲退而惠一族、化一乡，而力有所不逮者有矣。至于势足以为而不为，力可以至而不至者有之。此所以越数十世而事曾不一二见也。惟公奋自韦布，夷盗保民，辑宁南服，致位尊显，卒能识机效顺，戢敛干戈，为民请命，使岭南之民不易市肆，又能推本返始，孝于祖宗，惠及族人，所践所言，允可为法。其于富贵，可谓不苟处矣。视彼恃险而贼民、私厥身而忘所自者，其贤岂不多哉！是宜纪行载勋，著之乐石，以为后嗣式。

其铭曰：维昔至正，德否乱生。海沸山崩，靡人不兵。颉颉粤南，在岭之外。猖竖啸呼，民罹其害。何公曰嗟，我民何辜。告于大藩，请行天诛。乃戈乃殳，乃糗乃粮。大旗修斯，人莫敢当。叛将肆凶，贼我守邦。鞬门疾呼，鼠伏以降。曷以褒功，跻于左辖。巨钺良弓，左旄右节。岂惟其身，锡尔祖考。

峻爵崇勋，以显忠孝。祖考荣矣，子孙孔多。宝带银章，威仪甚都。邦人聚观，拜伏稽首。按辔徐驱，询其耆老。耆老有言，大哉公勋。元衰不君，公其我臣。公曰吁哉，我志已定。待彼有德，为汝请命。赫赫大明，洸洸仁声。震于南荒，势无金城。公束干戈，载封版籍。锦韬龙函，献于京国。帝嘉厥功，不劳我师。锡宴彤庭，重瞳屡回。大江之西，岱宗之东。禄食十年，执政庙堂。寅畏恭勤，鬓鬓尽白。诏优老臣，勿劳以职。公叹谓人，我德何为。祖考之惠，幸以弗堕。丰湖之西，有第奕奕。玄楹文牖，既蠲且侐。亦有土田，被隰包原。重穋荐年，岁登百千。我第以祠，我田以祀。祖考之休，敢恤吾嗣。池有穹鱼，圃有嘉蔬。以醢以菹，丹荔清酤。刲豕击羊，来蒸来尝。孙子咸臻，有雝雁行。或授以罍，或奠以斝。登降肃然，莫敢叱咤。数具礼全，陈几布筵。孰为弟昆，孰为子孙。公曰族人，亦孔之夥。揆本追源，咸由于祖。祖病在指，四体靡宁。奈何一身，曾莫胥矜。尔馁尔寒，我有粟帛。尔昧弗通，我学尔迪。尔有灾害，我则戚之。或有燕喜，则庆乐之。我有爵禄，我祖之故。不私吾身，弘祖之祜。岂无鄙夫，爵禄是荷。惟家之肥，遑恤其他。惟公克仁，仁以保民。惟公克孝，尊祖睦亲。嗟尔后人，惟公是师。继承无忘，公有训词。

翰林院承旨学士潜溪宋濂序

辅佐皇帝

洪武六年（1373年），何真在山东任职，朱元璋命何真筹划粮草、军器等事。

洪武七年（1374年），朱元璋召何真回朝。朱元璋就征海南黎洞之事咨询何真的意见，问："朕这次召你回朝，是想派你出征海南黎洞，你觉得怎样？"何真仔细分析利弊，答："黎人仗着地势险要，不受朝廷统治，但如果派大军出征，黎洞无用武之地，难以施展大规模进攻。我个人觉得，如果劈山开道，投入大量军队进攻，恐怕时间久了，要耗费大量银两、粮食。

请皇上定夺。"朱元璋虽然有点不甘心，但他认同何真的分析，说："说得是。"命何真回山东复职。

洪武八年（1375年），何真在山东任职。

洪武九年（1376年），何真致仕，在京师聚宝门外居住，每月初一、十五入朝觐见朱元璋。

何贵获职

洪武十二年（1379年），何真带着四子何贵觐见朱元璋，说："臣第四子何贵被贼人囚禁四年，幸得朝廷大军攻破贼巢，才得以生还。何贵蒙受皇上救命大恩，我特地将他带来，听候皇上调拨、差遣。"朱元璋说："那就跟着太子吧。"授何贵为北城兵马指挥。

何贵的同僚黄文昌家人为盗，所有同僚都受到牵连。法司将他们提至朝廷，朱元璋严厉惩处，说："这伙小子太无理了，除了何贵可以回家侍奉父母，别的都发往云南充军！"次日早晨，何真带着何贵上朝谢恩。第三日，又到太子面前谢恩。

有一天，朱元璋问丞相李善长："何真有长子，为什么不带长子前来觐见，却带第四子？"李善长说："何真说这第四子曾被贼人抓去，幸得朝廷大军救回。这是救命大恩，故送他来侍奉太子。"朱元璋说："遗忘了。"

出征云南

洪武十三年（1380年），朱元璋命明朝大军出征云南。因前方运输粮草不便，朱元璋命曹国公李文忠挑选一名有才能的官员来负责。李文忠对朱元璋说："已致仕的何真，素有才干，能抚恤荒蛮。此事我不敢委任他人，非何真莫属。运输、储备粮草是重中之重，如果粮草不够，耽误就大了！"朱元璋同意李文忠的奏请，还加派靖江侯徐履一同前去。

朱元璋召何真、徐履到朝廷宣布任命，说："如今大军征云南，派遣你们两个先去筹措粮草、开通道路、设置驿站，等候大军到来。"何真建议："何不在朝廷的官粮里运输一部分，再由当地筹措一部分？"朱元璋不同意，说："官粮就不要动了，全部由地方筹措。"朱元璋命何真带上何贵一同前去，又命湖广都司调拨二名百户、二百名旗军（漕运军队）交何真调遣。

去到播州（今属贵州省遵义市）时，何真召来播州宣慰杨坚，对他说："朝廷大军出征云南，派靖江侯徐履和我前来筹措粮草、开通道路、设置驿站。这些重任全在你们地方军民身上。你这个宣慰要认真想一下，你对朝廷有什么功劳，而能世袭三品官爵？只不过是你的祖宗归顺朝廷，你才有今日。现在我办的事比你主政播州重要得多，带来的祸、福也大得多。粮草有余，桥梁平稳，驿站完备，朝廷大军顺利通过，这是你这个宣慰出力气报答朝廷要做的事。否则，如果筹措不当，有辱你的祖先，祸及你的百姓，你后悔也来不及！"杨坚听后，知道责任异常重大，连连称是。何真命何贵带兵卒到播州各地督促、催办。朝廷百万大军经过后，何真筹措所得的军饷尚有盈余。

是年冬，何真和徐履回朝向朱元璋复命。何真禀报说："大军过后，尚余粮草若干。"朱元璋说："我已经知道了。"何真很奇怪朱元璋为什么能提前知道剩余粮草的数目。第二天早朝后，何真和徐履在午门外遇到平凉侯费聚。费聚问："二位什么时候回来的？"何真答："昨天。"费聚说："皇上派我考察你们筹措的粮草数目，我回来向皇上禀报，皇上好生欢喜！"到此，何真和徐履才知道为什么朱元璋会提前知道剩余粮草的数目。

主政山西

洪武十四年（1381年）正月，朱元璋授何真为山西左布政司使，命何真带何贵一起上任。到山西后，何真拜见晋王，晋王亲自赐宴款待何真。晋王对何真说："老布政呀，有你在这里，甚好！"晋王凡有重大事项，都会咨询何真的意见或安排何真去办理，何真总能做到令晋王满意，屡屡获晋王亲自赐宴款待。

洪武十五年（1382年），何真随晋王入京觐见朱元璋。秋，国家举行祭社稷大典，朱元璋命何真代替晋王行礼。祭典当日，何真登上祭坛，在王的位置行礼，而朝廷百官只能在祭坛外围祭拜。祭祀之后，何真以王的等级接受饮酒、分肉等隆重礼遇。祭典结束后，山西布政使司、按察使司、都指挥使司共同向何真祝贺，都指挥使俞公对何真说："老兄，这是千载奇逢呀。"是年冬，朱元璋召何真回朝，何真致仕，每月初一、十五朝见。

再次收军

洪武十六年（1383年）春，广东尚有残存军事力量，影响朝廷统治和社会稳定，朱元璋再次命何真回广东收编、集结旧有军队，送往京师候命，命何贵跟随何真办事。

何真、何贵回到广东后，向广东布政司发文，要求广东各地张榜公告，命旧头目主动到官府报到。旧百户萧芳率先报到，何贵当场将自己穿戴的名贵帽子、衣服除下来送给他，为他壮行，又为萧芳提供鞍马，让他回家辞别。旧头目们都前来向萧芳探听消息。萧芳说："何大人已经说了，旧头目领军赴京，必授百户之职。被拘捕出来的一定送往充军。"次日，旧元帅徐理的儿子徐侃赶赴官府报到。接下来，广东各地的旧头目相继带着部属前往官府报到。何真安排萧芳先带队前往京师，但萧芳年老，长子体弱，便由次子萧武代任。徐侃带领第二批军人赴京。

萧武、徐侃相继带领军队到达京师并和兵部交接后，二人被朱元璋接见。朱元璋见萧武年纪幼小，问："老何怎么派小的来呀？"徐侃答："钦差何大人张榜告示后，几位旧头目先行到官府报到，何大人命其先行赴京，后面报到的依次分批赴京。被拘捕出来的就押送赴京。头目萧芳本来是要先行带队赴京的，但他年老，长子又体弱，便由次子代任。"朱元璋听了徐侃的解释，觉得也不错，说："我就知道何真这老头子办事自有分寸。"次日，萧芳、徐侃等人皆授百户，随后到京的亦都授百户。

收编完毕，何真命何贵造册登记并上奏朱元璋。朱元璋阅过登记册后很欣喜，说："收编到的足足有四卫人马（二万多人马）！"朱元璋设立镇南卫，授何贵为镇南卫指挥，统领一百六十余名百户及二万余名士兵。

何贵向朱元璋谢恩。何贵捧着镇南卫的印章向朱元璋上奏说："本卫印章无'亲军'二字，恐怕不便与各衙门沟通。"朱元璋说："是。"命人在印章上添铸"亲军"二字后再颁回给何贵。何贵任镇南卫指挥后，早晚朝见朱元璋，轮班带刀入皇宫侍卫。

其后，朱元璋又命何贵回广东协助何真办事。何真命堂侄何润率领士兵护送继室廖氏及家中老幼一同前往京师金陵坊居住。九月十八日，朱元璋生日，南海卫举行龙牌朝拜仪式，何真、何贵分别在东、西行列之首，率领官员、军民向朱元璋的龙牌行礼，观礼的军民皆感叹父子领衔朝拜实属罕见。

三次收军

洪武十七年（1384年）夏，朱元璋第三次命何真回广东收编残存军队。事毕，何真于八月回到朝廷，获朱元璋同意致仕。

主政浙江

洪武十八年（1385年），朱元璋授何真为浙江等处承宣左布政司使。

主政湖广

洪武十九年（1386年），朱元璋召何真回朝廷，对何真说："朕想到云南、四川这两处总兵官都是在湖广（大致为今湖北、湖南二省）取办粮草、物料，湖广要有一个有力量、能筹划的布政使，特派你去湖广就任。"授何真为湖广等处承宣布政司左布政使。

朱元璋派颖国公傅友德前往云南任职。朱元璋对傅友德说："这次你在湖广取办粮草、物料，有老何在那里，他会为你妥善安排。"

何真去到湖广省治武昌（今属武汉市）后，先去朝见楚王。何真还没回到驿所，湖广三司（布政使司、按察使司、都指挥使司）长官率领大小官员已经在驿所前等候拜见，傅友德也早就在驿所内等候。何真还没入门，傅友德就高声说："何老官在这里，我这次出兵就有托付了！"何真去到傅友德面前，傅友德又说："湖广各位官员我慢慢再见，何老官要先见。"何真连忙请傅友德入座，说："您请坐，受本官拜见。"傅友德一点也不摆架子，还是站着，说："靠前些，见面才亲近。"何真向傅友德行拜礼，傅友德下跪答礼。傅友德坐下来后，湖广三司进来拜见。拜见后，傅友德让驿丞搬来椅子放在身旁，说："请何老官坐。"何真说："都指挥官、本司右布政、按察司官都在这里，请您也给他们赐坐。不然，我于心不安，很难坐下。"傅友德说："不用管他们。"傅友德与何真会谈颇久，才坐船离去。湖广大小官员私下议论纷纷，都说："颖国公傅友德太优待何大人了，何大人实在是朝廷知名、德高望重！"

施政便民

湖广省有三个王府：楚王府、潭王府、湘王府。在何真任职湖广之前，三个王府凡是有建造、修筑工程，都是给湖广布政司行文。前任湖广布政使收文后，都是将各项任务摊派到下属各府、州、县。仅水路运输建筑木材、物料一项，往返路程长达数千里，大量工役累死、病死在路上，死者家属悲痛欲绝。王府工程成为湖广百姓一大祸患。何真感叹地说："百姓有祸患而坐视不管，不去拯救，可以吗？"

何真召来同僚一起商议，拟向朱元璋上奏王府工程的弊病及应对的便民政策。同僚们劝何真说："皇上肯定会责罚我们。"何真坚持己见，说："诸位想的是明哲保身，我想的是施政便民。如果皇上要责罚，就责罚我一人！"何真遂上奏朱元璋，在奏折中建议说："各王府工程由附近府、州、县承担。一个王府的工程由固定的府、州、县承担，互不混淆、侵扰。"朱元璋批准了何真的建议。

诏书颁布后，何真向三王府发文传达皇上的决定。次日，何真与同僚一起去朝见楚王。楚王对何真说："你所奏的便民政策非常合理，老布政真有才干！"何真说："皇上委派我执政一方，百姓有所不便，我岂能默不作声？"楚王亲自赐宴，单独款待何真，和何真亲切交谈，致以诚挚慰问。

皇帝关怀

洪武二十年（1387年）正月，何贵因五弟何崇被诬告之事上奏朱元璋，朱元璋因何崇是何真之子而赦免何崇。朱元璋问何贵："你父亲今年多大年纪？"何贵答："臣父亲今年六十六岁。"不久，朱元璋任命新的官员接替何真，召何真回朝，批准何真致仕。

四月，朱元璋派何贵去常州办事。何真此时已病重，何贵向朱元璋请求留在家中侍奉父亲，朱元璋遂命太医李清去给何真看病。

一个来月后，朱元璋召何贵入朝，问何贵："你父亲的病现在怎样？"何贵答："已得太医医治，病情无增无减。"朱元璋心想何真可能挨不了多久，又问："你父亲一早一晚有说过要回家乡吗？"何贵答："我父亲没有思念家乡，只是感叹自己又老又病，已很久没有觐见皇上了。"朱元璋说："你父亲口里虽然不说，心里不免想着要回家乡。你回去跟你父亲说，朕留他在京师，有用到他的地方。"何贵叩头谢恩。

何贵回家后，向何真传达朱元璋的关怀。何真感激地说："等我病好了，我就上朝谢恩。"

封东莞伯

八月，朱元璋突然召何贵入朝，问："你父亲的病怎样了？"何贵答："这几天胃口好了些。"朱元璋松了口气，说："朕赐封你父亲为'东莞伯'。你将这份铁券文稿带回家给你父亲看看。"说罢，亲手将铁券文稿交给何贵。何贵非常感恩，说："我父亲现在卧床，举动艰难，只怕未能上朝谢恩。"朱元璋大度地说："你将我说的话转达给你父亲就好。"何贵叩头谢恩，恭敬地用双手捧着铁券文稿退朝回家。

回家后，何贵命人搬来桌子放在正厅，铺上黄绸布，恭敬地将铁券文稿放在上面，入内室向何真报告。何真正卧在床上，听到皇帝要封自己为"东莞伯"，马上起床命人给他穿上官服、戴上官帽，搀扶他到正厅，伏在地上参拜皇帝御赐的铁券文稿。参拜后，何真高声诵读铁券文稿。是夜，何真心里激动得不能入眠，数次起床，或行或坐。五更时分，何真命何贵扶他上朝谢恩。朱元璋亲切慰问何真，仔细询问何真的病况。

次日早朝，朱元璋亲自赐予何真一枚金书铁券（按，以铁铸成瓦片状，镶嵌黄金文字）。何真叩头谢恩，恭敬地捧着金书铁券回家，在家庙隆重祭告祖先。

金书铁券上写着：

维洪武二十年岁次丁卯八月戊申朔越十一日戊午，奉天承运皇帝制曰：

　　昔人有云："识时务者，呼为俊杰。"曩者元运将终，华夷鼎沸，擅声教以役生民，朝兴暮泯，若此者，相继叠叠，终不能识时务而知天道，尚驱民以应锋镝，如此者，岂一二人哉？当是时，尔真率岭南诸州壮士，保境全民，他非其人，安敢轻入尔守疆？如斯已有年矣。其岭南诸州之民，莫不仰赖安全于乱时。洪武初，朕命将四征，所在虽有降者，非见旌旗，则未肯附。尔真闻八闽负固，桂林之徒驱民海上逃生，亦不量力。独尔真心诚悦服，鳌岭南诸州，具在表文入朝。全境安民，得不识时务乎？曩者事务繁冗，有失抚顺之道，致真职微，有负初归之诚。今特命尔"东莞伯"，食禄一千五百石，使尔禄及世世。朕本疏愚，皆遵前代哲王之典礼。兹与尔誓：若谋逆，不宥，其余死罪，尔免二死，子免一死，以报尔推诚之心。尚其益加恭慎，以保禄位，延于永久，岂不伟欤？尔真敬之哉！

　　[大意：洪武二十年岁次丁卯八月戊申朔越十一日戊午（1387年9月13日至23日），奉行天命、承接天运的皇帝命令如下：古人说："识时务者为俊杰。"元朝的天命即将终结时，中外动荡不安，像开水在鼎里沸腾。各地军阀僭越天子声威、教化之权，劳役天下百姓。这些军阀早上兴起，晚上消亡，一个取代一个，始终不能识时务、知天道，只顾驱使百姓参战。这样的军阀岂止一两人？当是时，你何真率领岭南诸州壮士，保卫辖境完整，保护百姓平安，不是王者之师，岂敢轻易进入由你守卫的岭南疆土？你守卫岭南多年，岭南诸州百姓无不仰赖你的保护，在战乱之时得以安全。洪武初年，我命令将士征伐四方，所到之处，虽有投降者，但都是未见军旗，不肯归附。例如，福建军阀负隅顽抗，桂林军阀驱逐百姓从海上逃生，都是不自量力而已。唯独你何真对我大明心悦诚服，将岭南诸州全部写在表文之中，入朝归顺。你保全了岭南疆土，保障了百姓平安，你岂是不识时务的人？以前，我事务繁忙，对你有失招降、安抚之道，让你何真只担任卑微的职务，有负你归顺我明朝的真诚。如今，我特封你为"东莞伯"，食禄一千五百石，并可以永远传给子孙后代。我本是个粗疏、愚

笨的人，我这是遵循古代贤明君主的典法、礼仪。我向你发誓：如果谋反、叛逆，那不可原谅，其余死罪，免你两次死罪，免你儿子一次死罪，以报答你对我推心置腹、诚心归顺。希望你愈加恭敬、谨慎，确保你的俸禄、爵位代代相传。这难道不是伟大的荣耀？你要恭敬对待！]

寮步镇石龙坑村岗头何氏为何真后人，族人珍藏东莞名人何仁山于清咸丰甲寅年（1854年）用金粉所书《铁券文》丝织品，上面除《铁券文》外，有如下款识："此明代太祖赐罗山公《铁券文》也。冈头为公支裔，旧有锦轴录藏于祠，代远遗失，因制此幅补书之，以存宗器云。大清咸丰甲寅年正月人日，二十三世侄孙仁山谨书并识。"（此文物经张笑艳修复和供图）

次日一早，何真由六子何宏搀扶上朝谢恩。朱元璋问："扶你的小子，是你儿子还是侄子？"何真答："臣第六子。"朱元璋又问："他读过书吗？"何真答："颇读过一些书。"朱元璋问吏部："内府官有缺员的吗？"吏部奏道："尚宝司缺司丞。"朱元璋说："任这小子为司丞。"朱元璋又对何真说："你让长子前来，朕也授他官职。"

继而，朱元璋命何真去京师聚宝门外挑选地段，营建府第，赐何真内库宝钞万贯以购买物料，命工部供给木材、物料，调拨何贵所率领的镇南卫军队及一千名官府工匠负责营建。次年（1388年），府第建成。

是年冬，何真命五子何崇将《何氏家记》《义田遗训序》《义祠序》带回惠州，藏于何氏义祠。

赐葬京师

洪武二十一年（1388年），何真病重，何贵上奏朱元璋，朱元璋命太医医治。

七月五日（1388年8月7日），何真知道自己快不行了，对儿子们说："我的寿命到此为止，我再也不能活着见到皇上圣颜了。早年国家战乱，我迫不得已挺身而出，举义兵保卫岭南、安抚百姓。后来被皇上召入朝廷，优厚赏赐，曾主政五省（江西、山东、山西、浙江、湖广），又被封为'东莞伯'，赐建府第，恩荣无穷。如今我病成这样，已无可奈何了，只是愧受国家恩典而未能报答。我死后，上奏皇上，请求在紫金山赐墓地一穴，万年之后（皇帝去世），让我的灵魂可以再次追随圣驾。"

六日（1388年8月8日），何真去世。

何贵因丧服在身不能觐见朱元璋，遂前往礼部报丧。礼部尚书李原铭问何贵："令尊有何遗言？如果皇上问起，我方便禀奏。"何贵将何真临终遗言转述给李原铭。

李原铭入朝禀奏朱元璋。朱元璋问李原铭："这老子临终必有句话要说。"李原铭禀奏何真遗言。朱元璋听后很激动，拍着大腿称赞何真说："何真确是男子汉、大丈夫！"

朱元璋命李原铭以侯礼厚葬何真（按，何真生前的爵位为"伯"，以侯礼葬则升一等级）。为悼念何真去世，朱元璋连续三日穿着素色衣服，在朝王侯以下百官亦如是。朱元璋又赐罩棺青罗帐一顶，及麻布三百匹以制作丧服、帷幕。

朱元璋亲自撰写祭文，八日（1388年8月10日），派遣鸣赞奉御吴阿嫩到何真灵前宣读。祭文曰：

> 维洪武二十一年岁次戊辰七月癸酉朔初八日庚辰，皇帝遣鸣赞奉御吴阿嫩谕祭于东莞伯何真之灵，尔其俯伏谛听，帝有谕焉。当元之季，海内兵争，群雄割据，不可胜数，其识时务而知天命者几人？尔真昔能辑众保有岭南，当朕平定天下之秋，不劳师旅，即全土地以来归，使一方之民得遂安全，可谓识时务者矣。朕嘉尔诚，必锡以官爵。今以年高，善终于家，朕甚悼焉。虽然，身居高位，禄及子孙，丈夫至此，有何憾哉？尔其有知，服兹谕祭！

> [大意：洪武二十一年岁次戊辰七月癸酉朔初八日庚辰（1388年8月10日），皇帝派遣鸣赞奉御吴阿嫩祭奠何真。何真你要伏在地上认真聆听，朕有话要对你说。元末时，国内战乱，群雄割据，不可胜数，有多少人能做到"识时务、知天命"呢？你何真聚众保卫岭南，在朕平定天下之时，不劳烦明军征讨，便带着所保全的全部土地前来归顺，一方之民遂得到安全。你何真可谓是识时务的人！朕嘉奖你的忠诚，赐你官爵。如今，你以高寿在家善终，我非常哀伤。虽然你已去世，但你生前身居高位，你的爵位、俸禄将传给子孙，大丈夫能做到这样，又有什么遗憾呢？你如果在天有灵，要服从朕对你的谕祭！]

太子亦派遣礼部郎中金润前来祭奠，祭文曰：

> 东宫遣礼部郎中金润谕祭于东莞伯何真之灵曰：尔昔当天下未定之时，克顺天道，率众来归，用能保一方，兵不民扰。由是我父皇嘉尔向慕之诚，锡尔爵位，禄及子孙，人臣至此，贵且荣矣。迩者以疾长住于家，岂不善保身者乎？尔其有知，服兹谕祭！

豫王、汉王、蜀王、秦王、晋王、燕王、周王、齐王、鲁王、湘王等藩王，五军都督府金都督商暠等人，广洋卫指挥朱璹等人，江阴侯吴高，应天府府尹、府丞康惟善等人，翰林院学士、奉议大夫兼左春坊左赞善刘三吾，奉议大夫、左春坊大学士董伦，奉训大夫、翰林侍讲学士葛钧，何真亲家、都督王庸，资善大夫、兵部尚书唐铎同各部都察院通政司大理寺断事司等人，均派人祭奠或亲临祭奠，所有祭文对何真一生功绩均予以较高评价。

祭奠后，何贵带领弟弟何宏、何弼、何维及子侄（其时何荣在惠州，何富、何崇及其子侄在员头山，还没有收到讣告）一起上朝谢恩。朱元璋认为何真葬在紫金山不合适，命何贵另选京师城南八里冈的一块官地作为何真墓地。朱元璋又命工部供给木料、砖石并派遣匠人，筑阴宅二座及坟院、享堂、仪门、神道等。

何真墓建好后，赠侯爵，谥"忠靖"，依侯礼下葬。朱元璋派遣官员到场谕祭，太子亲临参加葬礼，朝中公、侯、一品及以下官员亦随驾前来参加。小祥（一周年）、大祥（二周年）时，朱元璋均遣官谕祭。

朱元璋命翰林院学士、奉议大夫兼左春坊左赞善刘三吾为何真撰写墓志。墓志曰：

> 洪武二十一年七月初六日，东莞伯何真卒年六十有七。公字邦佐，世居广之东莞。元至正间，海内割据，广民王成构乱。公时为小官，举兵收之，遂抚有广东地方。事闻，授官至资德大夫、江西福建等处行中书省左丞，分治广东。逮大明开国，平定中原，群雄负固不顺者，旋取夷灭，遗患人民。公乃洪武元年，奉表以广东全土来附，特嘉其保民顺命之诚，赐以金帛，授中奉大夫、前江西道等处行中书省参知政事，迁山东行省，升山西、浙江、湖广承宣布政司使。洪武二十年致仕，封"东莞伯"，授诰命铁券，食禄一千五百石，并赐钞起府第。公先娶叶氏，继娶廖氏，男荣世袭，贵等各授以显官。今真以年高膺疾，终于正寝。呜呼！生享高位，死保令终，惠在民人，禄及子孙，人臣如公者，鲜矣。千万年后，非圣者开知理者完。谨志。

茶山镇粟边村何屋何真公祠（1994年重建，陈贺周摄）

寮步镇石龙坑村岗头何氏宗祠（张笑艳供图）

何荣袭封

洪武二十二年（1389年）春，有何真旧部诬告何真生前与胡惟庸结党，朱元璋大怒，杖惩诬告之人，将其交锦衣卫处死。何真长子何荣等人上朝谢恩，朱元璋说："何荣就不用等守孝期满（三年）才继承你父亲的伯爵之位了，免得受奸人欺负。"四月，朱元璋颁圣旨，由何荣继承何真"东莞伯"爵位。

圣旨曰：

奉天承运皇帝制曰：当元之季，海内兵争，群雄割据，不可胜数，其识时务而知去就之义者，几人哉？尔何荣父东莞伯，昔能辑众保有岭南，当朕平定天下之秋，不劳师旅，即全土地以来归，使一方之民得遂安全，可谓识时务者矣。朕嘉其诚心，锡以伯爵，今以年高，善终于家。然善积于前，庆延于后。今特命尔何荣袭封东莞伯，尔其忠诚自励，毋坠先业，永保禄位，以传后人。敬哉毋忽！

何贵剿匪

是年，广东仍有赖名山、赖巨海二巨匪屡剿不获。朱元璋命何贵带兵回广东征剿，顺带擒拿、审问广东各地不法之徒。

何贵派人往河源、龙川、程乡（今梅州市梅县区）三地张榜告示：凡头目到官府自首，准其在广东卫所充军；仍藏匿山林者，搜获斩首。

何贵亲自率军到白云嶂扎营，派何宏等人率领乡兵在白云嶂周边要道昼夜埋伏，拦截、斩杀潜逃者，窝藏者则捕获充军。赖名山、赖巨海仍深藏山林之中不肯投降。何崇建议："我们已屡次征剿这两名贼人（何真曾三次回广东收编军队），但斩获的都是无辜者。我们退兵后，他们又继续流毒世人。不如我们发出赏帖，擒获一人即赏银一百两。"何贵同意。

何贵等人率领军民带着粮食露宿在山林之中，日夜搜捕，逼得匪徒无处藏身。陈友通等人先后投降。赖名山、赖巨海二巨匪仍据险顽抗。在多次交锋之后，匪徒被杀殆尽，赖名山战死，赖巨海服毒自杀身亡。

何贵在剿匪过程中得病，病稍好后，带着所收编的陈友通等头目及赖名山、赖巨海从犯的名册回京向朱元璋复命。朱元璋命何贵七弟何弼带领所收编的头目回广东拨入卫所任用。

为国效力

是年，朱元璋命何荣往湖广桂阳操练军队。腊月，朱元璋召何荣回朝过新年，命何荣年纪尚幼的八弟何维骑马到桂阳替代何荣。

洪武二十三年（1390年）春，朱元璋命何荣往辽东操练军队。是年七月六日，何真大祥（去世两周年），朱元璋遣官致祭。禫服（去世后二十七个月，即是年十月）后，亲属可以回家，何崇准备回东莞，便与何贵、何维等人到何真坟前哭辞南归。何贵握着何崇的手说："哥哥我现在当官，祸福只在顷刻之间。你回去后，我们可能很难再见面了。你到家后，跟家里的叔伯、兄弟说，不要做违法乱纪的事。这是我的愿望。"何崇回家后，在宗祠拜祭过祖先，向亲人转述了何贵的话。

洪武二十四年（1391年），朱元璋命何荣往山西操练军队。是年，何宏升尚宝司少卿。

蓝党之祸

洪武二十六年（1393年）二月，朱元璋借口凉国公蓝玉谋反，大举诛杀功臣宿将。"东莞伯"何荣曾任蓝玉部将，且为蓝玉女婿，何荣、何贵、何宏、何维及家中老幼全部被杀。

三月十六日，已回东莞的何崇梦见何贵，想起从京师回来的人谈到蓝党之祸非常惨烈，料想何贵等人可能已经遇难，自此寝食不安。二十日夜，何崇的家丁向何崇报告，官军即将到员头山抄家，何崇带着家人连夜逃难。几年间，官军一路追踪，何崇及家人仓皇逃窜，或露宿于山林、海滨、荒野，或偷偷寄宿于亲友家中，备历险阻。

与此同时，何真之弟何迪知道大祸临头，遂聚众作乱，杀官军三百余人，遁入海岛。洪武二十六年（1393年）十一月，何迪被擒，后被押送京师诛杀。

洪武三十一年（1398年）七月，何崇收到大赦的消息，才敢和家人一起回到员头山。经蓝党之祸，何真八子，仅二子何华的二子一孙、五子何崇及其四个儿子得以幸存①。

原藏于惠州何氏义祠中的《何氏家记》在蓝党之祸中遗失。宣德九年（1434年），何崇在八十多岁高龄时勉力辑录《何氏家记》梗概，写成《庐江郡何氏家记》。万历三十二年（1604年），何真后人何渐逞删去《庐江郡何氏家记》的繁复、枝节部分，辑录成一帙，此书今存。

崇祀乡贤

万历十三年（1585年）之前，何真作为广州府、东莞县的乡贤，已受到府、县祭祀。万历十四年（1586年），东莞县有名望地位的人士认为何真的功德不宜泯灭，便向县官反映，县官上报后，奉旨在莞城北面为何真建祠（旧址在莞城和平路附近），皇帝谕示东莞县官在春、秋两季祭祀何真。何真祠在万历十八年（1590年）建成，今仅存遗址。南明时（1644—1645年），福王赠何真为"东莞侯"，谥号"恭靖"。

明朝岭南著名学者黄佐评价何真："元末大乱，诸路豪杰纷纷涌现，全国遭受兵祸，生灵涂炭，唯独广东仰赖何真保障而得以安全，何真居功至伟。何真虽然统辖岭南，但他没有效法南越王尉佗而称王称帝，而是静待贤明君主，可谓有卓越的智慧。何真为朱元璋效劳而没有二心，朱元璋对何真连轻微的谴责也没有，故何真能在高位上得以善终，这是同时的明朝开国大臣所远远不及的。"

在茶山民间，有"何左丞，一箭射番京"的传说，说何真在元末造反，一箭射到北京去，赶跑了元朝皇帝。又传说何真在大圳埔准备修建皇城。这样的传说显然是不足信的。

如今，粟边村何屋有何真公祠和何真广场，纪念这位对岭南作出过巨大贡献的杰出乡贤。

---

① 此据《庐江郡何氏家记》。据现存的何氏族谱，何贵有后代在南京江宁县。

何真八子

何真有八个儿子，分别是何荣、何华、何富、何贵、何崇、何宏、何弼、何维。

何荣（1338—1393年），字耀先，何真长子，好读书，有文名。早年随何真征战，元至正二十五年（1365年）授武略将军、广州路银牌万户。洪武二十一年（1388年）四月，袭封"东莞伯"。明洪武二十六年（1393年）二月，朱元璋杀凉国公蓝玉，何荣受到牵连而被杀。

何华，字永先，何真次子，早年随何真征战，元至正二十五年（1365年）授广州路总管府同知。

何富，字茂先，何真三子，早年随其父何真征战，元至正二十五年（1365年）授惠州路府判。何富在京师南门私第内筑书屋"萝月山房"，明朝名臣、文学家方孝孺为何富作《萝月山房记》，称何富年少而奇，聪敏而有文才，天性好学，天资近道，生于富贵之家而忘乎富贵之可羡，不为世俗名利、地位动心，有出尘隐士之姿，其诗论、诗歌有隐士特色。何富在萝月山房内外收藏大量法书名画、奇石灵草，身处繁华京师而有隐居山林之志。

何贵（1350—1393年），字奉先，何真四子，早年随何真征战。何真归顺明朝后，何贵历任北城兵马指挥、镇南卫指挥、明威将军等职。何真称赞何贵"嗜学"。明朝名臣、文学家方孝孺在京师拜访何真，何真命方孝孺与何贵讨论古时治乱之理，何贵历数各朝政事，口若悬河，条理清晰，其学识让方孝孺极为震惊、拜服，认为何贵为学有过人之功，贤不可及。洪武元年至洪武十二年（1368—1379年），何贵在惠州丰湖（今西湖）之滨营建丰湖书屋，每日在书屋中讲学，沉缅于学问，有儒者之风，虽身居富贵而能以礼待人，为士大夫所推重。何贵善诗，著有篇幅颇巨的诗集，方孝孺为诗集撰写序言《丰湖书屋记》。何贵的后人居南京江宁县。何贵祠有对联曰："南京新气象，东莞旧家声。"

何崇（1350—1434年），字希先，号钝斋，何真五子，官员外郎，著有《庐江郡何氏家记》。

何宏（？—1393年），字赞先，何真六子，洪武二十年（1387年）授尚宝司司丞，洪武二十四年（1391年）擢尚宝司少卿。何宏有诗名，著有《近日轩诗草》。

何弼，字丽先，何真七子，荫忠显校尉。

何维（？—1393年），字卓先，何真八子，官双宝马。

何真五子何崇于明宣德九年（1434年）所著详细记载何真事迹的《庐江郡何氏家记》（引自《东莞历史文献丛书》）

（据《庐江郡何氏家记》、民国《东莞县志》、《茶山乡志》、《东莞员头山何氏族谱》、《东莞员头山庐江何氏族谱》、《广州人物传》、《广东通史》、《东莞市茶山镇志》，陈贺周撰）

林光（引自民国《茶山乡志》）

林光 明朝哲学家

林光（1439年10月17日—1519年5月17日），字缉熙，号南川，晚年更号南翁，明朝茶山下埗林屋人。

林光相貌清瘦，品行端正，自幼立志，苦学不懈，博通经史。小时候家贫，家里没有点灯的油，便去到舂米间的灯下读书，常常读到半夜。虽然父亲林彦愈劝他不用过分刻苦，但他依然读书不懈。十七岁时，入县学读书，读到元朝理学家吴澄的著作时有很深的感悟，便在寓所的树旁筑"得趣亭"，每日在亭里读书，涵养品德、学问。林光又曾在象山南麓的东岳庙旁筑书室静居读书，研究天人之道。每当山里的梅花盛开，洁白的梅花就像是晴天的白雪，幽香袭人，林光时常与二三友人游歌其下。

成化元年（1465年），林光考中举人。成化五年（1469年），林光入京会试，落第，在神乐观遇到同落第的陈献章，谈得很投契。林光感叹地说："英雄豪杰的学问，岂能只局限于科举考试？必定有更宏大的境界，可持久地研习。"遂和陈献章同船南返，于成化六年（1470年）在陈献章的家乡新会白沙拜陈献章为师。林光说："我有老师了！"陈献章亦对林光抱有极高的期望。接着，林光在榄山营建书室，闭门读书，和陈献章往来研习学问有二十年之久。

下朗榄山"公甫停骖"围门（陈贺周摄）

成化十五年（1479年），广东巡抚朱英力劝林光出仕。林光在复朱英的书信中婉拒说："善于求学的人，不计较身外的成败得失，而是计较是否符合内心的权衡。宁愿学成而不用，不能学未成而勉强去用。"本年，林光之父林彦愈去世。林光守孝三年后，朱英照会两广布政使司，催促林光参加远年举人会试。林光家贫，母亲年老，需要官禄养家，在请示母亲后，于成化二十年（1484年）参加会试，中乙榜，任浙江平湖教谕。

林光到任后，平湖士人仰慕林光的声名，全县闻风而动。林光以尊师重道为己任，以自身去教育、感化学子，认为当时的学问支离破碎、过于繁杂，学子沉溺其中，已远离学问的本质。他勉励学子先要探究学问的本源，再回归自身修行。林光劝勉、奖掖学子，唯恐不够周到。一时之间，平湖学风大变。其时，上司出巡，教官、生员须提前迎接、下跪叩头，林光认为士人风气事关重大，便向皇帝奏《论士风疏》，建言"敦风化、养廉耻"，皇帝批准，颁行学校，迎接、下跪之风遂停息。

浙江提学每年考查学子，都交由林光审阅试卷。浙江巡抚到平湖巡视县学，以尊师之礼对待林光。成化二十二年（1486年），林光主考福建乡试，福建官员向林光馈赠钱财，林光都谢绝了。弘治二年（1489年），林光主考湖广乡试，总修《宪庙实录》。弘治四年（1491年），参与编修《嘉兴府志》。弘治五年（1492年），同考顺天府乡试。

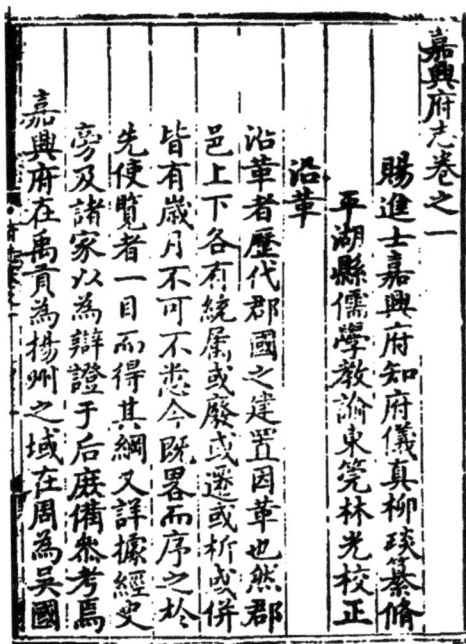

林光参与编修的《嘉兴府志》（图源自网络）

　　林光三次主持科举考试，遴选得到众多优秀的学子，人们都很佩服他的眼光。工部主事林沂、浙江布政使吴绎思分别以"方行卓异"（品行政绩卓异）向朝廷举荐林光，但林光请求不升职。

　　弘治六年（1493年）十月，林光在平湖九年秩满，还家。弘治七年（1494年）正月，至家，本年再赴部谒选。

　　弘治八年（1495年）正月十四，林光母亲去世，由于当时交通不便，林光没有收到死讯。三月，林光升任兖州府儒学教授。林光以母亲已八十二岁，兖州离家更远，难以侍奉母亲，上疏请求改为任职广东省邻府，没有得到批准，遂到山东赴任。林光到达山东上任时已是四月二十六日。林光收到母死讯时，兖州府以原籍公文未至，不肯放回。林光请求山东布政司下文兖州府，才得放回守制。七月十三日，始得离开兖州。

　　弘治十一年（1498年），补严州府儒学教授。

弘治十四年（1501年），浙江按察使孙需以"古道正学，作士淑人"向朝廷推荐林光，林光升国子监博士。其间，林光撰写《进学解》等文章教育学子，学子均尊林光为宗师。

弘治十四年（1501年），孔庙受灾，林光上《应诏陈言疏》，认为孔子不应用天子的礼乐去祭祀，孔子的神位应题作"至圣先师孔子之神"〔按，嘉靖九年（1530年），孔子的尊号最终定为"至圣先师"〕。

弘治十七年（1504年），上奏三年政绩，皇帝下诏褒奖林光，林光升任襄府左长史。此前，宁王上疏请求任林光为宁府长史，并托人写信给林光。林光说："如果是为了官禄而任此职，这是可以的，只是恐怕以后的事难以处理，李白因藩王谋反而被流放夜郎的事就是前车之鉴。"果然，宁王最终因谋逆被诛。

弘治十八年（1505年），林光到达襄阳时，襄怀王刚去世，没有后嗣，暂时管理王府事务的光化王又患病，无法履职，百弊丛积，政出多门，奸人用事，纲纪大坏。林光到任后，上奏为光化王延请太医；淘汰老病、贪污的官员；减少王府的妃嫔；阉官、太监、学生、杂役等人出入王府都要登记，太监的家人不得在王府内留宿；借机生事、有阴谋的人都要审查明白，以正法典。由此，襄王府内的官僚都能忠于职守，奸佞洗心革面，宫廷清净严肃，门禁严密，王国内树立了良好的纲纪。

税课司往时收税，官员贪污腐败，致使税收失当，造成很坏的影响。林光于弘治十八年（1505年）作《查换处置收税启》，要求每季派官员监督收税，按月审查税收文簿，杜绝官员贪污。

正德元年（1506年），林光上奏《请建诸葛武侯祠庙疏》，建议为诸葛亮在隆中建祠。为此，皇帝赏赐匾额，命令有关部门每年举行祭祀。

正德元年（1506年）十二月，襄阳卫欲调遣襄王府的护卫、官军，林光作《乞留护卫官军免摘拨差操代疏》，襄王府的护卫、官军得以保留。

襄阳及周边地方兵灾、饥荒相继，粮食储备不足，林光请求减征钱粮，遂免十分之三。林光又向总制洪钟请求调拨湖广附近的粮食储藏在襄阳。此举让襄阳有储备粮食救济饥荒。

襄阳邻近地方的盗寇欲进犯，襄阳守臣打算缩窄城门，仅容通行，又打算在护城河上设吊桥防御。准备动工时，林光极力阻止，认为不宜向盗寇示弱，工程遂止。

林光在襄王府时，不收受贿赂，杜绝私人托请。襄王选婚时，富人向林光赠送金银、器玩，林光坚决拒绝。镇宁王府的太监私下带着一百两银拜见林光，请求授以官职、荣誉。林光对他说："官爵是不能私下请求的。"后来，该太监请襄王跟林光说情，又在林光面前哭泣，林光还是没有答应。

林光对待上级和下属都以真诚为本，处理襄王府内外及军民事务，事无巨细，都细心考虑，将事情处理得当。林光说："法律只是用来惩罚已经显露出来的恶行，但礼义能防患于未然，人们遵礼义而行事，官府就算不使用刑罚，人们也能自我约束。"

正德八年（1513年），林光恳求致仕，朝廷认为林光辅助襄王九年，十分勤劳，升林光为中顺大夫，同意林光致仕。襄王特赐金书"特进荣归"四字表彰林光，让林光乘坐驿车还乡。

林光素来清廉节俭，安贫乐道。肇庆别驾张吉曾经筑堤围垦，得田百顷，想到林光无以养老，拟在垦田中划出若干亩送给林光，但林光婉拒。

林光告老还乡后，东莞县每年的乡饮酒礼，东莞知县都邀请林光为嘉宾，但林光没有出席。林光每天手不释卷，最喜欢读《易程传》及韩愈、杜甫的诗文。兴致来了，就挂着竹杖在巷子里转悠，凝望山川，吟诵诗歌，兴尽就回家。林光说："所谓领悟天道，就是能做到自得。读尽天下书，说尽天下理，而没有自得之处，总是虚的。"

约在正德九年（1514年），林光为东岳庙作《重建东岳行宫记》（今存东岳庙，是茶山最著名的碑刻）。

东岳庙正殿旧貌（引自民国《茶山乡志》）

林光撰写的《重建东岳行宫记》碑（引自《茶山历代碑刻》）

正德十年（1515年），袁晃捐资兴建广济桥，邻乡有人因私隙上京向朝廷告状，阻拦建桥。朝廷派官员到茶山勘察，林光极力阐述广济桥便于百姓通行的重大意义，广济桥得以继续兴建，于正德十三年（1518年）落成。

正德十四年四月十九（1519年5月17日），林光去世。

林光之子林时夔，嘉靖七年（1528年）举人，官至镇南知府，廉洁而有政声，曾师从理学家湛若水。晚年时，林时夔与钟云瑞推行茶山乡约。

嘉靖十二年（1533年），广州府在儒学乡贤祠、东莞县在儒学名贤祠中为林光设立神主，每年春秋两季祭祀林光。林光的传略载于《广东通志·儒林传》，在广州有为林光建立的"孝友坊"。在下步林屋，有两座为林光建立的"传桂""理学名家"牌坊。

林光所作《晦翁学验》，于朱熹的《文公大全》中取其警切要会处，加以朱记，复以录出，以备检览，今佚；所作《南川冰蘗全集》，收集林光所作奏疏、启、记、序、书信、诗等，为研究林光哲学思想的重要文献，今存。林光参与编修的弘治《嘉兴府志》，今存。林光另著有《正学解》《教胄子解》。林光曾在榄山闭门读书二十年，今榄山围门存"公甫停骖"门额，纪念陈献章（字公甫）到榄山和林光研讨学问。

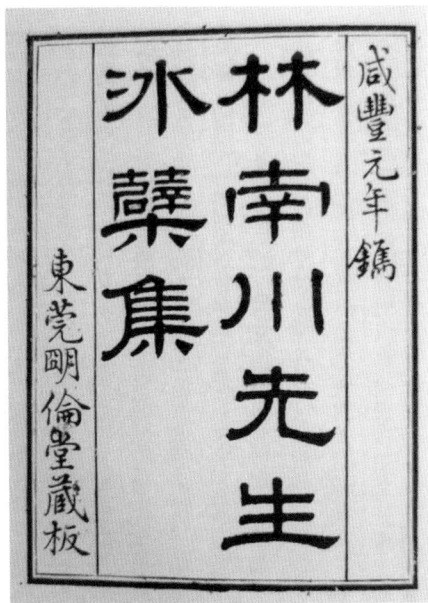

林光《林南川先生冰蘗集》书影（引自《东莞历史文献丛书》）

林光是陈献章的最大弟子，对陈献章的思想要旨领会最深、践履最实。屈大均曾说："白沙之门，见道清澈，尤以林先生光为最。白沙尝语人云：'从吾游而能见此道践履者，惟缉熙耳。'"湛若水亦说："得其门而入者，惟南川一人而已。"可见，林光作为陈献章最得意的弟子，不论是同门学者，还是后世学者，都是公认的定论。

林光的哲学思想，在东莞籍哲学史学者容肇祖的《明代思想史》中专门有一章"林光的心学思想"进行论述。下面摘录《明代思想史》若干段落，以见林光哲学思想之一斑。

林光的思想，出于陈献章。因此，他亦极重视"心"的重要作用。他在论述自己为学求知与出仕任官的态度时，则说："善学者不汲汲于施为成败利钝之际，而汲汲于吾心权衡尺度之间。"林光把"心"作为权衡事物的标准和尺度。

林光注重心思，思而有疑，疑而求知，知而去疑，去疑则明道，所以学贵心思、深思。他尤为注意"心之所造"的作用，以此去求孔子的"朝闻而夕死"的道。

甘心苦志求道，就要废寝忘食，忘身忘世，孜孜以求，一旦"豁然动于中"，即心悟自得，便得到"太极浑沦之本体"，使吾心与宇宙浑沦为一体，与万物无有不合，"大可以包六合，细入于毫芒"，无所不包，无所不能，这如同找到了"江河之有源，湖海之有归"，如此便可以死而无憾了。林光在这里表现出心为宇宙本体的心学思想。

在林光看来，吾心本来是充塞周洽于四方上下、往古来今的宇宙之中的，由于人们不认识这个道理，不贵心自得，而劳劳攘攘，抓不住要害，如果抓住了"自己心得"，则四方上下，往古来今都无所不得了。

在林光看来，万物之理，只有"自己心得"，才是可信的，因为"元来四方上下，古往今来，直是这个（心）充塞周洽"，而心是自满自足，无有欠缺，无毫发间断的，所以"非自己心得，辄不敢轻信"。就是说只有"心得"，才是可信的。

为了存心自得，就要涵养本心，为此林光主张涵养深造本心，以求自得……涵养之深，得道之尽，并能至于沛然之境。否则，养之不周，则见之不明。在林光看来，为学在闻道，闻道在自得。如果不能自得，即使"读尽天下书，说尽天下理，无自得入头处，总是闲也"。

林光认为，养心存心，则无所不得，一切皆能，所以他重在心之自得，心是宇宙之本原，一切事物的衡度，这便是林光的贵心自得之学。

（据《南川冰蘖全集》《粤东名儒言行录》《茶山乡志》《容肇祖全集》《明代思想史》，陈贺周撰）

袁晃（上元村袁晃后人供图）

袁晃 捐建广济桥，泽被五百年

　　袁晃（1439—1521年），字德辉，号东溪，上元村人。

　　袁晃自小聪颖异常。童年时，伯父去世，无地埋葬，袁晃跟宗亲们说，愿捐出父亲的地作为墓地。宗亲们不敢相信，说："你一个小孩，能定夺吗？"袁晃肯定地说："这是我父亲的想法，我保证他不会有意见。"袁晃父亲从远方回来后，果然同意袁晃的做法。众人对袁晃刮目相看。父亲去世后，袁晃服侍母亲及二位兄长，俱得欢心。

　　明朝茶山人多外出经商致富，袁晃早年亦经商于今江苏、浙江、广西等地。袁晃颇有经商头脑，盈利甚丰。经商途中坐船，袁晃惟观书习艺，从不参与赌博，同行都很敬佩他。

　　袁晃年老后，回乡徜徉于山水间，不再外出经商。袁晃尊祖敬宗、团结族人，为宗族编修族谱，为祖先、兄长修墓，不一而足。某家的子孙不能修墓的，袁晃代其修筑。袁晃捐出自己的若干顷良田作为祭田，用每年的收入来祭祀祖先。袁晃又善于为子孙作长远谋划。家里隶属军籍，袁晃便和子侄（袁瑞機等）商量，置田若干亩，以供应军需。袁晃日常节俭，告诫子孙一定要勤劳、节约、和睦相处，更置下九十亩学田，资助、鼓励子孙攻读诗书。

袁晃富裕而不吝施予，亲戚、乡人有经济困难，袁晃总是大方借贷，从不考虑能不能收回。贫困者不能殡葬，袁晃总是大方资助。县学明伦堂倒塌，学谕倡议重建，茶山乡人踊跃捐资，袁晃比巨富人家捐得更多。

明正德年间，东莞县令渎职，东莞百姓深受其苦，希望通过袁晃向上级反映。县令得知后，私下给袁晃送钱，袁晃坚拒。后来，县令被罢免，东莞县百姓得以安宁。

明正德三年（1508年），袁晃输粟助边，被授宣义郎（七品散官）。后来，恩授冠带寿官。县令屡次邀请袁晃参加乡饮酒礼，袁晃皆辞谢。

茶山乡的广济桥（旧址在今茶山圩广济路），始建于明天顺七年（1463年）。明正德十年（1515年）秋，袁晃向布政使吴东湖建言："广济桥是茶山及周边乡村的交通枢纽，一直没有建成。几十年来，百姓只能靠浮桥或渡船过河，不仅时常有覆舟伤亡事故，亦费财失事。早前创建广济桥时所建的十一间屋本来是用来收租维护桥梁的，现在收益也不归百姓。广济桥现在无从筹措资金，却又关乎茶山百姓重大利益，我愿率领乡人捐资修建石桥，以图永久。"吴东湖赞同袁晃的倡议，遂颁下公文、图纸，由官府督建广济桥。

袁晃的倡议很快得到黄信初、袁曜、林效、林琬、卫镐、何愈深、林瓘、叶养、叶芸、钟铉等十人及茶山乡、周边百姓的积极响应，大家踊跃捐资购买木材、石材，聘请工匠，工役大兴。袁晃一人的捐款就达到了总捐款的八成。工期紧急时，袁晃不惜亲自挑石建桥。袁晃急公好义的高尚品德为乡人万分称道。

广济桥建至八成时，石冈乡（今属石排镇）李本清与袁晃有私愤，便以建广济桥会阻塞河水、造成上游水灾为由，向县、府、道逐级诬告袁晃，多方阻挠建桥，袁晃因此被逮入狱。东莞全县士大夫、耆老乃至卫所官军，都为袁晃申辩，袁晃最终获释。李本清见奸计没有得逞，一路诬告至朝廷。朝廷派官员到茶山勘察，乡贤林光以广济桥建成后将大大便利百姓，向官员极力争取支持。官员回朝廷后向皇帝报告，皇帝御批驳回李本清的无理要求（按，此故事直至今天仍在茶山百姓口中流传）。十二月十四（1517年12月26日），朝廷派布政使吴东湖亲到茶山督建石桥，茶山百姓建桥的热情愈发加高涨。

第二年（1518年）正月，广济桥建成。广济桥为当时东莞县一时无两的重大工程，共有八个桥墩、七个桥孔，岸边叠石加固，桥上有栏杆、廊轩，首尾设有关卡，左右设有碑亭，钟云瑞作《创建广济石桥记》。广济桥历代修葺，直至2012年才彻底拆去。袁晃的功德可谓泽被五百年！（据萧与成撰《萧太史铁峰集·明故恩寿官东溪袁公墓志铭》、《茶山乡志》，陈贺周撰）

袁晃像（上元村袁晃后人供图）

袁晃原配张氏像（上元村袁晃后人供图）

袁晃副室周氏像（上元村袁晃后人供图）

钟云瑞（引自民国《茶山乡志》）

钟云瑞 —身正气，百世慕德

钟云瑞（1484年1月13日—1567年5月17日），字天庆，号黄山，茶山人。

钟云瑞的先祖钟春从江西省兴国县迁居东莞县大步村。十传至钟膺，因避海寇而迁居茶山。父亲钟睿，弘治壬子科（1492年）举人，任如皋教谕，妻袁氏，为袁昌祚祖姑。钟睿生三子，长子钟云锦为钟卿之父；次子钟云祥，为诸生，以孝闻；三子为钟云瑞。

钟云瑞温和恭谨，潜心经史，终日不离几案。正德八年（1513年），以乡试第三名中举人。正德十二年（1517年），中进士，授南大理评事，判案公平正义、宽厚仁慈。

正德十三年（1518年），茶山广济桥竣工，钟云瑞作《创建广济石桥记》（载《茶山乡志》卷三）。其后，恶徒倚桥为患，钟云瑞申请编设桥夫以维持治安。

嘉靖二年（1523年），御史谭鲁包庇充军罪犯的行为被揭露，大理寺正林希元不肯徇情，被贬为泗州判官。钟云瑞上疏说："此案是我与林希元一起办理的，如果林希元有错，那我也有错。如果我坐视林希元被贬，那我就有出卖朋友的嫌疑。我申请一同降职、调职。"钟云瑞此举深得士大夫赞

091

扬，但朝廷没有批复钟云瑞的申请。同年，钟云瑞以优秀的政绩调任北大理寺副。

嘉靖三年（1524年）七月，在关于皇帝生父、生母的尊崇典礼的论争中，钟云瑞与何孟春等二百三十余人一起跪在左顺门向皇帝请愿，被廷杖三十下，受伤极重，幸得不死。

不久，钟云瑞升为大理寺正，再升为江西按察金事。任职期间，钟云瑞严格执法，平反冤案，从不因豪贵而徇私枉法。任期未满，升布政司右参议，但刚直如故。其时南赣巡抚刚到任，钟云瑞拜见他时稍稍迟了，他便出言责备，钟云瑞说："这岂是对待我这个布政官员的礼仪？"南赣巡抚怀恨在心，四处散布流言中伤钟云瑞，钟云瑞被改调他职。钟云瑞以回乡照顾母亲为由辞官回乡。

三年后，朝廷发文催促钟云瑞赴京候选，补云南左参议。母亲去世后，钟云瑞回乡守制，哀痛伤身，几至不能扶杖行走。守制后，起补湖广右参议，提督太和山（武当山）。其时有些宦官权倾朝野，部属横行犯法，钟云瑞不畏强权，绳之以法。宦官欲构陷钟云瑞，但因钟云瑞为官端正，实在找不到借口，只能作罢。由此，朝野更加看重钟云瑞。岁时馈赠，钟云瑞概不接受。升副使，驻守衡州、永州。钟云瑞认为不能随俗迎合上级，便上疏辞官回乡，其时约六十岁（约1543年）。御史张岳曾如此评论钟云瑞："钟云瑞为人沉静、谦让、谨慎，说话徐缓，遇事则一身正气，始终坚持原则。"

辞官回乡后，钟云瑞在乡间修筑简陋小室，放满图书，每日闭门正襟危坐，即使亲人也未曾见到他有慵懒之时。钟云瑞忧虑世风日下，认为教育是头等大事，百姓不受教育，民风便不会淳厚，容易滋长动乱。于是，钟云瑞亲自在社学中讲习礼义，倡导孝顺、友爱、和睦、明德向学、扶贫助困之风，更率先垂范。每年正月初一，在社学为皇帝祝寿。每月初一、十五，聚集乡人在约亭宣读圣谕。平日则督促乡人耕种、收获，完成赋税、贡纳任务，又申请减免百姓徭役，推举贤能人士到省内外任职，也时常为乡人解决纷争，深得乡人敬重。钟云瑞辞官在家，生活较为贫困。钟云瑞的乡试同榜友人彭善任绥宁县令，向上级申请将自己的俸钱移交广东布政使再转交钟云瑞，让钟云瑞以此奉养亲人。

嘉靖三十七年（1558年）夏，大旱引发饥荒，群盗并起，茶山毗邻的增步被三千流寇劫掠；程乡山寇流入东莞；日本倭寇自虎门登岸入侵，龙溪都指挥被杀。盗寇到处劫掠，焚荡村落，对富庶的茶山早已虎视眈眈。各乡百姓纷纷到莞城避难，莞城的城郭（外城与内城之间）也容不下这么多难民。钟云瑞率领乡中耆老、俊彦到东岳庙祈求风调雨顺，慷慨激昂地对茶山百姓说："我们茶山人口无数，极为富庶，一定要慎重考虑迁徙避难。在避难途中，万一有妇幼、孱弱者被遗下，必定引发人心动摇；人心动摇，百姓必定发生内讧；内讧一生，对茶山虎视眈眈的盗寇就会肆意在街市上杀人。未等到盗寇进攻，茶山就已自我溃败！我钟云瑞虽然老了，但要带头站出来保卫茶山！"钟云瑞号召茶山百姓捐资防御，作出周详、恰当的规划，事事躬亲，如：修缮巷门，严守各处道路；联合各村乡勇，挑选壮丁，厉兵秣马，严格训练；揪出内奸，悬出赏格；详细向官府报告。钟云瑞又与同乡何楷、林时夷（林光之子）等乡贤一起设立乡约，亲自撰写《茶园乡约小引》（载《茶山乡志》卷十二），呼吁乡人奉公守法、严关防、均事力、明赏罚、修武备。茶山所有百姓都听令于钟云瑞。钟云瑞又计划增修茶山城寨，巩固防卫，得到东莞县令杨守仁赞同并向上级报告，得到许可。杨守仁更捐出薪俸，茶山城寨由此增修了雉堞。盗寇知道茶山的乡勇队伍整齐、训练有素、号令严明、严防死守、早有准备，不敢贸然进攻，只好退却。在钟云瑞的带领之下，茶山纵使接连多年都有寇警，依然屹立不倒，未受侵扰。

茶山寨墙遗址（在今茶山村龙船围，陈贺周摄）

茶山百姓感叹说："我们茶山屡次遭遇寇劫，次次都平安度过，良田没有抛荒，房屋没有焚毁，百姓没有受到惊吓，盗寇不敢觊觎，都有赖钟黄山庇护着我们。钟黄山给我们茶山的恩德，实在厚重！"于是，茶山百姓倡议为钟云瑞建立生祠（按，其址在今东岳路茶山邮电局附近），于嘉靖四十五年元月初四（1566年1月24日）动工，次年二月落成。三月，县令杨守仁为祠题名"慕德祠"，并作《慕德祠记》（载《茶山乡志》），号召茶山百姓对钟云瑞的高尚品德既要仰慕，更要效法。四月初九（1567年5月17日），茶山百姓拟在祠内为钟云瑞塑像，钟云瑞于此日去世。钟云瑞神主亦供奉在东莞县乡贤祠中，接受世人祭祀。

茶山武帝庙及纪念钟云瑞的慕德祠（引自民国《茶山乡志》）

此后，东莞人戴记［嘉靖四十四年（1565年）进士］作《重修慕德祠记》，记载钟云瑞保卫茶山之事甚详。乾隆三十二年（1767年），茶山进士邓大经作《重修慕德祠记》，称：虽过了二百来年，茶山百姓无论田夫、野老、工贾、樵牧、贩竖之辈，谈起钟云瑞无不肃然起敬，对钟云瑞的故事都能娓娓道来。可见钟云瑞入茶山百姓之心极深。

钟云瑞曾师事理学家湛若水，晚年文声日起，手不释卷，全心作文。钟云瑞推崇宋朝的欧阳修、曾巩，后辈袁昌祚认为其文有二人之风。钟云瑞作为明朝茶园首位进士，对乡中后学多有勉励、教导，如对其侄钟卿"大奇其志"，将钟卿引荐至湛若水门下；对钟继英"甚奇之，谓必光宗"；

对袁昌祚"称引有加"，屡次借书给袁昌祚，乃至在作文现场将文稿拿给袁昌祚看。袁昌祚得钟云瑞之教甚多，钟云瑞去世后，袁昌祚为钟云瑞《黄山文集》作序。钟氏后人曾为钟云瑞及其侄钟卿立"进士世科""双凤联翔"两座牌坊。（据《石屏遗集》《粤大记》、崇祯《东莞县志》、民国《东莞县志》、《茶山乡志》、《东莞市茶山镇志》，陈贺周撰）

按，王希文《石屏遗集》之《又寿钟黄山八十一序》："亲家黄山翁以是冬季之望为八十一诞辰……兹癸亥（按，嘉靖四十二年，1563年）之腊，荣寿且八十又一矣。"戴记《重修慕德祠记》："期以丁卯四月九日貌先生于祠，先生竟以是日殁。"民国《东莞县志》称钟云瑞"卒年八十四"，疑有误。

又按，《茶山乡志》载袁应淦《意园小草》关于钟云瑞故事一则，大意如下：

钟云瑞辞官在家，其门生章拯任广东提学，乘船经东江去惠州，沿途乡村须派人牵缆或缴纳民夫费用。钟云瑞听说后，亲自带领茶山父老十余人去东江边候命。章拯见到后，马上将船泊岸，向钟云瑞请安，并问钟云瑞为何站在江边。钟云瑞说："近来正是农忙时节，壮丁实在没空，只好由我这个老人家前来牵缆。"章拯听后，立即免了茶山周边乡村的夫役。后人在拜祭钟云瑞时，以对联纪念此事："四五百年推巨擘，九十三乡赖息肩。"

据资料，章拯（1479—1548年），弘治十五年（1502年）进士，1512—1515年任广东提学副使，正德八年（1513年），钟云瑞中举人。因此，钟云瑞是章拯的门生。《意园小草》称章拯为钟云瑞门生，误。当年可能真有章拯因钟云瑞而免去茶山周边夫役之事，故有故事在茶山民间世代流传，只是在流传过程中颠倒了师生关系。此故事无论确否，均反映出钟云瑞深得历代茶山百姓爱戴，这是毋庸置疑的。

又，章拯官至工部尚书，曾为林光作墓志铭，章拯与林光之子林时衷有交往，而钟云瑞晚年与林时衷共同施行茶山乡约。

钟卿 百粤仪表，一代球琳

钟卿（1506—1582年），字懋敬，号班田，明朝茶山人。

钟卿之父钟云锦为钟云瑞长兄，其母为钱铎［成化二十三年（1487年）进士，今东莞东城下桥人］之女。钟卿幼年天资卓异，有志气、才略。有一次，父亲从书箱中拿出一本书，给钟卿讲授数千字的文章，钟卿略略看过便一字不误地背诵出来。父亲见钟卿有如此天赋，便让钟卿攻读诗书。钟卿不负所望，很快声名鹊起。十七岁时，钟卿上书叔父钟云瑞，以名誉、气节相劝勉，钟云瑞十分惊讶。不久，钟卿以首名入读县学。钟卿初入学，督学使欧阳铎即视钟卿为卿相之材，勉励钟卿努力自爱，给钟卿发放生活资助，让钟卿改为今名。叔父钟云瑞让钟卿拜湛若水（明朝哲学家）为师。

嘉靖七年（1528年），钟卿中举人。嘉靖八年（1529年），钟卿中进士，授许州知州。许州有众多恶棍横行乡里，常常发生抢劫杀人案件。钟卿到任后，在各乡设立书塾，聘请教师教育各乡子弟，又将壮丁编为保甲，以备警情。钟卿断案如神，屡次为百姓平反冤案。嘉靖十三年（1534年），邻县盗寇流窜到许州，钟卿亲自率兵上阵，擒获盗寇头目，斩杀、擒获众多盗寇。

钟卿以优秀的政绩升南京户部员外郎，不久又升为南京兵部武选司郎中，钟卿父亲因此被封为兵部武选司郎中，母亲也被封为宜人。不久，钟卿祖母去世，钟卿父亲在服丧期间得重病，钟卿常常亲自为父亲煎药，尝过后才喂给父亲。父亲弄脏的衣服泡在水槽里，钟卿也常常亲自清洗。不久，父亲去世。钟卿守制三年后，补户部河南司郎中，因参加南郊祈谷典礼时迟到，被贬为郴州同知。

在郴州到任后，正当盛夏，狱中的犯人被刑具连在一起，发出阵阵腐臭，已有数名狱犯病死狱中。钟卿立即叫狱卒清洗刑具、床铺，又将狱犯分散，安排到合适的地方。钟卿见狱犯的牢饭恶劣，不时叫人将家童所种的蔬菜拿给狱犯们吃，嘱咐道："千万记着，不要让狱犯饿死、病死在狱中。"郴州遭遇饥荒，钟卿屡次派出州里能干人员，沿乡赈济饥荒、发放医药，救活了近万人。不久，钟卿改任莱州通判，郴州人为钟卿树立碑石，歌颂其德政，又请求钟卿留下衣履作为纪念。

钟卿未到莱州赴职，升杭州府同知。其时钟卿为继母陈氏服丧，也未赴任。钟卿幼年时，每次母亲患病，钟卿都在旁服侍，夜里衣不解带，以备随时起来照顾。继母患病，钟卿像服侍生母一样服侍继母。继母去世，又像为父亲守制一样为继母守制。两次守制三年，钟卿一直在哀伤之中，未曾开口一笑。

守制三年后，钟卿补金华同知。任职期间，钟卿严厉打击不法行为，安抚柔弱，奖掖醇良。钟卿在浙东政声大起，升任南京工部都水司郎中。

嘉靖三十年（1551年），钟卿升任九江知府。以前，九江对过往船只、商品征税的关卡，其官员、衙役均由官府发给薪俸。人们深知在税关可以贪得巨利，争相贿赂乃至不要薪俸，都想在税关里谋得一职。钟卿认为这只会助长贪腐之风，大力禁绝。九江处于交通要道，供应、接待往来官员所耗费的人力、物力巨大。钟卿削减、延缓大量非紧急的任务，大大减轻百姓负担。钟卿认为九江地处吴楚咽喉，建议储备大量粮食，以备不时之需。钟卿大力修复水利设施，所修复的陂塘（小水库）、堤坝数以千计。钟卿十分重视文化、教育，修缮了九江的岳武穆祠（岳飞祠）及岳母姚氏的墓园，禁止在墓园内打柴、伐木，安排了几户人家作为守墓人，又在当地名门望族——义门陈氏的后人中选拔优秀子弟到府学读书、学习礼仪。

钟卿在九江任职三年后，升任广西按察副使。其时已是寒冬腊月，钟卿仍穿着夏天的葛衣，妻子只好拿出私房钱八百文给钟卿购置服装。第二年，升任参政，但未到任。不久，升任广西按察使。其时明朝王室宗亲在广西横行犯法，钟卿依法治其罪，全国王室由此不敢肆意妄为。

嘉靖三十七年（1558年）夏，钟卿升任广西右布政使。嘉靖三十八年（1559年），升任福建左布政使。其时，钟卿的薪俸略有积蓄，想起在九江任职时规划修筑南门新坝而欠缺资金，便派人带着这些钱去九江捐资筑坝。

在福建上任不久，钟卿上疏辞官回乡，年仅五十六岁，即闭门谢客，仅建一间小屋放满书籍，读书自娱。平日督促了孙攻读诗书，勉励子孙不用广营田宅，要以德行为先。钟卿平时的衣食住行与贫寒百姓无异，但自觉安适。其时，叔父钟云瑞亦辞官在家，钟卿虽然身居高位，但仍像服侍父亲一样，恭恭敬敬地服侍叔父钟云瑞。每次钟云瑞参加晚宴归来，钟卿必定出门扶着轿子将钟云瑞迎入家中，深得士人赞扬。

钟卿辞官后，家里十分贫穷。钟卿以前的同僚潘李驯巡按广东，见此，令官府给钟卿送上管理东莞盐池的公文。儿子捧着公文呈给钟卿时，钟卿正在火炉前烤火。他斜目怒视儿子，接过文书后，立即扔到火炉中烧毁。儿子见此，十分惊愕，钟卿正色道："地方利益，岂能由我一人专享？我烧了公文，实在是为你们开辟了生路！"

钟卿辞官在家，虽闭门谢客，从不去官府拜访，但其忧国忧民之心从未释怀，时常留心世事。嘉靖四十年（1561年），天旱导致饥荒，贫民群起躁动，富人抢夺粮食，人心惶惶，社会濒临动乱。钟卿召集周边乡绅耆老，劝谕捐出粮食赈灾，局势得以平息。倭寇、山寇乘灾蜂起，到处劫掠。嘉靖四十四年（1565年）冬，茶山多次告急，家人请钟卿外出暂避，钟卿大义凛然地说："我如果离开茶山，百姓必然仿效，茶山就不保了！"钟卿召集百姓，誓师固守茶山，流寇最终不敢侵犯。东莞县令统计茶山周边百姓人数，拟增加户口以多征税赋，私下征求钟卿意见，钟卿极力阻止。钟卿奖掖后学，常常在乡中公费中拨出经费资助学生赴考。乡邻间有所争议，常常请钟卿评理。钟卿仅仅用几句话，就将纠纷完满解决，双方一致认同，满意而回。嘉靖年间，钟卿在茶山东门外倡建万寿庵。

两广总督李迁为钟卿的厅堂题匾曰"清白"。司寇陈我渡以"表正乡闾"（乡里的表率、模范）表彰钟卿。吉水罗中允数次赠诗、寄信给钟卿，称颂钟卿廉洁、贞静、超俗，像商彝周鼎一样珍罕。

隆庆元年（1567年），钟卿以耆旧起为光禄寺卿，陪推工部右侍郎。钟卿上疏，以病请辞，诏以光禄寺卿致仕。此后，广东地方官多次上疏推荐钟卿，钟卿坚辞。

万历五年（1577年），钟卿作《东莞儒学鼎建尊经阁记》（载崇祯《东莞县志·艺文志》）。

钟卿七十七岁时去世，其神主供奉在乡贤祠中，接受世人祭祀，后人为其立"清白"牌坊。时人称颂钟卿为"百粤仪表，一代球琳"（意即"南方沿海百姓的模范，坚贞如美玉的一代贤才"）。

《茶山乡志》载钟卿故事一则，如下："钟班田先生，黄山先生之侄也，亦仕至方伯。尝患眼疾，上赐以缅茄子数枚，以之拭目，谓可以愈病。此茄子乃缅甸所进者，即名之缅茄。班田欲荣君之赐，不肯尽用，归播其种而植于村前，垂二百余年，至清中叶尚存。"

钟卿所撰碑文已知今存者有《宋将袁公墓表》《明故中宪大夫山东按察司副使樾桥钱公暨配宜人陈氏合葬墓铭志》《明乡进士文林郎福建莆田县知县琴窗卢公墓志铭》。（据《莞沙续集》、民国《东莞县志》、《茶山乡志》、《茶山历代碑刻》，陈贺周撰）

按，已见资料未载钟卿生卒年月，袁昌祚《莞沙续集》中的《光禄卿班田钟公行状》载："乙未，旋进福建左布政……因扁舟抵境上，力上疏，乞骸骨归……年甫五十有六，即杜门却轨。"则钟卿生于1504年。钟卿所撰《明故中宪大夫山东按察钱公暨配宜人陈氏合葬墓铭志》有"万历十年岁次壬午五月吉日，致仕光禄寺卿前福建左布政使从甥班田钟卿撰"之款，则1582年6月钟卿仍在世，而民国《东莞县志》、《茶山乡志》均称钟卿"卒年七十七"，则钟卿约生于1506年。

钟继英 <small>刚正不阿、敢于进谏的明朝高官</small>

钟继英（1529年7月29日—1592年2月11日），字乐华，号心瞿，茶山淳家坊（钟屋）人。

钟继英天生聪颖，有识之士早已知其俊异不凡。十五岁时，父亲去世，母刘氏、兄钟佐对其严格教育。钟继英励志求学，同乡前辈钟云瑞认为他必定光宗耀祖。

二十来岁时，钟继英补广州府学弟子员，在广州求学。广州府人、金都御史赵勋读到钟继英的文章，惊叹说："真是旷世奇才！"便让两个儿子和钟继英结成文字之交，让儿子向钟继英学习。广州知府谢彬考核全府学生，置钟继英为第一。自此，钟继英在广州府的学校中声名鹊起。

嘉靖三十七年（1558年），钟继英考中举人。嘉靖四十四年（1565年），钟继英高中进士，钦点翰林院庶吉士。钟继英有孔融、谢安、李白的风范，文章崇尚秦汉文风，尤其崇拜司马迁；诗歌则喜欢李白，作诗一概以初唐、盛唐为准绳。翰林院的同僚读到钟继英评论诗文的文章及其他著作，都认为钟继英的才华不可企及。钟继英常常和同辈们切磋文艺、品行，时有同辈不严肃、开玩笑，钟继英都正言忠告，有学者之风。由此，钟继英在翰林院中名声藉甚，遭人妒忌。

隆庆元年（1567年），钟继英任云南道监察御史。任职伊始，钟继英毅然以天下为己任。其时隆庆帝初登帝位，钟继英率先上疏皇帝，请求每日为皇帝呈上儒家经典讲义，加强皇帝的学习。吏科给事中石星因进谏获罪，钟继英与石星并无私交，但不畏惧冒犯皇帝，积极营救，颇得时论称颂。（按，钟继英去世后，石星为钟继英作墓志铭，称"乐华之谊，足征千古矣"。）不久，钟继英任北城巡城御史，负责北京北城的治安管理、审理诉讼、缉捕盗贼等事。钟继英刚正不阿，从不徇私枉法，奸豪由是敛迹。朝中大臣张居正以私人恩怨，竟授意钟继英杀人。钟继英说："杀人献媚，我不做这样的事。"张居正由此对钟继英怀恨在心。

隆庆元年（1567年）冬，钟继英奉命巡视长芦盐场（在今天津、河北的渤海沿岸）。钟继英踌躇满志地说："担任新职，澄清天下，这是我的志向！"钟继英革除弊端、振兴盐政，巡视工作时正气凛然，严格执法，所到之处，平反了很多冤假错案。其时主持盐政，可以轻易获得巨额金银，但钟继英严格自律、洁身自好，所有盈余、罚没的金钱从不中饱私囊。右佥御史庞尚鹏称颂钟继英为"西台独步"（御史台中无人能及）。

其时，隆庆皇帝召集千名宦官在皇宫大内中演习武艺，名曰"内操"。钟继英愤慨地说："内廷不是演武之地。阉人的职责只是扫除，现在让他们摆弄凶器，是不是将来要让他们做些什么？！"钟继英上疏皇帝，请求端正风气、整肃宫廷。钟继英在疏中极力揭露事实，亲友们无不担忧他的安危。钟继英正气凛然地说："进谏是我的职责，我只是将所知的事实详尽地说出来罢了，其他的事我不考虑。"隆庆皇帝没有批复钟继英的疏，但宦官演武之事也随即停止。一时之间，朝中元老相与惊叹："钟继英确有回天之力！"

不久，钟继英上疏皇帝，建议推广圣人之心、继承先帝之志以成就大孝。皇帝予以表扬并采纳建议。钟继英又在另一些疏中建议广开言路，宽容进谏的官员；顺应舆情，优待、尊崇大臣等。

隆庆三年（1569年），钟继英在巡视长芦盐场之后，想到母亲刘氏年寿已高，上疏请病假回茶山看望母亲。此时，钟继英被任命为南畿提学［负责南京文化教育的高级官员。今存同治十三年（1874年）所刻"畿辅儒宗，南畿提学钟继英立"石匾］。皇帝没有批准钟继英的病假，钟继英只好带着任命书一路疾驰回家，在为母亲祝寿之后匆匆赶赴南京上任。

南京素来是人才聚集之地，但历任提学很少能得到南京士人认同。钟继英到任后，秉持真诚之心，谨慎网罗真正的人才。每次考试，钟继英都指天发誓，以示公正，选拔出来的人才无一不是众望所归。每次巡视，钟继英一定要求有关部门察访贫困学生，大力帮扶、资助。如有学生遭人构陷，钟继英尤其重视，力求周全解决，让学生不至于蒙冤受屈。

吴梦熊是宜兴名士，钟继英曾在考试中将其置为第一。宜兴邻县遭遇饥荒，盗贼群起剽掠，吴梦熊的佃户被盗贼抢劫，在格斗中将盗贼杀死。盗贼的同党告到官府，吴梦熊受到株连，被逮下狱，被判死刑。钟继英知悉此事后说："吴梦熊的文章、品行都很优秀，他不会是杀人的人。"于是，钟继英查明冤情，吴梦熊得以出狱。出狱后，吴梦熊愈加奋发向学，在万历四年（1576年）考中举人，次年高中进士。钟继英爱护、培养士人的事迹，大多与此事相近。

纪念钟继英的"畿辅儒宗"石匾（陈贺周摄）

隆庆四年（1570年）冬，钟继英积劳成疾，且日夜思念母亲刘氏孺人，一再上疏请求辞官回乡，得到批准。钟继英回到茶山，构筑别业"采药山房"，日夜侍奉母亲，关怀备至。

隆庆六年（1572年），万历皇帝继位，刘氏孺人对钟继英说："天子登位之初，政教一新，你应当为英明的天子效力，不用眷恋在我身边。"钟继英收拾行装，重回朝廷，被授云南道御史之职，纂修《穆宗实录》。钟继英曾三任御史经筵讲官，为皇帝讲经论史，常被皇帝赐予罗绮。钟继英也曾上疏建议皇帝励精图治、巩固基业。

其时有王大臣潜入皇宫中被捉之事，张居正、冯保欲借此构陷高拱谋逆，满朝议论纷纷，但无人敢站出来说话，只有钟继英上疏含蓄批评此事。张居正阅后，大为震怒，严辞谴责钟继英。钟继英毅然不屈，说："作为臣子，故作正直以沽名钓誉固然不应该，但阿谀奉承、徇私枉法实在不是国家之福！"皇帝下旨质问，朝中大臣都认为钟继英极度危险。钟继英再次上疏，陈述自己的观点，得皇帝体谅，从宽处理，但仍被张居正罚俸半年。一时之间，朝中大臣都称钟继英能以忠诚感动皇帝。

万历元年（1573年）四月，钟继英母亲刘氏孺人去世。钟继英收到讣告后，悲痛欲绝，立即回家奔丧，和诸位兄长妥善处理丧事。守制三年，钟继英严守礼制，寸步不移。乡亲们都说，如此严格为父母守制的高官，实在是百年不见。

万历四年（1576年），钟继英结束守制，起补河南道监察御史。钟继英上疏分析考核官员事宜，切中问题要害，得到朝廷肯定。朝中大臣以国家终于得到合适人才来主持国事而交相称庆，张居正等权臣则以钟继英为异己者而极力排挤。九月，钟继英被任命为广西提学副使。此前，北畿学使任满高升，陈瓒力荐钟继英补缺，已成定论，而一位姓贺的官员也想得到此职，便与张居正一起合计将钟继英排挤出去。钟继英转任广西提学副使。

张居正推行新法，要淘汰过多的学生，各地督学竞相迎合，大幅裁减学生。唯独钟继英秉持公平仁慈之心，刚正不阿，所裁减的人数不超过五分之一。钟继英处理学政得当且心地宽容，不忍心对学子求全责备、绝其进身之道。广西士人对钟继英非常景仰，尊其为"儒宗"。张居正对钟继英早已含恨在心，命令吏部（负责考核官员）首开考核督学官员之例，列钟继英为最差。钟继英愤慨地说："《易经》说：'君子见机行事，不用等到明天。'如今事已至此，我还能在朝中立足吗？"即日上报辞职，不等上级回复，便辞官回乡。

赵志皋（后任东阁大学士）其时在广东任职，听闻钟继英辞职，感叹说："举世奉行新法，只有钟继英坚持己见，正是冰炭不能相容。广西学生热烈拥戴钟继英，视其为宗师、父母官，而朝廷将钟继英列为最差，怎能符合人心向背呢？"

不久，广西巡抚在上奏皇帝的公文中称："提学副使学问、品行优秀，选拔人才严谨，督促士人勤奋向学，上级对其无意见。他突然因病辞职，各界人士都为之惋惜。恳请皇帝批准他在病愈后复职，以示朝廷礼遇儒臣。"张居正指使吏部对此不作批复，竟安排钟继英听候调任。

万历五年（1577年），钟继英调补云南道监察御史。万历八年（1580年），连陈三模这样的小官都得到调动，钟继英还是没有得到录用，背后正是张居正主使。

钟继英回到茶山后闭门谢客，不再关心世事。兴致来了，或钓鱼或种菜，聊以自适。只有志同道合的人来访，才叫仆人斟酒，与客人举杯尽欢。乡亲们都颂扬钟继英品德高尚。

万历九年中秋（1581年9月12日），茶山社学在兹堂落成，钟继英作《在兹堂记》（载《茶山乡志》卷三）。

宗亲、故旧们都觉得钟继英正当壮年，正宜报效朝廷，不宜归隐在家。广东的当政者及布政使、按察使等高官也寄书信给钟继英，劝钟继英复出。

万历十年六月（1582年6月20日），张居正去世。钟继英觉得自己还没有真正报答朝廷的培养之恩，之前辞职是因为张居正当政，而自己为张居正所忌，不得已引避，如今张居正去世，皇帝有新的辅佐大臣，自己实在不应再辜负朝廷的期望。十一月，钟继英到朝廷听候调派。钟继英素有清誉，却久在地方任职，朝中大臣见到钟继英，都说委屈了他。钟继英说："《礼记·中庸》说：'君子安于所处之位，努力做好应当做的事。'如果能在职位上施展自己的抱负，去哪里任职都是可以的，何必介怀是在朝廷之中还是朝廷之外呢？"

万历十一年（1583年）四月，钟继英补授湖广按察副使。钟继英带着任命书南行，到武昌任职。在路途中，钟继英病发，没有到任。

钟继英返家后，收到湖广巡抚李江的公文和书信，信中说："听闻您因病不能到任，您当然要珍重身体，只可惜湖广人民就盼不到您这位福星光临了。"不久，李江与巡按御史联合上疏，称："湖广按察副使历任要职，有良好的政声，正当有为之年，其才能足以为国家作出贡献，恳请在他病愈后再次录用，不至于浪费优秀人才。"

此后，钟继英在茶山养病十年，深居简出，一切世务不入于心，但数次为乡中主持公道。在家里，钟继英总是以文章道德劝勉同宗子弟，从不谈及一己私事。

万历二十年十二月二十八日（1592年2月11日），钟继英在弥留之际，把妻子袁氏及六个儿子叫到床前，拿毛笔在手掌上写了个"完"字，便与世长辞，享年六十三岁。钟继英好友袁昌祚作《祭钟心瞿宪副文》，称："钟继英将名留青史，其情操永不磨灭，美名永远流传。"户部郎中陈履作《中宪大夫湖广按察副使心瞿公行状》，称："钟继英仅官至按察副使，未能完成心中大业，抱志而终，人所共惜。"工、户、兵三部尚书石星作《中宪大夫湖广按察副使心瞿公墓志铭》，由陈履书丹，称："钟继英忠于进谏，无负御史之职；刚正不阿，从不考虑自身利害，实在是一代伟才！如果他能够安处朝廷而不遭贬抑，必定可以主持国家大事，协助国家度过艰难。奈何他只能长期担任地方职务，随即以病辞官，卧床不起，抱志以终。"

　　钟继英为人慷慨倜傥，见义必为，才华极高，擅长作文写诗，却从不张扬、炫耀自己所长。钟继英虽然家境富裕且身居高官，但终身朴素节俭，从不追求富丽、繁华，除了官服，从不穿着绫罗绸缎做成的华丽衣裳；除非请客，从不上第二道菜。任职时外出巡视，见到地方提供的酒食过于奢侈，一定叫人撤去。钟继英严于律己，其操守如冰之清、茶之苦。钟继英生平从不广营田宅，说："祖先留下的旧屋够我遮风挡雨，田地够我喝上米粥，子孙能够清楚我的操守、为人，这就足够了。"

　　钟继英任职时，能直言进谏，少保许国曾为他出版《两朝疏草》。钟继英病退时，著有《式谷备遗》一书以教育诸子，书里所写的都是道德、伦理之言，是可传世的著作（今不存）。钟继英诗文著作甚富，但很少保留底稿，去世后由其子整理少量遗稿，编成《心瞿公存稿》，由钟继英好友袁昌祚作序。才高八斗如袁昌祚，对钟继英的才华亦甘拜下风，称："其风致出入唐汉，而念母忧君、计国家、悯乡土，言多忠厚慷慨，而忧郁时露于笔端。"（据《淳家坊钟氏族谱》、民国《东莞县志》、《茶山乡志》、《悬榻斋集》、《茶山历代碑刻》，陈贺周撰）

袁昌祚（引自民国《茶山乡志》）

袁昌祚 广东解元，明朝文宗

袁昌祚（1536—1616年），字茂文，号莞沙，横江村人。

袁炳（袁昌祚在中进士前用"袁炳"之名）天生聪敏，过目成诵，有"奇童"之称。少负隽才，仪态英俊，文风古雅、雄健，提笔立就。

嘉靖二十八年（1549年），年仅十五虚岁，入县学（中秀才）。建书楼于横江村，书其匾额曰"飞鹤洞"。

横江村晏公庙，原为袁昌祚"飞鹤洞"书楼（陈贺周摄）

　　嘉靖三十四年（1555年），袁炳年仅二十虚岁，高中解元（全省第一名。《莞沙续集》载试文《拟宋赐九经于州县学校儒臣谢表》），横江村曾有为其所立"解元"牌坊。

　　嘉靖三十八年（己未年，1559年），袁炳上京参加会试。初到京城，袁炳即以高才名震京师。其时，严嵩、严世蕃父子把持朝政，严世蕃见到袁炳后，极其欣赏，欲招为女婿，袁炳以已有妻室婉拒。严世蕃派人对袁炳说："以你的才华，在仕途青云直上，就像捡个芝麻那么容易。如果你肯休掉妻子，屈尊做严世蕃的女婿，这次考试的会元（会试第一）、状元就如探囊取物。"袁炳没有答应（按，乾隆十七年所编《袁氏族谱》称袁昌祚为"己未科会元"）。

　　严世蕃一再强求，袁炳不想与他狼狈为奸，便心生一计，预写一封家书，在严世蕃大宴宾客时，让仆人将家书送来。袁炳打开书信，假装哭泣。严世蕃问为何哭泣，袁炳将妻子的书信呈上，上面写着《四时闺情》诗四首（载《莞沙续集》），尽写妻子思念丈夫的悲伤。严世蕃读罢，感叹说："以你妻子的才华，嫁你这个解元，确实是天生佳偶。我原想着将小女许配给你，如今读到你妻子的诗，才情秀逸，小女确实远远比不上。"

　　严世蕃虽息了嫁女之心，但对袁炳仍多方笼络。严世蕃的厅堂悬着一幅《飞鸣宿食图》，请袁炳题诗（载《莞沙续集》）。袁炳借图寄意，诗中有"飞者飞，欲辞严子钓鱼矶……鸣者鸣……肯唱离鸾别鹤声……食者食……水碧沙明聊自适……宿者宿……梦魂耻入鹦鹉群"等语，强烈表达了不肯休妻、不肯依附之意。严世蕃读后大怒。袁炳知仕途已绝，但毫不介意。果然，嘉靖三十八年（1559年）的会试，袁炳以试文不合格式而落第，但试文传诵一时（《莞沙续集》载试文《禹稷当平世三过其门而不入孔子贤之》《拟含誉星见辅臣杨士奇进贺诗表》）。

　　落第后，袁炳途经南雄，与南雄太守把酒论文。袁炳说："昨日在庾岭游览了乌猿洞，梅花盛开，芳香扑鼻，怪不得古今诗人在此吟咏不缀。"太守信口出上联曰："南雄梅岭乌猿洞。"袁炳即席应对，但仅得前四字，后三字一时间难以对上，只得怏怏不乐坐船而回。快回到茶山时，天色已晚，江上只见渔火点点而不能辨别方向。袁炳问家人回到哪里了，家人答曰："青鹤湾。"袁炳一听，心里顿时豁然开朗，不禁起舞，立刻叫船夫掉转船头回南雄。南雄太守见到袁炳，十分惊讶，问其缘故，袁炳笑答："没什么，只是终于想到工整的下联而已。"遂高声吟诵曰："东莞茶山青鹤湾。"
太守一听，拍案叫绝，惊叹袁炳才华过人，遂厚赠袁炳。

"茶山八景"之"鹤湾渔火"（引自民国《茶山乡志》）

嘉靖四十一年（1562年），严嵩以罪被免，严世蕃亦于嘉靖四十四年
（1565年）被判斩首，袁炳受到株连。刑部尚书黄光升奉旨抄严世蕃家时，
抄出《飞鸣宿食图》，见到袁炳的题诗，知其不肯依附，为其力辩并非严嵩
党羽，袁炳遂获免罪。

隆庆年间（1567—1572年），袁炳主持重修东岳庙，作碑记，并为东岳
庙头门题写匾额"岱岳灵贶"，撰写、题写大门对联"选地敞祠宫，顾八百
里山河皆海岱色；祝釐虔俎豆，期十三坊人物尽鲁邹风"，又为十王殿撰联
（按，袁炳所题匾、联今不存，今大门匾、联内容仍旧）。

隆庆五年（1571年），距上次会试十二年，袁炳才以正名"袁昌祚"再
次参加会试，考中进士（《莞沙续集》载试文《拟唐回鹘嗢没斯率众内附诏
宰相李德裕撰异域归忠传赐之群臣谢表》）。在朝廷实习时，袁昌祚上《时
政疏》，提出"定国是、恤民困、正士习、罢互市、通漕河"五项治国建
议，均是其时当务之急。

稍后，袁昌祚被授广西左州（今属崇左市）知州。左州地处偏僻，百
姓中很少有人读过书。袁昌祚到任后，聘请老师，设立书塾，教育左州百
姓，左州士人由此奋发向学。

约在万历元年至万历四年（1573—1576年），调任湖广夷陵（今属湖北宜昌市）知州，甚得上级王世贞（明朝文学家、史学家）器重。王世贞在给大学士徐阶的书信中说："近年所见到的后辈，仅夷陵知州袁昌祚足以称道。他写文章古雅、通畅，有很强的施政能力，极为难得。"编修《湖广通志》时，王世贞让袁昌祚负责编修。

后任户部云南司员外郎，再升任广西提学佥事，转任四川布政使司参议。其时，朝廷修乾清、坤宁二宫，袁昌祚受命进山督办进贡木材，不侵扰地方百姓而完成任务，四川百姓极为感激。

万历八年（1580年），袁昌祚因父亲袁宇中去世而回乡守制。十月朔（1580年11月7日），茶山建成炳灵宫（今不存），袁昌祚作《炳灵宫记》（载《茶山乡志》卷三）。不久，继母亦去世。守制结束后，起补广西参政，没有赴任。

万历二十七年（1599年），袁昌祚与郭棐等人一起编修《广东通志》，至万历三十年（1602年）完成，时称"直笔""有良史才"。后来，袁昌祚又与郭棐等十六人在广州成立浮邱诗社，互相酬唱。袁昌祚又与袁应衡、王希文、谢觊等在茶山成立凤山诗社。

万历三十九年（1611年），袁昌祚倡议捐资重修广济桥，并作《重修广济桥募捐疏》（载《茶山乡志》卷二）。万历年间，袁昌祚倡建榴花塔（今存东城榴花公园），作《募建榴花塔疏》。

辞官后，袁昌祚在横江村南修筑别墅，每日与名流谈经论道，优游林下三十余年。袁昌祚为人和蔼而孤傲，纵使是显赫大官想拜访，袁昌祚也不愿相见，更未曾以私事干预府、县政事。广州府、东莞县每年举办乡饮酒礼，邀请袁昌祚作为上宾，袁昌祚婉拒说："我袁昌祚没有什么长处，只有四种'不愿'不能勉强，生不愿担任乡饮酒礼的嘉宾，死不愿供奉在乡贤祠中，为官不愿奉承当权者，辞官归里不愿欺凌百姓。真要勉强我的人，都不算真正了解我袁昌祚。"

袁昌祚精通音律，著有《乐律考》（今佚，至民国编写《茶山乡志》时，"惜多残缺"）。袁昌祚嗜爱读书写作，老而弥笃，著作极为丰富，除上述参与编修的《湖广通志》《广东通志》外，尚有《莞沙集》《莞沙文钞》《东莞宋八遗民录》《安南志》《新宁县志》等，已佚或难以搜集。至1927年，袁昌祚诗文有抄本在族人中留存，由袁应淦辑为《莞沙续集》，今存。此外，应有大量诗、文散见各处，如《东安县志序》等，有待大力搜寻、整理。

　　袁昌祚的书楼，即后改为晏公庙者，今存。袁昌祚倡建的榴花塔，今存。袁昌祚所立"修初祖宋将公墓记"碑（1569年），今存横江村；袁昌祚题、袁秋书"雄绪堂"匾，今存下朗村袁氏大宗祠。（据民国《东莞县志》《茶山乡志》《莞沙续集》《霭楼逸志（外四种）》、《东莞历史人物》、《茶山历代碑刻》，陈贺周撰）

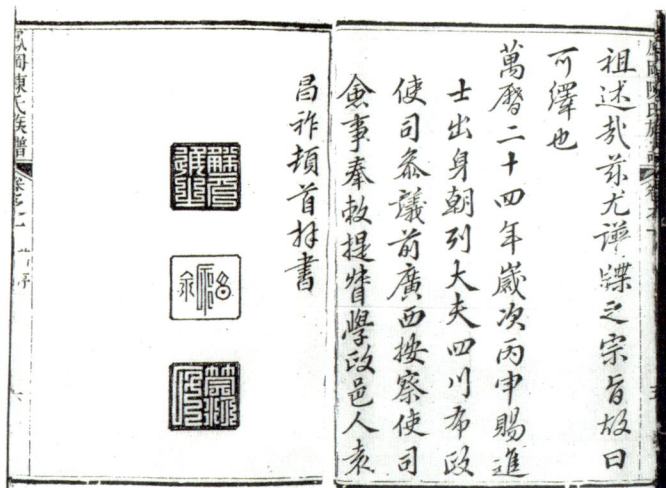

袁昌祚书《凤冈陈氏族谱序》

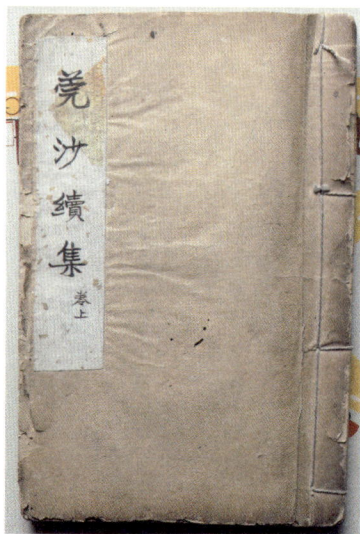

袁昌祚《莞沙续集》，袁应淦编

按，袁昌祚的生卒年，《东莞市志》作"1538—1616"，《东莞市茶山镇志》作"1536—1614"，《东莞历史人物》作"1536—1618"。袁昌祚《重刻〈琴轩集〉序》："万历乙卯仲春朔后一日（1616年3月9日）……八十一岁后学晚生袁昌祚拜手序。"又，《明显考怡江府君妣黎氏孺人妣苏氏孺人之墓》碑载："昌祚，享年八十一，乙卯解元，辛未进士。"据上述二种资料，则袁昌祚生于1535年，卒于1616年3月9日之后、1617年2月6日（春节）之前。故此，袁昌祚中解元时为二十岁（虚岁），则民国《东莞县志》称"弱冠举嘉靖三十四年乙卯（1555年）乡试"为是，而李镜《见睫琐言》称"年十八，举乡试第一"，袁应淦《袁莞沙公传》称"十八岁，嘉靖三十四年乙卯中解元"，均不确。

谢觊　清正廉明，不畏强权

谢觊（1550年4月14日—1623年5月24日），字崇勋，号豫膺，原名胤，号豫堂，南社村人。

谢觊六岁时，从祖父谢文魁学习《三字经》。为让谢觊专心读书，谢文魁不让谢觊与别的儿童嬉戏玩耍，每日把谢觊带在身边，常常以先人之德教育谢觊。父亲谢廷策看出谢觊自幼有志于诗书，便让长子、次子继承家业而经商，命谢觊专心读书。父亲谆谆教导谢觊说："我们读书是为了成为孔子那样的圣人。如果读书仅仅是为了成为儒生、考取功名，这是不足称道的。"父亲好读书，每见书中所载格言、好事，总是勉励谢觊说："他们也不是天上的人，他们能做到，我们做起来也不难。"父亲又对谢觊说："我们谢氏自初祖以来，历世树德，你的曾祖父、祖父仁厚有加。天道岂远？在于你们善于继承而已。"

谢觊仪容秀伟、风度庄重，童年时已鄙视俗流，以古人为尚。为学以正心为务，考究古今成败得失，学习其经世致用之处。少年时，谢觊在莞城钵盂山（今人民公园）读书，作诗言志云："南阳啸傲休论乐，北海才名尚薄徐。勤苦岂真希富贵，苍生霖雨五车书。"在诗中，谢觊追慕三国诸葛亮、唐朝李邕，认为自己勤苦读书不是为了贪图个人富贵，而是为了饱读诗书而救济苍生。由此诗可见，谢觊少年时已有非常远大的志向。

谢觊十二岁时，伯父读到他的文章，断定他日后必能高中科举、平步青云。谢觊十八岁时（1567年）应童子试（即考秀才），作《经书义》及《猗兰操》，得考官赞赏，以第一名入读县学。不久，谢觊母亲去世，谢觊因为要守制而不能参加乡试。万历四年（1576年），谢觊在县学考试中名列第一，大家都认为他一定能在接下来的乡试中考中举人。但即将乡试时，父亲去世，谢觊再次不能参加乡试。万历七年（1579年），谢觊以《易经》在乡试中考得第二十二名，中举人。相国赵志皋读过谢觊的考卷后，对谢觊的才华大为赞叹，邀谢觊相见。谢觊不屑于攀附高官，没有前往拜见。

谢睠在已取得当官资格而没有当官的十三年间（1579—1592年），不屑于为一己之私而以一字干涉本地官府施政。虽然穿着敝衣，吃着粗食，住着陋室，更无轿子代步，谢睠仍处之泰然。

万历二十年（1592年），谢睠参加会试，已名列甲榜（即考中进士）。其时明神宗大兴工程，耗资巨大，遂裁减甲榜名额，而谢睠就在裁减之列。是年，谢睠以乙榜授湖广道州（今湖南省道县）学正。

道州是宋朝理学名宗周敦颐的故乡。谢睠到道州后，重修周元公祠，编修《濂溪志》，隆重纪念周敦颐。谢睠学问渊博，操行清正，在县学中褒奖贤良，鼓励后进，毫不徇私。谢睠文名日隆，邀请谢睠撰文的人接踵而至。长官无不赞誉谢睠方正博雅，将其列为诸州县学正之冠，屡次向上级推荐。

万历二十二年（1594年），谢睠应顺天府聘请，任乡试同考试官，取士九人，其中四人高中进士。万历二十五年（1597年），应应天府聘请，任同考试官，取士十人，其中六人高中进士，甚至后来有人任职尚书。谢睠鉴定人才的眼光为众人所佩服。

万历二十六年（1598年），谢睠升任广西富川县知县。富川百姓汉族、瑶族杂居，前任县令政策失当，致使瑶族地区发生严重动乱。谢睠刚到任，立刻撰写、发布公文，宣传新的政策，动乱局面得以平定。有一个叫王明的人与瑶族有私仇，打着平定动乱的旗号，征得上级同意，向瑶族地区进军征讨。尽管王明的大军已出发几天，谢睠依然据理辩驳，说："现在为首作乱的人已经歼灭，我们应该对百姓加以开导、安抚。如果强行出兵镇压，只会引来更强烈的报复。届时军民互相残杀，这是富川百姓所不忍见到的。"王明遂罢兵。

一个有权有势的毛姓官员提议设置土司（由少数民族首领充任的官职）。谢睠向上级直言进谏："各地瑶民平静已久，如果官府重新设置土司进行统辖，必会引起瑶民疑虑、恐慌，进而引发动乱。"上级遂搁置该提议。

有一次，谢睠到瑶乡查案。瑶民廖某、盘某趁着夜色偷偷去到谢睠投宿的旅店，分别放下二十两、十五两银子，想贿赂谢睠。此事无一人知晓，但谢睠依然依法办案。对于廖某，其案件已经审结，谢睠责备了廖某，将银两还给他。对于盘某，谢贶查清了案情，立刻将其绳之以法。谢贶为官廉明，于此可见一斑。

富川盛产甘梨，每年都要向朝廷进贡，百姓深受其害。谢贶到任后，将此项进贡取消。富川吴可学父子横行乡里，无恶不作，前县令、衙吏虽然不时受到侵扰，也不敢拿他们怎么样。谢贶到任后，毅然将父子逮捕入狱，为百姓除一大害。有奸恶宦官在富川开矿谋利，肆虐地方百姓，当地官府却不敢反抗，反而唯命是从。谢贶看在眼里，不忍心地方百姓无处申冤，遂孤身一人与宦官抗争。朝中有权势的宦官多次向当地衙署发出公文，声称要向朝廷检举谢贶，谢贶依然不为所动，继续与宦官抗争。

政令如果对百姓造成不便，或者会留下后患，即使该政令出自上司，谢贶也一定会直言进谏，直至改正。有人讥讽谢贶，笑他太过固执。谢贶答道："对于上司，我们尚且不敢辩驳，如何指望我们为皇上补阙拾遗？大丈夫要有所执着，才能立身于世！我不会改变我的固执！"

传闻萧某贿赂官员，有人暗地里说谢贶也收受了萧某的贿赂。谢贶正色道："我做官以来，从没有拿过百姓一钱银子。我怎会搜刮下级的钱财去给上级献媚？"谢贶的话传到萧某耳中，本来就心虚的萧某便对谢贶怀恨在心。

谢贶为官清正、嫉恶如仇、不畏强权是自出天性，但也因此屡屡得罪权贵。万历三十年（1602年），朝廷考核政绩，列谢贶为优等，但谢贶仅升任江西建昌府通判。上级对谢贶多有中肯的评价。戴督院称："施政公正廉明，征收税赋缓急得宜，判案曲直得当。"杨抚院称："为官廉洁自守，办事从不徇私，政声虽受到压抑，而愈加高扬。"佴按院则称："有才有守，独往独来，虽处风尘之中而不能从心所欲，心中道义却得到知己共鸣。"

在富川离任之日，富川百姓拉着谢贶的车子，谢贶的车子因而久久不能离去。富川百姓为感恩、纪念谢贶对富川施行德政，为谢贶竖立"去思碑"。

谢贶调任江西省后，江西省长官知道谢贶为官廉明，便让谢贶署任新城县（今黎川县）县令，不到三个月，又让谢贶署任广昌县县令。

在广昌，之前有八人被罗织罪名而入狱，谢贶审清案情后，将八人释放。有一奸民曾儒与刘文汉有仇，为陷害刘文汉，竟然杀了刘文汉的家奴，更恶人先告状，去衙门向谢罢状告刘文汉。其时已经是薄暮，谢罢察觉到曾儒的言语、神色有异，命衙役找来几位在现场围观的儿童分别查问，很快查清了案情，将曾儒绳之以法，立刻释放了误抓的人。广昌百姓听闻此事后，欢欣雀跃、啧啧称奇，称赞谢罢为断事如神的"活城隍"。

不久，江西省长官命谢罢负责征收税粮。征粮官需要处理官民关系，最难称职。谢罢到任后，劝导百姓要急公好义，又公开逃税的惩罚之法，百姓都称赞谢罢能对自己推心置腹，不忍辜负谢罢的好意，遂积极交粮。在不扰民的情况下，谢罢很快完成了征粮任务。

江西省长官见谢罢才干过人，准备向朝廷上奏推荐谢罢升任更高职务，又在谢罢的政绩考核中写了升职意见，但谢罢在广西富川时得罪过的萧某此时散布流言，恶意中伤谢罢。谢罢遂于万历三十二年（1604年）辞官回乡。

谢罢有经世之才，办理政务既能统筹全局又能细致入微，但仅考得举人，没有考取进士，为官爱惜名声，为事宁方毋圆，刚正不阿，廉洁耿直，故没有担任太高的官职，才能得不到充分的施展。有识之士都为谢罢感到惋惜。

回到南社后，谢罢为祖先修建宗祠、坟墓，购买祀田，尤其与兄长友爱相处而为众人所称道。隐居乡间的近二十年里，谢罢闭门著书，每日亲自为子侄批改文章、评选八股佳作。谢罢将其所居厅堂命名为"诚正堂"，以明己志。平日，谢罢足迹不至城市，非为公事，从不去县衙造访。东莞县令李蔚很景仰谢罢的高风亮节，屡次邀请谢罢参加乡饮酒礼，谢罢坚决辞谢，从未赴宴。

每次向仍在任的知己同僚写信，谢罢都以清廉相劝勉。谢罢的侄孙谢重华在县学读书时，谢罢鼓励他说："我们读书，志不在温饱，不是为了考取功名，而是要以古人为师，树立远大的志向。"可谓言传身教。

谢罢平生博览群书，手不释卷，其文风简约、古朴，著有《濂溪志》《诚正堂文集》《经世考》《起予录》《艺林辑略》《性理摘粹》《昭谭政纪》《谢氏族谱》等。（据《谢氏竹子罗墓碑》、《南社谢氏族谱》、民国《东莞县志》、《茶山历代碑刻》，陈贺周撰）

谢觊于明万历三十七年（1609年）所撰《谢氏竹子罗墓碑》（东莞市博物馆供图）

释文

谢氏竹子罗墓碑

　　觊生六龄，受《三字经》于大父忍庵公，公不使觊狎于群儿，而日置于侧，每以正言相导劘，且时时称说曾大父一山公之贤也。累世皆善怜悯人，而曾大父之才足以殉其意。年十九，同图诸里宰讦称黄某户之祖隶戎伍中，脱为民。曾大父谓："吾不闻此，吾宗之耆耇亦莫之闻也。谁实陷人。"与辩于清军使者所，使者稦公："岂林列长年者而知逊汝？"公曰："长年何如故府之籍？"使者则檄藩司稽籍，果如公言，大嘉公能而罪诸里宰。黄之族扶老抱幼，踵门顿首："公活我族，子子孙孙敢忘诸？"自是，乡党有争者、屏而负屈者，无不质于公而无不获其平。公尝语大父："吾读《百忍箴》而以阅世，信乎忍之为人宝也。"大父因以"忍"为号。而大父者坦中，不逆亿，喜谈诗文，多交费，产益落，意更豁然。尝宿后园小舍，伴一狯。偷儿宛阽及半，大父曰："吾觉矣，若且缓去，吾训若凡数十百言。"偷儿长叹曰："人尽寻常语，公语乃能感人，吾誓不为此矣。"其善诱化人如此。戚家妪诉藏烟者二日矣，辞泪俱下，大父亦泣，顾巩粟垂罄矣，遥望负而粜者，呼之前，令以斗粟给妪。"三日后索钱我。"嗟乎！贫不己图而奘焉是恤，此满腔何物乎？买香者趣檐而去，遗数金椇左，大父寄声重来还之。其人肃而言："公名著，不虚已！"庠长陆某致书言："吾侪诵公蜡宾，唯公宜。"议闻于主者，大父亟为报诋之。或谓："公卑之乎？辞可，诋无乃甚？"大父曰："辞岂免，免必诋耳。"素敦孝，客于外，归书大母，必属奉养滋谨。《忆母诗》有云："笄珈不改终宵梦，衣线犹存旧日痕。"所谓终身慕，非耶？修族谱，序之，艳称："姑苏范氏置义田给族，惜乎我徒有心。"盖实有是心，非饰为说也。夫心其至矣，累世咸令匹。曾大母袁孺人婉而笃，生大父六岁而背，麦孺人以继室抚之，恩与齐，不知为前人子。大母陆孺人恭协神人，母陈孺人明大义，动称："古则不难。"以簪珥推为同室之费，濡弱自宁，常引匡以弭纷，人服其度焉。是内外济美，历世不渝，以开我后昆者也，而墓皆在竹子罗。竹子罗，峙吾乡之南，隔两山，西接青冈，东望春山。始一山公所卜定，弘治丁巳以葬袁孺人，越四十二年为嘉靖己亥，合葬公。厥向巽巳，茔之次级，右则麦孺人、伯母何孺人墓二，左则忍庵公陆孺人、陈孺人墓亦二。茔墓久弗修，觊与长兄宣唯是念是悚。今年秋，始得蠲吉鸠工，撤其旧，合灰土沙三物而厚筑之。九月六日竖碑，述奕世之懿苇苇大者。若世系、讳字、生卒，具各墓志中。觊因忆，自有识，先父春陵公屡语觊："初祖以来，世树德，一、忍二祖仁厚有加焉。夫天道岂远？在尔曹善承之耳。"觊不才，稍开迹于四方，而碌碌靡所表，奚足发舒先代之祥哉？惟后之人尚厚徽焉。茔左外为世父茔，父别葬春山。

万历三十七年岁在己酉秋九月谷旦曾孙乡进士江西建昌府通判觊顿首百拜谨撰

今系曾孙：宣、觊、芝；玄孙：光宪、如玉、光宅、师让、师诲、师谨、隆道、应龙；耳孙：登明、登猷、登相、登元、登辅、彭龄。

碑文大意

谢觊六岁时，从祖父谢文魁（忍庵公）学习《三字经》。为让谢觊专心读书，谢文魁不让谢觊与别的儿童嬉戏玩耍，每日都把谢觊带在身边，常常以先人之德教育谢觊。

谢觊的曾祖父谢靖（一山公）十九岁时，几位乡官诬蔑黄某的祖先原先为军人，后由军籍逃脱为民籍。谢靖说："我没有听闻此事，我们族中老人也无人听闻。他们这是陷害黄某。"谢靖与乡官们到军衙争辩，军官见谢靖年纪很小，很轻视他，说："难道这么多的长者还比不上你吗？"谢靖毫不畏惧，反驳说："难道长者比官府的户籍还准确吗？"军官遂行文请求布政使稽查户籍记录，果然正如谢靖所言。事后，黄某全族扶老抱幼，登门感谢谢靖，说："您救了我们黄氏全族，黄氏子子孙孙怎敢忘记您的大恩大德？"从此，乡中凡有争执的、弱者受到欺屈的，都前来请谢靖评理，无不得到公平解决。

谢觊的祖父谢文魁胸怀坦荡，喜谈诗文，因喜好交游而花费颇巨，家产略有败落，但谢文魁毫不介怀，心胸反而更加豁达。

谢文魁善于感化别人。有一晚，谢文魁夜宿后园牛圈里，遇到小偷挖墙偷牛。小偷挖到一半，谢文魁说："我已经醒了，你可以走了。走之前，容我对你说几句话。"谢文魁语重深长地劝告小偷，小偷听完，仰天长叹，感动地说："别人对我说的都是寻常的话，您却对我说了这么多感人的话，我发誓以后不再做小偷。"

谢文魁虽然贫穷，但心里从不考虑自己，而能体恤孤寡老人。有一日，邻居戚家的一位老妪向谢文魁诉说家中已经两天没有生火煮饭了，说到声泪俱下。谢文魁听得也哭了，只不过家里的米缸也快要见底，实在无法匀出一些来。此时，刚好有卖米的人路过。谢文魁将卖米的人叫到跟前，让他先量一斗米给戚家老妪，说："三日后，找我拿钱。"

谢文魁非常讲究诚信。有一次，前来购买莞香的人走得很急，遗落几两银在谢文魁家里。谢文魁托人转告买香人，让他回来，将银两还给了他。买香人对谢文魁肃然起敬，说："您盛名卓著，果然不假！"

谢文魁为人非常谦虚。有一年，学校的学长陆某致信谢文魁，说："我和同学们都提议您担任'蜡宾'（年终祭祀的助祭人），只有你最合适。"陆某等人的提议去到主事者那里后，谢文魁立即去信责骂。有人对谢文魁说："你不想担任蜡宾，推辞即可，何必责骂？"谢文魁说："婉转的推辞，怎能免得掉？只有激烈的责骂，才能免掉。"

谢文魁非常有孝心。每次从外面寄信回家，都叮嘱妻子要恭谨孝敬家中老人。母亲去世后，谢文魁一直想念母亲，曾作《忆母诗》云："笄珈不改终宵梦，衣线犹存旧日痕。"谢文魁曾编辑《谢氏族谱》，在《序》中感叹："姑苏范氏（范仲淹）置义田供给族人，只可惜我空有此心！"谢文魁不是为了博取名声而空口说说，而是确实有此心，只不过无力置田而已。

谢觊的曾祖母、祖母、母亲亦有高尚品德。谢觊曾祖母、谢靖之妻袁孺人生下谢觊祖父谢文魁六年后便去世，谢靖继室麦孺人抚育谢文魁，视如己出，别人都不知道谢文魁是前妻所出。谢觊祖母陆孺人为人虔诚。谢觊母亲陈孺人深明大义，常常劝勉谢觊说："古人不难做到的事，你也可以做到。"陈孺人从无嫉妒之心，将自己首饰卖得的钱拿出来和丈夫别的妻室共用。每遇到事情，陈孺人总是自行退让，避免出现纷争，大家都很佩服她的度量。

卢瑛田 平复重庆的明朝进士

卢瑛田，字虹仲，增埗村卢屋人。

卢瑛田父亲卢绍勋是一个例贡（捐银而成贡生），学识渊博。卢瑛田继承家学，七岁能文，万历十九年（1591年）中举人，万历三十八年（1610年）成进士（按，民国《东莞县志》作万历二十九年，此据《东莞诗录》），任户部主事，负责督查徐州粮仓、徐洪税关，共查得盈余一万七千余两，全部收归国库。升任户部员外郎，再升任湖广按察司副使，分管荆州等地。皇帝在颁给卢瑛田的制文中称赞卢瑛田富有才干，为官清廉，能文能武，能为皇帝凝聚民心，授卢瑛田为中宪大夫（文官正四品）。

惠王朱常润将到荆州府建立藩国，要兴建新的王府，按照旧例，兴建王府要兼并大量百姓民宅，荆州百姓因此人心惶惶。卢瑛田为保护百姓利益，建议将已废弃的湘王府改建为新的惠王府，不征用民居，得到朝廷同意。

位处河南洛阳的福王府，收完河南农田的粮食仍达不到定额，朝廷将任务派给湖广，湖广巡抚又将任务派给荆州府。卢瑛田力持己见、极力反对，任务最终没有派给荆州府。荆州百姓非常感激卢瑛田。

天启元年（1621年），彝族土司（少数民族首领）奢崇明叛乱，占据重庆等地。湖广布政使、按察使认为荆州与重庆接壤，派遣卢瑛田率领军队前往支援。卢瑛田立刻挑选五千精兵，溯长江而上，夜驰重庆。在征途上，卢瑛田作《奉命征西蜀》，表示将剑指巫山、饮马岷江、鞠躬尽瘁、以身报国，诗云："帝命旌旗分蓟北，臣随鞭弭出荆南。元戎宝盖凭雕辇，上将金鞭驾紫骖。马饮岷江吞日色，剑光巫峡破烟岚。此身报国休言瘁，圣主恩深恐不堪。"

天启二年（1622年）二月，卢瑛田率领军队与其他军队在瞿塘峡会师，并与一些官员在军营外远望重庆巫山，作《春日会师瞿塘，雨中王咏商水部见招，同杨漪翁明府望巫山高处》云："东风幕府对霞觞，雨夜论心兴转长。山入大夔分楚蜀，客从诗赋忆王杨。夭桃花绽三春色，细草风生二月凉。终宴不知更漏促，醉来犹欲咏高唐。"

逼近重庆时，卢瑛田认为重庆城外的佛图关三面临江，地平而扼要，便派遣守备覃宏化偷袭、占据佛图关。奢崇明女婿樊龙败走，退守重庆。卢瑛田立刻率领湖广、四川军队将重庆包围。不久，奢崇明部下周鼎、罗高率领二万军队从江津开赴重庆支援，平茶、邑梅、石耶三个土司的军队接连被击退，官军所向披靡，各土司、道（介于府、县之间的行政单位）长官被吓得手脚颤抖，哀求卢瑛田解除重庆的包围。卢瑛田慷慨激昂地说："敌人外援刚到，如果我们马上解除包围，城内、城外的敌人便能会合，军势将更加强大。如今援兵虽然众多，但远道驰援，必然疲惫，我率领一支军队即可抵挡。如果我们解除围城，放了樊龙等人，等同放虎归山。如今，歼灭敌人、收复重庆在此一举！"卢瑛田将围城之任交给四川军队，亲身率领部下奋勇迎击樊龙的援兵，所向披靡，斩首八百余人，敌人败退。樊龙见援兵大败，想诈降。卢瑛田其时已升任四川参政，他看破樊龙的诡计，将计就计，在天启二年五月二十七日（1622年7月5日），诱擒樊龙。接着，击鼓进兵，登上重庆城墙，攻入重庆，搜获敌人余党，一举收复重庆。

其后，卢瑛田升任河南按察使，未到任便去世。卢瑛田因平定奢崇明叛乱有功，去世后被赠太仆寺正卿（从三品），赐诰命银绮。据詹家豪《东莞卢上铭与〈辟雍纪事〉》，卢屋村内曾有"太仆第"牌匾及"一门孝友，九代簪缨"对联，当为卢瑛田家族遗物。(据《东莞诗录》、民国《东莞县志》、《明清时期珠江三角洲区域史研究》，陈贺周撰)

袁登道 山水为粤东之冠

　　袁登道（生卒年不详，今存绘于1640年的山水画），字道生，号羽人、强名、曲木庵道人，明诸生，袁敬之子，茶山圩大巷人。天性淡泊平和，不慕荣利，虽生于官宦之家而有隐居山林之志。有洁癖，不愿与俗人为伍，每遇俗人，恍如遇到在泥地上滚得满身污泥的猪，唯恐避之不及。袁登道晚年在罗浮山隐居，学辟谷之术，自号"第七洞天道人"。

　　袁登道传承家学，精于绘画，尤擅长山水画。袁登道在师法元朝王蒙、宋朝米芾的基础上，"法古而离古""皆出己意"，更注重寻访山水、亲身领略、师法自然，形成自己的独特风格，"每伸纸拨墨，倏忽间，烟云万状，若置身岩壑中"。袁登道在《山水图卷》中题诗云："苍茫元气浩无垠，似雨如烟各未分。却是幽人亲领略，石田毛管自耕耘。"袁登道在另一幅《山水图卷》上题"所恨古人不见我"七个隶书大字，对自己的山水画颇为自负，又在题识中阐述了自己的艺术观点，曰："递观时流之学，往往以摹仿为工，甚于写照，遂为前人所缚而不能超，余乃法古而离古，直烂然涂鸦，不计其合与否。张思光有言：'不恨我不见古人，所恨古人不见我。'余于此亦云。"良揆题本图卷亦称："道人尝有言：'吾老年弄笔，若海市蜃楼，时而有，时而无。'想道人脚底，不知踏破白云苍霭几千万叠，故能现此化工。识者称为'米颠后身'，无疑也。"

　　袁登道生平不肯轻易以绘画、书法赠人，故其传世作品不多，不易一见。有人曾见袁登道为其亲戚陈某所绘一横轴雨景，极尽烟雨迷离之逸致，又曾见一横轴雪景，顿觉冷气逼人，可谓仙人之笔。广州艺术博物院副研究馆员张素娥称：

　　　　袁登道绘画以山水见长。和古代许多传统画家一样，他也有过转益多师的艺术经历。最先是师法元代的王蒙，后来转习宋代的米芾，同时也学同时代的胡宗仁。《明画录》称袁登道学胡"而笔力气韵差胜"，可见其学胡之成就并不大。此后专意学米芾，最终形成了米芾云山一路的山水画风，有"米颠后身"之誉。在明代的岭南山水画家中，袁登道作品传世最多。如《烟水云林图》(天津市艺术博物馆藏)、《为李云龙作山水图》(香港中文大学文物馆藏)、《山光云影图》(广东省博物馆藏)、《笔底烟霞图》(广州艺术博物院藏) 等，均以水墨的渗化多变表现云山雨树的扑朔迷离，袭米点皴的一脉相承，使其无可置疑地成为广东画坛米氏逸韵的最具成就的承传者。袁登道曾自负道："不恨我不见古人，所恨古人不见我。"有论者谓，此语中的"古人"独指米芾而言。

袁登道亦精于书法，最擅隶书，亦擅篆书。曾为茶山万寿庵、慈云庵以隶书书头门木匾，浑雄苍古，令人不敢亵玩，有"字外出力中藏棱"之誉。袁登道师法王羲之，每得王羲之书法碑刻，纵使是"残碑片碣"，仍视如无价珍宝，日日夜夜细心把玩、揣摸，其对王羲之的痴迷，有如欧阳询之于索靖。袁登道在王羲之的书法碑刻中，将王羲之的字集成自己的诗作二十五首。友人陈万几将其转刻至石碑，刻为《水明楼诗帖》，向世人展示袁登道的书法艺术成就，陈万几认为袁登道的书法、诗歌成就难分高下。陈万几曰：

> 袁道生博古工书，师法逸少，残碑片碣，尺璧珍之。每把玩，弥月累夜，即欧阳询之于索靖，不是过也。兹于剥蚀之余，仿《金钱帖》，组织成诗，凡二十五首，辞旨秀逸，一出天然，绝无缀拾拘促之态。予爱玩不已，用为之双钩勒石，公诸海内博雅君子。将以书重诗乎？抑以诗重书乎？

广州艺术博物院副研究馆员张素娥称：

> 此帖具有重要意义，与当时广东另一书家李梗所刻的《溪声堂法帖》，乃广东最早的私家刻帖，开启了岭南刻帖之先河，为清代中期以来岭南地区刻帖的兴盛奠定了基础。至清嘉庆、道光年间，广东丛帖迅猛发展，短短二三十年内汇集摹刻的丛帖，在数量和质量上均远远超过了北方。

按，民国《东莞县志》卷七十四称："袁登道……尝得逸少真迹，剪裁综括，得诗二十二首，刻为《水明楼帖》。"据陈万几所称，所谓"逸少真迹"应是王羲之书法的"残碑片碣"，并非王羲之墨迹真迹。又，《东莞诗录》收录袁登道五绝二十五首，恰如陈万几所说"凡二十五首"，未知是否为《水明楼诗帖》之诗。

袁登道心灵手巧，在绘画、书法之外，能用金、石制作各种文玩、器具，皆极尽工巧、出人意表。袁登道尤擅长雕刻篆、隶印章，"力尊秦汉，卑视宋元，字法、刀法、配合法，各臻其妙"。袁登道将治印艺术传给苏印潜，并著有《篆林余古》，陈虚中跋曰：

> 苏道显集《篆林余古》后云：印潜苏子，神明古法，造极登峰，与邑道生袁子声施先后，为不失其传焉。昔嵇康以广陵散不传于世，为生年恨事。斯世即道生氏之广陵散也。道生喜得印潜而传之，印潜喜得道生之所传而传之。盖道生得其传，而道生之后复有道生；将印潜得其传，而印潜之后复有印潜，其为快当何如！观其所制印谱，力尊秦汉，卑视宋元，字法、刀法、配合法，各臻其妙，是真希世之宝也。

关于袁登道治印，《东莞历史名人》第173页称：

> 容庚藏有《明袁道生先生印存》一册，从中可见其治印以六书为准则，力追汉人而自出机杼，没有当时群起而习之的"明人习气"，尤喜治巨印。所拟汉白文印平直方正，静中有动，巧中见拙，运刀如笔，线条挺劲，气势雄强。马国权谓其印："非深研汉人印格，绝不能臻此妙境。"

袁登道亦擅诗，与其父袁敬齐名，著有《水明楼诗》（或称《羽人诗集》）。袁登道与同乡画家、诗人张穆友善。袁登道去世后，张穆作《哭袁羽人山人》云："吴江佳句绝伦群，老去毫锋叱咤闻。自后骚坛建旗鼓，不知谁代子仪军。"在张穆眼中，袁登道不仅以书画叱咤、闻名于世，更是仿如唐朝率领千军万马的名将郭子仪一样，是诗坛无可替代的领军人物。

　　袁登道的山水画一向为世人所宝贵，其去世后不久，屈大均即在《广东新语》卷十三《诸家画品》中称："陈白沙字，李子长画猫，梁市南、陈全人白描佛相、人物，袁道生山水，黎叔宝印章，黄仲亨印纽，皆粤东之所宝也。"清末张其淦《东莞诗录》卷十六称："袁登道……山水为粤东冠。"2004年出版的《东莞历代书画选》，袁登道为书中年代最早的东莞画家，收录四幅画作。[据《广东新语》、《铁桥集》、民国《东莞县志》、《东莞诗录》、《茶山乡志》、《东莞历代书画选》、《东莞市茶山镇志》、《东莞历史人物》、朱万章《米芾逸韵的承传者——袁登道》（《收藏·拍卖》2007年第10期）、《润物》（2015年第2期），陈贺周整理]

附录：

袁登道题画诗四首

林壑苍茫宿雾浓，冥濛烟雨翠连空。岂知造化轻收拾，却入幽人楮素中。

淡烟和雨大微濛，造化由来点缀工。似与幽人安笔格，好将消息问鸿蒙。

淑气苕苕喜载阳，莺声清啭日初长。春来几度欲相望，杨柳风前聆小张。

灵源清寂碧林氛，谁把琼箫弄白云。明月满天风露冷，九宵飞下凤凰群。

袁登道《笔底烟霞图卷》(引自《文掀后浪　艺继前徽——东莞市茶山镇文艺巡礼》)。题识释文：苍茫元气自无穷，万叠云山一抹中。欲识烟霞真骨格，好将消息问鸿蒙。社丈张少文，吾辈中韵人，清修绝俗之士也。平生无所嗜好，唯嗜拙笔。余亦乐其所好，每晤，辄为之挥毫。缣绡几满，犹谓余曰："当缺一长卷。涎津津然。"余心许之。兹岁庚辰闰月既望（按，1640年3月8日），过余曲木庵，袖楚藤一卷，曰："愿副前诺，兼了吾愿。"茗薰之暇，遂搦管。自辰及未，濡染既就，聊复题识而归之。曲木庵弟袁登道笔。

袁登道《笔底烟霞图卷》局部

陈万几 抗清志士，杰出诗人

　　陈万几（1596—1651年），字伯燮，号长园，下周塘人。

　　陈万几自幼嗜书，勤于阅览，燃灯夜读，手不释卷，与其父陈其琛皆工诗。为人刚正豪爽，喜谈兵法，崇祯十二年（1639年）由秀才中第七名武举。崇祯七年（1634年）秋至崇祯十二年（1639年）六月，陈万几与张二果、龙玠等人共同编修《东莞县志》。陈万几负责采写臣轨、儒轨等人物传记。

陈万几参与编修的《东莞县志》

　　约崇祯十三年（1640年），陈万几为袁登道画作题字曰："笔底烟霞。社弟陈万几题。"此题字今存广州艺术博物院，刻于东莞市茶山镇东岳公园石刻上。

陈万几题"笔底烟霞"（约1640年，引自《文掀后浪　艺继前徽——东莞市茶山镇文艺巡礼》）

明末，时势动荡，明朝行将灭亡，陈万几与生员林洊、何如杙及武官张虬、郑元鼎等人游览全国，足迹遍天下，所到山川、城市、墟里，无不登高远眺，观察军事形势，凭吊文化古迹，着意走访、结识隐居的高人乃至市井之徒，以图从军报国。

清顺治二年（1645年）五月，清兵攻破南京城，南明弘光政权覆灭。六月，陈万几奔难至杭州（当与张家玉一起），上书唐王朱聿键，恳请监国。陈万几与张家玉、苏观生等人拥戴朱聿键入福建成立南明隆武政权。辅臣苏观生、总督朱大典向隆武帝朱聿键举荐陈万几，初授中书舍人，后升任兵部职方司主事。张家玉曾和陈万几同船避难，多次和陈万几彻夜长谈中兴大计，二人有生死之交。张家玉深知陈万几有过人之才，屡次向隆武帝举荐陈万几。十二月，隆武帝朱聿键离开福州，移师建宁，陈万几留驻福州。

是年冬，张穆来福州以图报国，在陈万几家中暂住。陈万几他乡遇故知，甚为惊喜，但察觉到张穆因山河变色、前途难料而愁思满怀。陈万几感同身受，且思念远在家乡的母亲，作《喜张穆至》云："朔风栗栗透絺衣，有客萧条坐钓矶。化鹤自怜城郭改，佁牛何事市廛非。东归有母空怀橘，西去无人问采薇。惆怅五噫歌欲罢，满天愁思雁鸿飞。"身在隆武政权，陈万几希望请缨报国，但也有归隐山林、侍奉母亲的想法，处于忠孝两难全的困境。陈万几的友人、僧人函可在《怀陈伯燮》中写到陈万几其时的彷徨、惆怅，诗云："长缨欲请恋荷衣，踯躅长途剑屡挥。亲老有身难许国，天倾无地可扃扉。乘槎瘴海空相吊，谪戍寒边苦未归。朋好已稀鬓已白，不知何处奉慈帏。"陈万几向隆武帝上《陈情乞归疏》，大概是希望回乡照顾母亲，得隆武帝下旨亲切关怀。

顺治三年（1646年）三月，隆武帝同意张家玉、张穆前往惠州、潮州募兵。三月十五日，张家玉向隆武帝上《臣甥可用疏》，极力推荐陈万几，恳请让陈万几跟随军中，施展其千里马之才，疏云："臣甥可用，可大用，可急用……请置臣军中，俾展千里。"隆武帝派官员对陈万几进行面试，结论是"智辩足称"（智慧与口才值得称道），于是下旨派陈万几到张家玉军中，以原来的"兵部职方司主事"衔辅佐张家玉。在陈万几、张穆等人的辅佐下，张家玉平定潮州、惠州。八月，南明隆武帝在汀州遇害。九月，张家玉以军饷不继，解散军队，和陈万几、张穆一同回东莞。

十一月，苏观生拥立唐王于广州，桂王即帝位于肇庆，其后双方大战于三水。十二月十五日，清兵铁骑乘虚攻破广州城，陈万几悲愤万分，作《偶兴》云："萧萧铁骑卷潮来，百雉重城破竹开。结草竟虚龙驭去，乘轩空见鹤飞回。湘娥清泪啼斑竹，望帝芳魂委绿苔。独有厓山旧时月，凄凄还照越王台。"（大意：铁骑嘶鸣，清军像翻卷的潮水一样涌来，重重城墙围住的广州城像破开竹子一样被轻易攻破。隆武帝已经殉难，一众旧臣无从报答帝恩，只能像湘娥一样落泪空忆旧帝、旧朝。南宋灭亡时曾经照着厓山的月亮，如今仍然凄凉地照着广州城内的越王台，令人感慨追忆曾经对抗秦朝、一统岭南的南越王。）

顺治四年（1647年），张家玉起兵抗清，思念曾并肩作战的陈万几，作《军中怀陈长园》云："回首罗浮片月娟，伊人何处冷风烟。离群忍听三秋雁，避难曾同一叶船。杯酒不堪论往事，南溪犹忆夜流连。几回话到中兴处，未即闻鸡已怃然。"

顺治八年（1651年）十月，陈万几去世，享年五十六岁。

陈万几流传下来的诗，已知的仅有《喜张穆至》《偶兴》两首。这两首诗水平极高，尤其《偶兴》记载了清军攻破广州城的情景，将亡国时的悲痛和对故国的怀念淋漓尽致地表达出来，最后两句"独有厓山旧时月，凄凄还照越王台"蕴涵了无尽的亡国哀思，整首诗艺术水平极高。仅以《喜张穆至》《偶兴》二诗，陈万几已不负其"长于诗"（雍正《东莞县志》语）之名。（据崇祯《东莞县志》、雍正《东莞县志》、民国《东莞县志》、《周塘陈氏族谱》、《胜朝粤东遗民录》、《张家玉集》、《明末广东抗清诗人评传》、《文掀后浪 艺继前徽——东莞市茶山镇文艺巡礼》，陈贺周撰）

谢重华　明朝遗民，守卫家乡，诗人香农

　　谢重华（1598—1679年），字协有（原名登猷，字嘉有），号恬斋，亦自号"香农""南社遗农""云窝野老"，南社村人。

　　谢重华少年时治《诗经》，有文誉。明万历四十八年（1620年），谢重华考取第一名，入县学读书；明崇祯四年（1631年），在岁考中考得一等第三名，成为廪生（成绩最优秀的学生，国家每月发给粮食）；明崇祯九年（1636年），科考（乡试前的选拔考试）得一等第一名。虽然平时成绩优秀，但谢重华九次参加乡试都没有考中举人。

　　明崇祯十七年（1644年），明清鼎革之际，寇匪猖獗，南社周边村落接连被残忍劫掠。谢重华避难于茶山、广州等地。谢重华在寄给仍在南社的兄弟的信中认为：此时神州沦陷，四方无主，寇匪乘乱而发，早已对富裕的南社虎视眈眈，如果不立刻建筑城墙，南社必不能固守。但谢重华的倡议没有得到南社乡亲响应。七月二十二日，南社果然被寇匪攻入，财产被劫掠无数，很多乡民被强行掳去索取赎金。二十三日，在茶山设馆授徒的谢重华听闻南社被劫掠，四处请兵前往救援，但仍不敌寇匪。十月，南社乡民痛定思痛，开始建筑城墙，防御寇匪再袭。谢重华作《甲申年本乡寇变》记载此事。

　　是年，明朝灭亡，谢重华作《闻变》二首，淋漓尽致地表达心中的悲痛、愤恨和有心无力，其一云：

> 百二山河一旦休，中原无地觅神州。
> 英灵已化啼鹃去，忠义宁为舞鹤羞。
> 豫让有心长抚剑，包胥无力叩同仇。
> 满朝金紫归何处，不为君王展半筹。

　　南明隆武元年（1645年），谢重华终于在乡试中名列乙榜（副榜贡生），

获南明皇帝特赐为"准贡"，时年47岁。其后，南明皇帝特许准贡可以与举人一起参加次年的会试。谢重华拿到省里的公文准备前往参加会试时，南明朝廷已无暇举办科举，其科举梦再次破碎。

谢重华既是"准贡"，又有一定的声望，遂被南社乡亲推举为"约正"，为南社村里的大小事务劳心劳力、殚精竭虑。南社城墙在被劫掠之后仓促建成，不是很坚固。清顺治四年（1647年）冬，谢重华亲自督工修葺、加固，历时一个月才完工。加固后的南社城墙有四座围门、十七座谯楼。

清顺治五年（1648年）正月初二，李万荣率大队寇匪在南社村外绕村三重，造云梯数十架，欲乘夜色攻入南社劫掠。谢重华率领南社乡勇在城墙上燃点松香，伸到城墙之外，将村外照得通亮，寇匪不敢轻犯。寇匪又扛着大木柱撞击城墙，谢重华命人用麻膏灌入稻草中，点着后扔向寇匪，击退了寇匪的猛烈进攻。寇匪围攻南社长达八昼夜，谢重华率乡勇屡出奇计击退寇匪，寇匪无计可施，只得退去，转而进攻茶山等地。茶山被李万荣洗劫，伤亡惨重，南社则在谢重华的带领下安然无恙。

是年兵荒马乱、寇匪蜂起，乡民不敢到田地里耕种，且又遭遇大旱，米价腾升，乡民断炊，饿殍载道，谢重华和家人只能喝粥、吃野菜度日，作《戊子春早，入夏方雨，山寇蜂起，诸乡不敢耕，米价腾踊，每斗价至八钱，饿莩载道，予与家人惟日啜粥、食百草，此三百年来吾邑未有之变也》诗云：

> 兵荒方洊至，不意我身逢。
> 百亩皆空土，千家尽辍舂。
> 食糜同小范，尝草似神农。
> 辟谷忧无术，吾将问赤松。

此时，谢重华女儿的丈夫刚去世，其儿子卢挺才五个月大，只得抱着儿子前来投靠父亲。此后，谢重华抚育卢挺成人，卢挺后来用功苦读、考中举人，成为品德高尚的广东名儒。谢重华颇为自豪，说："是吾儿！"

是年秋，南明政权的抗清斗争有了新的转机，永历政权迁回肇庆。谢重华作为明朝遗民，有报国之志，不甘愿在乡间埋没终生，曾作《述怀》

云："男儿生坠地，志气凌青雯。下以答苍生，上以酬圣君。宁能弄柔翰，白首老耕耘。"年已五十岁的谢重华打算奔赴肇庆行朝，向永历帝面呈《救时十六策》，只可惜恰逢父亲去世，须在家守制，不能成行。谢重华悲痛之余，亦感叹"世乱无缘觅一官"。守制期间，谢重华时刻没有忘记南社年初时被李万荣围攻八日之痛，遂作《守城歌诀》《谕乡人守围及巷战法》，教导南社乡民坚定信念、未雨绸缪，训练乡民防御流寇进攻。此后，谢重华又为南社编修《本围谯楼志》。《守城歌诀》云：

> 勤瞭望，紧敲梆。发盘火，积松光。搬砖石，上城墙。多种
> 箭，密打桩。风雨夜，更提防。四五鼓，勿在床。贼作势，莫惊
> 惶。禁妇稚，莫慌张。守信地，戒喧嚷。放铳箭。莫忧饿，有义粮。
> 功厚赏，当自强。

谢重华隐居南社乡间，依旧穿着宽衣广袖的明朝服装，固守遗民之志，不肯为清朝效力，自称"云窝野老"。有人劝谢重华参加清朝科举，谢重华说："我已经在先朝（明朝）考得功名、名列士籍，我没有为明朝殉国，即使老死乡间，脸上犹有惭色，怎敢在新朝贪图功名？"每次谈起明朝灭亡之事，谢重华总是慷慨悲歌、泪如雨下。

南社是莞香著名产地，谢重华继承祖业，在闭门读书、饮酒作诗之余，以种植莞香为业，自号"香农"。南社亦盛产荔枝，谢重华园中有一种名为"紫囊"的荔枝，最为珍品。谢重华亲自耕种，"展卷聊消日，为园且习勤"（《述怀》），很自豪自己是一介农夫。其《辛卯春日即事云》："自栽瓜菽自栽蒲，欲问园丁即老夫。"故谢重华亦自称"南社遗农"。

明朝灭亡后，谢重华隐居南社，足迹不入城市三十多年，仅在广东著名诗人屈大均寓居东莞时，曾外出拜访屈大均。屈大均曾作诗相赠，诗云：

莞香树（陈贺周摄）

喜谢九丈自莞中见过之作

咫尺乡园未得还，城中闭户亦深山。

故人只有香农父，来共琴书一日闲。

汝种多香与子孙，胜于全买荔枝园。

紫囊一树人争食，明岁招余作白猿。

相见无多万历人，白头冠舄是遗民。

山中酒熟须多饮，为我长留太古春。

白发翩翩海鹤姿，河清已过杖乡时。

岁寒不用愁风雪，自有春阳到柳丝。

注：丈有荔枝名"紫囊"，最为珍品。

屈大均回到故里后，又寄诗云：

寄南社谢九丈

长怀南社老，白首作香农。

香树遗诸子，香田在几峰。

故人岩壑少，远道水云重。

芜绝罗浮梦，无因溯石龙。

谢重华作为明朝遗民，"不谒王侯春复春，自栽松菊结为邻"（《山居》），不屑与清朝官员交往。康熙七年（1668年），东莞县令高维桧邀请谢重华参加乡饮酒礼并担任"乡饮正宾"（德高望重者方可担任）。谢重华固辞不获，作有《宾筵诗》十二首。

谢重华性情温厚，自称云：

自幼嗜书，老而弥笃。凡有闻见，辄笔之。性不耐闲，非劳心即劳力，未尝一日素餐。好学道，苦未能尽；好作诗，而愧不能工。为人朴实淡泊，虽多言而不作诳语；虽爱财而不为苟得。于声色无所好，于博奕无所习。恒虑福薄，不敢过享；恒惧鬼责，不敢自欺。敬神爱人，劳身惜物，硁硁曲谨，如斯而已。

谢重华自号"云窝野老",所著有《云窝文集》《褐玉轩集》《诒燕录》《思省编》《化原韵语》《谢氏族谱》《居约存稿》《字抄东官俗韵笔舌便用》《南社乡志》。七十岁后,犹著述不缀,作《咏史》诗三百数十首,《西江月》词三百四十首,又作《佑启篇》一书。

谢重华虽自谦"好作诗,而愧不能工",但实际上谢重华的诗歌成就颇高。张其淦《吟芷居诗话》云:

> 恬斋诗甚挺拔,《闻变》二篇,可泣可歌,直入遗山(按,即元好问)之室。他如"天地有情还涕泪,风云无地不萧森""赏心自觉春如锦,玩世那辞醉似泥""欲医俗病书为药,要破愁城酒有功"均可诵也。

以今天的眼光去看,谢重华《戊子春早,入夏方雨,山寇蜂起,诸乡不敢耕,米价腾踊,每斗价至八钱,饿莩载道,予与家人惟日啜粥、食百草,此三百年来吾邑未有之变也》《闻变》《辛卯春日即事》诸诗,反映了明末清初时剧烈的社会变迁,可谓忧国忧民、慷慨悲歌。在《庚寅春兴》《辛卯春日即事》《山居》诸诗中,谢重华没有生硬地套用古诗中的意象,而是凭自己的真实感受去描绘眼前真实的大自然风光,故其诗带有浓烈的岭南乡土特色,这是极其难得的,尤其"南薰再过天中节,应见城边荔子红"两句,非土生土长的岭南人写不出,可谓妙极!下录谢重华诗数首。

庚寅春兴

山下茅庐一径通,鹿门高隐似庞公。
欲医俗病书为药,要破愁城酒有功。
向暖荼蘼迎旭日,窥帘乳燕舞轻风。
南薰再过天中节,应见城边荔子红。

辛卯春日即事

烽火连宵照海东,杜鹃啼断夕阳红。
已悲穗石生荆棘,休问春陵望郁葱。
运去中流徒击楫,愁来孤馆漫书空。
只今凝碧池头宴,谁是当年鼗乐工。

连旬淫雨苦相侵，日色阳和贵似金。
天地有情还涕泪，风云无处不萧森。
田夫望岁抛锄立，词客愁霖拥鼻吟。
转瞬沧桑凡几变，新亭未上已沾襟。

东郊一望草萋萋，紫翠如烟路欲迷。
日照小红当面映，雨催新绿及腰齐。
赏心自觉春如锦，玩世那辞醉似泥。
无奈我狂耽觅句，教人错认浣花溪。

自栽瓜菽自栽蒲，欲问园丁即老夫。
放达有乡皆号醉，痴顽无谷不名愚。
既非才拔堪游刃，岂合侯门想滥竽。
力穑输将吾本分，任从人笑小樊须。

山 居

高斋日抱白云眠，竹籁松涛落枕边。
赢得樟冈当屋角，虽贫不废买山钱。

（据《南社谢氏族谱》、民国《东莞县志》、《东莞诗录》、《翁山诗外》、
麦惠棠《谢重华和他的诗词》，陈贺周、吴沃根撰）

张穆 千古诗人，画马名家

张穆（1607—1683年），字尔启，又字穆之，自号铁桥、铁桥道人，常自署"罗浮张穆"，学者称张山人、二桥山人、张二丈。茶山圩张家围人。

驰马试剑，读书罗浮（1607—1632年）

张穆源出曲江，为唐张九龄后人。宋末时，先祖任澄海令，不能归故乡，居于西湖东洲（今石龙镇西湖村西湖水厂附近），再迁茶山张家围（约在茶山圩文化路西侧，今不存）①。张穆之父张世域，字国藩，万历十三年（1585年）中举人，治《春秋》，官广东广宁县教谕，升广西博白县知县，为人朴钝无文、刚直耿介②。

万历三十五年（1607年），张穆生于柳州，父亲时已六十三岁，仍为五斗米奔波③。张穆幼年在茶山成长、学习④。其时，茶山经济繁荣、城市繁华，文化、科举鼎盛，富豪、官宦之家比比皆是；茶山极重视教育，每月初一、十五都有前辈学者在社学讲学，士风、民风纯正⑤。张穆成长于茶山

---

① 张穆：《故园茶山记》，容庚、汪宗衍辑录《铁桥集》，香港何氏至乐楼，1974年。
② 容庚《张穆传》（《铁桥集·传》第1页）："父世域，字国藩，万历十三年举人，官广宁教谕，升博白知县，木强而介，年六十三尚为五斗米折腰。"
③ 张穆：《述年》："稚发尚可忆，未及繁华祖。雨露得常理，贵贱成自如。负暄有遗老，里巷无追呼。先严七九年，五斗尚见驱。余产柳州柳，突兀千山孤。弱冠抱迂尚，跌宕不好儒。虽非千金子，宝马常在途。衡门多杂宾，意气皆丈夫。由来三十载，此意未尝殊。怀哉祖士雅，慷慨真吾徒。"（《铁桥集》第38页）
④ 张穆：《故园茶山记》："予髫时，先子已七十。诸父老角巾扶杖，朔望期于废寺雁塔为社学。"（《铁桥集·补遗》第16页）又《述年》："稚发尚可忆，未及繁华祖。"可见张穆少时在茶山学习、成长。
⑤ 张穆后来在《苍头还山言故乡茶山离散之状感作》云："神宗世号太平时，老稚春风共放眉。井里万家攒突兀，虹桥（按，指广济桥）千柱筑涟漪。冶游锦瑟留江月，纵猎雕鞍出广陂。"（《铁桥集》第59页）《故园茶山记》云："里皆殷富……三月东岳降神，城内外十三坊倾动，无不香花候驾，远来舟楫盈河，衢陌肩摩……上元灯市，五彩绚烂如锦城，四乡来市，不远携抱，而灯夕箫鼓步步相闻，火树烟花争奇斗夜。"《述年》云："雨露得常理，贵贱成自如。负暄有遗老，里巷无追呼。"均极言茶山万历年间城市极繁华、民风、士风纯正。
《故园茶山记》云："及宣成嘉隆间，科第鼎盛，先辈林南川等宗陈白沙先生谈理学。"张穆幼年时，解元、进士袁昌祚尚在世，归隐茶山。且不论在张穆之前，茶山乡有钟云瑞、钟卿、袁昌祚、钟继英等进士及众乡举人，仅张穆之父张世域万历十三年（1585年）考取举人至南明，茶山共有举人19人、进士1人（据《茶山乡志》），故张穆在《述年》中云："贵贱成自如。负暄有遗老。"在教育方面，在张穆出生前，茶山有凤山书院、鹏南书院，茶山社学成立于明正统三年（1438年），社学在兹堂于万历八年（1580年）落成。

张穆《骏马图》（广东省博物馆供图）

张穆《秋树老鹰图》(广东省博物馆供图)

张穆《马图》(引自《文掀后浪　艺继前徽——东莞市茶山镇文艺巡礼》)

这个人才辈出的东莞"文献巨区"[1]，对其诗、书、画、印才能的培育有极大的促进。比张穆稍早的茶山人袁登道（号羽人，今存《笔底烟霞图》长卷等画作），以山水画、书法、篆刻闻名，和张穆是朋友，相信和张穆时相切磋，对张穆有一定的影响（袁登道去世后，张穆有《哭袁羽人山人》[2]诗）。

张穆出生前四五十年，茶山屡遭盗寇侵扰，钟云瑞、钟卿等先贤曾训练乡勇守卫茶山，民间有习武之风。张穆青少年时，万历四十四年（1616年）后金建立，万历四十六年（1618年）努尔哈赤起兵反明，天启元年（1621年）后金攻占沈阳、辽阳等地，明朝社稷岌岌可危。"在明季将次覆亡时，已有一辈学者感觉科举之可鄙贱，无实用。"[3]在这样的社会环境、时代背景下，张穆鄙视儒术、科举，喜好道家、游侠。

茶山社学。张穆《故园茶山记》称："朔望期于废寺雁塔为社学。"可见其时茶山学风之盛。（引自民国《茶山乡志》）

张穆青少年时才华超卓，从小就喜欢《抱朴子》等道家典籍，有文才，工诗，但耻于作科举文章；不苟言笑，口似不能言，但能下笔千言；视笔墨为雕虫之技，有投笔从戎之志，但精书法、绘画；懂围棋，亦擅长弹奏

---

① 钟继英：《在兹堂记》，收入袁应淦编《茶山乡志》卷三，石龙南方印务局，1935年。
② 容庚、汪宗衍辑录《铁桥集》，香港何氏至乐楼，1974年，第16页。
③ 钱穆：《国史大纲》，商务印书馆，1997年，第857页。

古琴、古筝以寄志抒怀①。琴棋书画，张穆样样皆通。

张穆身材矮小（"身长三尺"②），智勇深沉，不苟言笑，精剑术、骑射，能"袖中发强矢，纷如飞雨雹"③，曾得少林僧传授剑法，有短剑常藏在腰间，舞起剑来"绕身若电光，声如风雨至"④，亦擅长鉴赏刀、剑⑤，曾不惜千金买一匕首⑥。张穆喜欢研究《孙子兵法》《吴起》《六韬》《玉钤篇》等兵书⑦，有驰骋沙场、为国立功、为己立名的远大志向。

张穆自幼仰慕战国时门客三千的信陵君及荆轲、聂政等游侠，喜欢广交朋友。虽非富家子弟，日常无甚积蓄，但常常散财募士、挥金如土，对朋友能心口一致、倾诚相待⑧，更能为朋友报仇雪耻。虽不能饮酒，而常常与酒人交游。因此，张穆家里总是宾客盈门，"衡门多杂宾，意气皆丈夫"⑨。张穆有驰骋沙场之志，而朋友众多足供调遣，故屈大均称张穆"丈夫苟能军，市人亦可使"⑩。

张穆虽无童仆应门，而肯花重金购买名马，家中马厩养满骏马，有"铜龙""鸡冠赤""春风燕""鸣鸡赤"等名马。张穆常常与年轻朋友们在马场上奔驰赛马，争先斗胜。有时甚至在夜里喝醉后，骑着马踏着满路的泥泞疯狂驰骋⑪。张穆日日与马单独相对，饮食坐卧于其侧，久而久之，熟习

---

① 张穆《书怀》："林有围棋花并落，泉非丝管耳常清。"（《铁桥集》第44页）可证张穆会下围棋。张穆《咏怀》云："抱琴鼓黄虞，调高识者稀。"（《铁桥集》第34页）屈大均《题张二丈山房》："琼琼筝手好，燕燕画心玄。"（《铁桥集·投赠集》第11页）张穆《陈晚卿过访东溪草堂》："新月当琴酒，奇香出薜萝。吾生惟乐事，天地尚干戈。"（《铁桥集》第32页）周量《东张穆之》："有才无不可，相与笑捶琴。"（转引自章文钦：《张穆的遗民形象》，《明清时期珠江三角洲区域史研究》第433页）均可证张穆会弹古琴、古筝。

② 张庚：《画传》，容庚、汪宗衍辑录《铁桥集·附录》，香港何氏至乐楼，1974年，第3页。

③ 屈大均：《送铁桥道人》，容庚、汪宗衍辑录《铁桥集·投赠集》，香港何氏至乐楼，1974年，第9页。

④ 屈大均：《送铁桥道人》，容庚、汪宗衍辑录《铁桥集·投赠集》，香港何氏至乐楼，1974年，第9页。

⑤ 屈大均《广东新语》卷十六《器语·刀》："凡刀有相，张穆云：'凡刀凛凛有霜。'"

⑥ 梁宪《答张穆之先辈》："丈人昔年少……千金一匕首。"（《铁桥集·投赠集》第17页）

⑦ 曹学佺《荐张穆疏》称张穆"谋裕韬钤"。（《铁桥集·附录》）

⑧ 《铁桥集·投赠集》引陈恭尹《张穆之画鹰马歌》："破胆亲持与众尝，许身不惜为人碎。"《铁桥集·投赠集》引林枞《赠张铁桥》："结客金如土，对人口是心。"《张穆年谱》第48页引王令《答山人张穆之画册帖》："张子石岩中人，耳闻与人交不渝金石。"

⑨ 张穆：《述年》，容庚、汪宗衍辑录《铁桥集》，香港何氏至乐楼，1974年，第35页。

⑩ 屈大均：《送铁桥道人》，容庚、汪宗衍辑录《铁桥集·投赠集》，香港何氏至乐楼，1974年，第9页。

⑪ 张穆《鸣鸡赤》："短小雄如欲斗鸡，常随醉里夜冲泥。少年场上争驱罢，空剩金鸡忆晓嘶。"（《铁桥集》第16页）

马的饮食、喜怒性情，以及马的造型、结构①。张穆又曾倾囊花重金购买名鹰，亲身驯鹰，常常乘着酒兴骑马架鹰奔驰在广阔的原野上，放鹰狩猎狐兔②。张穆少年时已喜欢画马③，早年养马、养鹰的经历，为其日后精准绘画马、鹰的神采积累了丰富的亲身经验，而早年读兵书、习剑术、广交游的经历，为其日后投身抗清斗争打下了坚实的基础④。

张穆友人屈大均、邝露的诗文对张穆的青少年时期有简练、精彩的记载。屈大均《送铁桥道人》云："十二慕信陵，十三师抱朴，十五精骑射，功名志沙漠。袖中发强矢，纷如飞雨雹。章句耻不为，孙吴时间学。""相逢少林僧，剑法将传子。绕身若电光，声如风雨至。良马名铜龙，雄鸡悍

---

① 屈大均《广东新语》卷十三《诸家画品》："穆之尤善画马。尝畜名马曰'铜龙'，曰'鸡冠赤'，与之久习，得其饮食喜怒之精神，与夫筋骨所在，故下笔如生。"钱以恺《岭海见闻》卷三《张穆》云："张穆善丹青，尝百金买名马，饮食坐卧其侧，深得马之性情，故落笔有神……尤好击剑，倜傥任侠，产为之破。"

张穆养马并非仅仅是个人喜好，而是有社会背景的。《故园茶山记》云："岳宫前地平旷，木棉、榕树、刺桐垂荫数百亩。结驷犇犬，为少年游冶之场。"可见当年茶山养马、养犬之盛，有专门的游冶场地。张穆好友屈大均在《广东新语》卷二十一中有更详细的记载："马会。东莞盛时，喜为马会，以驰骋相雄。每会日，于平原广野，设步障，陈鼓乐，数百里外皆以名马来赴……"

② 张穆《咏画鹰》云："噫余当壮岁，慕猎平原搜。倾金购俊鹘，狐兔穷山丘。调养既已适，所往同仇雠。"（《铁桥集》第48页）屈大均《翁山诗外》卷三《张二丈画马送予出塞，诗以酬之》云："怜君少小事游侠，智勇深沉慕荆聂。悲来每叩玉壶歌，酒酣频向南山猎。"

③ 梁佩兰《题张穆之画猕猴挂藤图歌》："张公少年好画马，用笔不在韩干下。"（《铁桥集·投赠集》第9页）

④ 关于张穆的早年经历，张穆《秋怀》云："我本蓬蒿人，山水欣有托。十年读异书，冥心寄玄漠。"（《铁桥集》第6页）张穆《陈岱清先生相对十年所，空以柔翰见知，今年访余于东湖，览卷见赠，率尔奉答》云："铁桥道人家罗浮，少年放志凌沧洲。纵横宇宙觅知己，长啸不遇归山丘。"（《铁桥集》第15页）张穆《寿陈君伯章》："笑忆升平结驷车，春风拂面共垂鞭。"（《铁桥集》第44页）张穆《珠江寄寿邝无傲》："早岁同依达者游。"（《铁桥集》第47页）张穆《画朱明洞天图》："多年谋道罢干时。"（《铁桥集》第60页）

邝露《铁桥集序》云："穆之垂天之羽，困于燕雀，生平不见可喜，榲言笑，短小类郭解，深沉类邓卿，相剑类风胡，画马类韩干。饮不能一蕉叶，而日游于酒人。储不能逾甔石，而好散粟慕士。应门无五尺之童，而骏马实外厩。恂恂似不能言，呵笔而千言于。"（引自《张穆年谱》第13页）屈大均《送铁桥道人》三首诗云："十二慕信陵，十三师抱朴。十五精骑射，功名志沙漠。袖中发强矢，纷如飞雨雹。章句耻不为，孙吴时间学。""相逢少林僧，剑法将传子。绕身若电光，声如风雨至。良马名铜龙，雄鸡悍无比。慷忾少年场，报仇兼雪耻。"（引自《张穆年谱》第64页）屈大均《张二丈画马送予出塞，诗以酬之》："怜君少小事游侠，智勇深沉慕荆聂。悲来每叩玉壶歌，酒酣频向南山猎。"（《铁桥集·投赠集》第10页）梁宪《答张穆之先辈》："丈人昔年少，高车悬四牡。结驷游五陵，千金一匕首。"（《铁桥集·投赠集》第17页）梁宪《寿张铁桥》："曾记少年游侠日，朱缨骏马踏香尘。"（《铁桥集·投赠集》第17页）尹源进《祝张铁桥》："先生不愧留侯孙，少年舞剑白龙翻。气吞云梦游吴楚，欲走五岳穷河源。"（《铁桥集·投赠集》第18页）林枞《赠张铁桥》："少年矜意气，万里觅知音。结客金如土，对人口是心。风尘华发早，迢递玉关深。"（《铁桥集·投赠集》第19页）释今释《铁桥道人稿序》："铁桥道人家近罗浮，读异书于石室。"（《张穆年谱》第43页）曹溶《张穆之将还岭南过方庵送别二首》："侠常看腰裹。"（《张穆年谱》第64页）汪森挽张穆诗："悬腰剑锷青霜冷（原注：铁桥善剑术，有短剑常藏之腰间）。"（《张穆年谱》第66页）

无比。慷慨少年场，报仇兼雪耻。丈夫苟能军，市人亦可使。何听命于天，自损英雄志。"①邝露《铁桥集·序》云："穆之垂天之羽，困于燕雀，生平不见可喜，韫言笑，短小类郭解，深沉类荆卿，相剑类风胡，画马类韩干。饮不能一蕉叶，而日游于酒人。储不能逾甔石，而好散粟募士。应门无五尺之童，而骏马实外厩。恂恂似不能言，呵笔而千言下。志投笔而擅美六书，薄雕虫而专精绘事。"

张穆在十八岁（虚岁，下同）至二十四岁（1624—1630年）期间，结束少年时终日游宴，与鸡鸣狗盗之徒交游的放浪生活②，与友人在罗浮山游览、寓居，"十年读异书"③。张穆所读的"异书"，当指道经、佛经、兵书、诗歌等科举之外的书籍。张穆曾单独或与邝露等友人一起编辑、校对道教典籍。张穆《罗浮杂咏》云："夜凉山气佳，燃灯校仙箓。"④从张穆日后的诗、文著作来看，张穆有深厚、广博的学识功底，这显然源于张穆在罗浮山下了"十年读异书""燃灯校仙箓"的苦功。张穆极喜爱杜甫的诗歌，故张穆的诗明显带有杜甫忧国忧民的风格。在罗浮山期间及稍后，张穆亦曾到广州、佛山等地，与黎遂球、梁朝钟、邝露等一时俊彦、知名人士在诗社中结交，寻求人生机遇⑤，亦与僧人、道人交游，有诗文留存。

张穆十九岁至二十六岁（1625—1632年）的主要行迹如下。张穆十九岁（1625年）时，与友人登罗浮山绝顶，作《记从石洞登绝顶观日出》。二十岁（1626年），与友人游览石洞（罗浮山地名），作《记游石洞》。二十一岁（1627年），在石洞读书，结交女道人罗素月；又作画赠人，作诗《秋燕为王公子小史画并题》。二十二岁（1628年），张穆归茶山娶殷氏为妻，罗素月赠诗挽留云："收拾春山作图障，岂应归去画蛾眉。"⑥同年，友人因受洪灾而不能秋耕，张穆作《闻罗曙云秋耕苦潦》⑦，发出"力食何多难，凄然咏素餐"的悲愤。二十三岁（1629年），作《罗浮杂咏》九首，从诗中可知，张穆在罗浮山大多时候独来独往。在罗浮山的四时风光中，张穆时而欣赏寒

---

①屈大均：《送铁桥道人》，容庚、汪宗衍辑录《铁桥集·投赠集》，香港何氏至乐楼，1974年，第9页。
②张穆《挽叶金清》："我昔浪少年，志慕鸡狗雄。终能罢游宴，把手四百峰。"（《铁桥集》第40页）雍正《东莞县志》卷十二："穆少而放浪，好畜马。"
③张穆：《秋怀》，容庚、汪宗衍辑录《铁桥集》，香港何氏至乐楼，1974年，第6页。
④张穆《罗浮杂咏》："夜凉山气佳，燃灯校仙箓。"（《铁桥集·补遗》第3页）《哭邝中秘湛若》："记得酴醾同校字，乾坤空老复何依。"（《铁桥集》第25页）
⑤张穆《珠江寄寿邝无傲》："早岁同依达者游。"（《铁桥集》第47页）
⑥容庚、汪宗衍辑录《铁桥集·投赠集》，香港何氏至乐楼，1974年，第16页。
⑦容庚、汪宗衍辑录《铁桥集》，香港何氏至乐楼，1974年，第50页。

梅，时而独坐溪畔石上，时而独步空谷，时而燃灯校对道书，时而静夜不眠，有出尘之想。二十四岁（1630年），张穆再与友人在石洞居住，与罗素月烹雨前茶，镌刻罗素月之诗于石上。二十六岁（1632年），张穆写兰石金扇并题诗赠人，此扇为张穆现存最早的画作；秋，作七律《秋林独往》。

张穆在罗浮山虽然远离尘世，但应该对明朝的危急局势时有听闻。张穆并未忘怀驰骋沙场的志向，但无人应和，因而孤高自赏、郁郁不得志，目送岁月流逝，略有迷惘。《秋林独往》（1632年）云："临溪行欲采芙蓉，何以遗之向空谷。"①《咏怀》云："抱琴鼓黄虞，调高识者稀。（其三）畴昔何所慕，梦与古人期。斯道久已杳，仿佛若见之。贫贱拘阔怀，蹢躅废驱驰。乃令此心负，耿耿终不移。"《秋怀》云："十年读异书，冥心寄玄漠。（其二）落叶飘风中，令人感岁驰。（其三）信陵事结客，都市万夫倾……古道日已远，素怀存其诚。"《梅花》云："我有肝肠谁共许，日将冰雪对寒葩。"②

张穆早年在罗浮山读书、游览、交游的经历，得罗浮山山水真趣，对其思想的形成和山水画的创作都有极其重要的影响。张穆《铁桥集》署名"罗浮张穆"，张穆号"铁桥"（"铁桥"为罗浮山地名），可见罗浮山在张穆人生中的重要地位。

越岭北游，从军征蛮（1633—1636年）

明朝末年，后金大举进攻，战事频繁。崇祯元年（1628年），东莞人袁崇焕督师蓟辽，力图恢复国土。张穆对袁崇焕在边关报国之事应该有所听闻。崇祯二年（1629年）年末，后金挥师至北京城外，袁崇焕于次年被冤杀。明朝局势日趋危急，国家正当用人之际。

崇祯六年（1633年），张穆二十七岁，越过南岭到北方游历，远至边关③，"纵横宇宙觅知己""万里觅知音"④，期望通过交游寻求报国的机遇，以图在边关建功立业。山海关一带是明朝的边防前线，有人想将张穆推荐给

---

① 容庚、汪宗衍辑录《铁桥集·补遗》，香港何氏至乐楼，1974年，第3页。
②《咏怀》（《铁桥集》第34页），《秋怀》（《铁桥集》第6页），《梅花》（《铁桥集·补遗》第9页），三诗均无纪年，以诗意推之，当在越岭北游前，在罗浮山。
③陈恭尹《张穆之画鹰马歌》："盖闻夫子侠者流，少年唾手燕然地。"（《铁桥集·投赠集》第15页）
④张穆《陈岱清先生相对十年所，空以柔翰见知，今年访余于东湖，览卷见赠，率尔奉答》："铁桥道人家罗浮，少年放志凌沧洲。纵横宇宙觅知己，长啸不遇归山丘。"（《铁桥集》第15页）林枞《赠张铁桥》："少年矜意气，万里觅知音。"（《铁桥集·投赠集》第19页）

山海关督师杨嗣昌，但受到阻拦。张穆未被录用，只能"长啸不遇归山丘"①，浪迹天涯，甚感前途迷茫②。

北游期间，张穆游历了清远、衡山、洞庭湖、彭蠡湖（今鄱阳湖）、庐山③、黄冈、麻城（今属湖北黄冈）、夷陵（今属湖北宜昌）、苏州、杭州、仙华山（在今浙江金华）、京口、大梁④（今开封）、丰城（今属江西）、浈阳峡（今属广东英德）等地，登临大好河山，与文人、僧人、侠士过从，多作诗纪游、抒情，"皆奇杰可诵"⑤。如《追剑客于麻城不遇》（1633年）云："壮士定从知己死，刚肠须向古人求。知名何必曾相识，易水千年总一流。"⑥诗中表达了对侠客精神的倾慕。《西陵别了明恒见破有诸上人》云："来同庐岳高僧社，归寄罗浮葛令家。"⑦写与僧人结社作诗。《钱塘泛月》（1634年）云："西陵渡口草离离，城外杨花隔水吹。独向镜中横小艇，一钩明月钓清漪。"⑧诗中写月夜静谧、空灵的风光。《白公堤吊五人墓》（1634年）云："激烈苟相感，捐躯未足论。从来有心汉，死不为殊恩。"⑨诗中展现了仁人志士为正义所激发而不惜捐躯的无私无畏、慷慨激昂的情怀，十多年后张穆昂然奔赴抗清战场，正是此种情怀在张穆身上的真实体现。

崇祯八年（1635年），张穆回到茶山，故旧多死于战乱，张穆作《抵家山，故旧多死丧，作诗自励》，感叹人世无常，有遁入佛门之幻想。

崇祯九年（1636年），明朝与后金的战事远未结束，是年张穆三十岁。前两三年张穆被推荐给山海关督师杨嗣昌而受阻，一身才干无人赏识，空有报国之志而无报国之门，如今三十岁，更是只能闲赋在家、埋没于草莽。张穆作《赠王安侯》云："家还平楚接秋云，虎变龙争战未分。我有吴钩三十载，未曾轻许笑逢君。（其二）南溟风鼓雪山涛，夜撼刀环志士劳。可有

---

① 张穆《陈岱清先生相对十年所，空以柔翰见知，今年访余于东湖，览卷见赠，率尔奉答》："铁桥道人家罗浮，少年放志凌沧洲。纵横宇宙觅知己，长啸不遇归山丘。"（《铁桥集》第15页）
② 张穆《送黄君简游大梁》："曾是盛年驱马过，梦魂缭绕路蔓蔓。"（《铁桥集》第54页）
③ 张穆《送石鑑记汝二师赴栖贤》："青山如画昔曾游。"（《铁桥集》第25页）栖贤寺在庐山。刘祖启有《索张穆之写庐山障子》诗（《铁桥集·投赠集》第19页）。
④ 张穆《黄州避暑弘化庵》："自笑无心类鸿鹄，浪留孤迹到天涯。"（《铁桥集》第36页）张穆《送黄君简游大梁》："曾是盛年驱马过，梦魂缭绕路蔓蔓。"（《铁桥集》第54页）
⑤ 民国《东莞县志》卷六十四："（张穆）尝游楚南，上衡岳，泛湖湘，又东行入留都，历吴会、钱塘而返，诸所作纪游诗皆奇杰可诵。"但《铁桥集》《张穆年谱》无"上衡岳、泛湖湘"的记载。
⑥ 容庚、汪宗衍辑录《铁桥集》，香港何氏至乐楼，1974年，第38页。
⑦ 容庚、汪宗衍辑录《铁桥集》，香港何氏至乐楼，1974年，第36页。
⑧ 容庚、汪宗衍辑录《铁桥集》，香港何氏至乐楼，1974年，第16页。
⑨ 容庚、汪宗衍辑录《铁桥集·补遗》，香港何氏至乐楼，1974年，第4页。

金台崇骏骨，忍教龙种没蓬蒿。"①张穆虽然感叹怀才不遇，但回忆起自己三十年来的成长经历，少年时的报国壮志从未忘怀，作《述年》云："弱冠抱迂尚，跌宕不好儒……由来三十载，此意未尝殊。怀哉祖士稚，忼慨真吾徒。"②张穆希望能像东晋时祖逖一样驰骋疆场、恢复国土。为了实现报国之志，张穆青壮年时和邝日晋、康之、邓宇开等武官结交③。

约在是年，连州八排瑶人起事，广东总兵陈谦征召张穆入幕。张穆慷慨投笔从戎，为陈谦出谋献策，作《从陈大将军征蛮》云："羽檄下云中，丛岩龋鼠穷。书生弃椽笔，慷慨事雕弓。幕府屈群策，志士骁如熊。采旗卷朝露，猎猎飘英风。扬桴坐箫鼓，恍与江神同。将军不嗜杀，善胜非在攻。会见平蛮日，争罗拜令公。"④其时，张穆跟随陈谦的征蛮大军浩浩荡荡地乘船溯江而上，一路彩旗招展、箫鼓震天，可谓踌躇满志、意气风发、胜券在握。张穆也以过人之才，一施"不嗜杀，善胜非在攻"的军事怀抱，计策为陈谦所用。

诗画寄怀，布衣忧国（1637—1644年）

征蛮之后，张穆回到茶山。几年之间，由于时势动荡，张穆厌倦世事，寄情山水，作诗绘画，曾与罗浮山僧人过从，又曾与友人到番禺大岭登高望远，到广州白云山拜访名流陈子壮。

崇祯十五年（1642年）五月，张穆时年三十六岁，友人邝露为张穆的诗稿作序，序云："倜傥负意气，悯时政得失，达事变而怀旧俗……穆之垂天之羽，困于燕雀……今天下，北柏胡，南阻寇……英雄抱忧天之

① 容庚、江宗衍辑录《铁桥集》，香港何氏至乐楼，1974年，第11—12页。
② 《张穆年谱》第28页认为："《述年》五古诗，似作于本年（1656年）。"《述年》中有"弱冠""由来三十载"，《张穆年谱》编者可能据此认为作诗时间是"弱冠"（二十岁）后的三十年，即张穆五十岁时，但根据诗意，参考张穆入陈谦幕之事，此诗可能是张穆向武官投赠的履历，而"由来三十载"意即"出生三十年以来"，以张穆五十岁时的心境，大概不会说"怀哉祖士稚，忼慨真吾徒"这样的话（张穆1646年《与赖其肖书》云："祖士稚之渡江。"）。且张穆《赠王安侯》诗有"我有吴钩三十载，未曾轻许笑逢君"句，更可证《述年》作于张穆三十来岁之时。
③ 张穆《珠江寄寿邝无傲》："早岁同依达者游。"（《铁桥集》第47页）张穆《哭故将军康之弟》："敢言见鹿心生猎，谁共闻鸡恨已违。"（《铁桥集》第61页）亦言祖逖之事。张家玉有《军中怀康之侄》（《张家玉集》第156页）。"康之弟""康之侄"当为同一人。张穆《挽邓参戎宇开》："兵略世曾传细柳，论交义足薄秋云。"（《铁桥集》第55页）张穆又有《除夕徐将军幕度岁》（《铁桥集》第41页）。
④ 容庚、江宗衍辑录《铁桥集》，香港何氏至乐楼，1974年，第59页。

涕……有不震金石、泣鬼神而兴百世者哉……其旨数百，其体屡迁，翼虚无，翔寥廓，徜徉佛老，有屹其栖，变化见矣。"[①] 邝露对张穆在明末乱世中能"悯时政得失""英雄抱忧天之涕"以及由此形成的"变化见矣"的诗歌艺术极其赞叹，认为张穆的诗能"震金石、泣鬼神、兴百世"。邝序中，亦提到张穆"擅美六书""精绘事"，尤其擅长画马。其后数年，邝露赠张穆诗云："嗟君隽才尚沉挚，文心粉绘俱游戏。畴昔穰苴蕴豹韬，不遇孙阳写龙骥。"[②] 诗中言张穆的诗如名剑发出的耀眼光华，又言张穆怀雄才而不遇伯乐，只能画马抒怀。由邝露的序、诗可知，至明末，张穆已成为成熟的诗人、画家，将忧国忧民的情怀寄托在诗、画之中。

崇祯十五年至崇祯十六年（1642—1643年），明朝即将覆灭，国家动荡，茶山遭受山寇侵扰焚掠，兵祸、饥荒相继，百姓逃难，山川改色。崇祯十六年（1643年），张穆乘舟经过作龙潭峡（在今东城峡口），回忆昔时端午节盛景，徒然增盛衰之感，作《龙潭峡山记》。崇祯十七年（1644年）三月，李自成攻陷北京，崇祯皇帝自缢。五月，清兵入北京。张穆听闻明朝已经灭亡，做了灵位，在茶山社学（原为雁塔寺旧址[③]）哭祭明朝。

此时期张穆在诗中不时抒发对时势的忧虑[④]，有归隐之心[⑤]，如《同区启图戴安仲何石闾游陈秋涛宗伯云淙》（1642年）："红尘扰扰深千尺，谁向林泉得共消。"[⑥]《春晓同叶秀翀登七仙坛》（1642年）："奇怀差可慰，安惜买山钱。"[⑦]《数年间白兔渐繁息，诗以纪异》（1643年）："凛凛干戈日，忧时纪异征。"[⑧]《同袁长伯公叔海客闲步观涨怀罗曙云卢升爵诗以招之》（1643年）："愿惜兵戈日，追寻敢厌遥。"[⑨]

---

① 容庚、汪宗衍辑录《铁桥集》，香港何氏至乐楼，1974年，第2—3页。
② 汪宗衍、黄莎莉辑录《张穆年谱》，香港中文大学文物馆，1991年，第14页。
③ 民国《东莞县志》卷六十四《张穆传略》云："甲申闻北都陷，穆为位哭于茶山雁塔寺。"其时雁塔寺已废，原址改为社学。民国《东莞县志》卷四十："雁塔寺……明正统三年（1438年）因旧址改为学社。"张穆《故园茶山记》云："予襁时，先子已七十。诸父老角巾扶杖，朔望期于废寺雁塔为社学。"《茶山乡志》卷三邓奇《创建魁阁记》云："茶山自明万历庚辰（1580年）创建魁阁……先立社学于雁塔寺故址。"亦可证。
④ "（甲申前，周觉）尝与张穆夜登台，观北极帝星，预为杞忧。"（李君明《东莞文人年表》第499页）
⑤ 张穆《寄陈长园》云："白日江天暮，穷荒鸟迹稀。危如霜后叶，牵若棘中衣。当路豺方吼，骞云隼正肥。何当遂深隐，长咏钓鱼矶。"（《铁桥集》第18页）诗中写时当乱世，张穆有归隐之意。诗无纪年，似作于明朝灭亡前后。
⑥ 容庚、汪宗衍辑录《铁桥集》，香港何氏至乐楼，1974年，第38页。
⑦ 容庚、汪宗衍辑录《铁桥集》，香港何氏至乐楼，1974年，第54页。
⑧ 容庚、汪宗衍辑录《铁桥集·补遗》，香港何氏至乐楼，1974年，第5页。
⑨ 容庚、汪宗衍辑录《铁桥集·补遗》，香港何氏至乐楼，1974年，第5页。

转战潮惠，许身报国（1645—1646年）

顺治二年（1645年）闰六月，明唐王朱聿键即帝位于福建，改元隆武。八月初三，明宗室靖江王朱亨嘉在广西自称监国。八月上旬至九月初，张穆在梧州向与朱亨嘉有关联的广西武将陈邦傅献策，但张穆与陈邦傅志向不同，"肝膈如人未必然"，计策未被采用。张穆听闻隆武帝励精图治、广纳人才以恢复明朝江山，随即决定从梧州前往福建隆武帝行在，寻求报国的机遇。途经博罗时，张穆作《留别韩季闲耳叔林溶溪赴闽行在》，一抒怀抱，诗云："乾坤板荡复何言，此日安危敢自怜。暮色满江红蓼外，秋声孤雁白霜天。身名笑我终何事，肝膈如人未必然。闻道明良方励治，敢私岩壑赋招贤。"[①]张穆强忍明朝灭亡的悲痛，不忍心在朝代鼎革之时逃避现实、隐居山林，将个人安危置于度外，告别友人，孤身一人毅然奔赴福建，不为求取功名，只为一心报国。[②]

张穆途经潮州时，听人说镇平（今梅州市蕉岭县）有捷径通往福建上杭，但必须拜见在镇平拥兵自卫的赖其肖方可过关。张穆前往拜见，赖其肖早已听闻张穆大名，留张穆在家中夜宴。张穆与赖其肖一见如故，彻夜把手倾谈，二人均激于时势，剖露报国心怀。赖其肖出美人侑酒，张穆有"千岫白云留马足，一尊红烛对蛾眉"之句。[③]

① 容庚、江宗衍辑录《铁桥集》，香港何氏至乐楼，1974年，第28页。
② 民国《东莞县志》卷六十四和《胜朝粤东遗民录》卷二均云："连州八排瑶反，总兵陈谦征穆入幕，穆以策干镇将陈邦傅，邦傅不能用。崇祯甲申，闻北京陷，穆为位哭于茶山雁塔寺。唐王立，穆入闽谒苏观生，观生以御史王化澄疏斥穆为靖江王党人，摈不录。"《张穆年谱》第22页将"穆以策干镇将陈邦傅"置于顺治五年（1648年）。顾诚《南明史》："八月三日，朱亨嘉居然身穿黄袍，南面而坐，自称监国……八月十二日，朱亨嘉亲自统兵来到梧州……八月二十二日半夜，丁魁楚兵在梧州突然发起进攻，朱亨嘉……逃回桂林。'大学士'孙金鼎……凭借靖江王的宠信同思恩参将打得火热，结为儿女亲家。亨嘉兵败以后，孙金鼎逃往陈邦傅处避难。陈邦傅翻脸无情，将他处死……'广督丁魁楚大喜，叙（陈邦傅）以首功，官征蛮将军，协东师前赴桂林'。九月初五日，丁魁楚亲自来到梧州，命参将陈邦傅……等统兵向桂桂林进发。"（光明日报出版社，2019年，第197—201页）综合上述资料及参考张穆诗文以下推测：顺治二年（1645年）八月上旬至九月初，张穆跟随广东军队在梧州（张穆《苍梧》一诗中有"翠华不返悲瑶瑟，苍昊无言剩草臣"句，又有《梧州吕仙祠》，当作于此时），和陈邦傅有过从，因而可能与靖江王党人孙金鼎等有接触。张穆向陈邦傅献策，但未被采用。张穆随即决定从梧州前往福建隆武帝行在。途经博罗时，张穆向友人话别，作《留别韩季闲耳叔林溶溪赴闽行在》，诗中"身名笑我终何事，肝膈如人未必然"二句，当指张穆与邦傅志向不同，计策未被采用，只能匆匆赶往福建隆武帝行在，寻求报国的机遇。可能因为张穆从梧州陈邦傅处出来，而陈邦傅有讨伐靖江王朱亨嘉之功，故张穆被广东巡按御史王化澄列为靖江王党人，张穆因此未被苏观生录用。其时浙东另有与隆武政权竞争的鲁王政权，但张穆《建宁行在感赋》仅言"象郡年来已赐裁"，可知张穆可能亲历靖江王之变，而"赐裁"二字表明张穆绝非靖江王党人。
③ 据《胜朝粤东遗民录》卷四《赖其肖》及《与赖其肖书》（《铁桥集·补遗》第15页）。

经过镇平、上杭后，九月底，张穆到达清流县。张穆在寒冷的山区沿着驿路一路艰难跋涉之后，终于可以在清流县坐船顺流而下前往福州，张穆得以在船上饮酒吟诗，稍事休息。清流县城弥漫着严峻的军事氛围，由于战乱四起，张穆无从得知福州前方的消息，心事重重，夜不成寐，作《清流》云："驿路自烟岑，高寒九月深。顺流欢买棹，对酒漫成吟。城郭严孤柝，干戈断远音。有怀偏不寐，清夜固沉沉。"①

张穆到达福州时已是冬天，北风呼呼，但张穆还是穿着夏天的葛衣。张穆找到了同乡、下周塘人、兵部职方司主事陈万几，在陈万几家中寄住。②陈万几他乡遇故知，甚为惊喜，但他察觉到张穆因山河变色、前途难料而愁思满怀。陈万几感同身受，作《喜张穆至》云："朔风栗栗透绨衣，有客萧条坐钓矶。化鹤自怜城郭改，侩牛何事市廛非。东归有母空怀橘，西去无人问采薇。惆怅五噫歌欲罢，满天愁思雁鸿飞。"③

张穆先是拜见东莞人、武英殿大学士苏观生，④苏观生以御史王化澄在疏中称张穆为靖江王党人，不予录用。是年冬至次年春，张穆客居福州数月，久未被录用，意气消沉，只好和志同道合的遗民们一起游览湖山园林、怀缅故园、饮酒作诗消愁，在兵戈四起的乱世中，在可能投入的抗清战斗之前，暂且偷得一刻欢怡。⑤

是年冬，礼部侍郎曹学佺生日，张穆带上礼物及诗文作品向曹学佺祝寿，作贺诗云："希蹑云汉游，所望非驻颜。"⑥张穆希望跟随曹学佺在南明朝廷成就一番事业。曹学佺对张穆的才华大为嘉许，作诗答谢云："屠龙昔有蒙庄叟，画马今为李伯时。岂学风流三语掾，惟闻感慨四愁诗。"⑦曹学佺

①容庚、汪宗衍辑录《铁桥集》，香港何氏至乐楼，1974年，第50页。
②陈伯陶《胜朝粤东遗民录》卷二《陈万几》："擢兵部职方司主事。唐王师驻建宁，万几留福州……万几工诗，与同里张穆相酬和，穆至闽时，亦主其家。"陈万几号长园，张穆有《寄陈长园》诗云："白日江天暮，穷荒鸟迹稀。危如霜后叶，牵若棘中衣。当路豺方吼，骞云隼正肥。何当遂深隐，长咏钓鱼矶。"（《铁桥集》第18页）
③张其淦编《东莞诗录》卷二十三，民国十年（1921年）。
④上元袁立俊其时当在苏观生幕中。《茶山乡东隅坊袁氏族谱·袁立俊传略》："明崇祯时贡生。入阁部苏观生、大参陈泰幕中，军书旁午，咄嗟立办。"
⑤隆武元年（1645年）冬至次年春，张穆作诗有《福州冬杪，同钱唐孙大苏饮陈君湖亭，时疏柳黄花，林峦映带，大苏指点湖山佳处，云恍见家湖山断桥也，隔绝兵戈，念昔游，共为感叹》《三山同方神生登乌石园亭》（《铁桥集》第28页，第53页），其中诗句有"游人更拟西陵路，肠断东风不到家""用向花前拚一醉，红尘牵去几重来"。《兵戈日与西越诸君隐居湖上》（《铁桥集》第61页）亦当作于此时期。
⑥《寿曹太史能始先生》，容庚、汪宗衍辑录《铁桥集》，香港何氏至乐楼，1974年，第41页。
⑦容庚、汪宗衍辑录《铁桥集·投赠集》，香港何氏至乐楼，1974年，第1页。

在诗中将张穆比作宋朝画马名家李伯时，认为张穆有真才实干且有忧国之心。稍后，曹学佺上疏向南明隆武帝保荐张穆为驾前之侍卫武士。曹学佺在疏中称："兹复得一人曰张穆者，广东东莞人，才能用众，谋裕韬钤，盖不易遘之士……臣实保其堪为爪牙，而一旦足备缓急也。穆亦能文，以谓此时所重在乎敌忾，故惟以甲胄之士进。"[1]曹学佺称张穆才能出众、富有军事谋略，为难得之士，能文亦能武，但当务之急为抗敌，张穆作为勇士，可安排在御驾之前备危急之需。

不久，南明隆武帝下旨，称张穆"勇力能文，便可上马杀贼，下马草露布（起草军队捷报或告示），着御营兵部试用"。[2]曹学佺安排车、船，送张穆前往建宁行在。

顺治三年（1646年）春，张穆到达建宁。张穆见到南明军队颇有些声威，但南明朝廷空有恢复中原的壮志，并无实际的行动、胜绩，南明军队甚至私自从重要关隘——仙霞关撤守。张穆又见到南明政权间的内部争斗，各自为政，群龙无首，无人能担起统率各方力量以图恢复中原的重任。张穆颇为失望，觉得有负大批爱国志士怀着一腔报国的热诚千里迢迢赶来为南明效忠、效力。张穆作《建宁行在感赋》云："溪头虎帐寂含枚，城上千灯禁旅开。漫说貔貅雄细柳，不闻骐骥上高台。霞关夜阒私传警，象郡年来已赐裁。四顾更谁通臂指，调剂空负折肱来。"[3]张穆虽然心中悲愤，但还是留在南明朝廷，听候调遣。

三月初，南明隆武帝下诏让张穆跟随翰林院侍讲兼兵科给事中张家玉（东莞人）到惠州、潮州募兵，并赐营名"武兴"，同行的还有同乡、下周塘人陈万几。五月，赖其肖率众攻打程乡（今梅州市梅县区），张家玉命张穆写信招抚赖其肖，劝赖其肖一同为南明效力、恢复明朝河山。赖其肖得信后，率领子弟前来拜谒，束手听命，退兵十里。张家玉与张穆入其军检阅，得兵万人。六月，张家玉招降巨盗黄元吉等三十六人，斩杀陈靖、赖伯瑞等匪首，招剿并用，[4]平定了潮州、惠州，一时间军容颇盛。八月，南

① 曹学佺《荐张穆疏》，容庚、汪宗衍辑录《铁桥集·附录》，香港何氏至乐楼，1974年，第1页。
② 曹学佺《荐张穆疏》，容庚、汪宗衍辑录《铁桥集·附录》，香港何氏至乐楼，1974年，第1页。
③ 容庚、汪宗衍辑录《铁桥集》第29页。此诗无纪年，当作于顺治三年（1646年）正月后。"霞关夜阒私传警"当指南明军队私自从仙霞关撤退；"象郡年来已赐裁"当指靖江王朱亨嘉不承认隆武政权，被押至福州处置。又，民国《东莞县志》卷六十四："观生以御史王化澄疏叙穆为靖江王党人。"
④ 张家玉：《万兵群集，三渠伏诛疏》，《张家玉集》，广东高等教育出版社，1992年，第68页。

明隆武帝在汀州遇害。九月，张家玉以军饷不继，解散武兴营，和张穆一同回东莞。[①]十一月，苏观生拥立唐王于广州，桂王即帝位于肇庆。十二月初二（1647年1月7日），双方决战于三山海口。[②]张穆看到南明政权的内部争斗，感叹说："诸当事不虞敌，而急修内难，亡不旋踵矣。"从此，张穆不再直接参加抗清运动。十二月十五日，清兵乘虚攻破广州。

在张家玉军中，张穆和张家玉情同兄弟。张家玉于顺治四年（1647年）在增城殉国，于次年被南明永历朝谥"文烈"。张穆作《哭家文烈》，缅怀张家玉以身报国的英勇经历，诗云："昔当壮年万事轻，身骑快马横东城。与君意气作兄弟，立身每励为人英……呼天饮血誓报国，转战千里无援兵。"[③]又作《挽家文烈》云："曾从百战出重围，只手空思挽落晖。莫道孤忠有遗恨，睢阳如值信同归。"[④]由二诗可知，张穆怀着和张家玉一样的报国热诚，置生死于度外，和张家玉互相砥砺，希望能成为英雄，挽救国家于危难、沉沦之中。

康熙十九年（1680年），屈大均作《送铁桥道人》云："立功良有命，英雄思战没。可惜沙场中，少君一白骨。"[⑤]从诗中可见，张穆是准备为国立功、为国献身的，只是命运不济、壮志难酬，未能以身报国而已。

明朝遗民，守节终身（1646—1683年）

张穆在入闽加入隆武政权，跟随张家玉转战潮、惠，直接参与抗清运动而失败后，矢志做明朝遗民，不事清朝，终身以气节自守，其余生的行迹正如陈伯陶《胜朝粤东遗民录·序》所云："盖明季吾粤风俗，以殉死为荣，降附为耻。国亡之后，遂相率而不仕、不试，以自全其大节。其相劘以忠义，亦有可称者……此亦可见吾粤人心之正，其敦尚节义、寖成风俗者，实为他行省所未尝有也。"抗清失败后，张穆大多时候守节独处，其"相率而不仕、不试"（不出仕、不参考科举考试）、"相劘以忠义"（以忠义气

---

①张穆与张家玉之事，亦参考了杨宝霖《张家玉年谱简编》（《张家玉集》第219—220页）。
②方志钦、蒋祖缘：《广东通史（古代下册）》，广东高等教育出版社，2007年，第730页。
③容庚、汪宗衍辑录《铁桥集》，香港何氏至乐楼，1974年，第38页。
④容庚、汪宗衍辑录《铁桥集》，香港何氏至乐楼，1974年，第50页。"睢阳同值信同归"，是说如果遇到唐安史之乱时敌军兵围睢阳这样的国家危难时刻，相信张家玉也会和当时固守睢阳的许远一样同赴国难。张家玉《夜走博罗》："时穷许远失睢阳。"（《张家玉集》第150页）以许远自比，张穆"睢阳同值信同归"可能因此而来。
⑤汪宗衍、黄莎莉辑录《张穆年谱》，香港中文大学文物馆，1991年，第64页。

节相互砥砺）的主要形式，是作为遗民诗人参加清初时的广东诗社，与南园诗社、西园诗社、诃林净社等广东诗社的遗民诗人及江西、江浙等地的遗民诗人交游、雅集。

屈大均《诗社》称："慨自申、酉变乱以来，士多哀怨，有郁难宣。既皆以蠧逿为怀，不复从事于举业。于是祖述风骚，流连八代，有所感触，一一见诸诗歌。"[1]可见广东乃至江西、江浙等地的遗民诗人有着共同的故国情感，意气相投，因而一起交游、结社、唱和。"特别是对于直接或间接参与过抗清斗争、饱受避世与避祸双重煎熬的岭南遗民来说，相互间的安慰与激励尤为重要。结社不仅为明朝遗民提供了一个抒发故国之思、亡国之痛的场所，更成为了他们同仇敌忾、相互砥砺、彼此支撑的精神支柱。"[2]

张穆一直关心国事，从不忘怀以书剑报国的志向。张穆与其他岭南遗民一样，"在心理取向上则呈现出群体一致性，其中最具趋同性的心态就是异常炽烈的民族情感与顽强不屈的救国精神"[3]。张穆虽然不再亲身参与抗清活动，但一直与有志于恢复山河并为此四出奔走的遗民过从。"很多岭南遗民兼具诗人及反清志士的双重身份……岭南遗民诗人的社集活动与反清的政治活动密切相关……在岭南遗民诗人的诗作中，揭露清军暴行、颂扬抗清英烈、寄托故国哀思的内容比比皆是。"[4]

张穆与之交游的广东遗民诗人包括：屈大均、陈恭尹、薛始亨、梁梿、高俨、张家珍、何绛、王崇芳、梁宪、陈万几、岑梵则、王说作、何巩道等人，及道独、今释、今无、离幻等在粤诗僧。张穆与之交游的江西、江浙等地遗民诗人包括：魏际瑞、魏礼、曾灿、彭士望、万履、沈昀、董旸、董说、严炜、查容、钱澄之、江注、韩纯玉、刘献廷、郭青霞等人。张穆"所交天下贤隽，皆名公卿将相"[5]，"皆一时节烈硕彦，多系南疆兴亡"[6]。

---

[1]屈大均：《广东新语》卷十二，中华书局，1997年，第357页。

[2]李婵娟：《清初岭南遗民诗人集结的文化因素考察》，《五邑大学学报（社会科学版）》2015年第1期，第47页。

[3]李婵娟：《清初岭南遗民诗群的社会结构与群体心态》，《广西社会科学》2014年第1期，第119页。

[4]李婵娟：《清初岭南遗民诗人集结的文化因素考察》，《五邑大学学报（社会科学版）》2015年第1期，第46—47页。

[5]曾灿：《张穆之诗序》，容庚、汪宗衍辑录《铁桥集·补遗》，香港何氏至乐楼，1974年，第2页。

[6]汪宗衍：《张穆年谱缘起》，汪宗衍、黄莎莉辑录《张穆年谱》，香港中文大学文物馆，1991年，第ii页。

清朝政权逐渐稳固后，复明事业无望。张穆以诗、画与清朝官员如曹溶、郑向、查培继、尹源进、梁佩兰、程可则、韩允嘉、胡大定、朱彝尊、陆莱、彭孙通、汪森等人交游。张穆并不是赞同降清或趋炎附势，只是为了自身不被当局暗害①，"多属士人间的正常交往，无损其遗民志节"②。

乱世流离，诗文皆史（1646—1652年）

顺治三年至顺治九年（1646—1652年），时局动荡，兵祸、饥荒并至，张穆不少友人死于国难，张穆自己一直处于流离、悲痛之中，先后游历至雁田（今属东莞市凤岗镇）、肇庆、西樵山、广州、惠州、龙川、水南（今属东莞市石碣镇）等地，与众多明朝遗民过从并作诗唱和。张穆此时所作之诗极为悲痛，一则哭友人殉国，二则目睹国难、家难而悲痛抒怀，艺术水平极高，富有史料价值。

顺治三年（1646年）九月，曹学佺死节，张穆哭之，诗云："时危将相同漏舟，济川无术犹相阨……许身自殉千秋志，就养安知后世名。"③诗中既感激曹学佺对自己的知遇之恩、景仰曹学佺殉国的气节，亦对南明政权在危急之时仍然内斗不止无限感慨。十二月初，南明绍武、永历政权因争夺帝位而大战于三水。十二月十五日（1647年1月20日），广州城被清兵攻陷④，张穆友人梁朝钟死难，张穆有诗哭之，云："天心去汉祚，风云失其时……九牧趋一羊，冠履多倒施。重关漫不戒，敌岂从天遗。惟公殉大义，束带扬须眉。"⑤诗中虽感怀明朝灭亡是天命，但也认为明末税赋沉重、官府倒行逆施、关防松懈⑥而导致明朝灭亡，仁人志士只能以身殉国。

清兵入粤后，屠杀之余，继以大饥，张穆作《寒食》诗云："但闻布谷催荒陇，不奈杨花满四邻。烟断岂关寒食日，粤南时有未炊人。"⑦张穆对田野抛

①马国权《铁桥集·前言》："有时也不得不跟个别降清官吏虚与周旋，以防暗害，但仍不失其节，以遗民终老东安。"
②章文钦：《张穆的遗民形象》，东莞市政协、暨南大学历史系主编《明清时期珠三角区域史研究》，广东人民出版社，2011年，第436页。
③《哭曹能始先生死节》，容庚、汪宗衍辑录《铁桥集》，香港何氏至乐楼，1974年，第51页。
④方志钦、蒋祖缘：《广东通史（古代下册）》，广东高等教育出版社，2007年，第730-731页。
⑤《哭梁未央先生》，容庚、汪宗衍辑录《铁桥集》，香港何氏至乐楼，1974年，第10页。
⑥谵小灵《东莞古代史》："顺治三年（1646年）十一月，潮州、惠州不战而降，李成栋利用潮惠官印写了'无警'的报告驰送广州，诱骗绍武政权不做防备。十二月十五日，清军攻入广州。"（广东人民出版社，2016年，第261页）
⑦容庚、汪宗衍辑录《铁桥集》，香港何氏至乐楼，1974年，第33页。

荒、百姓受饥极为忧心。《新斋成》云："数载兵荒值播迁，山云江芷别年年。性宜临水非因钓，道不逢时漫力田。选石用存丘壑意，构堂新近板桥边。不堪更有风尘话，心倦逢人白昼眠。"①战乱多年，张穆四处流离，虽然新居落成，新居内筑石山以寄归隐山林之志，但张穆此时对世事已心灰意冷，懒对旁人，只好白昼长眠，逃避面对。八月，张穆为旧作《八骏图》题诗，云："穆王西返八龙空，留影犹能绝世雄。身染瑶池五云彩，至今毛鬣散秋风。"②明朝远去，追随前朝的英雄纵使一腔热血，也只能在秋风中萧瑟、不胜悲哀。十月，李万荣夜袭茶山；十二月二十三日（1648年1月17日），李万荣再劫茶山。

顺治五年（1648年）四月，茶山大饥，米价飞腾，李万荣三劫茶山。三月中旬，张穆居住在莞城东边城廓，预料到旱灾必然将导致社会动乱，便与舅父元佩、友人翟伏一商量找地方躲避。张穆在蒲溪（今属石龙镇）有个陈姓友人，便先租船去到他那里，再回茶山。回到茶山西门时，听说山贼已从莲花山迳（今长安、厚街、大岭山交界处一带）跑下来抢掠。张穆马上催促船家赶快返回莞城新沙，载上家人、细软立即起程逃难，不能携带的只好忍心抛下。行至板桥（今东城上桥、下桥）东江岸边，张穆在叶启庸的书斋里留宿。张穆劝亲人朋友最好及早找地方躲避。黎明时，张穆即将离去，叶启庸忧心忡忡地握着张穆的手说："事已至此，我无力追随您一起逃难，无可奈何呀！"叶启庸十分悲痛，张穆亦为之泪下。张穆出门离去时，沿路数里都是携家带口逃难的人的哭泣声。这天晚上，山贼来到茶山，男女被害数千人，茶山有七成人遇难，叶启庸亦全家遇难。③

五月，张穆在山中避乱，作《山中避乱怀故园亲友》云："五月雨深松阁梦，兼旬烽断莞城书。三都正自愁珠玉，桑里贫交草满闾。"④连日战火，阻断了亲友们的书信往来，而当政者在城市里竞逐奢华，谁人能体会乡间满目疮痍、百姓贫苦？对此，张穆只能悲愤交加。是年，又作《苍头还山言故乡茶山离散之状感作》云："神宗世号太平时，老稚春风共放眉……长官爱财白日寝，奸雄窃发何能禁。处堂谁及动殷忧，淫侈先为此时朕……颓垣野姬啼青草，战垒遗骸知阿谁。遗骸不掩枯连镞，暮雨低原闻鬼哭。参差高

---

① 容庚、汪宗衍辑录《铁桥集》，香港何氏至乐楼，1974年，第39页。据本诗"性宜临水非因钓……构堂新近板桥边"及《故园茶山记》"促舟还新沙，载家口便行"，张穆的新斋当在莞城新沙（今莞城新沙坊周边）。
② 《画马题》，容庚、汪宗衍辑录《铁桥集》，香港何氏至乐楼，1974年，第23页。
③ 据张穆《故园茶山记》，容庚、汪宗衍辑录《铁桥集·补遗》，香港何氏至乐楼，1974年，第16—18页。
④ 容庚、汪宗衍辑录《铁桥集》，香港何氏至乐楼，1974年，第40页。

阁成墟烟，永巷蓬蒿深蔌蔌。"①此诗记录了茶山由盛转衰，继而惨遭兵祸的历史，寄托了无限的愤恨、哀愁，其高超的艺术水平、重要的史料价值，与《故园茶山记》互相辉映。李万荣劫茶山平息后，张穆回茶山，"视里中骸骼填沟，尸横遍巷，或有不起于室者，目不忍见，惨何可言"（《故园茶山记》）。

顺治六年（1649年），张穆游南海西樵山、肇庆，有诗纪游，但眼前之景无不染上了心中的忧愁。《花朝同高望公璩子弟赋》云："小燕有情怜旧垒……静对青山战鼓多。一往闲情重花节，故园芳草奈愁何。"②《游三洲岩》云："几人乱后添幽事，草没烟横恣鹿游。"③是年，张穆与四方之士会于广州，识钱澄之。钱澄之后来回忆称："与四方之士大会羊城……惟时酒狂诗兴，云涌飙发，诸子从旁敛手侧耳。"④张穆心中的报国壮志虽然久已消沉，⑤但遇到知己好友，在"酒狂诗兴"之时，依然会"云涌飙发"，喷薄而出。

顺治七年（1650年）八月，在惠州；秋，归茶山，作《里门秋过有感》云："狐狸昼处旧华居，恶木交衢不及锄。愁问居人懒垂手，长饥犹畏长官驱。"⑥又云："里门枯草破垣齐，邻屋无烟白露低。社酒坛边思故老，莎鸡自咽路旁藜。"⑦用意极悲，写尽茶山乱后惨状。十二月，广州城破，友人邝露殉难，张穆哭之，诗云："三城凋落故人稀，凭吊忠魂杳不归。散帙每从僧壁在，高台殊怅凤巢非。雨沉残烛痴增梦，寒暗幽花尚见辉。记得酴醾同校字，乾坤空老复何依。"⑧江山失陷，已非旧时风光，故人殉节，只留下一些遗作，张穆只能追忆与邝露早年共同在罗浮山校对道书的深厚情谊，发出"乾坤空老复何依"的无尽悲叹。约在本年前后，张穆到佛山探访曾经跟随张家玉抗清的邝无傲（邝日晋），作《禅山过宿邝无傲》云："十年重宿习家池，高论翻为百感滋。兄弟几人存白发，天涯惟汝共低眉。一帘过雨蛙争聒，镇夜留灯鹤不疑。久订岩阿悲世事，长歌谁与采山芝。"⑨曾经

---

①容庚、汪宗衍辑录《铁桥集》，香港何氏至乐楼，1974年，第59页。
②容庚、汪宗衍辑录《铁桥集》，香港何氏至乐楼，1974年，第33页。
③容庚、汪宗衍辑录《铁桥集》，香港何氏至乐楼，1974年，第42页。
④钱澄之《题张穆之小影》，汪宗衍、黄莎莉辑录《张穆年谱》，香港中文大学文物馆，1991年，第62页。
⑤张穆《赤岗望洋》："万里无烟泊太虚，波涛日日鼓天吴。已阑宗悫长风志，静对南溟看化鱼。"（《铁桥集》第10页）《张穆年谱》将此诗置于崇祯十五年（1642年），但以诗意来看，当作于顺治三年（1646年）转战惠潮之后。容庚于此诗认为："于无可奈何之余，似不复以世事为念，非本意也。"（《铁桥集·传》第10页）
⑥容庚、汪宗衍辑录《铁桥集·补遗》，香港何氏至乐楼，1974年，第6页。
⑦容庚、汪宗衍辑录《铁桥集》，香港何氏至乐楼，1974年，第47页。
⑧《哭邝中秘湛若》，容庚、汪宗衍辑录《铁桥集》，香港何氏至乐楼，1974年，第25页。
⑨容庚、汪宗衍辑录《铁桥集》，香港何氏至乐楼，1974年，第36页。

并肩抗清的志士多已在战争中殉难，故人凋零，如今只剩下自己和邝无傲在雨夜挑灯夜话，张穆发出"兄弟几人存白发，天涯惟汝共低眉"的沉痛悲叹。

顺治八年（1651年），张穆至惠州，作《惠城逢曹子介，能始先生季子也，感其艰难出死，诗以赠之》，诗云："昔曾为客大梁门，老去怀恩梦里言。门下苦怜存赵武，天涯今忍见王孙。共逢落叶当秋路，莫认荒台似故园。欲扣存亡不能语，满江烟雨咽黄昏。"[1]在诗中，张穆感怀曹学佺对自己的知遇之恩，如今与其子相遇在异乡天涯，却不敢询问故友的生死存亡，只能看着满江烟雨在黄昏中含悲啜泣，可谓无限悲凉。张穆又至龙川，作诗感慨自己在乱世中离开妻子、儿子阿名等亲人，只身流离他乡。《雷江怀阿名》："贫来当撇汝，匹马各西东。"[2]《雷江赠别朱子长》："乾坤多畏路，匹马向谁投。"[3]

顺治九年（1652年），张穆侨居水南，作《故园茶山记》（又称《茶山乱后记》），记载了茶山的历史起源，尤其着重记载了明朝茶山的繁华景象及明末清初时饱遭饥荒、劫掠的惨状，极抒盛衰之悲痛，是茶山的极重要史料。此后，张穆亦曾著《茶山志》（已佚）。[4]

东溪草堂，归隐林下（1653—1665年）

顺治十年（1653年），张穆在莞城郊外东湖畔建成东溪草堂（在今莞城下湖路城区敬老院附近）。[5]此后至康熙四年（1665年），张穆在东莞隐居，生活较为安稳，与众多明朝遗民、官员、文人过从、唱和，并游历槎城（今河源）、龙川、广州、博罗、曲江、英德、新会、澳门、香山（今中山、珠海）、佛山等地。时势所限，张穆只能放情于诗、画，[6]此期间留存的

---

[1] 容庚、汪宗衍辑录《铁桥集·补遗》，香港何氏至乐楼，1974年，第6页。
[2] 容庚、汪宗衍辑录《铁桥集》，香港何氏至乐楼，1974年，第26页。
[3] 容庚、汪宗衍辑录《铁桥集》，香港何氏至乐楼，1974年，第31页。
[4] 民国《东莞县志》卷三十载："王成树栅守茶山，何真募壮士拔木大破之，逐至溪南，编筏再战……成愧谢，乞为农。"云引自张穆《茶山志》。民国《茶山乡志》袁应淦《序》亦云："《茶山乡志》……清初里人张穆之、袁立俊，所以略修之而未备也。"
[5] 张穆《拟卜居石塘》云："曾见朝荣人，夕与浮云灭。老去消妄缘，贫乐存微节。"（《铁桥集》第20页）张穆可能在隐居东溪草堂前，曾想过在石塘隐居。早在顺治五年（1648年），张穆未建成东溪草堂前，已在东湖边的新沙居住，《故园茶山记》中记当年"促舟还新沙"。
[6] 杨钟羲《诗话》："其自放于诗画，亦所处之时然也。"（《铁桥集·附录》第4页）

诗作、画作颇多，诗的主题如曾灿所言，一则感时言事，二则抒情适意。^①

东溪草堂在莞城西郊、东湖之旁，门前有东溪汇入东湖，草堂外"横塘十顷""烟水茫然""花明曲岸""柳暗幽栏"（张穆《泛舟》）^②、"垂杨环十亩，负郭水云乡……沿溪秋潦长，满陌稻花香"（梁宪《过张穆之东溪草堂》）^③，风光优美，邻近城市而无车马之喧。东溪草堂以茅草为门，张穆亲手在堂前种植松树、桂花、竹子等散发异香的花草树木，又在门外湖堤上种了岁岁开花的树木。张穆性好石，曾亲身去到英德的山中挑选一些玲珑的岩石，^④甚至借钱买石，在堂前堆石为山，模拟尘世以外的山林景致。^⑤张

---

① 曾灿《张穆之诗序》："其诗之感时言事者近于少陵，抒情适意则常侍嘉州也。"（《张穆年谱》第34页）

② 容庚、汪宗衍辑录《铁桥集》，香港何氏至乐楼，1974年，第35页。

③ 容庚、汪宗衍辑录《铁桥集·投赠集》，香港何氏至乐楼，1974年，第17页。

④《新斋成》云："选石用存丘壑意。"（《铁桥集》第39页）约顺治十四年（1657年），张穆作《英山采石》云："怪石幻无根，恣取固自由。心广笑力微，既得不复收。"（《铁桥集》第19页）记在英德山上采英石。所采得大量英石当带回东溪草堂。陆莱《赠东官张穆之》："一木尽是手中植，一石皆从山上携。"（《张穆年谱》第40页）

⑤ 东溪草堂的景色及张穆在东溪草堂的生活，在张穆及其友人的诗中多有记载。张穆《闲居》其一："堂前森竹荫衡茅，道向亭居草已交。飞鸟近人衔落果，鸣蜩先气上轻梢。懒过慧远寻莲社，遥梦寒山对石巢。自喜年来寡尘事，诗成犹倩老僧敲。"其二："西风飒飒柳条斜。新月林中影不遮。时有茗香供淡漠，略无文酒事豪华。僧来静带晴岚气，鹤梦常随绝岛霞。萝薜满扉花自老，兼旬无意出山家。"其三："夜凉庭里一灯俱，寂有流萤入竹厨。座满绿文随蠹腹，帘垂疏柳代虾须。暗香淡发瓶莲静，斜影寒通壁月孤。嗒尔茫然动清啸，行从空里见真吾。"（《铁桥集》第14页）《陈晚卿过访东溪草堂》："一宿亦岂易，十年怜再过。乍惊松桂长，共慰麨丝多。新月当琴酒，奇香出薜萝。吾生惟乐事，天地尚干戈。"（《铁桥集》第32页）《书怀》其一："湖堤树昔手中栽，岁岁成花几见开。秋水暗添鱼欲舞，晚烟横断鹤忘回。沙棠舟小僧同泛，莲萼门深客肯来。尚忆故林归未就，独吟空笑老相催。"其二："林皋晴好引雏行，辟地湖南漫课耕。学道养年非肉味，爱闲终日在莺声。碧云暮合佳人渺，芳草秋争苦菊生。物外徜徉谁作侣，岩僧惟有白云情。"其三："浮云野鹤自为情，安用公侯识姓名。林有围棋花并落，泉非丝管耳常清。贷钱买石贫犹乐，采药调心癖已成。长笑世情浑欲醉，愿施珠玉向谁倾?"（《铁桥集》第44页）《即事》："门前溪水接平塘，酒舍渔家共一区。莲舫载书疑太乙，羊裘垂钓笑潜夫。萍风不定蜻蜓立，柳色难分翡翠俱。沧海新来说清浅，他年将更问麻姑。"（《铁桥集》第48页）《湖上》："湖上新栽莲叶舟，日无尘事上心头。绿阴不管如焚暑，红蓼何知作爽秋。鱼戏浅波亲钓石，月回疏柳照帘钩。自忘身在横塘水，梦御西风到十洲。"（《铁桥集》第55页）梁宪《过张穆之东溪草堂》："垂杨环十亩，负郭水云乡。蛤蟹分朝市，凫鹭放野塘。沿溪秋潦长，满陌稻花香。短棹桥西驻，穿林入草堂。"（《铁桥集·投赠集》第17页）《寿张铁桥》："松姿鹤发先朝老，卜筑湖边寄隐沦。满径藤萝花覆屋，一溪烟水柳迷津。"（《铁桥集·投赠集》第17页）魏礼《过张穆之东溪草堂却赠》其一："石丈移山色，茶人得水源（穆之性好石又好茶而不饮酒）。竟从城市到，见此已无喧。"其二："客情当暇日，门径接幽篁。鸟狎午风细，花繁春雨余。题笺分曲壁，别屋嵌方塘。"（《铁桥集·投赠集》第4页）陆莱《赠东官张穆之》："铁桥老人隐东溪，草堂花深莺乱啼。一木尽是手中植，一石皆从山上携……笼中小鸟梦归山，槛外落花香满地。"（《张穆年谱》第40页）彭孙遹《赠张穆之水墨翎毛歌》："山人家在东山下，六十无儿一茅舍。片石当庭香草繁，白头意思亦潇洒。"（《张穆年谱》第41页）沈昀《宿张穆之东溪草堂》："卷石何玲珑，盘树接茅芬。小鸟自啁啾，欢跃如迎人。一静寡思虑，钟声出西邻。幸托高人居，悠然谢尘氛。"（《张穆年谱》第46页）

穆又养了小鸟，以供观察、欣赏（按，张穆擅画翎毛）①。故此，东溪草堂有园林之胜，被魏礼称作"名园"（魏礼《过张穆之东溪草堂却赠》②）。

顺治十年（1653年），张穆作《东溪草堂成》云："中有读书堂，披卷可至旰……人生复何乐，羁縻贵自断。毫素晚自娱，诗力老方悍。俗人嗤苦节，磊落谢间闬。放歌怀少陵，邈矣发长叹。"③张穆决心剪断与尘世的牵连，苦苦坚守心中的遗民气节④，虽然遭受俗人嗤笑，但自觉胸怀磊落坦荡。正因心怀无人能懂，故只能像杜甫一样感时伤事，发出长长的叹息。《新溪漫兴》云："百年心力半消磨，日倚柴扉看逝波……儿童偃蹇随花积，宾客萧条听鸟过。家贮浊醪方有待，忍令春事笑蹉跎。"⑤壮志消磨，宾客零落，只能静静看着门前的溪水流过，听鸟儿在门外飞过，花落了也懒得去打扫，倍感世事蹉跎。

张穆隐居于东溪草堂，生活较为安稳，平常"日无尘事上心头"（《湖上》⑥）。民国《东莞县志》卷六十二称张穆："晚好道，戴竹皮冠，支藤杖，广袖宽衣，所至剧谈修炼术，谓神仙旦夕可至。"因为学道，张穆平常不食肉，懂得采药以调理身心，又在东湖的南面开辟了数亩荒地，亲自耕种，种秫酿酒⑦。

偶有客人到访东溪草堂，张穆便与客人一起下围棋、弹棋击剑、饮酒赋诗、饮茶品香⑧、赏剑听琴⑨。张穆造了一艘小船⑩，时而与友人泛舟湖上，时而乘舟去篁村访问空隐、今释等僧人。张穆的悲痛虽于山水、自然间略得到慰藉，偶有欢娱，但仍心怀故国、不事新朝，自甘隐遁，以遗民自居。

顺治十一年（1654年⑪），张穆作《闻茶山故宅复为贼燬》云："未雨

---

① 张穆《山鹊》："客有遗文鸟，依人静可怜。精神归嘴爪，毛羽夺丹青。"（《铁桥集》第39页）张穆另有《白鹇》《五色鹦鹉》等诗。陆莱《赠东官张穆之》："铁桥老人隐东溪，草堂花深莺乱啼……笼中小鸟梦归山，槛外落花香满地。"又，雍正《东莞县志》卷十二："张穆……又喜观禽鸟，已而并妙翎毛。"

② 容庚、汪宗衍辑录《铁桥集·投赠集》，香港何氏至乐楼，1974年，第4页。

③ 容庚、汪宗衍辑录《铁桥集》，香港何氏至乐楼，1974年，第10页。

④ 张穆《丁亥三山观春》："朋侪半酒人，敦义秉乞节。乱世乃见亲，风义固未灭。"（《铁桥集》第33页）张穆《拟卜居石塘》云："老去消妄缘，贫乐存微节。"（《铁桥集》第20页）张穆《寄陆汉东》："梅生昔弃妇，夷齐耻存躯。硁硁固穷节，后世知不诬。"（《铁桥集》第29页）诸诗均提到心中的遗民气节。

⑤ 容庚、汪宗衍辑录《铁桥集》，香港何氏至乐楼，1974年，第25页。

⑥ 容庚、汪宗衍辑录《铁桥集》，香港何氏至乐楼，1974年，第55页。

⑦ 张穆《春园独咏》："雕虫何苦千秋业，种秫聊开数亩畇。"（《铁桥集》第61页）

⑧ 张穆《闲居》："时有茗香供淡漠，略无文酒事豪华。"（《铁桥集》第14页）

⑨ 朱彝尊《赠张山人（穆）》："铁桥山人逸岁长，草堂卜筑东溪旁。弹棋击剑有奇术，饮酒赋诗多乐方。逢人岂惮霸陵尉，画马不数江都王。莫道雄心今老去，犹能结客少年场。"（《铁桥集·投赠集》第5页）

⑩ 张穆《湖上》："湖上新裁莲叶舟。"（《铁桥集》第55页）

⑪ 《茶山乡志》卷三载："十年三月，淡水贼李万荣四劫茶山。"

拙鸠怜有妇，在阴鸣鹤已无儿。"①其时张穆妻子殷氏仍在，儿子张其振已死②（后来在六十来岁时，张穆又生一子③）。是年，东莞县令金英勤政爱民、尽心尽力，向张穆请教怎样施政才能有利于民。张穆以自己的见解相告，金英听后，立即施行，唯恐延后。④约在是年，高俨过访东溪草堂，张穆与高俨及其他友人泛舟东湖，作《泛舟》诗云："兰渚清风作夜歌，野情人外谢衣冠……灵槎恍𩣡通无际，遮莫星河得异观。"⑤其时，横塘十顷，烟水茫然，月光随着波浪上下浮动，张穆坐在船上遥望星空，船仿佛驶向世外无边无际的星河，殊有出尘之想。高俨离别时，张穆作《送高望公还山》云："相消残垒客言归，剩有青山慰布衣……言慕鲁连东海蹈，空怀贫食故山薇。"⑥张穆虽然不能像战国时的鲁仲连一样面对异国侵略宁死不屈、跳海而死，只能像周朝的伯夷、叔齐一样心怀故国、不事新朝。是年冬至，张穆在野外的水岸边见到梅花独放，作《梅花》五首云："大地任红尘，空山独洁身，后人成晚节……（其二）严霜压群物，转见成孤高。独放岂有托，素心无乃劳。自堪珍玉树，只合掩蓬蒿……"⑦以梅花自况，托物言志，表达自己在乱世中孤高自洁、坚守节操的心境。

顺治十三年（1656年），张穆作《晋江》云："草木伤时代，村墟剩战烽……无尽沧江兴，凭栏羡鹤踪。"⑧此诗意境极悲。在张穆的眼中，一草一木也带上了朝代变迁的悲伤，况且此时战乱仍未平息，张穆面对辽阔的江景，羡慕野鹤能在天空自由翱翔。同年，作《访苏存晦山居》云："何日驱鸡犬，峰头纪汉年。能无苦霜露，直可谢风烟。下视初生月，闲商已过天。

① 容庚、汪宗衍辑录《铁桥集·补遗》，香港何氏至乐楼，1974年，第6页。

② 张其振应死于顺治八年至顺治十一年（1651—1654年），其时尚年幼。顺治八年（1651年）张穆有《雷江怀阿名》云："别日留丹荔……作字偷商母，能言似过翁。"（《铁桥集》第26页）可见"阿名"为张其振的小名。

③ 彭孙遹《张穆水墨翎毛歌》："六十无儿一茅舍。"（《铁桥集·投赠集》第6页）可见约六十岁时张穆无子。张穆《书怀》："林皋晴好引雏行，辟地湖南漫课耕。"（《铁桥集》第44页）又，屈大均《夜宴赠张二丈》："一弹一鹞子，一曲一鹌鹑。忙然铁桥老，童儿绕锦茵。"（《铁桥集·投赠集》第12页）又，屈大均《题张氏石鳞山房》："鹿门妻子在，来此借渔矶。"（《铁桥集·投赠集》第12页）又，据单小英编《张穆》，徐沁《明画录》曰："（张穆）年七十余，携一子遍游名山。谢彬（1602—1680尚在）云今尚存。"（岭南美术出版社，2011年，第6页）均可证张穆后来再生一子。

④ 民国《东莞县》卷五十一"金英传"："何浣《铁桥道人年谱》云：'剑耿甫任数月……见道人，询有利于民，恐后。'"

⑤ 容庚、汪宗衍辑录《铁桥集》，香港何氏至乐楼，1974年，第35页。

⑥ 容庚、汪宗衍辑录《铁桥集》，香港何氏至乐楼，1974年，第34页。

⑦ 容庚、汪宗衍辑录《铁桥集》，香港何氏至乐楼，1974年，第7页。

⑧ 容庚、汪宗衍辑录《铁桥集》，香港何氏至乐楼，1974年，第44页。

秋晴怜美夜，极目念枯田。"①友人为避战乱而在山上饱受霜露之苦，但仍心怀旧朝。山中秋夜的星月虽然优美，但张穆无心极目欣赏，只想到山下连片因战乱而荒弃的枯田。

顺治十四年（1657年），张穆作《醉赋》（未见传本）。是年，屈大均北游，名曰寻访僧人，实则观察山川形势，意图恢复。张穆画马、作诗送行，诗中虽无涉恢复之语，但张穆应知悉屈大均此行的目的。屈大均答诗云："神骏已居曹霸上，鹰腾肯让卫青才。纷纷世上皆凡马，如此骐驎空冀野。为君携出玉门关，戎王应奉千金价。"②张穆此时画马技艺已极高超，屈大均认为居于唐朝画马名家曹霸之上，艺术价值极高。是年，朱彝尊至东莞，有诗赠张穆，以"画马不让江都王"称颂张穆的画艺，又称张穆"莫道雄心今老去，犹能结客少年场"③。张穆答诗云："宁随南蠡马，不逐北来鸿……乘轩亦何苦，随意水云中。"④张穆不仕北来的清朝，自甘隐遁于莞城西郊的烟水之中。是年，曹溶任广东布政使，张穆至广州相见，曹溶托张穆购买茶山名产莞香，张穆作诗和答。⑤一日，曹溶焚香时，想了解莞香的来历，张穆因此作《香论》，较详细地记载莞香的种植、采收、挑选、名称、研究等情况。⑥

顺治十五年（1658年），张穆游新会圭峰，远望崖门古战场，怀缅以身许国的文天祥等南宋志士，作《圭峰望厓门》诗云："悲哉宋祚移，志士皆誓死。天风惨不迴，谁共文山俟。"⑦是年前后，张穆常常坐船去不远处的篁村芥庵拜访空隐和尚，请空隐推敲自己的诗作，⑧并拜空隐为师，学习佛法。张穆又在芥庵留宿，和今释（俗名金堡，曾起兵抗清并在南明永历政权任官）夜话。今释有时亦到东溪草堂拜访张穆。⑨今释很喜欢张穆的诗，认为张穆的诗出于性情。

顺治十六年（1659年），张穆游澳门，见波斯古刀，作《番刀》云：

①容庚、汪宗衍辑录《铁桥集·补遗》，香港何氏至乐楼，1974年，第7页。
②容庚、汪宗衍辑录《张穆年谱》，香港何氏至乐楼，1974年，第29页。
③容庚、汪宗衍辑录《铁桥集·投赠集》，香港何氏至乐楼，1974年，第5页。
④容庚、汪宗衍辑录《铁桥集·补遗》，香港何氏至乐楼，1974年，第8页。
⑤《莞香答和曹秋岳方伯》，容庚、汪宗衍辑录《铁桥集》，香港何氏至乐楼，1974年，第12页。
⑥据陈伯陶纂修《东莞县志》卷十四《莞香》，东莞县养和书局，1927年。
⑦容庚、汪宗衍辑录《铁桥集》，香港何氏至乐楼，1974年，第15页。
⑧张穆《闲居》："自喜年来寡尘事，诗成犹倩老僧敲。"（《铁桥集》第14页）《宿柚堂》自注云："余家东湖，去芥庵一水间，或放舟常亲空隐老和尚，晤澹归大师夜话，喜余诗出于性情，忻然为序。"（《张穆年谱》第32页）"老僧"当指空隐老和尚。
⑨张穆《闲居》："僧来静带晴岚气，鹤梦常随绝岛霞。"（《铁桥集》第14页）

"可惜雄心日，相逢已白头。"①此时张穆已老年白头，英雄迟暮，雄心不再，只能深深叹息年轻时不能遇见此刀并持此刀为国征战。

顺治十七年（1660年），张穆与曾灿订交。二十年后的康熙十九年（1680年），张穆与曾灿重晤于苏州，回忆往事，曾灿作《题张铁桥像后》云："庚子岁（1660年），余客东莞，交铁桥先生，尝饮其东溪草堂，酒酣耳热，道当日少壮时事，辄欲击剑起舞。予尝作诗序，以写其平日豪迈骯髒之气。"②可见张穆在酒酣耳热之际，对少壮时从军报国之事，仍未能忘怀。同年，作《西郊同岑梵则王说作陈乔生梁药亭陈元孝集高望公客斋赋》云："白首壮怀消已尽，谁家明月夜吹簾。"③依旧未能忘怀。

曾灿为张穆的诗集作序云："张君穆之以瑰伟雄俊之才，少负文武大略，所交天下贤隽，皆名公卿将相……遂乃挂冠以去，归隐东溪，一以著书为事……其文为知几之文，书为法极之书，画为思肖之画，而其诗之感时言事者近于少陵，抒情适意则常侍（高适）嘉州（岑参）也。"④序中论及张穆虽有雄才而为权贵阻挡，不为时所用，反而在乱世之中得以保存，"文章诗画长留天壤间"，又提及张穆"窜迹苦空之学（即佛学）"。⑤

---

① 容庚、汪宗衍辑录《铁桥集》，香港何氏至乐楼，1974年，第12页。
② 汪宗衍、黄莎莉辑录《张穆年谱》，香港中文大学文物馆，1991年，第63页。
③ 容庚、汪宗衍辑录《铁桥集》，香港何氏至乐楼，1974年，第29页。
④ 汪宗衍、黄莎莉辑录《张穆年谱》，香港中文大学文物馆，1991年，第34页。
⑤ 张穆"窜迹于苦空之学"，是指张穆约在顺治十五年（1658年）在篁村芥庵拜空隐和尚为师学习佛法，见《张穆年谱》第32—33页。张穆早年已和僧人交游，如天启六年（1626年）和僧十虚等人游罗浮山石洞。张穆好佛的同时亦好道，如《闲居》："座满绿文随畫腹……行从空里见真吾。"（《铁桥集》第14页）诗中道、佛并见。记张穆好道的诗文举例如下。民国《东莞县志》卷六十四云："（张穆）晚好道，戴竹皮冠，支藤杖，广袖宽衣，所至剧谈修炼术，谓神仙旦夕可至。"张穆在年少时已研读道家书籍《抱朴子》，屈大均《送铁桥道人》三首诗云："十二慕信陵，十三师抱朴。"（《张穆年谱》第64页）在读书罗浮时期，张穆更是深入研读、校对道家书籍，又和罗素月等道人往来。《秋怀》："十年读异书。"（《铁桥集》第6页）《罗浮杂咏》："夜凉山气佳，然灯校仙箓。"（《铁桥集·补遗》）《咏怀》："罗浮有铁桥……真人相往还，遗我金丹鼎。"（《铁桥集》第34页）张穆在《谢尚世鸣遗牡丹》中自称："老人漫爱长生药。"（《铁桥集》第9页）约康熙十年（1671年），王令《答山人张穆之画册贴》云："嗜与方士烧丹，卖画为资。"（《张穆年谱》第48页）在吴越期间，刘献廷题张穆《炼丹图》云："教我以至诀，立志惟精诚……愿以此神丹，普及诸群生。"（《张穆年谱》第58页）又汪森《同铁桥自吴门过苕溪别后寄意五次前韵》云："君家辟谷多奇法，药草生香遍野田。"（《张穆年谱》第61页）曹溶《张穆之将还岭南过方庵送别二首》云："万里罗浮宅，丹砂已熟无。"（《张穆年谱》第64页）屈大均《送铁桥道人》云："神仙学未成，见道苦超忽。"（《铁桥集·投赠集》）汪森《送张铁桥由新安江归东莞次留别韵》："更待丹成重携手，郁孤台树几番秋。"（《张穆年谱》第64页）张穆去世后，汪森挽张穆诗云："应是丹成元不死，罗浮蜕骨列仙班。"（《张穆年谱》第66页）皆可证张穆"晚好道"。张穆晚年好道、学佛，显然与"十二师抱朴"及早年在罗浮山读书、修道有关，更因为张穆身处乱世、面对朝代更替的大变故，只能遁迹于佛学、道术之中以求得心灵安慰。张穆"晚好道""谓神仙旦夕可至"，显然不影响其一心报国及其诗文、绘画的伟大。

顺治十八年（1661年）正月，魏礼慕名到访东溪草堂。张穆和魏礼意气相投，拿出自己的诗草请魏礼指正，二人热烈探讨诗艺，不知不觉已是夕阳西下。[①]正月十五夜，张穆到曾灿的寓所拜访魏礼，魏礼将于明天出发去海南，以图恢复琼崖作为抗清基地，[②]张穆依依不舍，作《元夜过曾青藜客窗值魏和公明发朱崖》云："眷言同意气，离合便相关。良夜不再得，游人难久闲。"[③]诗中"同意气"三字，可知张穆对抗清仍有热心。

康熙元年（1662年）中秋，屈大均自塞上归抵广州。张穆与屈大均、岑梵则、陈子升等明朝遗民在西郊宴集赋诗。屈大均在席上讲述甲申年（1644年，此年明朝灭亡）三月崇祯皇帝弹琴而琴弦忽断等事，众人唏嘘感叹，皆罢酒。张穆作《西郊社集同岑梵则王说作柬屈翁山高望公诸子》云："西郭林泉异昔游，萧萧禾黍不胜秋。路廻野渚循绀殿，海引明椴结十洲。佳节漫从戎马过，余生愿傍法云休。岩栖得共桃花隐，满载山光上小舟。"[④]同年作《冬至后一日集程内翰葺庵同诸子赋》云："乱世思饥寒，出处皆颠危。"[⑤]面对朝代鼎革、兵荒马乱的时世，张穆心中满是"禾黍之悲"，只能与明朝遗民们一起怀缅旧朝，愿余生皈依佛学、归隐于山林之间。然而，就算归隐，又如何避得开时世的危乱呢？

万物为师，丹青寄意（1653—1665年）

在东溪草堂期间，张穆有充足的时间进行诗、书、画创作。

张穆以画马闻名，亦工翎毛（尤工画鹰）、山水、人物、兰竹，亦擅刻印。有人问张穆作画师从谁人，张穆笑着回答："上古圣人也只是以万物为师而已，又何必一定要师从赵孟頫、林良这样的名家呢？"[⑥]

据旁人记述，张穆作画时，开始时似乎没有什么构思，只是舔舔笔毫，在纸上随意泼墨或用笔点上淋漓的墨渍，接着便袖起手，苦苦构思画面如

---

① 魏礼《过张穆之东溪草堂却赠》："更出东溪草，评论到夕阳。"（《铁桥集·投赠集》第4页）
② 参见章文钦：《张穆的遗民形象》，东莞市政协、暨南大学历史系主编《明清时期珠江三角洲区域史研究》，广东人民出版社，2011年，第430页。
③ 容庚、汪宗衍辑录《铁桥集》，香港何氏至乐楼，1974年，第8页。
④ 容庚、汪宗衍辑录《铁桥集》，香港何氏至乐楼，1974年，第8页。
⑤ 容庚、汪宗衍辑录《铁桥集》，香港何氏至乐楼，1974年，第46页。
⑥ 原文："人或问其所师，穆笑曰：'上古圣人亦师万物而已，岂必赵松雪、林良而后为师乎？'"（雍正《东莞县志》卷十二）

何布局。①构思一定，张穆便胸有成竹，目不旁视，眼前只有画纸而无他物，身作飞翔、跳腾之势，下笔快如闪电，又如风雨搏击，好像有神仙立在他的手腕上指挥他如何运笔。画到豪情兴起，张穆甚至脱去衣服，解除束缚。无论画幅大至一丈或小至一寸，在一曲弹罢或很短时间之内②，张穆已经将画画好③。

---

① 《遗民诗》卷八："张穆，字穆之，号铁桥道人，广东东莞人。少奇挺，知剑术，壮岁来吴中，任侠自喜，结交皆名下士，兼工诗画，吮毫泼墨，横睨无前，其意欲有以自见，不得，遂归隐罗浮以终。"

② 屈大均《夜宴赠张二丈》："一弹一鹍子，一曲一鶄鹅。"（《铁桥集·投赠集》第12页）刘连辉《赠张穆之》："嘉陵尺幅中，瞬息三百里。"（《铁桥集·投赠集》第18页）

③ 关于张穆作画，略略综述如下。
二十一岁时（1627年），作画赠人，作《秋燕为王公子小史画并题》。二十二岁时（1628年），张穆归茶山娶殷氏为妻，罗素月赠诗挽留云："收拾春山作图障，岂应归去画蛾眉。"（《铁桥集·投赠集》）可知张穆早年已有画才。
崇祯十五年（1642年），邝露为张穆诗集作序云："志投笔而擅美六书，薄雕虫而专精绘事，小而径寸，大而方丈，钩围飞白，咄嗟立办，腕中有师宜官也。解衣盘礴，鬼出电入，灭没权奇，驰骤于纸上，目中有九方歅也。"此记张穆作画情景，其时已擅长画马。其后数年，邝露赠张穆诗云："畴昔穰苴蕴豹韬，不遇孙阳写龙骧。"（《张穆年谱》第14页）言张穆怀才雄才而不遇伯乐，只能画马抒怀。
顺治二年（1645年），曹学佺称颂张穆"画马今为李伯时"（《铁桥集·投赠集》第1页）。
顺治十四年（1657年），屈大均《张二丈画马送予出塞谋以酬之》云："叹君五十无知己，黄金散尽惭妻子……神骏已居漕霸上，鹰腾肯让卫青才……为君携出玉门关，戎王应奉千金价。"（《铁桥集·投赠集》第10页）此时张穆已以画马画鹰闻名，因为张穆早年"散粟慕士""黄金散尽"，故须卖画以资生活所需，其时张穆画价应颇高。
顺治十四年（1657年），曹溶任广东布政使，与张穆相识。曹溶《题张山人竹雀扇》云："颠旭濡毫后，新图应手成。"（《张穆年谱》第31页）言张穆有唐代书法家张旭风范，作画迅速。
魏际瑞《题张穆画鹰》："为见宣和笔，因怀子美诗……画中犹矫顾，不肯立垂枝。"（《铁桥集·投赠集》第4页）言张穆有宋徽宗赵佶的风范，又言张穆画鹰注入了自身的感情，"不肯立垂枝"。
康熙三年（1664年），陆荣《赠东官张穆之》云："拂素挥毫风雨薄。一曲梅花方罢弹，数幅新篁尽解箨。老人画马笔尤工，唐之八骏周八龙。"（《张穆年谱》第40页）可见张穆以作画与文人雅士交游，作画之时极有气势，如风雨狂作，作画极神速。
康熙四年（1665年），彭孙遹《赠张穆之水墨翎毛歌》云："张穆晚年最入妙，点染翎毛皆逼肖……贫难得食且莫忧，孤高自合相知寡。"（《铁桥集·投赠集》第6页）记张穆虽以作画谋生，但因孤高不随俗而贫难得食。钱以恺《岭海见闻》卷三载："求画者如市，非鱼尽不复来。得钱辄随手散去。"虽"求画者如市"与彭孙遹称"相知寡"相左，但二者所记张穆不肯轻易迎合俗人以卖画换钱是一致的。
康熙五年（1666年），陈恭尹《张穆之画鹰马歌》云："张公捉笔初无意，乱点离离墨光渍。袖手方回惨淡思，满堂忽作飞腾势。尤工画鹰与画马，岂有鬼神立其臂……老来伏枥有余悲，纸上鹰扬犹负气……况君精诚委笔墨。"（《铁桥集·投赠集》第15页）此记张穆作画情景及将精神寄托于鹰马。
康熙八年（1669年）九月，张穆题识云："笑我生平痴有托，笔墨豪来风雨搏……余曰：我一马之中，天地物候具焉。使法眼观之，将谓造化转人耶？人转造化耶？"（《铁桥集》第27页）此张穆自记作画情景及不辨马、我之化境。
康熙十年（1671年），王令《答山人张穆之画册贴》云："嗜与方士烧丹，卖画为资……昔作《八骏》惠予，知张子气骨峻增，从毛锥射出，未可以丹士论也。曾见《牧犊图》赠阿大士，烟岚顿随垅亩而生，若鼻孔撩天，牛绳俱失，不复问牧子矣……重张子之画者，若松雪两压，则分量自见矣。"（《张穆年谱》第48页）此记张穆"卖画为资"及张穆作画注重意境、不重形似。

张穆之画闻名遐迩，故张穆能卖画为生，以画作换取一升一斗粮食。钱以恺《岭海见闻》卷三《张穆》云："求画者如市，非食尽不复写。得钱辄随手散去。"屈大均《赠张穆之画马》称："当代称曹霸，纷纷绢素来。"[1]时人将张穆比作唐朝的画马名家曹霸，人们纷纷拿着绢素等珍贵画材请张穆画马。在张穆心中，马寄托了自己曾经的壮志和坎坷的际遇[2]，但求画之人并不懂马，世上再无真正识马的伯乐，张穆为人画马常常只是换米疗饥而已。张穆只有在粮食食尽之后，才会勉强为他人作画。"得钱辄随手散去"，这十分符合张穆倜傥豪爽的性格，张穆也因此常常贫困，画资常常不够张穆买酒消愁。

张穆曾作诗《村落有士人慕画，漫应之》云："握粟争为笔墨资，笑从

康熙十三年（1674年），梁宪《答张穆之先辈》云："有时作竹石，易米升与斗。"（《梁无闷集·诗略》第15页）记张穆作画易米。

康熙十四年（1675年），彭士望《赠张穆之》云："写生全是杜陵诗，挈出人间果无价……谊笃穷交共饱饥，家贫古砚为耕稼。"（《张穆年谱》第50页）虽称张穆之画为无价之宝，但仍然家贫，只能作画谋生。

在东溪草堂期间，张穆《陈岱清先生相对十年所，空以柔翰见知，今年访余于东湖，览卷见赠，率尔奉答》云："石田不足浊醪醉，弄墨聊戏诸华骊。孙阳已杳谁复识，但取升米疗贫忧。"（《铁桥集》第15页）张穆《村落有士人慕画，漫应之》云："握粟争为笔墨资，笑从疏密论妍媸。一般清味逢人少，自写秋风上竹枝。"（《铁桥集》第47页）张穆卖画为生，但俗人不识张穆的艺术品位。

康熙十五年（1676年），张穆作《丙辰初春漫赋》云："贫居野对惟烟水。"又云："无钱常愧朋友通。"（《铁桥集》第58页）可知张穆此时较为贫穷，需要朋友接济。同年，高俨《送张穆之度岭北游》云："只身旅食仍依友。"（《张穆年谱》第54页）又，释大涵《观铁桥先生墨竹》云："先生年逾七十，放游天下名山，所过邮亭僧舍，或受人一茶一饭，即索纸墨戏作兰竹报之……一技随身作稻粱，穷途自有叆饥方。渴来扫幅张颠竹，杨柳楼头换酒尝……铁桥先生善画马，笔法远胜赵松雪。"（《张穆年谱》第55页）可见张穆游历黄山等地时，以画报答途人相助，以资游历。

汪士鋐《题张铁桥九马图》云："铁桥画马类曹霸，能貌骨相遗毛皮。前身作马识马性，经营惨淡生新奇。"（《张穆年谱》第55页）又《赠粤东张铁桥画马》云："韦偃雄今代，骐骥秃笔成。"此称张穆前身为马，与张穆康熙八年（1669年）自称"将谓造化转人耶？人转造化耶？"相合。

康熙十五年（1676年），张穆游黄山、白岳时，宿雷溪后塘寺，作墨竹于屏风上。

康熙十八年（1679年），江注《答张铁桥吴门寄怀》云："雄谈露襟抱，不寄他人篱……翰墨间游戏，酬应全不疲。"（《张穆年谱》第59页）言张穆以笔会友。陈恭尹《朱廉斋以张穆之画册索题，为作磨犀吴歌，赠其象郡之行》："吁嗟神物宜千里，散放平皋独何故。战士场中不一嘶，瑶池可到谁为御。虽辞衔勒得天真，未免蹉跎损高步。"（《铁桥集·投赠集》第16页）言张穆在所画之马中融入了自己的际遇。

康熙二十年（1681年），韩纯玉《题张铁桥画马》云："铁桥年已七十五，醉里蹁跹拔剑舞。余勇犹含笔墨飞，迅扫骅骝力如虎。"（《铁桥集·投赠集》第4页）

康熙二十一年（1682年），为弟以钰写《兰石扇面》，此画为汪宗衍所见张穆最晚画作。

[1] 容庚、汪宗衍辑录《铁桥集·投赠集》，香港何氏至乐楼，1974年，第15页。

[2] 张穆《画马题》九首（《铁桥集》第22~23页）："（其二）共爱青丝挽垂柳，莫教容易献昭王。（其三）乾坤有限纵横尽，迟尔华阳卸络头。（其八）知尔雄心非栈豆，绿杨芳草正秋迟。（其九）穆王西返八龙空，留影犹能绝世雄。身染瑶池五云彩，至今毛鬣散秋风。"

疏密论妍媸。一般清味逢人少，自写秋风上竹枝。"[1]普通人不能读懂张穆画中的意境，只能从所画之竹的疏密去评论画的好丑。这是张穆绝不认同的，但他也很无奈，因为很难要求普通人读懂自己的画的意境。因此，张穆只有独处的时候才能真正为自己的艺术追求而作画，"自写秋风上竹枝"，画出自己心中清雅的艺术韵味及萧瑟的心境。

对于作诗，张穆不想有什么惊世之作，不想追随众人的风格，只是想用诗抒发自己的胸臆，抒发自己隐居于烟云之间的萧瑟的心境。[2]无论作诗或作画，张穆更想表达的是自己的心怀，并不奢望有知音能读懂自己的心声，只想在渔人、屠夫一样的平凡生活中将昔日的雄心壮志深深掩埋。[3]

移家东安，栽桃放鹤（1666—1669年）

康熙五年（1666年），张穆六十岁，和妻、子一起移家东安（今云浮市），买山隐居，在城东筑石鳞山房（按，石鳞山在今云浮市城区烈士公园内。[4]1940年，云浮县长陈子和建"张穆读书处"，亭及石刻今存），但不时回东莞东溪草堂及到广州等地。

云浮市石鳞山张穆读书处（建于1940年，图源网络）

①容庚、汪宗衍辑录《铁桥集》，香港何氏至乐楼，1974年，第47页。
②张穆《陈岱清先生相对十年所，空以柔翰见知，今年访余于东湖，览卷见赠，率尔奉答》云："石田不足浊醪醉，弄墨聊戏诸华骝。孙阳已杳谁复识，但取升斗疗贫忧。作诗或足寄胸臆，吐纳自爱烟云秋。残丝断壁人所弃，必欲惊世本非谋。"（《铁桥集》第15页）张穆《村落有士人慕画，漫应之》云："握粟争为笔墨资，笑从疏密论妍媸。一般清味逢人少，自写秋风上竹枝。"（《铁桥集》第47页）亦写俗人不识张穆的艺术品位。
③张穆《赠方隐君》："从古钓屠埋志士，钟牙何意有同音。"（《铁桥集》第17页）
④道光三年（1823年）《东安县志》卷一《山川志》载："麒麟石……高士张穆之尝筑石鳞草堂居焉。"

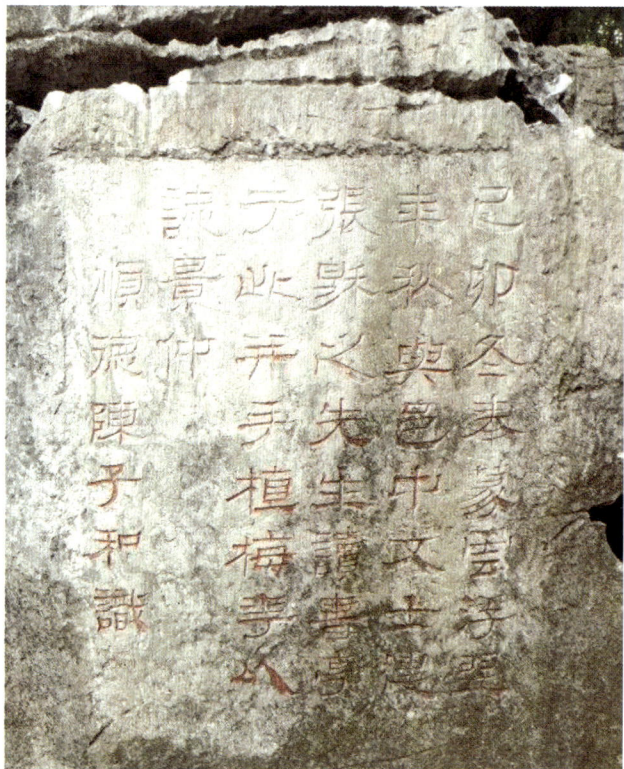

云浮市石鳞山张穆读书处石刻（刻于1940年，图源网络）

张穆作《移家石鳞山留别同里诸公》云："一片轻舟出浦烟，芦花枫叶满霜天。逃禅尚堕耽山癖，投老同为去国怜。湖柳或思张绪后，草堂争似少陵迁。桃花倘引寻津入，不愿人间说代年。"[1]诗中写自己此次迁去东安，如同杜甫晚年迁离成都草堂。张穆虽然认为自己已逃入禅境，但仍有"耽山癖"，对好山好水未能忘怀，故在东安买山隐居。"不愿人间说代年"，可见明清鼎革虽过了二十多年，但张穆对亡国之痛仍不愿提起。今无《张穆之买泷水山移家索赠》云："易观沧海日，难问古今潮。"[2]诗中亦透露出张穆对朝代鼎革的悲痛与无奈。张穆《山中元日》云："兴到云山遂作家。"[3]可见张穆移居东安，很大程度是一时兴起。

　　张穆的石鳞山房处于粤西的石灰岩群山之中，周边山如刀削，奇峰耸

---

① 容庚、汪宗衍辑录《铁桥集》，香港何氏至乐楼，1974年，第42页。
② 容庚、汪宗衍辑录《铁桥集·投赠集》，香港何氏至乐楼，1974年，第16页。
③ 容庚、汪宗衍辑录《铁桥集》，香港何氏至乐楼，1974年，第42页。

峙，岩石嶙峋，云烟缭绕，有瀑布、洞穴、钟乳石、梅花、古木等奇观。[①]
石鳞山房门环碧水，张穆筑石室居住，又引来清泉，在屋旁栽种桃花，养
鹤赏玩，让鹤绕着山岩自由飞翔。张穆养鹤，是因为鹤寄托了张穆遨游尘
世之外的心志。[②]张穆在东安约三四年，王令称："张子石窟中人……好买山
凿云无停，又引泉欲使清骨见底，三年桃李成蹊，随弃去。"[③]可见张穆去留
甚为潇洒。

　　张穆此时年纪已老，"衰年厌征逐，行采商山芝"（《送沈朗思还东
海》[④]），只想离世隐居。张穆虽然依旧贫苦，但生活较为闲适，[⑤]得以在东安
醉心于大自然的风光、事物，但因远离亲友，略为寂寥。屈大均曾到东安
探访张穆，作《题张氏石鳞山房》。

　　张穆诗中多有隐居东安的记载。《泷邑韩侯娲石承诗见赠和答》云：
"春满河阳花竞妍，官衙幽接九峰烟。政闲驯鹤亲书幌，税薄归人就石田。
敢以猪肝劳作客，行依勾漏得邻仙。朝来多辱琅玕赠，久忆贫居侣米船。"[⑥]
张穆和东安县令韩允嘉（字蜗石）作诗唱和，此诗言张穆闲时在山石间的
薄田里耕种，[⑦]又或者散步于勾漏（道家三十六小洞天之一）的青山绿水间，
作客他乡的生活贫苦、寂寥，连肉也买不起，也没有多少朋友来访，幸好
还能买点猪肝慰劳一下自己，或者以书画遣兴。《处暑》云："一岁频过处
暑天，单衣林麓胜情偏。田无负郭供公役，邻有藏书借为编。山市每欺沽
酒近，岩居深德种桃先。宵来疏雨添无赖，尽夜绳床恣意眠。"[⑧]张穆在东安
颇为闲适，无公役之劳，作画之余，从邻居处借来书籍以供编写著作。[⑨]《初
秋白门叶广生登鳞山》云："行歌青鸟疑相和，施食红鱼去复依。愧有野情
收不得，葛巾芒屦礼常违。"[⑩]张穆且行且歌、给鱼喂食，心情极为放松，随

①屈大均《题张二丈山房》《题张氏石鳞山房三首》（《张穆年谱》第42页）。张穆《初秋白门叶广生
　过登鳞山》："山门环水对斜晖……残暑酷无侵石室。"（《铁桥集》第53页）
②张穆《鹤》："竹坞轻风振唳清，水明天旷足闲情。园林空爱怜毛羽，万里秋心为汝生。"（《铁桥
　集》第11页）张穆《题画鹤》："碧天黄鹤向东游，下见苍苍有九洲。矫翼蓬山觅侣伴，人间尘
　满不应留。"（《铁桥集》第16页）
③江宗衍、黄莎莉辑录《张穆年谱》，香港中文大学文物馆，1991年，第48页。
④容庚、江宗衍辑录《铁桥集》，香港何氏至乐楼，1974年，第48页。
⑤屈大均《题张氏石鳞山房》："君有茅茨在，栖闲奈乐何。"（《铁桥集·投赠集》第12页）
⑥容庚、江宗衍辑录《铁桥集》，香港何氏至乐楼，1974年，第39页。
⑦今释《送张穆之还陇水》："诗书脱落风尘外，功业消归农圃中。"（《铁桥集·投赠集》第2页）亦
　可见张穆在东安耕种。
⑧容庚、江宗衍辑录《铁桥集》，香港何氏至乐楼，1974年，第53页。
⑨尹源进《祝张铁桥》："卜筑鳞山著道书。"（《铁桥集·投赠集》第18页）
⑩容庚、江宗衍辑录《铁桥集》，香港何氏至乐楼，1974年，第53页。

随便便戴个布头巾、穿双草鞋①，也就顾不上什么礼仪了。《山中元日》云："布袍落落老年华，兴到云山遂作家。淑气暗传堤上柳，晴霞红染洞边花。志存遗世轻贫食，诗偶逢春不惜奢。岁岁未能捐凤习，栽桃放鹤傍溪沙。"②诗意极闲适，抒发了自己的遗世隐居之志。《咏兰》云："轻风吹广袖，兰气乍清飔。"③秋夏之交，石鳞山谷中兰香馥郁，张穆不禁吟诗放歌④。

康熙五年（1666年）七月，释今释为张穆诗稿作序，云："自放逸于诗文。诗文清绝，旁及画家，入神品，人始知有铁桥。铁桥益骯髒不得志，遂皈心华首，深究无生之旨。然酒酣耳热，时有精悍之气，如一线电光发于冷云疏雨中。"⑤张穆潜心诗文，但以画为人所知，虽潜心佛学，看淡身外之事，但青壮年时执剑行侠、为国奔驰的"精悍之气"，到老未能忘怀，偶尔流露出来。序中又云："铁桥幸而不为人所知，而铁桥始存；幸而人不敢用铁桥，而铁桥始大；铁桥益潦倒沉浮，并不见其无可知、无可用之迹，而铁桥始不可测……以为置铁桥于艺林志中，与置铁桥于凌烟阁上，均之乎小铁桥者也。"此论张穆不遇于时，故其能生存于乱世、用心于诗文书画，而诗文书画亦只是"丈夫岂宜为人所用"之一方面而已，非张穆之"大""不可测"的全部，故以艺术水平或官爵军功评论张穆，"均之乎小铁桥者也"。

约在本年，陈恭尹作《张穆之画鹰马歌》云："老来伏枥有余悲，纸上鹰扬犹负气……况君精诚委笔墨。"⑥可见张穆所作马、鹰在笔墨之中贯注了其精神。马，未能为国驰骋，只能老来伏枥，余悲无穷；鹰，飞扬寥廓，犹寄托着青壮年时的侠义之气。

---

① 刘连辉《赠张穆之》："制衣翦朝荷，充佩摘汀芷。有时发高歌，大笑视天地。"（《铁桥集·投赠集》第18页）亦写张穆的不拘礼节与豪爽。
② 容庚、江宗衍辑录《铁桥集》，香港何氏至乐楼，1974年，第42页。
③ 容庚、江宗衍辑录《铁桥集·补遗》，香港何氏至乐楼，1974年，第9页。
④《鳞山秋思》："一壑已甘贫亦足，故园翻是老难忘。千峰路邈寻津寮，小洞三株只自芳。"（《铁桥集》第53页）《梅花岩》："寒岩低湛水，爱惜暗香开。"（《铁桥集》第62页）梅花岩为东安石鳞山名胜。《石巢》："前身如有托，地复得岩西。"（《铁桥集》第62页）诗无纪年，当作于东安。《治圃》："荒园不必与春烟，聊学山翁抱瓮痛。编竹并栽朝槿路，凿池新傍晚香篱。药苗紫玉过栏易，荷叶青钱拂岸迟。多谢苍冥赋闲性，如约终日懒成诗。"（《铁桥集》第24页）诗无纪年，写治理园圃的闲适生活，以"山翁""凿池""闲性"等字眼，似作于东安。《寿易吾豫先生，余居山中，其次公仲文征诗，寄祝》："晚年初慰买山情……得闲乱世谁知惜，觅句青山俗不争。舒啸峰头望瀛海，漫逢青鸟寄音声。"（《铁桥集》第27页）诗无纪年，亦似作于东安。《月夜承大车朽木戍固三上人朱中和陈圣阳二山叟过访诗谢》："松门宵不闭，鹤听绕岩阿。"（《铁桥集》第63页）诗无纪年，当作于东安。
⑤《铁桥道人稿序》，容庚、江宗衍辑录《铁桥集》，香港何氏至乐楼，1974年，第4页。
⑥ 容庚、江宗衍辑录《铁桥集·投赠集》，香港何氏至乐楼，1974年，第15页。

康熙六年（1667年）秋，张穆回东莞，东莞知县郑向离任北上，东莞人作诗书画册送行，张穆作《送郑邑侯解组》云："忘机久逐麋鹿群，何意蓬蒿下使君。世艳黄金隆郭隗，自惭朱履报田文。"[①]张穆虽然不仕清朝，但为了不被陷害，亦与清朝官员略有往来。诗中写到郑向对张穆有爱才之意，但张穆矢意归隐，对郑向的垂爱、关怀无以为报。

康熙八年（1669年）九月，张穆回东安前，为甥孙绘《滚尘图》并题识云："笑我生平痴有托，笔墨豪来风雨搏。兴酣画马如有神，曾谓龙媒经绝漠。春风芳草连天青，駃騠初上黄金嚼。咄嗟一顾万里空，此道寥寥更谁作。龙眠将心妙入神，我笑无心谁堕着。昔伯时李公麟画《滚尘图》，自作偃仰展转之势，游神其天。遇善识谓其几堕马腹。友人王崇芳常笑为余戒。余曰：我一马之中，天地物候具焉。使法眼观之，将谓造化转人耶？人转造化耶？戏以质王道人，道人首肯否？甥孙圣宜每索余作长卷，九月还鳞山，终日理花竹，是际霖雨，始暇挥染以寄。己酉秋抄铁桥穆并识。"[②]从题识中可见，画马是张穆平生的志向所托。张穆画马已成痴迷状态。张穆画起马来，笔墨落在纸上如风雨搏击，画到兴致酣畅时，笔下之马如有神。张穆对自己的画马技艺非常自信，直言"此道寥寥谁更作"，古今无几人能比得上。张穆又将自己比作北宋画马名家李公麟，认为必须将自己的心灵注入所画之马中，才可以让马的神情、动作尽合马的天性，一马之中具备了四时天地万物的性灵。张穆画马时，已分不清自己是马所转世，还是马转世为自己。张穆此论已至"庄周梦蝶"之境矣。

忧时伤世，刊刻诗集（1670—1676年）

康熙九年至康熙十五年（1670—1676年），张穆在东莞，亦曾到广州。此时所作留存至今的画作颇多。

康熙十三年（1674年），有"三藩之乱"，吴三桂、耿精忠相继叛清，湖广、四川、广西、福建、陕西等地有军队响应。广东虽受到波及，但战火尚未烧到东莞，张穆在中秋时仍可与友人一起泛舟东湖，饮酒、奏乐赏月。张穆作《中秋同邹仪生张禹公郭青霞诸公酌湖上》，诗云："四方戎马

①客庚、汪宗衍辑录《铁桥集》，香港何氏至乐楼，1974年，第37页。
②此段题识，《张穆年谱》第47—48页所载与《铁桥集》第27页所载有异，综合二者校改。

尚经年，惟此湖光胜事偏。"

是年，张穆作诗、作画祝梁宪五十岁寿。《寿梁绪仲》诗云："朱明著录已忘年，误向人间未肯还。杖策昔曾干世主，悬壶安许识神仙。争知《易》外皆穷理，自爱书成不厌玄。空忆壮年驱马日，桑田沧海又桑田。"[①]梁宪早年在明朝任官，后隐居罗浮山，张穆此诗追忆梁宪青壮年时"杖策昔曾干世主"的往事[②]，"借他人酒杯，浇自己块垒"，发出"空忆壮年驱马日，桑田沧海又桑田"这样无可奈何的长长叹息。

梁宪《答张穆之先辈》云："晚岁归学道，构屋傍林薮。有时写骅骝，神鬼运其肘。有时作竹石，易米升与斗……观其朴厚处，边幅都不有。"[③]记张穆作画易米及平日不修边幅。

同年九月，张穆绘《罗浮洞天福地图》并作诗向卫菉园祝寿，诗云："百年过半信闲身，篱菊堆金不称贫。千古遗弓终抱恨，十年磨剑尚如新。淡能鲁酒供高客，豪任齐纨散舞人。试问雄心销几许，从来英杰返天真。"[④]卫菉园曾追随张家玉从军抗清，张穆在诗中称誉卫菉园为英杰，在抗清失败多年后仍然心怀最初的壮志、积极准备再次战斗，而张穆自己的意志早已消沉，只能将自己的雄心寄托在卫菉园身上。[⑤]

康熙十四年（1675年），彭士望《赠张穆之》云："写生全是杜陵诗，擎出人间果无价……谊笃穷交共饱饥，家贫古砚为耕稼。"[⑥] 此诗写张穆的画像杜甫的诗一样融入了忧时伤世的心境。张穆画作虽在当时已被视作无价之宝，但张穆绝不肯轻易作画谋食，又常接济贫困的友人，故仍然家贫。

彭士望归易堂（在今江西赣州宁都）时，张穆作诗送行，《彭躬庵先生还易堂，寄曾青藜魏和公诸友》诗云："乾坤寞寞世劳劳，海岸行吟老布袍。向日春灯疑梦语，廿年文酒忆风骚。每从雷雨瞻潜动，久分云山慰遁

① 容庚、江宗衍辑录《铁桥集》，香港何氏至乐楼，1974年，第53页。
② 梁宪《答卫菉园》："廿载谢从戎，披衣重井中……我亦诸侯客，今为田舍翁。"（《梁无闷集·诗略》第14页）
③ 容庚、江宗衍辑录《铁桥集·投赠集》，香港何氏至乐楼，1974年，第17页。
④ 容庚、江宗衍辑录《铁桥集》，香港何氏至乐楼，1974年，第43页。
⑤ 原文："卫洪，字菉园，东莞人……盖曾从张家玉军中，而隐不出者也。"（《张穆年谱》第51页）马国权《铁桥集·前言》称："张穆在六十八岁那年，曾写《寿卫菉园》一诗，诗中有'千古遗弓终抱恨，十年磨剑尚如新'之句，可见他的反抗精神至老不衰。"马国权以"千古遗弓终抱恨，十年磨剑尚如新"为张穆写自己，疑误解。
⑥ 汪宗衍、黄莎莉辑录《张穆年谱》，香港中文大学文物馆，1991年，第52页。

逃。闻说易堂多胜友，愿随鸾鹤绕林皋。"[1]张穆在诗中除了追忆十几年前与曾灿、魏礼等易堂诸子在东溪草堂畅聚的情谊外，也向友人倾诉自己已归隐多年、无力跟随时势（"三藩之乱"）复出的心怀。

康熙十五年（1676年），张穆七十岁。正月，吴三桂兵逼肇庆。二月，尚之信在广州举兵响应，广东多处城池被攻破。张穆听闻后，作《丙辰初春漫赋》五首，淋漓地抒发对时势的忧心，艺术水平极高，全录如下。诗云："贫居野对惟烟水，春渐开眉弱柳间。中外正闻频举燧，风尘安得老栖山。日愁犬马精神竭，岁老龙蛇历数还。欲问疆场谁制胜，拯民曾急念摧残。（其二）海国春寒阴霭浓，朝闻瓦解六城空。投鞭却笑公山鹤，失马宁同塞上翁。多事每忧图史累，无钱常愧友朋通。故庐荒陇思归种，处处堪怜虎豹丛。（其三）元夜犹怜社酒同，他乡谁为感哀鸿。那能终避连兵日，辄动绸缪未雨中。寒渚草青争得气，荒亭桃发自临风。长堤倚杖无人处，只有闲鸥共结踪。（其四）春还渐渐见生机，三径蘼芜静掩扉。违世未离戎马地，生涯只有钓鱼矶。愿同紫极占王气，谁拂青氛耀德辉。有限黔黎尽涂炭，更于何日解重围。（其五）清野当年策已非，兴衰时至若神机。戍楼角起川光暮，驿路人稀草色菲。书剑久藏疑有用，须眉频照欲何归。相逢愿见升平日，冰蘖何曾负布衣。"[2]

"三藩之乱"让抗清斗争出现一线希望，张穆的一些朋友如屈大均、陈恭尹等人为三藩所招揽，张穆认真思考是否为三藩效犬马之劳（"日愁犬马精神竭"），重拾青壮年时以书剑济世之志（"书剑久藏疑有用"），无奈自己早已放弃从军，如今须眉皆白、年已七十，再无力出山。况且，张穆虽希望推翻清朝的统治，但显然不幻想吴三桂叛清势力能够恢复明朝，吴三桂所为也没有得到大多数明朝遗民的认同、支持，因此，张穆也不想出山。

在"三藩之乱"给广东带来了社会动荡、烽烟四起的情况下，张穆并不在意谁能赢得战争的胜利。张穆担心的是眼下的战争正让百姓涂炭，在意的是谁能拯救百姓于战火摧残之中，希望胜利者能以仁德治国，正如诗中所说"欲问疆场谁制胜，拯民曾急念摧残""愿同紫极占王气，谁拂青氛耀德辉。有限黔黎尽涂炭，更于何日解重围"。

张穆只想归隐终老，然而战事已经逼近东莞，不知何日终止，所隐居

---

① 容庚、汪宗衍辑录《铁桥集》，香港何氏至乐楼，1974年，第55页。
② 容庚、汪宗衍辑录《铁桥集》，香港何氏至乐楼，1974年，第58页。

的东溪草堂也即将被战火波及，落入虎豹之丛。张穆自己亦颇为贫困，时常需朋友接济。无人能体会自己的忧虑，张穆只能在战火未烧到时未雨绸缪，外出避乱，但不知去往何处。

张穆欲归茶山，但茶山地处通衢，显然不适合避乱。张穆毅然决定只身越过南岭，北游吴越（今江苏、浙江一带），一则是为了避乱；二则是张穆平生有"耽山癖"，早有北游吴越之志，正好因世乱而触发此志；三则是为到江南寻访钱澄之、曾灿等旧时在广东所识友人。①"相逢愿见升平日，冰蘖何曾负布衣"，张穆希望北游回到家乡后，时势能回归太平，纵使自己坚守心中的明朝遗民气节而要受些寒苦，这又何妨呢？

张穆虽以画艺闻名于世，但唯恐画名掩盖诗名，故对所作之诗极为珍重。张穆北游前，应交代亲友代为刊刻诗集《铁桥集》，做好了万一北游出现意外而一去不能返的打算。②二月，张穆头戴进贤冠（儒者所戴之冠），身穿宽大布袍，携诗一帙，乘船前往广州，访释今无于海幢寺。在今无眼中，张穆深沉静默、心气闲适、若忘形骸。张穆与今无促膝交谈，其壮志未酬的人生经历让今无不胜叹息。张穆又与今无一起吟诵新作之诗、选定《铁桥集》诗篇，并请今无为《铁桥集》作序。十二月，今无为张穆诗集作序云："盖老于阅历，抱其用世之材，消于蜃楼海市……铁桥既以时困其材，亦常惧绘事掩其尔雅。然余谓铁桥愈有不得已，其诗愈传……而于此尤可见铁桥之大者。"③今无认为张穆与追名逐利、虚伪浮夸的俗流大相径庭。张穆抱其雄才而归隐，愈是遭遇挫折不得已，其诗愈能引起共鸣，愈能流传于世。在张穆的诗中可以见得张穆襟怀的博大无边。

八月，广州僧人宝林樵叟朴为张穆《铁桥集》作题词云："古今诗人不一家，家不一体，其确乎可传者，皆有一种精华与一切韶光彤籁相映发，故使读者感动徘徊，不能穷其所自……诗不本性灵，可以无诗，可以不作，铁桥道人之诗，华不掩朴，质能兼文……真声乌得不传？吾知道人此刻一出，所裨益此道甚大，宁仅与骚人争雄长乎？"④宝林樵叟朴认为张穆的诗本于性灵，张穆将自己的精神与世事万物相互交融、相互映发，发出心灵的

①江注《答张铁桥吴门寄怀》："干戈满家园，安能处乱危。轻装下罗浮，江南询故知。"（《张穆年谱》第59页）
②张穆去世后，汪森挽张穆诗云："尺素手中嗟尚在，家园梦里得生还。"（《张穆年谱》第61页）
③容庚、汪宗衍辑录《铁桥集·补遗》，香港何氏至乐楼，1974年，第1页。
④容庚、汪宗衍辑录《铁桥集》，香港何氏至乐楼，1974年，第1页。

真声，故其诗可以流传后世。张穆的诗体现了"道"，故不应仅将张穆视作诗人，拿张穆与普通诗人争长短。①

张穆《铁桥集》收诗至丙辰年（1676年）止，应刊刻于本年或次年（此本今存，复旦大学图书馆藏，收入《东莞历史文献丛书》）。

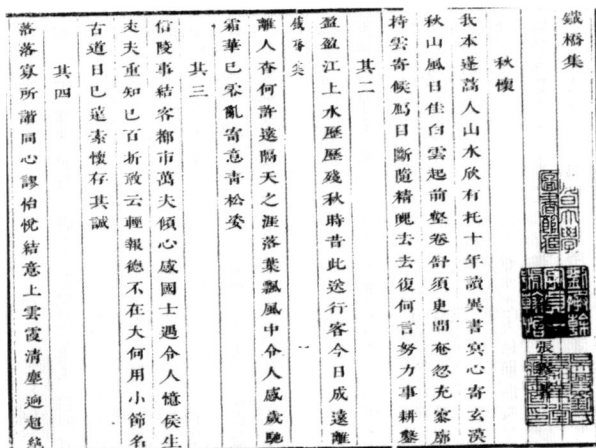

《铁桥集》（康熙年间刻本，引自《东莞历史文献丛书》）

北游吴越，遍访山水（1676—1680年）

张穆出发北游吴越时，高俨《送张穆之度岭北游》云："白头为客昔人悲，况复行当此乱离。江国昔年曾失路，才名今日恐非时。只身旅食仍依友，万里家书欲寄谁。"②可见张穆北游时颇为悲壮：年已七十，时世动乱，才名不逢于时，贫困得只能投靠朋友，孤身一人，家里已无亲人……诸多不利因素堆积、叠加在一起，可能支撑张穆北游的主要是一颗酷爱山水、必遍游而意足的"道心"。正如钱澄之序张穆《游草》云："身到处勿放过，盖必穷幽探胜……老友张铁桥……生而有山水之癖。"③

---

① 容庚于《张穆传》云："穆之性情、抱负及出处颇类李白……诗如其人，雅健不凡，似杜甫，似高、岑，亦时有奇气类李白，于岭南三家而外，允推独树一帜。"马国权《铁桥集·前言》云："他的诗作的造诣之高，并无惭于岭南三大家……张穆诗笔隽朗，雅健不凡，虽然偶有似杜甫、岑参或李白之处，由于际遇不同、情感各异，因此形之笔墨，便自具特色。"
② 引自《张穆年谱》第54页。徐沁《明画录》曰："（张穆）年七十余，携一子遍游名山。谢彬（1602—1680尚在）云今尚存。"此与高俨所云"只身旅食仍依友"不同，待考。
③ 汪宗衍、黄莎莉辑录《张穆年谱》，香港中文大学文物馆，1991年，第61页。

张穆北游，首先至黄山、白岳（今齐云山），渐次至天台、雁荡等吴越诸名山。张穆挂着一枝藤杖，又带着其他攀登工具，所至名山，虽悬崖绝壁，也必定挽着藤萝、踏着石阶，不登顶而不止。[①]曾灿《题张铁桥像后》云："先生年逾七十，尚能日行数十里，登黄山绝顶。又于暑雨中，遍历天台、雁荡，气概宁在马伏波据鞍顾盼下？"[②]

游黄山时，张穆画《黄山画册》，又作《宿文殊院》《扰龙松》《出山憩云岭》诗三首。诗云："鸟语泉声世外情，一枝藤杖入嵝嵘。久离珠海黄尘扰，得向天都碧落行。烟护荒台余帝鼎，月斜幽涧冷仙枰。道心自信山灵许，瑶草琪花若为生。"又云："一树一石既如此，千峰万峰奇可知。客游欲拟新安胜，亲到黄山得此情。"[③]离开广东战乱，张穆得以在山水之间慰藉心灵，欣喜、惊喜之情跃然纸上，非真有山水之癖，绝写不出如此诗句。屈大均《题铁桥翁黄山画册》其十五云："黄发青笻逸兴饶，攀跻不觉上云霄。天教汝自罗浮至，添得黄山一铁桥。"张穆攀登黄山饶有逸兴，伫立山巅之上的张穆俨然成为黄山的一个山峰。

从康熙十五年（1676年）秋出黄山，到康熙十九年（1680年）秋起程归东莞，五年间，张穆游历了黄山、白岳（今齐云山）、天台山、雁荡山、苏州、杭州、歙县、邓尉（属苏州）、苕溪、雷溪、嘉兴、新安江等地，与汪士鈜、顾云臣、刘献廷、江注、汪森、钱澄之、释今释、曾灿、曹溶等旧友、名士、遗民过从。

张穆游历吴越，带着自己所画的鹰、马及在吴越所作山水画与友人交流。[④]张穆除了投靠友人外，亦常常宿于邮亭、僧舍，以画艺疗饥，以书画作品报答途人的饮食资助。释大涵《观铁桥先生墨竹》序云："先生年逾七十，放游天下名山，所过邮亭、僧舍，或受人一茶一饭，即索纸墨戏作兰竹报之。"诗云："一技随身作稻粮，穷途自有疗饥方。渴来扫幅张颠竹，杨柳楼头换酒尝。"

康熙十六年（1677年），顾云臣为张穆作四幅画像。

① 钱澄之《张穆之游草序》："辞家首事于黄山白岳，以渐及于吴越诸山，虽悬崖绝壁，必扪萝蹑磴直跻其巅。铁桥固饶济胜之具，亦山水之灵阴有以相之。"（《张穆年谱》第61页）
② 汪宗衍、黄莎莉辑录《张穆年谱》，香港中文大学文物馆，1991年，第63页。
③ 汪宗衍、黄莎莉辑录《张穆年谱》，香港中文大学文物馆，1991年，第54页。
④ 刘献廷《赠张铁桥先生》："君自粤东来，探奇几千里。俊物与名山，收贮羹囊里……西湖重遇又经春，箧里烟霞别有神。"（《张穆年谱》第58页）江注《湖上草·答张铁桥吴门寄怀》："翰墨间游戏，应酬全不疲。动息仰清况，结社陆与皮。"（《张穆年谱》第59页）

康熙十九年（1680年）四月，张穆与钱澄之重遇于苏州，距上次在广州相会已过去了三十一年。钱澄之为张穆作《张穆之游草序》云："辞家出岭，首事于黄山、白岳，以渐及于吴越诸山……藉铁桥之笔以公诸世，示世人之未尝至者。"可见张穆游历名山大川，曾到过当时人们未曾去到的地方。钱澄之又作《张穆之杂论跋》云："铁桥以诗画擅名久矣，今读其《杂说》，于种种物理琐细，皆必明其本末，辨其体用，考其正变，且复有妙笔，曲折以出之，即世人未尝见是物者，今皆亲见之于其文。此铁桥笔墨余事矣……今观其《剑说》及《驭马篇》，则犹有谈虎色变之意哉。"[1]可见张穆在作诗、作画之余，对世间万物多有见识，更有细心的研究。张穆另著有《醉赋》《异闻录》若干卷（今佚）。[2]钱澄之又作《题张穆之小影》云："余与穆之道人别三十一年，今年四月，忽相遇于吴，须发皓然，而服制如故，神情意气，依然三十一年前之铁桥也。"[3]可见明清鼎革已三十多年，绝大多数人已在"留头不留发，留发不留头"的高压政策下"改制易服"，但张穆仍不屈于新朝，一心做明朝遗民。

同年，张穆在嘉兴拜访在东溪草堂时相熟的僧人今释，今释为张穆的画像题辞。

同年，张穆与曾灿重遇于苏州，二人前次相见已是二十年前在东莞东溪草堂。曾灿为张穆画像题辞云："昔蓟子训与一老翁摩挲铜狄，云见铸此，先生视此铜狄，当作何观？其肯终老山中乎？"[4]此言张穆仍心怀旧朝，仍有报国之志，不肯终老于山。

同年秋，张穆取水道由新安江回岭南，曹溶、屈大均、汪森等人有诗送行。

烈士暮年，终老东莞（1681—1683年）

康熙二十年（1681年），韩纯玉《题张铁桥画马》云："铁桥年已七十

①汪宗衍、黄莎莉辑录《张穆年谱》，香港中文大学文物馆，1991年，第62—63页。1930年袁应淦所编《茶山文诗拾遗集》载张穆《藏香说》《莞香说》二文，参考张穆《杂论》中《剑说》《驭马篇》的篇名，可知《藏香说》《莞香说》可能是张穆《杂论》的其中两篇，待考。
②檀萃《楚庭稗珠录》卷四《粤靡》上《张铁桥》云："有《铁桥山人稿》《醉赋》。"（《张穆年谱》第28页）黄容《明遗民录》卷九云："铁桥道人，姓张名穆之……著有《异闻录》若干卷。"
③汪宗衍、黄莎莉辑录《张穆年谱》，香港中文大学文物馆，1991年，第62页。
④《六松堂诗文集》卷十三，汪宗衍、黄莎莉辑录《张穆年谱》，香港中文大学文物馆，1991年，第63页。

五，醉里蹒跚拔剑舞。余勇犹令笔墨飞，迅扫骅骝力如虎……用之疆场一敌万，如何闲置荒坰畔。壮心烈士悲暮年，永日披图发长叹。"[1]屈大均《题铁桥丈画鹰》云："铁桥老人七十五，画马画鹰力如虎……杉鸡竹兔方纷纷，何时一击开边云。"[2]张穆此时虽已七十五岁，但醉后仍可蹒跚舞剑，作起画来仍然"笔墨飞""力如虎"，只可惜如所作之马一样，被闲置荒郊，虽"何时一击开边云"、为国驰骋疆场的雄心仍有，但已无能为力，只能发出长长的叹息。[3]

康熙二十一年（1682年），为弟以钰写《兰石扇面》，此画为汪宗衍所见张穆最晚之画。

康熙二十二年（1683年）十月，张穆卒于东莞，享年七十七岁。此前，汪森托人寄信给张穆，该人从东莞回来后将信还给汪森，说张穆已在癸亥年（1683年）十月去世。汪森作诗挽张穆云："应是丹成元不死，罗浮蜕骨列仙班。"陈阿平作挽诗云："从此龙媒日高价，可怜时手日纷纷。"可见张穆生前已有伪其画马者。其后，上官周路过张穆曾在此读书学道的罗浮山小石楼，作诗追怀云："惆怅素怀情未已，铁桥人去石楼空。"[4]

辑录诗画，景仰先贤

张穆去世后，学生何浣为其编辑《铁桥道人年谱》。张穆书画作品存世约百幅，珍藏于中国国家博物馆、故宫博物院、广东省博物馆、香港艺术馆等机构及私人手中。近现代陈伯陶、容庚、张江裁、汪宗衍均曾致力于搜集张穆诗文。1974年，香港何氏至乐楼出版由容庚、汪宗衍辑录的《铁桥集》，含《铁桥集》本集、补遗、投赠、后人题画诗、附录等，共收录张穆诗268题（计304首）、文7篇，为收录张穆诗文最全者。1988年8月，张穆家乡茶山成立"铁桥诗社"。1991年，汪宗衍、黄莎莉编辑出版《张穆年谱》，辑录张穆历年事迹。2004年、2007年，东莞市政协等单位编辑出

---

[1] 容庚、汪宗衍辑录《铁桥集·投赠集》，香港何氏至乐楼，1974年，第4页。

[2] 容庚、汪宗衍辑录《铁桥集·投赠集》，香港何氏至乐楼，1974年，第10页。

[3] 张穆《老马》："铜脊棱棱瘦有神，身从百战老艰辛。风沙失路怜归后，欲问夷吾不见人。"（《铁桥集》第11页）亦有烈士暮年之叹。又，张穆《赠王安侯》其二："可有金台崇骏骨，忍教龙种没蓬蒿。"（《铁桥集》第12页）

[4] 汪森、陈阿平、上官周诗句，引自汪宗衍、黄莎莉辑录《张穆年谱》，香港中文大学文物馆，1991年，第66—67页。

版《东莞历代书画选》及《东莞历代书画选·续集》，二书共收录张穆绘画81幅（页）。①2011年，单小英编著《张穆》，为收录张穆书画作品最全者。2017年2月，王丹著《张穆评传》。2017年10月，莞城美术馆举办"天骨超俊——张穆艺术研究展"，展出诸多张穆原作，并出版《天骨超俊——张穆艺术研究展作品集》。此后，"天骨超俊——张穆艺术研究展"在茶山文广中心、南社、茶山圩综合文化服务中心等处巡展。2017年11月，广东省立中山图书馆、东莞市莞城图书馆编辑的《东莞历史文献丛书》出版，丛书收录康熙年间刊刻的张穆《铁桥集》。

《至乐楼丛书》本《铁桥集》
（1974年）

容庚题《至乐楼丛书》本《铁桥集》
（1974年）

汪宗衍、黄莎莉《张穆年谱》
（1991年）

单小英《张穆》
（2011年）

①单小英编《张穆》，岭南美术出版社，2011年，第1页。

《天骨超俊——张穆艺术研究展作品集》
（2017年）

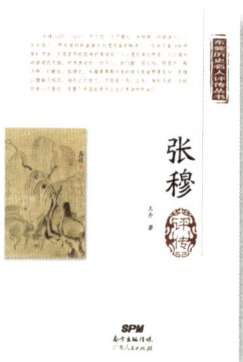

王丹《张穆评传》
（2017年）

千古诗人，画马名家

张穆诗歌、绘画的艺术成就，张穆的友人已多评论、赞叹。下面摘录的几则现当代人对张穆诗、画（尤其马图）的评论，足见张穆诗、画的历史地位。

容庚《张穆传》[①]：

穆之性情、抱负及出处颇类李白，虽声名不如白之大，然同以布衣名世传后，有足称者。白早年读书匡山，穆亦读书罗浮。白诗"我本楚狂人，长歌笑孔丘"，对儒术不甚重视。穆亦不好儒术，白好击剑任侠，以当世之务自负，流离坎坷，竟无所成。凡此行踪，穆颇近之。其《述年》云："弱冠抱迂尚，跌宕不好儒。虽非千金子，宝马常在途。衡门多杂宾，意气皆丈夫。由来三十载，此意未尝殊。怀哉祖士稚，忼慨真吾徒。"想当年意气之盛，飇举云驰。及至《赤岗望洋》所感叹者"已阑宗悫长风志，静对南溟看化鱼"，于无可奈何之余，似不复以世事为念，非本意也。《丙辰初春漫赋》云："书剑久藏疑有用，须眉频照欲何归。"寄慨遥深，志亦苦矣。诗如其人，雅健不凡，似杜甫，似高、岑，时有奇气类李白，于岭南三家而外，允推独树一帜。

马国权《铁桥集·前言》①：

他的诗作的造诣之高，并无惭于岭南三大家，这是有目共睹的。我们试读他的《禅山过宿邝无傲》一诗："兄弟几人存白发，天涯惟汝共低眉。"这跟杜工部的"海内风尘诸弟隔，天涯涕泪一身遥"，又何多让！至写景的佳句，真是随处可见，如"寺隔溪云红见树，门临葭露白翻鸥""石榻梦回闻远瀑，松花夜静落寒香""花明曲岸秋初霁，柳暗幽栏水欲寒""寒林抱石分幽路，断壁奔泉出绿烟""松森知寺古，雨散见山尊""山光不隔雨，江转屡回峰""藤花轻引雨，山气夜藏舟"等。有些咏物之作，而意在言外，不乏妙制。张穆诗笔隽朗，雅健不凡，虽然偶有似杜甫、岑参或李白之处，由于际遇不同，情感各异，因此形之笔墨，便自具特色。

单小英《张穆研究》②：

明末清初的岭南画家中，大多善画山水或兰竹、牡丹，如高俨、赖镜、梁梿善画山水，杨昌文、王应华善画兰竹，赵焞夫、伍瑞隆善牡丹等，似张穆这样，不仅能山水，鞍马、翎毛、人物画均有很高造诣者，在当时是不多见的。据不完全统计，在明末清初的广东画家中，张穆存世作品数量最多，当时江南岭南各家为其作品题赠也最多，这说明一直以来人们对其作品之宝爱，也说明他在当时画名之大。张穆的马、翎毛、人物画，为岭南画坛增添了浓墨重彩的一笔，他的马画在当时的全国画坛也是异军突起，推为独步。张穆画的一个鲜明特色是以画寄情，以画托意，在绘画中体现出鲜明的爱国情感和民族气节，这种爱国情感和民族气节也成就了他绘画的独特风格。

任道斌《明遗民画家东莞张穆的马图及其他》③：

①容庚、汪宗衍辑录《铁桥集·前言》，香港何氏至乐楼，1974年，第6页。
②单小英编《张穆》，岭南美术出版社，2011年，第23页。
③莞城美术馆编《天骨超俊——张穆艺术研究展作品集》，岭南美术出版社，2017年，第3—4页。

张穆的笔墨趣味不仅广及人物、山水、花鸟、走兽，十分难得，而且他尤擅长画马。江南才子彭孙遹曾题张穆所画马图，赞曰："黄金新垺玉为鞭，一骒霜蹄旋旋圆。持比前朝诸画客，风流何让李龙眠。"（彭孙遹《南往集》卷一《题张山人画册》之三）将他与北宋画马大师李公麟相提并论。这虽有溢美之意，但张穆为明清之际独步画马题材的高手，冠绝一时而无出其右者，则为事实。

张穆画马之勤，作品之丰，将他列为中国古代屈指可数的画马高手，实不为过。

纵览张穆的马图……可谓百态千姿，风情万种，而皆形态逼真，气韵生动，呈现出相同的千里马之风貌，超逸潇洒，气势不凡。即便是骨瘦如柴之马，如《卧马图》（载《张穆年谱》封面），其雄姿虽未英发，而傲气却在瞳中透出，摄人心魄。

（陈贺周 撰）

邓奇 勤政爱民，五代科甲

邓奇（1614年2月22日—1696年10月15日），字挺庸，号蓬若，茶山村人。

十八岁时，邓奇补诸生（即考中秀才）。邓奇醉心经史及儒家性命之学，开馆授徒，向他求学、请教的人很多，亦曾在莞城钵盂山文园讲学。清顺治十四年（1657年），邓奇考中举人，原被拣选为勘问刑狱的副官；顺治十八年（1661年），改授河南原武（今河南新乡原阳县）县令。邓奇到任后，勤政爱民，案头上总是簿书丛杂，每天都要处理大量事务，非常劳碌。原武县土地瘦瘠，旧时官府催收税赋，百姓只能借钱缴纳，一年的收入还不够还利息，愈加贫困。邓奇到任后，放宽缴纳期限，对百姓说："某月小麦成熟，某月棉花成熟，某月瓜类成熟，你们可以等这些庄稼收获了再缴纳税赋。"百姓十分感动，哭着说："邓公救了我们。"县中有数百顷农田抛荒，农户逃亡，邓奇招人开垦，恢复农业生产，又平息了县中的盗抢之风。旧时原武县上缴粮食，要运到临清（今山东省聊城市临清县）仓，路途遥远，费用繁多且滋生弊端，邓奇力请在就近的码头上缴。此后二三百年，这项措施一直便利当地百姓。有一年黄河决堤，邓奇带领官吏、百姓背柴薪、泥土护堤。河堤被洪水冲击，行将崩决，人们惊慌逃走，只有邓奇穿着官服在堤上坚守，愿以身殉职。最终，河堤得以安全，百姓立碑纪念。

邓奇为官特立独行、刚正不阿、爱护百姓。管河同知的门人与百姓发生纠纷，门人于次日自杀，管河同知要求杀百姓抵罪，邓奇坚决不同意。管河同知又以连坐他人来威逼邓奇，邓奇仍坚持己见，说："管河同知的门人有背景就可以耀武扬威，百姓没有背景就应当受到无端的处罚吗？"于是，释放了涉事百姓。原武县有权势的人家想陷害仇家，邓奇大义凛然地说："为了奉承有权有势的人而去杀人，我实在不忍心去做。"该人家还是不甘心，又诬告仇家盗窃。邓奇考察后，知道其中实情，为无辜的百姓洗脱了罪名。后来，邓奇以病辞官，原武县百姓夹道相送，痛哭流涕，就像失去了父母，都哀求邓奇留任。有官员听闻后，感叹地说："河南失去了一位廉洁的官吏。"原武县百姓纪念邓奇的民谣有云："甘棠到处树青青，听讼无劳更起亭。蔽芾他年歌勿翦，村翁学步和葩经。"（大意：邓奇在原武多善政，让原武的民风回归淳朴，不用劳烦他处理诉讼，他又为百姓建了亭子。邓奇离开以后，原武县百姓学习《诗经·召南·甘棠》歌颂周朝召伯的德政，作诗歌颂邓奇。）

邓奇辞官回到茶山后，从沙角头（今属上元村）迁居至茶园罗山（今茶山村邓屋），营筑小馆，像未当官时一样开馆授徒；平日莳花弄草，与贤人吟诗雅集。邓奇读书务必亲身履行经典中的原则，以经典中的理论指导行动实践。邓奇阅人百无一失，人们都很佩服他的眼光。

邓奇品德高尚，性格温和，胸无城府，乡中贤愚老少都乐于和他交往。他居家二十年，致力于维护宗族和谐、民风淳厚，非忠孝廉节之事不讲，又奖掖后进，帮扶、保护困难百姓，为百姓排解纷争。茶山百姓深受其惠，为邓奇建立生祠。有时官府有徭役摊派下来，有些乡人实在不能参加，邓奇便加以协调，做到既让上级安心，又照顾到乡人的实际困难。邓奇素来仰慕蘧瑗（春秋时孔子的朋友，能通过自省而减少犯错误）。时人认为邓奇为人就像蘧瑗一样，便称颂邓奇为"蘧若先生"。

康熙十九年（1680年），邓奇倡议捐资恢复茶山社学，作《创建魁阁记》（载《茶山乡志》卷三）云："夫有社学以敦古处，则民风于焉丕变；有奎阁以启文明，则士习于焉蔚兴。"康熙二十六年（1687年），东岳庙香亭为飓风所毁，香亭重建后，邓奇作记。康熙三十二年（1693年），主持捐资重修广济桥，作《募捐重修广济桥引》（载《茶山乡志》卷二）云："与乡中诸子议修，易木以石，图其久远。"邓奇子邓廷喆作《重修石桥宴会》诗。

少时，邓奇孝顺父母、友爱兄弟，被时人称颂。邓奇读《论语》，每次读到"子生三年，然后免于父母之怀"，未尝不感动流泪。邓奇当官后，父母已去世，为不能用俸禄供养父母而感到遗憾。邓奇兄弟五人，邓奇排行第五，三兄早丧，邓奇一直与四兄友爱相处，饮食必同席。兄长、嫂子的丧事，邓奇也尽力主持。至于接济族人、修祖祠、增添祭祖产业等公益事务，更是不可枚举。

邓奇长子邓廷喆，康熙甲子科（1684年）举人，内阁掌印中书加四级管典籍事，钦差册封安南国王正使，赐一品服，敕授承德郎，晋阶诰授奉政大夫；次子邓廷扬，太学生、候选州同。孙邓尚瓒，邓廷喆长子，生员，内阁纂修《明史》，候选府经历；邓凤，邓廷喆次子，雍正癸卯（1723年）拔贡，惠州长宁县儒学教谕，加一级，敕授修职郎；邓尚稷，邓廷喆三子，国学生，国子监肄业，候选县丞；邓云鹤，邓廷喆四子，雍正己酉科（1729年）举人，拣选知县。曾孙邓大林，邓云鹤长子，乾隆辛巳科（1761年）进士，钦点翰林院庶吉士，除掌广西监察御史，加二级，诰赠朝议大夫；邓大业，邓云鹤次子，乾隆己酉科（1789年）举人，任潮州府澄海县教谕，加三级，敕赠修职郎；邓大经，邓云鹤三子，乾隆癸未科（1763年）进士，任河南南阳府内乡县知县，加一级，敕授文郎林。玄孙邓淳，府庠生，道光辛巳特科（1821年）辟举孝廉方正，钦加六品。《邓氏族谱》卷五云：“该房四代科甲，九代书香，其门楼匾额八字曰‘父子孙曾，兄弟科甲’，其文风可谓盛矣。”邓淳云：“寒家五代甲第。”

邓奇之妻尹氏之墓今存上元村。［据《东莞诗录》、民国《东莞县志》、《茶山乡志》、《邓氏族谱》、《茶山邓氏族谱》（1927年）、《茶山历代碑刻》，陈贺周撰］

林凤冈

政以安民，诗以寄志

林凤冈（1652年7月9日—1724年5月21日）[1]，字桐叔，号石岳，茶山圩人。

林凤冈"少博学，负隽才"。清康熙八年至康熙十一年间（1669—1672年），参加科举，但未考取秀才。科举非其所好，而爱好古代大家之文。

可能因科举不顺，林凤冈到广西谋生，在桂林寄居于东莞盐商祁某门下。祁某家藏书丰富，林凤冈日夜苦读，两眼读至昏花。数年间，林凤冈学识大进，精于诗艺，可惜无人赏识。约康熙十五年（1676年），傅宏烈任抚蛮灭寇将军，到广西任职。傅宏烈寿辰时，祁某拟做寿屏贺寿，但遍请名家，所拟寿文均不合意。林凤冈向祁某毛遂自荐，祁某将林凤冈所拟寿文呈傅宏烈，大受傅宏烈赞许，傅宏烈遂聘林凤冈为幕客。林凤冈屡献奇策，辅佐傅宏烈收复梧州等处，以功获授梧州府同知。

其时梧州刚刚收复，百姓流离失所，各地满目疮痍。林凤冈竭力抚恤、治理，百姓得以休养生息，梧州得以安宁。广西巡抚郝浴很看重林凤冈，常常将疑案、难案、重案交林凤冈审理。林凤冈认真剖析案情，谨慎作出判决，总是很快就将案件处理妥当，被时人称赞为"明如镜，清如水"。

有一次，一位读书人偷了邻居的鸡，正要吃鸡时，为人察觉，连忙将鸡锁入米桶里。邻居在恶少的唆摆下将读书人捉到衙门。林凤冈考虑到读书人平日安分守己，不想堂堂一个读书人在众人面前难堪，对衙役说："去将米桶拿来，打开看看里面有没有鸡。"衙役得林凤冈暗示，在读书人家里佯装搜查，实则偷偷打开米桶，将鸡丢弃，然后将米桶拿回公堂。林凤冈命人将米桶砸开，里面只有几升米，没有鸡，邻居大惊失色。林凤冈说："虽然你这是诬捏斯文，但我念你是受恶少唆摆，就不责罚你了。"于是，命人杖惩恶少，释放了邻居，百姓拍手称快。读书人非常惭愧，遂勤奋读书，蜚声士林，这实在是源于林凤冈的成全。

---

[1] 据《茶山大夫房林光裕堂族谱》。

母亲去世后，林凤冈回乡守制。约康熙二十八年（1689年）①，林凤冈赴京候选。途经苏州时，林凤冈与尤侗、韩菼等著名诗人一起到唐寅（唐伯虎）墓凭吊。林凤冈作诗句云："春风万片桃花塚，明月三声杜宇魂。"尤侗为之咋舌，惊叹得说不出话。到京后，林凤冈作《六镜诗》，为勤郡王、红兰室主人蕴端激赏，被邀请入王府寓居两年。林凤冈颇得蕴端、古香（亦为清皇室贵族）礼遇、敬重，与他们一起举办诗社，时时唱和。蕴端作《无题诗》三十首，林凤冈为其作序。林凤冈父亲去世后，林凤冈离开王府，回乡守制。蕴端时常思念林凤冈，在绢上画桂花寄给林凤冈。绢上有污渍，蕴端说："此泪点也。"林凤冈很感动，珍藏此画于家。

此后，林凤冈绝意仕途，"登罗浮，泛沧海"，与岭南三大家中的梁佩兰、陈恭尹等著名诗人交游、唱和。他外出游历，"足迹渐半天下"，到临高、潇湘、衡山、长沙、汨罗、洞庭湖、桃江、岷江、三峡、峨嵋、成都、鄱阳湖、长江、南京、苏州、黄河、上党、齐鲁燕赵、京师等地，②与各地名流作诗唱和，有大量纪游、赠答诗作。今存《石岳诗寄》（1699年）、《石岳文寄》（1717年）。其《石岳诗寄自叙》曰："其可见、可闻、可言者，皆其寄耳。诗，亦余寄也……每遇山川、人物可喜、可愕、可悲、可悟之状，一寄之于诗。"彭桂对林凤冈的诗评价极高，其《石岳诗寄序》曰：

> 能于三君（按，指清初"岭南三大家"屈大均、梁佩兰、陈恭尹）之外，独辟尔宇，盖同堂而异室者也。他日录楚、蜀道途游历诗见示，浑沦乎其有本，浩瀚乎其无涯，立意于象先而不受筌障之缚，造诣于险绝而不矜僻涩之奇，构思精深，遣词含蕴，一原《雅》《南》正始，前入曹、刘、谢、鲍之室，而后絜美开元诸子，俯视大历、长庆，以下弗屑也……今读桐叔诗，究极根柢，删落枝蔓，生于千载之后，而出于千载之前。力雄足以举，气沛足以辅，挽颓风而使之复正，屹然砥柱，不致泛滥汩没以不返者，端在桐叔与二三君子矣。

① 林凤冈《石岳文寄》所载《代寿族兄峙西五十初度序》："己巳（1689年）春，家白下，从周氏园馆游。"《石岳文寄》又载《勤郡王〈无题诗〉序》，蕴端在1690年从郡王贬降为贝子，则此序作于1689年春之后，1690年或之前。
② 据林凤冈《石岳诗寄自叙》及《石岳文寄》。

张其淦《吟芷居诗话》认为林凤冈"五律最佳"。下录林凤冈诗数首。

秋寺

野寺寒天外，南朝古路微。

人依红树入，僧望白云归。

蝉响一山静，秋多群动稀。

莫将城阙事，来与此心违。

游十里河园亭应红兰殿下教

东园同此日，无树不芳菲。

花重枝应折，红多绿转稀。

因风迎客面，如雨入人衣。

美杀怀春鸟，能从锦上飞。

唐解元墓下作

一时芳醑沥荒原，叹息佯狂大节存。

李白暂趋璘幕府，穆生终去戊王门。

春风万片桃花坞，明月三声杜宇魂。

绝代辞华已销歇，野萍寒渚白翻翻。

林凤冈曾专心学习《晋书》"隽丽渊肆"的风格作文，其《石岳文寄自识》自谦曰："文寻《左》《国》《史》《汉》而下，隽丽渊肆者，惟《晋书》，余尝愿学焉而未得也。时狗求请，或有所掇，多顾怀而遗愿已，盖沦溺于古人之渊泽者既深，而才力绌弱，浮沉泛滥，终未臻乎涯涘也。"(据民国《茶山乡志》卷四、卷十二，《霭楼逸志》卷二，民国《东莞县志》卷六十六，《茶山大夫房林光裕堂族谱》，陈贺周撰)

石嶽詩寄自敘

物莫不內有所居而外有所寄而
也其居不可得而見已河聲嶽氣地之寄
不可得而聞已奇文偉業人之寄也其居
而言已余何居余所居余不得而見其居余
不得而聞矣余所居余不得而言矣余可見可聞
可言者皆其寄耳詩亦余也自余歸子舍嘗登
羅浮汎滄海尋日月星河辰極所出處荒荒蕩蕩
疑上故無天下復無地居幾時敬　先大人命足

石嶽詩寄　自敘　一

跡漸半天下山川瑣細不足名矣猶記其大者浮
瀟湘望衡嶽哭長沙問三閭抱石沈淵所過洞庭
入岷江上三峽慨然過神禹之疒鑒見洪荒之未
遠南顧峨眉西瞻玉壘成都桑樹蕞何人棋市
陣圖精靈尚年一日放舟便辭洛沫計懸飛流沫
直下三十餘里舟從天陸疾如劈箭又關以大硸
覆以盤渦若息若鷗或出或沒波爲洪河爲山嶽
高迅雷為疾風耳崩目碎精魂氣血互死互生既
泊夔陵驚撼未息又嘗沂滇越嶺淚彭蠡沿大江

《石岳诗寄自叙》（引自《东莞历史文献丛书》）

石嶽文寄自識

文尋左國史漢而下雋麗淵肆者惟晉書余嘗顧
學焉而未得也時狗求請或有所撥多顧懷而遺
顧已益淪溺於古人之淵澤者既深而才力紲弱
浮沉氾濫終未臻乎涯涘也抑亦前良在望踵美
類難鈬丁酉有夏紀輩簡理殘帙得若干篇私授
梓人錄鑱成持以示余慚懍集膚汗浹洽下背
應無所逃避天下名賢之誚讓也方將忘其貧氅
益奏力古人奚微有一獲數年之後就正於君子
庸許我乎立秋前一日識

石嶽文寄　自識　一

《石岳文寄自识》（引自《东莞历史文献丛书》）

卢挺 粤东名儒

卢挺（1648—1730年），字松士，号鹤亭，增埗村卢屋人（按，《南社谢氏族谱》所载《恬斋公志》称："长适芦边卢仰溪孙其渐"，则卢挺为卢边村人，待考）。

卢挺刚出生五个月，父亲卢其渐去世。顺治五年（1648年），为避兵乱，母亲谢氏带卢挺至南社娘家。家贫，谢氏织布为生，在父亲谢重华的帮助下，备受艰辛，抚育卢挺，与卢挺相依为命，以诗书教育卢挺。卢挺十四岁入书塾读书。有一日，盗寇到南社打劫，各学童闻讯立刻躲藏起来。盗寇搜得卢挺，责问其他学童藏于何处，卢挺坚称只有自己一人，其他学童得以逃脱。卢挺被盗寇抓住后想念母亲，日夜痛哭。盗寇见卢挺非常有孝心，也被感动了，便放卢挺回家。从此，卢挺更加刻苦攻读，博览群书，以诗、古文辞知名海内。卢挺曾在岳父、上元袁古怀的贤贤轩读书。

康熙十七年（1678年），卢挺中举人。次年，卢挺上京参加会试。卢挺仅考了一次会试，没有考中进士便不再考。朝廷授予卢挺官职，要他到幽燕（今河北、北京等地）赴任，卢挺以母亲需要照顾，咫尺难离，没有出仕就任。在家里，卢挺凡出入起居，都跪请母亲之命，被时人称为孝子。陈阿平为卢挺作《卢孝子诗》，云："离母非所慕，贫贱在母旁。"

母亲去世后，卢挺出仕，任归善（今属惠州市）儒学教谕。卢挺教育学子们先德行、后文艺。卢挺讲学必以真知、实践为本。卢挺认为学者治学，要求得与圣人同心，不能有一日倦怠、荒废。卢挺将自己每日的言行记录起来，以备自我考查，写成《介悔录》一书。由于卢挺对自己、他人严格要求，归善的士人一方面很愿意追随卢挺求学，另一方面又很畏惧卢挺。

卢挺为政清廉、耿介刚正。依照旧例，归善的瘦田所未交的赋税、在墟市私收的费用都归县学官员、教师支配。卢挺说："学校不能垄断这些收入！要我收这些钱，这是诬陷我！"依照旧例，提督出巡，县学教官一定要亲自迎送，但卢挺十分刚正，就是不去迎送。又有旧例，低微的官员、衙役只要望到县衙的门就一定要下轿、下马，卢挺认为不妥，向惠州府反映。

后来，卢挺可以和县令一样坐着轿子去到县衙门外。

康熙三十七年（1698年），卢挺母亲谢氏得到旌表。康熙五十一年（1712年），卢挺已去世的父母分别受皇帝敕赠为"归善县儒学教谕""孺人"。

康熙五十二年（1713年），归善遭遇饥荒，卢挺协助有关部门发放粮食赈济，日夜忙于公事。有一日，卢挺见县里的衙役调戏前来归善乞食的少妇，很气愤，将该衙役移交县令重重处罚。

其后，卢挺升任琼州府教授，以老致仕。回乡后，卢挺在八十三岁时去世。去世前，卢挺嘱咐家人丧事从简，不得请僧人、道士。

卢挺著述丰富，著有《介悔录》《四书宗注》《孝经童说》《罗浮山囊》《岭南诗拔》《同然录》《宫墙录》《安民三要》《家礼易知》《朴园诗文集》《冷游草》《鹤和草》等。其事迹被收入邓淳的《粤东名儒言行录》。

在学术思想上，卢挺认为："古今之道，以孔子、孟子为正宗，宋朝程颢、程颐兄弟及朱熹得孔孟之道真传。学者治学虽不能尽同，如果能不违背程朱理学的宗旨，还能称得上是程朱理学的支派，如果违背了程朱理学的宗旨，那就只能称颂他们的行事、政务、文艺等才能，要说其思想纯正，那是说不上的。"

卢挺又认为："旧时关于孔孟之道的邪说歪理，虽然早经朱熹驳辩，但依旧有人重拾旧论，偏袒陆九渊，质疑朱熹。其学说继而演变为朱熹、陆九渊相同之说，又演变为朱熹、陆九渊早年相异、晚年相同之说，又演变为朱熹为阳、陆九渊为阴之说。这些邪说歪理，虽然不时得到世人辩析、驳斥，但因为时世衰落、力量孤单，正宗的孔孟之道依旧没有占据主流，实在让人慨叹不已。如今，朱熹升格为配祀孔子的十二位哲人之一，其思想、著作无不与圣人之学协调一致，这是百世不变的公论。"（据民国《东莞县志》《茶山乡志》《东莞市茶山镇志》，陈贺周撰）

按，民国《东莞县志》称卢挺"弱冠举康熙戊午乡试"，则卢挺约生于1659年，但所引陈阿平《卢孝子诗》称"三十阅年所，昨蒙举孝廉"，则卢挺于三十岁时中举。以卢挺十四岁就塾读书，则以三十岁中举为是。又，民国《东莞县志》卷七十六载卢挺母亲谢氏事，谢氏生卢挺后，"戊子（1648年）避乱居外家"，则卢挺生于顺治五年或以前。

邓廷喆（引自民国《茶山乡志》）

邓廷喆　出使安南，能全国体

邓廷喆（1657年11月27日—1734年3月2日），字宣人，号蓼伊，茶山村邓屋人，邓奇长子。

邓廷喆天性有孝心，三岁失母，哀毁如成人。康熙二十三年（1684年），由副贡中举（第46名），到北京等候吏部选派。

康熙三十二年（1693年），父亲邓奇主持捐资重修广济桥。邓廷喆作《重修石桥宴会》诗，其一云："夹岸楼台一水遥，谁鞭海石跨青霄。济川难续前人绩，题柱今看此日桥。杨柳烟中穿画舫，桃花浪里锁春潮。临流记得元关句，欲唤龙蟠赋夺标。"

康熙三十五年（1696年），父亲邓奇及继母相继去世，邓廷喆闻讯悲痛欲绝，马上赶回茶山奔丧，并自号"蓼伊"以思念父母（按，"蓼伊"出自《诗经·小雅·蓼莪》，此诗表达孝子感恩父母却不能养老送终的悲痛心情）。

康熙三十八年（1699年），邓廷喆作《庠生泉石张公暨元配李孺人墓碑》(此碑今存大岭山镇连平村)，此时邓廷喆的名衔为"乡进士敕授征仕郎内阁诰敕撰文中书舍人"。

康熙四十二年（1703年），邓廷喆主持重修东岳庙，历时两年竣工。邓廷喆作《重修东岳庙记》，记中云："乡人之父老子弟，祈于斯，报于斯，迁善悔过亦于斯，则斯庙大有造于乡也。"

康熙四十九年（1710年），邓廷喆通过考试，特授内阁中书加一级。康熙五十二年（1713年），任撰文掌印中书加四级管典籍事。邓廷喆熟悉各项典章制度，各种事务处理得条理井然。康熙五十二年（1713年）任顺天府乡试考试官，所选拔的都是有才名的隽士。朝中公卿都乐于和邓廷喆交游，但邓廷喆品行高洁，从不征逐于官场应酬之中。海康陈瑸以诗句"至诚能动物，一介不干人"称颂邓廷喆。

康熙五十八年（1719年），安南（今越南）新国王即位，循旧例向清朝请求册封。康熙皇帝下旨派邓廷喆任"钦差册封安南国王正使"，赐一品官服。邓廷喆作《奉命充册封安南正使恭纪》云："时清山海尽梯航，献雉争看古越裳。继世土茅天载锡，一朝册命典重光。绿榕丹橘迎甘露，瘴雨蛮烟捧太阳。自顾微才惭汉节，愿敷文教巩金汤。"增埗人卢挺作《送邓蓼伊先生出使安南》云："天语不违存国体，清风应筑却金亭。"

出关日，商人贿赂邓廷喆，想跟随邓廷喆一行走私货物出关，邓廷喆严辞拒绝。邓廷喆简省随从人员，杜绝私交，所到之处风气肃然。安南国王想按该国礼仪受封，邓廷喆义正辞严地说："天朝的典礼，谁敢逾越？"最终，安南国王依旧制受封。册封典礼完成后，邓廷喆对安南国王的馈赠一无所受。安南官员带着礼物、金银恭送邓廷喆至关口，坚请邓廷喆收下，邓廷喆依然坚拒。

无论是朝廷大臣、沿途驿站官吏还是安南国王、官员，对邓廷喆都交口称誉，但邓廷喆仍保持谦让，从不自矜自大。邓廷喆回到朝廷复命，康熙皇帝对大臣们说："廷喆此行能全国体。"

雍正元年（1723年），雍正皇帝下诏推举廉洁、能干的臣子，内阁大臣列邓廷喆为首名，向雍正皇帝推荐。雍正皇帝下诏嘉奖，特赐予内府鞋子、大貂裘，晋阶奉政大夫，将重用邓廷喆。

雍正四年（1726年），邓廷喆以重修母亲尹氏夫人之墓为由，向雍正皇帝辞官回乡。朝中重臣张廷玉为邓廷喆作《南旋序》，称邓廷喆在中书省任职长达十七年，待人温和，值班专心勤劳，处事能坚持原则，被雅称为"省中故事"（大意为中书省百事通），尤其是担任册封安南国王正使，"宣国威德于炎荒万里之外，正朝仪，却馈金，其事尤伟"。邓廷喆作《出都述怀八首》，其八云："行矣远辞薇省月，归与早趁故园春。宦当淡处溪山好，人到衰年骨肉亲。薄殖几何堪述作，微言一线仰关闽。绿榕丹荔供吟啸，尽检藏书付后人。"诗中抒发思念亲人、家乡风景的感情，也表示将要尽览藏书、勤于著述，将著作传给后人（可能此时已有修《东莞县志》之事）。邓廷喆博通经史，写文章有法度。回茶山后，主持编修《东莞县志》（今存），于雍正八年（1730年）九月编成。

雍正六年十一月初一（1728年12月1日），邓廷喆重修母亲尹氏夫人之墓。邓廷喆又为父亲邓奇修建家庙，倡议修建邓氏七世祖祠，主持重修《茶山邓氏家谱》。

雍正十二年甲寅上元谷旦（1734年2月18日），邓廷喆在去世前十几天，作《茶山邓氏家谱序》，叙述茶山邓氏的源流——"萃南府君，讳大观，宋开庆元年（1259年）贡仕，承直郎，由增城占籍东莞，卓荦豪迈，尝卜寿藏于邑之超萌"，以及重修族谱的重大意义——"窃思人心之涣也，非谱牒以叙之，则若分弗彰；非祭祀以联之，则情谊弗洽"。邓廷喆的落款："诰授奉政大夫，乡进士，内阁诰敕撰文掌印中书加四级管典籍事，前钦差册封安南国王正使、赐一品服，纂修三朝国史、明史兼掌圣祖实录、一统志、大清会典、政治典训、各馆印务，戊戌（1718年）、辛丑（1721年）、癸卯（1723年）、甲辰（1724年）各科文武殿试执事官，癸巳（1713年）万寿恩科顺天乡试同考官，十四世孙茶山邓廷喆谨识。"

邓廷喆尤长于诗，取法于汉魏诗歌，深得时人称颂，著有《蓼园诗草》《蓼园诗续草》《皇华诗略》，今约存五十九首。张廷玉曾为邓廷喆的诗集作序，称邓廷喆言行举止必遵循礼节，淡泊宁静，于人世风华盛丽、一切可欣可羡之事，皆漠然无所动于中，其诗和平温厚，从无标新立异、慷慨激昂之语，亦不事雕绘涂饰，天然风韵，卓尔大雅。

茶山邓屋曾为邓廷喆立"八骑华第"牌坊，纪念邓廷喆任"钦差册封安南国王正使"、赐一品服、出使安南时有八名兵卒骑马在前开道；又曾立"晋掌丝纶"牌坊，纪念邓廷喆曾任撰文掌印中书加四级管典籍事，为皇帝撰写诏书。邓廷喆为其母尹氏夫人所修之墓今存上元村，邓廷喆之墓今存残碑。[据《东莞诗录》、民国《东莞县志》、《茶山乡志》、《邓氏族谱》、《茶山邓氏族谱》（1927年）、《东莞历史人物》、《茶山历代碑刻》，陈贺周撰]

按，《茶山乡志》卷十三《杂录》载邓廷喆逸事二则，下录其一：

康熙五十八年，安南循例请封，诏以邓廷喆充正使，赐一品服。时廷喆官中书，以事归里。奉旨着广东督抚传谕廷喆晋京陛见。廷喆奉旨后即赴省垣，购置一品顶戴袍服。某商见廷喆购一品顶，不胜惊讶，问："何人是一品？"廷喆从容曰："我。"某商轩渠曰："君何由遽至一品？"廷喆微笑不答，旋回寓肃衣冠，拜谒督抚。某商遣人随侦之，乃知其特旨赏赐头品顶戴也。(《茶山杂钞》)

叶至刚 百战大小金川，维护国家统一

叶至刚（1723—1790年），字配义，号集斋，京山村人。

叶至刚有勇气、谋略，器识过人。乾隆十八年（1753年），中武举。乾隆二十二年（1757年），中武进士，授御前蓝翎侍卫。乾隆二十九年（1764年），授陕西怀远堡都司。乾隆三十三年（1768年），升延绥镇标右营游击。其间，大小金川叛乱。

乾隆三十八年（1773年）六月，清军遭遇木果木大败。七月，叶至刚随阿桂（八月被授定西将军）从当噶尔拉撤出，被派驻得胜桥。在得胜桥，叶至刚苦战七昼夜，攻克敌方碉卡数十座。乾隆三十九年（1774年）二月，攻克穆谷。之后，攻克木特、马尔邦等地方。叶至刚《题植榕南尊舅年老先生小照》云："百战金川同奋武，纶音特荫表奇功。"

乾隆四十年（1775年），升西安提标中军参将（按，民国《东莞县志》作"靖远协副将"），代理固原镇总兵。其后，叶至刚为母亲服丧。服丧后，任直隶通州协副将至乾隆四十九年（1784年）。

乾隆四十九年三月丙戌（1784年3月21日），乾隆皇帝任命叶至刚为广东雷琼镇总兵。闰三月二十二日（1784年5月11日），叶至刚觐见乾隆皇帝。六月二十九日（1784年8月14日），抵达琼州府城（今海南琼山）。抵任后，叶至刚巡视各处军营，仅往返七日便完成了巡视，没有惊扰到底层军官、士兵和地方百姓。约在乾隆四十七年（1782年），海南发现石绿山矿藏（今石碌山铁矿），地方土豪拟开采，以重金向叶至刚行贿，叶至刚认为石绿山关乎琼州府的军事攻防，严辞拒绝。

乾隆五十二年十一月十七日（1787年12月25日），叶至刚向乾隆皇帝奏《奏为查阅营伍地方情形》；乾隆五十三年十一月二十二日（1788年12月19日），叶至刚奏《奏报查阅营伍地方情形》。

与叶至刚同时的茶山进士邓大林在《叶氏族谱序》中称："我国朝至刚姻台先生威镇雷、琼，风行剑戟，指日宠眷频加，擢而为大镇国，不诚与平章枢密（按，即京山叶氏远祖叶颙，官至枢密院枢密使）后先辉映也？"

乾隆五十四年（1789年）一月，叶至刚在家乡京山村建府第，门上今存"丁丑进士"红石匾。匾上文字："丁丑进士，乾隆五十四年己酉孟春谷旦，赐进士出身、御前侍卫、官至广东雷琼总镇都督府、诰封中宪大夫、诰授武显将军叶至刚立。""武显将军"为武职正二品。九月，叶至刚因事被革职。约在乾隆五十五年（1790年），叶至刚吞金自杀，享年六十八岁。

叶至刚生平寡交游，待士卒严而有恩，赏罚分明，言而有信，故士卒们甘心为他效力，能以死相报。因此，叶至刚任职各地都能建立军功。大小金川战役是乾隆皇帝的"十大武功"之二，对清朝政府维护国家统一具有重要的历史意义。叶至刚在此战役中屡立战功，作出了自己的杰出贡献。叶至刚曾请款续筑西湖堤，经京山延至鳌峙塘，保护三村农田，此为京西鳌立围之始。（据《东莞诗录》、民国《东莞县志》、《东莞市茶山镇志》、《大井头叶氏族谱》、彭陟焱《乾隆朝大小金川之役研究》、王惠敏《清军难以攻克大小金川之原因探析》、齐德舜《清乾隆攻打川西北大小金川战役研究》、史语所内阁大库档案及京山村叶锡棠先生口述）

京山村叶至刚祠的"丁丑进士"石匾（陈培坤摄）

邓大林（引自民国《茶山乡志》）

邓大林 免赋税，绝摊派，赈饥荒，助乡人

　　邓大林（1728年8月13日—1798年3月4日），字震东，号筠亭，邓云鹤长子，茶山村人。

　　十三岁时，父亲邓云鹤去世，邓大林极度哀伤，几近于死。乾隆年间（1736—1795年），邓大林母亲患病，一片孝心的邓大林向上天祈祷，愿自己减寿以延长母亲的寿命。屡医无效之下，邓大林派人到北京请名医陈修园到茶山诊治，又请谢淮会诊，最终由谢淮治愈了母亲的病。

　　邓云鹤去世后，堂兄邓曾述（邓凤之子，郡廪生，端谨能文）教育邓大林、邓大业、邓大经兄弟三人攻读诗书。邓大林二十岁前补诸生（即经考试而入读府、州、县的各级学校）。乾隆皇帝的侍讲学士、东莞人林蒲封对邓大林极为器重，将女儿林兰雪许配给邓大林。

　　乾隆十八年（1753年），邓大林以《易经》考中举人。乾隆二十六年（1761年），邓大林考中进士，被选为庶吉士，成为国家高级官员的储备人才，入翰林院学习。翰林院的掌院大学士梁诗正、尹继善都对邓大林的文章极为欣赏，曾三次将邓大林的文章列为冠军。京城名流如赵翼、董诰、曹仁虎、陈步瀛等人，都以和邓大林交往为喜。朝中重臣刘统勋、纪昀更是对邓大林寄予厚望。

在翰林院结束学习后，邓大林被授户部山西司主事，继而升任户部云南司员外郎。邓大林在户部任职时，江右（今江西及周边省份）受灾，巡抚申请免除芦税，但别的官员认为江右无免除赋税的旧例，拟不同意。邓大林说："天下百姓都是一样的，江右免除芦税，可援引浙江省的旧例。"福建省督促富人购买稻谷充实官府粮仓，邓大林坚决不同意，说："将官仓的储粮任务压给富人，这是开启官府的勒索、摊派之风。"户部尚书将邓大林关于上述两事的意见上奏皇帝，均获同意。邓大林在户部任职七年，户部的公文均由邓大林撰稿、审定，深得同僚倚重。邓大林曾向乾隆皇帝奏《循古节俭疏》，获乾隆皇帝嘉奖、接纳。

乾隆三十六年（1771年），邓大林任顺天乡试同考官（负责阅卷、推荐）。乾隆三十七年（1772年）秋，晋升为礼部精膳清吏司郎中。不久，邓大林被任命为广西道监察御史。乾隆三十八年（1773年），邓大林以母亲陈氏（1700—1786年）年老，请求辞官回乡。回乡后，邓大林贴心侍奉母亲十余年，当政者罕见邓大林之面。

乾隆三十八年（1773年），茶山重修关帝庙，邓大林作《重修关帝庙记》，记中高度称颂关羽的品德与功勋，"灼见春秋之义则心正，心正则气不屈，气不屈则叱咤风云而所往无敌"，倡导百姓参拜关羽时要"矢敬恭之念以肃苾芬，秉忠孝之衷以遵明训"。

乾隆五十一年（1786年），茶山迁建文庙，邓大林作《文庙记》，云："俾后之人知善无不报，而吾乡俗美风醇，得以称'海滨邹鲁'者，其来有自也。"

邓大林退休后，两广总督孙士毅对邓大林礼遇有加，常常向邓大林咨询广东政事，邓大林知无不言。嘉庆元年（1796年），朝中大臣拟以"孝廉方正"向朝廷特荐邓大林，邓大林力辞。

嘉庆二年（1797年）冬季，东岳庙重修竣工。邓大林作《重修东岳庙碑记》，云："吾愿与乡人各自勖，且交相勖，毋徒外慕敬神之名，将必斋厥心、省乃躬。"极力强调不能在表面上敬神，而是要"有善必迁，无过不改"，人须有德才能得到神灵庇佑。

邓大林《重修东岳庙碑记》(引自《茶山历代碑刻》)

　　嘉庆三年正月十七日（1798年3月4日），邓大林去世，享年七十一岁。邓大林去世后，广东巡抚陈大文说："本朝一百五十余年以来，东莞涌现出林蒲封、邓大林等杰出名贤。时人品评邓大林，称他为'名公'，实在恰当不过！"

邓大林为人一身正气，备受他人敬畏。部中有一位官员喜欢赌博，偶尔和邓大林同住，因畏惧邓大林的正气，即日搬到别处居住。邓大林有雅量，能以德服人。乡里有一个狂妄的年轻人仗着酒醉，谩骂邓大林，邓大林不和他计较。第二天，年轻人的父亲带着他登门向邓大林请罪，邓大林说："他昨天也不是谩骂，只不过是仗着酒劲过来看看我而已。"

邓大林为官清廉，为人外宽和、内严正，对于涉及道义、利益之事，一向谨慎对待，从不收受不义之财。曾有人以良田、重金请求邓大林向当政者说一句话，邓大林严肃坚拒。东莞县的一位官员名声不洁，全县有头面的人为了巴结他，都为他祝寿。该官员想邓大林派人送一个名帖上门，以示邓大林亦向他祝寿，邓大林没有同意。

邓大林喜施予，四遇饥荒，均捐出薪俸并倡议赈灾。宗族中有困难的子弟，邓大林或资助举办冠礼（成年礼）、婚礼，或资助营建房屋。邓大林考虑到有些穷人无钱殡葬，捐出自己的积蓄成立公益金，向穷苦人家施舍棺木。东莞官员、百姓对邓大林的品德、风范景仰数十年。

邓大林曾说："居家处世，须步步反思自省，不可对自己有一毫一厘宽松。"又曾说："认真履行'居敬穷理'四字（按，此为程朱理学所倡导的道德修养方法，意为恭敬自持、穷尽万物之理），便可一生受用不尽。"邓大林的学说多如此类。

邓大林著有《三余斋集》四卷。邓大林妻子林兰雪工诗，著有《小山楼诗草》。邓大林之子邓淳为著名学者、爱国志士。（据民国《东莞县志》、《茶山乡志》、《邓氏族谱》，陈贺周撰）

邓大经 振文风，除积弊，免摊派

邓大经（1732年11月24日—1806年6月16日），字敬敷，号叙轩，邓云鹤三子，邓大林之弟，茶山村人。

邓大经九岁丧父，服侍母亲以孝顺闻名。二十岁前，邓大经即擅声文坛。广东督学吴鸿极赏识邓大经的才能，邀请他到湖南评选考试试卷，对他颇为倚重。

乾隆二十七年（1762年），邓大经考中举人。乾隆二十八年（1763年），邓大经考中进士，授河南内乡县（今属南阳市）县令。内乡县文教不兴，士人品行低劣，邓大经到任伊始，就着手修建学校，振兴文风，遏止士人追逐名利。处理公务之余，邓大经召集学生亲自授课。从此，内乡县学生接连考中科举。

当时，内乡县弊端堆积，例如：土地贫瘠，常常有人在丈量土地时作假、隐瞒，以逃避交税；衙门的书记员、衙役与刁民恶棍内外勾结，通过虚构命案向他人勒索钱财；以前的县令多向百姓出借种子勒索钱财，官府粮仓又陋习相沿，百姓不堪重负。邓大经将这些弊端一一解决。

其时有金川之战（1747—1776年），军役繁兴，当政者常常借口战事所需而摊派任务，邓大经绝不取诸百姓，百姓不受摊派滋扰。邻县百姓因摊派问题和官府打官司，援引内乡百姓未受摊派为例。上司委派邓大经处理此案，邓大经力陈理由，邻县百姓心服口服。

邓大经任职三年，内乡县一片安宁。河南布政使知道邓大经廉洁正直，却憎恨邓大经的廉洁阻挡自己谋取私利，因而对邓大经格外苛求。邓大经愤怒地说："我读圣贤之书，怎能和他同流合污，一起共事？"邓大经以病为由辞官回乡。河南巡抚、按察使交口挽留，邓大经去意已决，内乡县士民一路相送至数百里之外。

乾隆三十二年（1767年），茶山重修纪念明朝乡贤钟云瑞的慕德祠，邓大经作《重修慕德祠记》（载《茶山乡志》卷二）。约乾隆三十四年（1769

年)，茶山设立拜祭东岳庙义塚的公益金，邓大经作《义塚碑记》(载《茶山乡志》卷二)。

邓大经回茶山后，历任东莞县令都很器重邓大经的文才、品德，聘请邓大经任教于宝安书院（原址在今东莞中学），前后达三十多年。邓大经在书院里与学生们谈艺论文，不知倦怠，东莞名士多出其门。晚年，邓大经致力于研究古代文化，尤其推崇朱彝尊。邓大经的诗文委婉舒缓、清澄淡雅，文辞简约而涵义深刻，有朱彝尊的风格。

邓大经为人耿介、严肃、刚正，平日衣着破旧、饮食粗劣，但安然自若。四方士人听闻邓大经的风范，既敬仰又畏惧，但邓大经待人以真诚，故和蔼可亲。

邓大经辞官后，未尝以私事干涉东莞的当政者，但东莞的当政者遇到什么重要事情，都会咨询邓大经。东莞县令史藻（1791—1795年在任）了解到邓大经生活清苦，拟向上级申请以官府荒田的田租资助邓大经，邓大经极力辞谢，没有接受。时人说："邓大经实在无愧于茶山邓氏的'清白吏'家风。"

邓大经于嘉庆十一年四月三十日（1806年6月16日）去世，享年七十五岁。邓大经著有《倚云楼集》四卷。(据民国《东莞县志》、《茶山乡志》、《邓氏族谱》，陈贺周撰)

陈龙安 为东莞争回万顷沙的武进士

陈龙安（1788—1849年），字佐清，号云亭，下朗村陈屋人，后迁莞城。

陈龙安少时品行卓异，侍奉父母能曲尽孝道。嘉庆二十三年（1818年），陈龙安考中武举人。次年（1819年）春，陈龙安赴兵部参加考试。同行考生染上重病，陈龙安倾尽盘缠为其医治，悉心照顾，最终仍不治，遂放弃考试，奔走五千里长途，将其送回家乡治丧。陈龙安重友、仗义之心，可歌可颂。道光二年（1822年），陈龙安考中武进士，钦点即用营守备，被调往防守京师五城。陈龙安以亲人年老，辞职归家。

闲居家乡时，陈龙安喜爱赋诗，偶尔作径尺大字怡情。虽为武进士，但为人谦恭谨慎，有儒士风雅，与举人何鲲、副贡方文炳等人为文字之交，堪称莫逆。母亲去世后，陈龙安守丧期满，不再复出当官。但凡县里有械斗事件，经他只言片语调解，都能顷刻化解。姚黄二姓结怨十多年，经陈龙安耐心排解纷争，双方冰释前嫌。

道光十八年（1838年）十一月，东莞县所属万顷沙被邻县土豪强行侵占，引发纠纷。东莞县人朱国英、方仪辉认为万顷沙是东莞的重大利益，绝不能由此失去，遂将此事告诉何鲲、方文炳。诸生陈荣光亦拿着万顷沙的界限图去和陈龙安商量。陈龙安遂与何鲲、方文炳等人商议如何收复失地，遂召集东莞乡绅前来商量。诸乡绅脸有难色，顾虑重重，不敢出头。陈龙安见此，厉声道："此为东莞重大利益，作为东莞人，你们谁敢不尽心尽力去争取？！此事成了，是东莞之福；此事不成，我个人承担全部责任！"众人遂决意向东莞县、广州府、广东省告状。

道光二十年二月十八日（1840年3月21日），东莞县知县等人到万顷沙实地勘察，抓获邻县土豪的一名帮工，焚毁所筑田寮。同日，陈龙安、何鲲、方文炳、陈荣光等人在万顷沙对面的南沙村为县学明伦堂催收款项，夜泊南沙江边。邻县土豪迁怒于陈龙安等人，趁着夜色派出快艇二只，载四五十位匪徒，用火炮攻击陈龙安等人的船只。陈荣光中炮弹落水，差点死去，幸被救起。陈龙安、何鲲、方文炳等七人被强行掳走，被押送至香山县拘禁，又被控以"趁着田寮火灾、率队抢劫财物"罪名，遭到严刑审讯。

东莞、香山两县各执一词，争地纠纷陡然升级。两县绅民互相诉讼，历时六七年，直至道光二十九年（1849年）才得以解决，东莞县获得大幅土地。诉讼期间，审讯多达数十次，陈龙安都亲自出席。邻县土豪拿出重金，试图贿赂陈龙安放弃诉讼，陈龙安不为所动。事成后，陈龙安也没有居功。

东莞县争回万顷沙的土地后，拨给县学明伦堂作为办学资金，"逐步扩充发展成为拥有巨大财力的地方财团，为晚清至民国时期东莞教育事业的发展提供了强大的经济支撑。"[①]陈龙安对东莞作出的杰出贡献，值得后人景仰。

其时，为东莞争得万顷沙的陈龙安、何鲲、方文炳、陈荣光四人被东莞人尊称为"四君子"。东莞知县张继邹敬重陈龙安的为人，利用资福寺的场地开办学馆，聘请陈龙安为武学教师，为东莞培育出大量人才。

陈龙安晚年正值第一次鸦片战争，英国入侵中国广东。陈龙安作为武进士，激于义愤，作《闻英人因禁烟案入寇，感愤而作》，抒发自己希望请缨出战、"不斩楼兰誓不还"的坚定决心。

> 滚滚烽烟惊粤海，声声鼙鼓震关山。
> 请缨得路思投笔，食肉无谋笑厚颜。
> 谁障狂澜回世变，应凭只手济时艰。
> 黄河自有澄清志，不斩楼兰誓不还。

陈龙安于清道光二十九年（1849年）去世，享年六十二岁。咸丰四年（1854年），洪兵起义军攻陷莞城，经过陈龙安故居时，大家相互告诫，不能对故居有丝毫侵犯。由此可见，陈龙安虽然已经去世，但东莞各界人士仍对其极其敬重。

陈龙安的子孙都有杰出成就。儿子陈鸿光，为候选守备；儿子陈鸿深，

---

① 谌小灵：《东莞古代史》，广东人民出版社，2016年，第325页。

同治十二年（1873年）武举；孙陈高第、曾孙陈官桃，均为光绪三十四年
（1908年）法政科举人。

同治年间（1862—1874年），为纪念为东莞争回万顷沙的"四君
子"——陈龙安、何鲲、方文炳、陈荣光，邑人兴建"报功祠"，今存东莞
中学校园内。报功祠门前对联表达了对陈龙安等人的崇高敬意：遗泽永留
沙万顷，前徽崇祀庙千秋。

（据下朗《陈氏族谱》、民国《东莞县志》卷七十、《东莞文史》第二十
五辑所载玉雨《万顷沙东莞承耕始末》，陈贺周撰）

东莞中学校园内的"报功祠"（1946年在原址重建，黄子良摄）

邓淳 爱国志士，岭南硕儒

生平

邓淳（1776—1850年），字粹如，号朴庵，又号养拙长翁，邓大林三子，茶山村邓屋人。

邓淳出生于官宦、书香世家，谦称"寒家五代甲第"。[①]高祖父邓奇，举人，河南原武县令；曾祖父邓廷喆，内阁掌印中书加四级管典籍事，钦差册封安南国王正使、赐一品服；祖父邓云鹤，举人；父亲邓大林，进士，翰林院庶吉士，广西监察御史；叔父邓大业，举人；叔父邓大经，进士；前母林兰雪，乾隆时侍读学士林蒲封之女，工诗，有《小山楼诗草》。[②]

邓淳少时在父亲邓大林身边长大，父亲每日以古人的格言、善行教育他。[③]十一岁时，父亲命邓淳作《春日登楼》诗，有"置身高百尺，举手摘星辰"句，可知其少年时已有高才，志向远大。陈继昌《粤东名儒言行录序》曰："朴庵学承家训，识力兼长。"嘉庆二年（1797年），邓淳考取秀才。次年，父亲去世，邓淳依礼治丧，尽表孝心。

邓淳早年在广州城北三元宫读书，喜爱陈白沙、王阳明的学说，练习导引术（气功、养生之术），颇有心得。但邓淳读过程颢、程颐、朱熹的语录之后，发现陈白沙、王阳明的学说有其局限之处，遂放弃，转而遍读先儒之书，"历朝有用之书无不毕览"，[④]尤其精研宋朝理学，"悉心古今道学源流"[⑤]，有志于"正学"[⑥]、"振士气"[⑦]。

---

① 邓淳《丙午宾兴，次张小和邑侯韵》自注，张其淦编《东莞诗录》卷五十一，东莞张氏寓园本，1921年。
② 杨宝霖：《〈岭南丛述〉和它的作者邓淳》，《自力斋文史农史论文选集》，广东高等教育出版社，1993年，第97—103页。
③ 邓淳《家范辑要序》："少依先大夫膝下，日以嘉言懿行相告诫。"
④ 邓傃：《岭南丛述跋》。
⑤ 《邓淳》，《国朝岭南文钞》卷十五。
⑥ 陈伯陶纂修《东莞县志》卷七十一《邓淳传》，东莞县养和书局，1927年。
⑦ 陈继昌：《粤东名儒言行录序》。按，本文所引资料未注明来源的，均引自《东莞历史文献丛书》。

邓淳追忆早年与良师益友一起勤奋学习、日不暇给、乐在其中、博览群书、广泛涉猎各门学问的经历，曰：

> 余髫龄时，日承父、师训，矍矍于举子业，不敢他及，又资禀寒劣，身善病，风雅之事，有志未逮。弱冠后，习静于越冈道院（按，即广州三元宫），闭户读书。日与二三益友往来，心性之学若而人，考据之学若而人，古文之学若而人，诗赋之学若而人，制义之学若而人，学彼失此，日不暇给。[①]

> 年二十六，颇厚自期待，自汉唐以迄国朝诸大儒之遗书，俨乎若思，茫乎若迷。即至丹经秘笈，亦必索其奥旨。闲学为古文词，当兴会所至，感慨、悲愤、愉乐之激发，浩然自吐其胸中所欲言，有低徊往复而不忍即下者。不计工拙，聊可怡悦，以为南面王不与易也……余生鲜挫抑，又无名师益友夹持其力之所不逮，故忽忽无所成就。后十余载，始出门观览，自公卿大夫、骚人硕士，往往交接。[②]

邓淳"世家子，无贵介习气"[③]，生平著书自乐，不苟取不义之财。邓淳爱书如命，"生平寡嗜好，惟以诗书为性命"[④]，"赋性迂拙，于祀一无所好，独于载籍，不啻性命"[⑤]，往往不惜变卖家产以购书、藏书，家道因此衰落。邓淳授徒讲学以维持生活，但始终不易其节操。虽然并不富裕，但饥荒时邓淳仍倾资买米赈济族人。

邓淳与番禺刘华东，鹤山陆钟亮、吴岳，阳山谭敬昭，灵山梁炅，香山黄培芳等人为道义之交，"一时贤士多器重之"[⑥]。嘉庆二十年（1815年），新会洋商卢文锦贿赂权贵，硬要将其父卢观恒列为"乡贤"，从祀于文庙。邓淳与刘华东等士人极力反对，刊刻檄文《草茅坐论》，起而攻之。卢文锦向邓淳贿赂一千两银，欲争取支持，邓淳坚拒，卢锦文奸计遂不得逞。世人皆称誉邓淳之正直。

---

① 邓淳《宝安诗正序》。
② 邓淳《养拙斋记》，《国朝岭南文钞》卷十五。
③ 张璐《宝安诗正序》。
④ 张璐《宝安诗正序》。
⑤ 邓淳《岭南丛述·自序》。
⑥ 邓侏《岭南丛述跋》。

嘉庆二十四年（1819年），两广总督阮元纂修《广东通志》，命邓淳采访东莞县事，邓淳编修《东莞县采访志稿》进呈。不久，邓淳入志局司职分校，兼删订明以前列传，前后两年。在志局，邓淳艰辛考订史料，认真校对文字，谨慎评论人物功过。能为本省编修通志，实现自己四十年来的夙愿，邓淳虽然工作忙碌，但甚感欣慰。《志局书怀》诗云：

> 孑孑弓旌下职方，节衡设醴愧三长。
> 校雠两载恒思过，褒贬千秋敢惮忙。
> 言礼无征艰考订，阙文及见慎评量。
> 卌年夙愿差堪慰，景仰前徽勉自强。

《茶山乡志》卷十二："谢里甫曰：'东莞县采访志稿，详整有法。近阅采访册不下数十种，终以此为最善。'……后即将其采访册稿削正，藏之于家，名《东莞县草志》。"邓淳编修的《东莞县草志》五十卷为东莞历代编修的十六种《东莞县志》之一①。邓淳曾祖父邓廷喆曾主持编修雍正《东莞县志》（今存）。邓氏一门，两修县志，其功至伟！

道光元年（1821年）辛巳制举特科，邓淳被征荐为"孝廉方正"（举人），加六品衔，此为极罕见的恩典。

"道光初年，广东一批淡薄科举功名、弃括帖之学、讲求经世致用的士人，开始活跃于士林之中。道光初年，在广州成立的希古堂则是经世致用学派的最初学术团体。这个团体的宗旨是'吾辈讲习，以经史为主，子史辅之，熟于先王典章、古今得失、天下利病，而后发为文'。出于同一宗旨，道光初年（按，其时为道光元年，1821年），在希古堂成员邓淳的支持下，东莞一批青年学子组成了经世致用的团体——'强学堂'。"②邓淳期望学子能"习熟于深造自得之学，以措诸实用"。③

道光十年（1830年），邓淳出版两部重要著作：《岭南丛述》（六十卷）和《粤东名儒言行录》（二十四卷）。"鸦片战争前，广东经世派学者对西方科技进步已略有注意，如邓淳的《岭南丛述》具体地记载了澳门西洋人的

---

① 杨宝霖：《现存〈东莞县志〉叙录》，《自力斋文史农史论文选集》，广东高等教育出版社，1993年，第173页。
② 朱新镛：《论鸦片战争前夕广东的经世致用学派》，《广东社会科学》1987年第3期，第29—36页。
③ 邓淳：《淑艺堂序》，《国朝岭南文钞》卷十五。

'船坚炮利'情况。"① "广东经世致用学派……在全国率先注意西方侵略势力对中国的威胁……十分注意对海防战略的研究。梁廷枏、林伯桐、曾钊、黄培芳、邓淳等均以此见长。"②

道光十三年（1833年）③，两广总督卢坤敬重邓淳的为人、学问，礼聘邓淳主持龙溪书院（在石龙镇）。在龙溪书院，邓淳除了教书育人外，专心读书（"虚堂寂寂一身闲，心恋丛书百虑删"），严谨著书（"翻幸穷愁好著书""宁知旧学本循墙"④）。

道光十九年（1839年），钦差大臣林则徐到广东禁烟。邓淳向林则徐呈献《善后十策》。⑤ "（邓淳等人）是邓廷桢、林则徐领导的禁烟运动的积极支持者……这批爱国知识分子又成为广东地方的士人抵抗派……他们为林则徐提供了大量有关广东海防战略研究的成果……还积极响应林则徐的号召，参与沿海城乡团练，直接领导民众守土自卫……林则徐出任两广总督后（按，1840年1月），梁廷枏、黄培芳、陆殿邦、邓淳等被林则徐招聘入幕，襄助军务，参与广东民族自卫战争的重大决策。"⑥ "（邓淳等人）是当时广东人民反侵略斗争的杰出领导者，在民众中享有很高的声望。"⑦

1840年10月，林则徐被罢黜。"1840年11月，投降派的代表人物琦善到广州后，对外一味妥协投降，对内则镇压爱国民众……广东士人抵抗派首先奋起反击。他们发动了强大的舆论攻势，揭露批判琦善的种种倒行逆施。"⑧

道光二十一年（1841年）正月，英国侵略者义律、伯麦张贴告示于新安赤柱（今属香港），称："尔总督琦善将香港地方让给英国，存有文据，是居香港者为英国子民，事须禀英官治理。"林则徐"闻而发指"，极其愤怒，力劝广东巡抚怡良据实上奏朝廷，但怡良犹豫不决。林则徐又分别与梁廷枏、黄培芳商议，梁廷枏建议由绅士联名上书怡良。梁、黄二人有职务在身，不便出面。邓淳知悉后，自告奋勇，慨然集诸绅士于番禺儒学（今

① 朱新镛：《论鸦片战争时期广东士人抵抗派》，《广东社会科学》1990年第2期第17—25页。
② 方志钦、蒋祖缘：《广东通史（近代上册）》，广东高等教育出版社，2010年，第136页。
③ 杨宝霖：《〈岭南丛述〉和它的作者邓淳》，《自力斋文史农史论文选集》，广东高等教育出版社，1993年，第97—103页。
④ 邓淳：《乙丑岁暮，龙溪书院感怀》《六十自述》，张其淦编《东莞诗录》卷五十一，东莞张氏寓园本，1921年。
⑤ 陈伯陶纂修《东莞县志》卷七十一《邓淳》，东莞县养和书局，1927年。
⑥ 方志钦、蒋祖缘：《广东通史（近代上册）》，广东高等教育出版社，2010年，第136—137页。
⑦ 朱新镛：《论鸦片战争前夕广东的经世致用学派》，《广东社会科学》1987年第3期，第29—36页。
⑧ 朱新镛：《论鸦片战争时期广东士人抵抗派》，《广东社会科学》1990年第2期，第17—25页。

广州农民讲习所旧址）商讨对策。二月一日（2月21日），以邓淳为首，联名上书怡良，希望怡良顺应舆情，"陈师鞠旅""严行剿办""为国宣猷，为民除害"。邓淳又与几十名绅士到总督府和琦善理论。琦善辩称割让香港是出自皇帝之意，又以之前奏章所称"粤中地势无要可握，军械无利可恃，兵力不固，民情不坚"向绅士们辩解，甚至恫吓道："你们不了解情况，还如此争执，早晚会祸及自身，你们好自为之！"绅士们据理力争，有绅士在府中争辩至午后才离开。①

邓淳上书怡良之《联恳严行剿办英夷呈文》，"是英国占领香港之后，我国第一篇反抗英国入侵领土的檄文"②，曰：

> 英夷逞逆，为情理所难容，而将弁被戕，实人神所共愤。既造鸦片，久毒害夫人民；复纵狼贪，遽潜图夫岛岸……乃蠢尔逆夷，公然出示，侈谈听断，妄冀租粮。不独包藏祸心，抑显著恶状。即定海已作前车之鉴，则香港当为先事之防。盈天之地，莫非版章所存；一九之泥，难等珠厓之弃。倘或聚徒蚁穴，窥近虎门，将水陆大费张罗，斯省会岂能安枕？切肤之痛，振臂而呼。淳等素习遗经，稍知大义，怀隐忧而莫释，笃桑梓以弥殷……仰唯宪台大人，为国宣猷，为民除害。仁望陈师鞠旅，彰天伐之明威；禁暴锄强，顺舆情以挞伐。③

怡良得到士绅们的舆论支持，当天批示曰："据呈，具见该绅士等忠诚笃棐、义胆轮囷，同深敌忾之心，倍切澄清之志……愿与该绅士同听凯歌。"其后，怡良上奏朝廷，投降派大人物琦善被革职查办。

"1841年8月……留守香港的英军，以广州当局违反《广州和约》为借口，多次炮击广州，破坏江口设防，袭击布防船只……新任两广总督祁坤无策以对，只好求助于广东士人抵抗派及广东民众的力量了。为此，广东士人抵抗派的一批领袖人物，如梁廷枏、黄培芳、邓淳、曾钊等人，又先后受聘为祁坤的幕僚……广东士人抵抗派首先直接以官方的名义，更广泛

①据梁廷枏《夷氛闻记》卷二及邓淳《联恳严行剿办英夷呈文》。
②杨宝霖：《爱国志士邓淳和他的〈岭南丛述〉》，中共东莞市委宣传部、东莞市文学艺术界联合会主编《东莞历史人物》，广东教育出版社，2008年，第428页。
③广东省文史研究馆编《三元里人民抗英斗争史料》，中华书局，1978年，第80页。

地动员组织民众……在长达一年之久的广州防卫战中，广东士人抵抗派成功地进行了人力、物力、财力的总动员，有效地维持了广东战场的战略优势，造成了一个'有歼敌之备'的全民总体战的局面，从而挫败英国侵略者以偏师控制广州，并把不平等条约强加于广东民众的企图……在中国近代反帝斗争历史中是有深远意义的。"①

道光二十一年（1841年）十二月，邓淳在广州作《羊城有感，时辛丑腊月》，发表对时势的看法，抒发自己作为儒士而参与抗英斗争，"画策岂求当世誉，论兵惟与古人期"的爱国热忱，及"我欲中宵破智高""撚须虽老气犹豪"的壮志豪情。②

> 经年锻甲总徒劳，豕突狼奔扰海涛。
> 圣主求贤颁凤诏，疆臣筹饷竭民膏。
> 谁能除夕擒张格，我欲中宵破智高。
> 夜夜凭栏看太白，撚须虽老气犹豪。
>
> 银海潮头鼓角悲，白龙赤豹拥旌旗。
> 烽烟诸将征偏守，瘅励孤臣信亦疑。
> 画策岂求当世誉，论兵惟与古人期。
> 从军自昔推名士，想象袁宏露布时。
>
> 七尺昂然愧角巾，茫茫学海尚迷津。
> 休惊岁月催残腊，好藉风霜励此身。
> 偶占浮名应减福，得餐脱粟未为贫。
> 平生不肯因人热，谁是敲门送炭人。

道光二十二年（1842年），"英逆将入海珠，创立码头"，邓淳认为"今乃逼近榻前，益增内患""诚为百姓之大害，国家之隐忧"，愤然作《讨英夷檄》，强烈抨击英人"凶残之性甚于虎狼，贪黩之心同乎蛇豕""盛贩鸦片，毒我生灵"，沉痛揭露疆臣大吏"自撤藩篱""竭百万民庶之脂膏，保

---

① 朱新镛：《论鸦片战争时期广东士人抵抗派》，《广东社会科学》1990年第2期，第17—25页。
② 邓淳：《羊城有感，时辛丑腊月》，张其淦编《东莞诗录》卷五十一，东莞张氏寓园本，1921年。

一二庸臣之躯命""不顾国仇民怨，遽行割地输金"，号召广东民众"结同仇以明大节""共行团练，仿轨里连乡之制，指顾得百万之师"。[1]此檄文叙事、议论如江河下海、酣畅淋漓、力重万钧，邓淳忧国忧民之心喷薄而出、溢于言表。檄文以骈文写成，字字珠玑，音节铿锵，读之令人热血澎湃。

讨英夷檄

钦惟天朝大一统，岂容裂土以与人？而草野效愚忠，但知杀贼而报国。我天清抚有天下二百年来，列祖列宗以圣继圣，举凡食毛践土，久浃帝德而洽皇仁。即在化外穷荒，亦戴天高而履地厚。四海澄镜，万国梯航。距中国数万里外，西南诸夷亦莫不候月占风，输诚效顺。乃独英吉利者，其主忽女而忽男，其人若禽而若兽，凶残之性甚于虎狼，贪黩之心同乎蛇豕，恒蚕食乎南夷，辄夜郎以自大。乾隆、嘉庆间，英夷叩关纳谷，渎请舟山，两圣人洞烛其奸，严行斥绝。然自此勾串粤省奸商，私住澳门岛上，盛贩鸦片，毒我生灵。伤民命，奚止数百万众；耗民财，岂仅数千万金？并敢屡杀唐人，匿不交凶抵命。万众痛心疾首，盖数十年于兹。而英夷之窥伺天朝，其所由来者渐矣。

道光十八年（1838年），我大皇帝察知英夷之横、鸦片之毒，急欲培养国脉、护惜黎元，因黄鸿胪之奏，而即如所请，特命公正廉明之林尚书，颁给钦差关防，来粤查办，收蛮烟而停市易，清支流而绝来源，猛以济宽，法中寓德。英夷不知悔罪，竟尔肆逆称兵。黄阁主和戎之议，自撤藩篱。乌云多蔽日之奸，甘为谬丑。以致三年以来，逆夷恃其船坚炮利，由粤入闽，历浙入江，据我土地，戕我文武，淫我妇女，掠我赀财，致使四省生民惨罹锋镝，九重宵旰备极焦劳。盖暴其罪状，罄竹难写；洗我烦冤，倾海莫尽。实神人所共愤，覆载所不容。迩者，江南诸当事亦用粤东故智，甘为城下之盟，竭百万民庶之脂膏，保一二庸臣之躯命。诚有如金大理所奏者，夫英逆不过荒外一岛夷耳，其来动劳数万里，其众不过数万人，我天朝席全盛之势，灭此跳浪么魔，

①邓淳：《讨英夷檄》，袁应淦编《茶山乡志》卷三，石龙南方印务局，1935年。

何啻长风扫箨？奈何疆臣大吏，惜命如山；将士武夫，畏犬如虎。不顾国仇民怨，遽行割地输金。有更甚于南宋奸佞之所为者，此诚不可解者也。

尝历观其奏牍，英夷本无能也，而张大其强横；兆民本奋勇也，而反谓之涣散。无非胁我主以必和之势，而得幸逃其欺君误国之愆。试观金大理牍所奏，"藉敌要挟"一语，真字字严于斧钺矣。民等伏读明诏有万，"无可奈何之中，不得不俯允所请"，又有"朕以重任付诸臣，诸臣无非还朕一'欺'字"之旨。仰见圣天子英明神武，烛诸臣之无能，念士民之忠愤，暂为羁縻于目前，而亟图振发于事后，将示天下以不测之神威也。

夫逆夷性等犬羊，贪得无厌，和之真伪，不问可知。试观上年英逆寇粤，自据四方炮台，遂尔肆行奸掠。若非北路各乡社义民，杀其兵头，歼其鬼卒，势必毫无忌惮，破城焚劫，以大快其凶贪，何肯以六百万之金钱，即刻解围退去？所可惜者，困鱼入釜，抽薪来五马之官；放虎还山，曳甲夺万民之气。一日纵敌，数省祸延。兴言及此，真可为伤心痛哭者也。且上年和约之时，原议退出龙穴，还我虎门，香港亦是暂留，兵端从兹永息。讵知曾未踰时，而前盟顿背。二虎炮台，木龙横踞；五羊门户，铁牡谁关？于今三年，莫能收复。既行诈于岭表，复遑问乎江南。

唯我大皇帝，手握金镜，胸秉玉衡，循以大字小之义，而曲顺乎天防。非族逼处之嫌，而密为之备。恭绎丝纶，昭如日月。当事方谓逆焰方收，甘作处堂之燕雀；设复祸机猝发，徒为入肆之豚鱼。律以负国之诛，一死奚能塞责？诘以偷生之罪，百口亦复无词。流芳百世，遗臭万年，所争只在几希之项耳。当事者念及此，谅必亦知奋发也。民等生当景运，世受生成，读书者图报国恩，击壤者敢忘帝力？早矢忠以励节，愿敌忾以同仇。

兹闻英逆将入海珠，创立码头。不惟华夷未可杂居，人禽不堪并处。直是开门缉盗，启户进狼。况其向在海外，尚诱汉奸；今乃逼近榻前，益增内患。窃恐非常事，有不可以言尽者。若他国群起效尤，更将何以策应？是则英逆不平，诚为百姓之大害、国家之隐忧。惟不共戴此天，方无愧于血气。如甘同履斯土，是真全无心肝。

前者恭读上谕："士民中果有谋勇出众之才，激于义愤，团练自卫；或助官军，或焚击夷船，擒斩大憝；或申大义，开启愚顽，能建不世之殊勋，定膺非常之懋赏。等因。钦此。"民等钦奉王言，共行团练，仿轨里连乡之制，指顾得百万之师；按实田捐饷之方，到处有三时之乐。无事则各归农业，有事则协力戎行。踊跃同袍，子弟悉成劲旅；婉娈如玉，妇女亦解谈兵。

嗟夫！昔日雍容坐镇，谁令寇在门庭？只今慨慷指挥，誓看波恬沧海。庶几金汤巩固，纾圣主南顾之忧；鲸鳄歼除，雪薄海敷天之愤。呜呼！结同仇以明大节，鉴此丹忱；伸天讨而快人心，赖兹义举！天神共鉴，莫负初心！

右檄贴处，凡民各宜守护。倘有撕去，即是汉奸。见者即拿送明伦堂，鸣钟齐众，交官严办。凡读檄文而感奋者，即优隶亦为忠臣；若闻义举而阻挠者，即搢绅亦为贼子。务宜自爱，为望切切！

道光二十二年（1842年），邓淳侨居莞城西门拾芥园。[①]邓淳此时已年近七十，早年"抱经济，欲有为于世，而郁不得展"[②]，如今更是"忧国有心空按剑"[③]，"触目伤心"[④]，对时世已无能为力，只能避居城中陋巷，在贫困交加中将一切看淡，埋头著述。"嗜古好学，留心载籍，老而弥笃，且穷居在下，刻刻以转移风俗为念。心古人之心，行古人之事，纵藏而未达，其为功则一也。"[⑤]

道光二十五年（1845年），邓淳写成《家范辑要》。道光二十八年（1848年），邓淳出版《主一斋随笔》十二卷。

二十年前，邓淳已有选辑《宝安诗选》的构想。侨居莞城拾芥园后，

① 罗嘉蓉《宝安诗正续集自序》云："丁未岁，适邓朴庵先生侨寓吾里。""丁未"字旁有涂去而尚可辨认的"壬寅"二字，邓淳有《癸卯至日感怀，时寓城西尹氏拾芥园》，故可知邓淳当在壬寅年（1842年）侨居莞城。
② 张璐：《宝安诗正序》。
③ 邓淳：《癸卯至日感怀，时寓城西尹氏拾芥园》，张其淦编《东莞诗录》卷五十一，东莞张氏寓园本，1921年。
④ 邓淳：《宝安诗正·示诸子任》。
⑤ 郭汝诚：《宝安诗正序》。

邓淳命秀才罗嘉蓉"于各处故家搜求遗集以备选录",①以一年多的时间,在道光二十七年（1847年）初步编成《宝安诗正》六十卷,至道光二十九年（1849年）正式编成。邓淳编辑《宝安诗正》的根本目的,是"存一方之掌故""不过借选诗为名目耳",认为此书"成否关乎一邑之气运"。②邓淳痛心于东莞历史文献散佚、毁灭,虽然年老、穷困、患病,仍怀抱着强烈的使命感,以"余日无多"的紧迫感,不顾旁人讥讽,③日夕不停,亲自竭力选辑、校对东莞历代诗歌,以了此二十年来一大心愿。邓淳在《病中检校〈宝安诗正〉书中错误之字》《宝安诗正序》《示诸子侄》中,详述编辑此书的艰辛、用心良苦,实在令人动容、景仰不已。

病中检校《宝安诗正》书中错误之字

摊书扶病竟忘辛,日日抄胥秋复春。

亥豕校雠疑信判,蠹鱼身世简编亲。

问心是我犹非我,横议谤人即吉人。

养拙长翁应看破,求全之毁任来频。④

迩来人心不古,触目伤心,往往有抒写予怀之作。间取宝安先正诗而讽咏之,欣然有味,每慨陈、祁二先生之诗录不可得见,而故家遗俗多有文献无征之叹。常劝同人纂辑前诗,以存一邑之掌故,而日迈月征,迄无成局。余年已及耄,精神日竭,老病日增,不得已,草草成书,汇为六十卷,名为《宝安诗正》,盖取《新语》之言而名之也。其体例则仿之《明诗综》,或因诗而存其人,或因人而存其诗,并博征史乘暨名人之评论以为据,辑诗而史之义通焉。日夕校雠,每见有子孙遗籍全归澌灭者。不得已,竭力旁搜,珍留片纸,以为吉光之宝。不禁涕泗交颐,彷徨呜咽,聊抱区区之心,以对先哲。若云有守残之功,则其痛心更有不可言者矣。⑤

---

①罗嘉蓉:《宝安诗正续集自序》。

②邓淳:《宝安诗正·示诸子侄》。

③邓淳《病中检校〈宝安诗正〉书中错误之字》自注:"时有讥余辑诗为好事。"张其淦编《东莞诗录》卷五十一,东莞张氏寓园本,1921年。

④张其淦编《东莞诗录》卷五十一,东莞张氏寓园本,1921年。

⑤邓淳:《宝安诗正序》。

宝安诗选之举，断不宜缓。二十年前已蓄此志，但恨搜罗不广，兼之年来困厄益甚，一切抄工纸料，所费不少，故极劝同学中力肩其事，积有岁月，依然延缓如故，观此光景，并无可靠之人。余年已及耄，余日无多，不得已，复为冯妇，以了此心愿……余近日选辑《诗正》，旦夕不停，精神耗惫。选诗费神无几，采辑名人评论，费神更多，常有一人之诗，而至三易稿者。耗力耗财，当此老年苦境，更难胜任，只得竭力向前，断不至为山九仞，功亏一篑也……此辑原是存一方之掌故，不过借选诗为名目耳。[1]

在编成《宝安诗正》后的次年（道光三十年，1850年），邓淳去世，享年七十五岁。弥留之时，邓淳赋诗云：

虚度韶华八十年，立功立德两茫然。

兢兢唯有存真性，还与苍冥一昊天。

著述

邓淳一生勤奋著述，据民国《东莞县志》卷七十一载："著有《粤东名儒言行录》二十四卷，《乾惕录》二卷，《主一斋随笔》十二卷，《家范辑要》三十卷。又博涉群籍，搜访粤东故事，著《岭南丛述》六十卷。他著有《宝安诗正》六十卷，《邓氏献征录》八卷，《朴庵存稿》十卷，《家谱》十二卷。"另有《东莞县草志》五十卷、《罗山文钞》等[2]。

下面，按时间顺序，引用相关资料，简略介绍邓淳的现存著作。

《岭南丛述》六十卷，道光十年（1830年）出版。

邓淳《自序》曰：

吾人学问之功，大而天地山川、礼乐兵农、盛衰人事，小而器用、草木、鸟兽虫鱼，与夫生平耳目所及，可喜、可愕、可悲、可愤者，莫不有其所以然之理，必多识而并蓄之，以为格致之助……淳赋性迂拙，于祀一

---

① 邓淳：《宝安诗正·示诸子侄》。
② 袁应淦编《茶山乡志》卷十二，石龙南方印务局，1935年。

无所好，独于载籍，不啻性命。以之诵读之暇，辄取岭南事实，略为札记……列目四十，厘卷六十，名曰《岭南丛述》。

杨宝霖《〈岭南丛述〉和它的作者邓淳》曰：

全书分40目：天文、岁时、舆地、群山、诸石、水道、宦纪、礼制、乐器、文学、武备、伦纪、流品、人事、知遇、身体、疾病、梦征、闺阁、服饰、宫室、墓域、器物、珍宝、饮食、百花、草木、竹藤、百果、蔬谷、飞禽、走兽、鳞介、昆虫、技术、神仙、释家、怪异、诸蛮、靖氛。举凡有关广东的天文、地理、物产、风俗、人物、古迹，以及文学艺术、科技、少数民族等，都记载详细，可以说是道光年间广东的百科全书，是研究广东历史不可缺少的资料……《岭南丛述》记载最详细的是广东的物产，其凡例第4条云："各门均载其大略，惟鸟兽鱼虫草木珍宝不敢不详。盖鸟兽等物虽繁而有定，人物各门愈引愈无穷。"卷三二至三五等4卷中记广东出产的手工业制品多达250余种，其中广东出产的香就有58种，是自古以来记载广东香的出产最详细的一书。

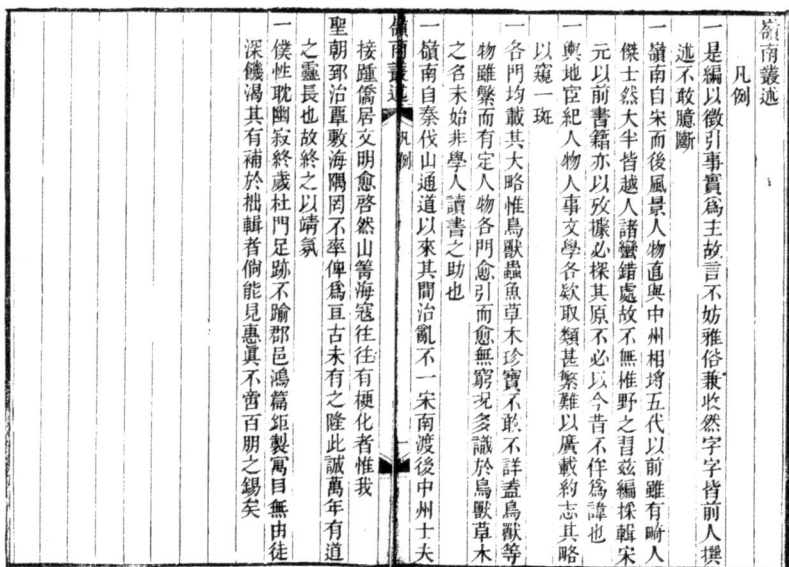

《岭南丛述》书影（引自《东莞历史文献丛书》）

《茶山邓氏家谱》于道光九年（1829年）开始编写，道光十年（1830年）编成。原书十八卷[①]，今存三卷。

邓淳《重修〈茶山邓氏家谱〉序》曰：

尝读《礼》，有曰："尊祖故敬宗，敬宗故收族。"然则，欲萃其涣、停其浇，莫要于修谱……继自今，吾愿与父老子弟，共明其谱牒之道，守礼秉义，勿诈勿欺，毋以富而轻贫，毋以贵而凌贱，毋以众而暴寡，有无相通，酒食相洽，庶无负祖宗十数传之积累，岂不休哉！

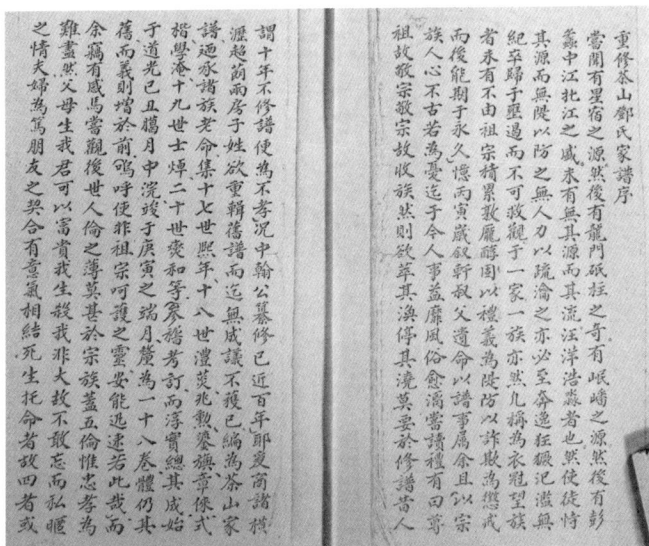

邓淳《重修〈茶山邓氏家谱〉序》

《粤东名儒言行录》二十四卷，道光十一年（1831年）出版。

陈继昌《序》曰：

予观其自汉至国朝，凡砥行励志、实用及人之贤，罔不搜罗散逸，其事其言，或他人评论，一一采而列之而已……是朴庵辑书之旨，欲人人同归于善，不溺于汙浊……其留心乡国名贤，以为振士气之资……朴庵心术之正，更于焉可见。

①据邓淳《重修〈茶山邓氏家谱〉序》。民国《东莞县志》卷七十一则称"《家谱》十二卷"。

邓淳《自序》曰：

昔之儒者，暗修一室，研穷夫天人性命之旨，驰骛乎道德仁义之途，怀文抱质，探委穷源，靡不腾茂当时，垂训后世……后之人，抚其遗编，流连慨慕，从数百年之后而追述数百年之前，窃不禁考其微言，标其奥旨，且述其生平行事，以志向往之私焉……予不自揣，僭加搜括，共得八十人，题曰《粤东名儒言行录》。典型具在，瘼寐羹墙，是有望于吾粤之有志向上者，仰不独有望于吾粤已也。

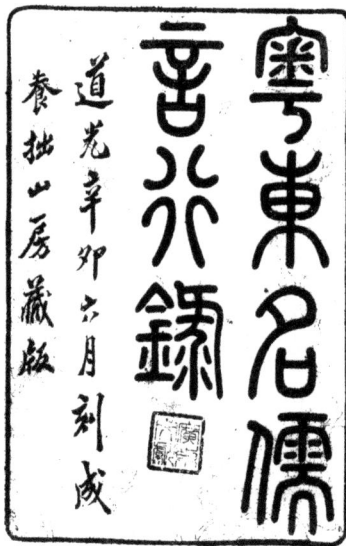

《粤东名儒言行录》书影（引自《东莞历史文献丛书》）

《家范辑要》原书三十卷，后删减为二十卷，道光二十五年（1845年）成书。

郭汝诚《序》曰：

其卷凡三十，其目凡四十有四，其征引古今成书则凡四百七十种有奇，不可谓不博矣。然求厥旨归，书以说理为宗，教人以正心端品为务，则又约之至也。凡所采入前言佳行，言率取浅近之言，事率皆日用寻常之事。理不越动作、云为之恒辞，已撮修齐治平之要。语浅，虽妇孺可通；语大，即圣贤莫外。可为法于天下，可传于后世，又岂仅教子侄、垂宗规、训后嗣已哉……使人人各置一册，果能身体力行之，将见以之教家可也，以之教国可也，即以教天下，亦无不可也。

《家范辑要》书影（引自《东莞历史文献丛书》）

邓淳《家范辑要自序》木刻手迹（引自《东莞历史文献丛书》）

《主一斋随笔》十二卷，道光二十八年（1848年）出版。

郭汝诚《序》曰：

邓君朴庵嗜古好学，老而弥笃……其书皆先正格言，间或抒以己见，盖其平素开卷，随时随地，心有所得，即便登记，久而成帙。厘订凡十二卷，大之可觇天德王道之全，小之不遗人官物曲……参议处则不泥于古，不庾于古……灼然有卓见，确然有特识。

《主一斋随笔》书影（引自《东莞历史文献丛书》）

《宝安诗正》六十卷，成书于道光二十九年（1849年），今存残本。

黄恩彤《序》：

邑之先达陈、祁两公，旧有《宝安诗录》前后二选，岁久失传。邓征君粹如广蒐博访，汇取自宋迄今乡先生遗诗之犹存者，上自荐绅，下迄韦布，旁及闺媛、方外、仙鬼，共得六百余家，分为六十卷，依朱竹垞《明诗综》之例，于作者、年代、事实，录存梗概，以为知人论世之征。书成，命曰《宝安诗正》……正诗教，以正人心；正人心，以正风俗。转醨为醇，激薄成忠，温柔敦厚，将于莞之士民望之，又岂徒网罗散失、表章昔贤、有功于桑梓之文献也哉？

在邓淳之前，明朝东莞人陈琏、祁顺先后编辑《宝安诗录》，但二书"岁久失传"。邓淳在罗嘉蓉的协助下，在去世前竭力编成《宝安诗正》六十卷。《宝安诗正》如今虽只传残卷，但张其淦编《东莞诗录》时，"（邓朴庵征君）《宝安诗正》六十卷，余之得据以成《东莞诗录》者，征君力"。[①]可见，无邓淳编《宝安诗正》六十卷之功，断无现存之张其淦《东莞诗录》。邓淳保存东莞历史文献之贡献，可谓至伟矣！（陈贺周撰）

《宝安诗正》残本之《示诸子侄》（引自《东莞历史文献丛书》）

①张其淦编《东莞诗录》卷五十一，东莞张氏寓园本，1921年。

袁煜勋（引自民国《茶山乡志》）

袁煜勋 桑梓维持推巨擘，桂兰培养属仔肩

袁煜勋（1837—1906年），字煜基，号燨卿，《茶山乡志》编者袁应淦之父，上元村人。赋性灵敏，过目不忘，童年即熟习五经。同治元年（1862年），成为生员（秀才），但多次参加科举均未考中举人。同治十二年（1873年），成为岁贡、候选训导（府、州、县学的副职），以赈捐出力，奖中书科中书衔。

袁煜勋父亲早逝，性至孝，奉母惟谨。母亲年老，袁煜勋不忍远离母亲到外地任职，遂在茶山乡设塾授徒，远近学子皆来求学。袁煜勋教学循循善诱，教学所得的一半收入都用以奉养母亲。

袁煜勋热心公益、教育事业。同治八年（1869年），袁煜勋等五人倡立"惜字会"，置有地一块、商铺两间，所得租金收入除请人捡拾字纸外，亦用于施舍棺木以安葬遗骸。1929年，惜字会提供款项，由袁敬仁等人开办私立茶园小学校，对茶山教育贡献良多。

同治十三年（1874年），袁煜勋倡议重修祖祠，撰《重修本祠碑记》（此碑今存）。

光绪三年（1877年），袁煜勋与同仁筹得六百两银，由袁煜勋所在的惜字会提供场地，重建杨公祠（按，杨公即嘉靖年间东莞县令杨守仁，于保卫茶山大有功者）。袁煜勋撰《杨公祠记》，期望"扬义声于既往""振义气于将来"。

光绪四年（1878年），袁煜勋有感于乡间法纪渐渐消失、百姓道德观念薄弱，出现弱肉强食的现象，认为如果从教育入手，便可以从根本上变革社会风气，遂与同人一起募集一千五百两银巨资，重建茶山社学（原址在今茶山粮所附近）。袁煜勋撰《重建社学引》，期望茶山社学能"型方训俗，整顿章程"，让茶山"复睹乎文风之盛、乡俗之淳"。社学重修落成后，光绪五年（1879年），袁煜勋又与同人筹得二百余两银，在社学旁"辟径筑亭，栽花莳木"，建成"咏觞小筑"，以为乡中文人、学子雅集、吟咏之所。落成之际，袁煜勋欣然作诗云：

> 安排两载小园开，觅竹移花几度栽。
> 书画未曾经我读，咏觞先已有人来。
> 秋中续兴频追月，夜半吟香索补梅。
> 堪笑后尘聊学步，何如王骆少年才。

光绪四年（1878年），袁煜勋又募集三百余两银改建张王爷庙。袁煜勋撰《募建张王爷庙碑文》曰："社学既振乎文风，斯庙又邀乎神贶，则吾乡之气运，非一绝大转机哉？"光绪年间，袁煜勋还与同人一起募建义居亭，为行乞的贫苦之人提供栖居、停尸之所，撰《重建义居疏》。

鹏南学田由明朝茶山巨富刘钜设立，用以资助茶山学子读书，已有三百多年历史。社学落成后，社学同人集体决定用东岳庙起马银（属公费）缴纳鹏南学田的赋税、支付茶山学子每年年初的集会费用，两年间用了二十两银。此举遭乡人当面讥讽。袁煜勋大为感慨，认为："有志者尚且不食嗟来之食，我们虽然穷，但岂可忍受被人污蔑挪用公费？大丈夫光明磊落，与其被人认为是沾了公费的光，不如我们自己捐款解决！"袁煜勋遂撰《签题鹏南会引》，希望"为斯文作气，一以扩前人未竟之绪，一以益后人新进之徒"。袁煜勋与乡中学子一起捐款，筹得一百二十两银，除归还之前所用东岳庙起马银外，其余存于商铺中收取利息，用以资助茶山学子、培育茶山的向学之风。此事不仅可见袁煜勋热心教育，亦可见其清高正直、廉洁奉公，值得后人景仰。

袁煜勋除了热心公益、教育事业外，亦着力于革除茶山乡的旧有陋习，常常出面主持公道，压制豪强，扶助弱小，肃清盗匪，维护社会安宁。在袁煜勋的主持下，茶山乡"试场不染补枪劣习，乡曲不受赌博陋规""风俗逐渐转移，至宣统间尚能保存秩序，不可谓非遗泽孔长也"。

袁煜勋七十岁卒于家。挚友刘淦清回忆袁煜勋生平、功绩，撰文悼念曰："忆社学之重建，赖竭力以经营。集钜赀于社会，不崇朝而数盈。革旧染与汙俗，务守正分兢兢。豪强挫而歛迹，宵小畏而潜形。幸闾阎之安靖，庞有吠而不惊。今则盗风渐炽，破闸启扃。官办善后，笃念老成。简升社长，倚若长城。方期持正秉公，乡风振起；锄奸去恶，匪类肃清。设两等之小学，修文事而奋兴。"乡人钟焕文撰挽联云："一去不复还，问主持公道，乡社更有何人？"门人尹大亨撰挽诗云："岩岩气象仰吾师，公道乡中赖主持。"门人彭鹤林撰挽诗云："桑梓维持推巨擘，桂兰培养属仔肩。"皆可见袁煜勋对茶山功绩甚大，为茶山一乡倚重。

袁煜勋去世后，其子袁应淦为其整理遗稿，编成《奕馨堂稿存》二卷。
（据民国《茶山乡志》，陈贺周撰）

谢遇奇（南社村委会供图）

谢遇奇 建威将军

　　谢遇奇（1832—1916年），字慕渔，南社村人。咸丰十一年（1861年）武举，同治四年（1865年）武进士（第四十二名）。其父谢荣卿是一名乡绅。在七个儿子中，谢遇奇排行第三，其弟谢彪奇为武举人，兄长谢瑞奇为武生、蓝翎守备，其故居从前有"兄弟科甲"牌匾。

"兄弟科甲"牌匾（陈贺周摄）

"建威第"牌匾（陈贺周摄）

227

同治十年（1871年），沙俄帝国企图蚕食中国西部领土，清朝廷告急。同治十一年（1872年），身为中军守备的谢遇奇率6万精兵将士，随军务钦差大臣左宗棠西征平乱，克复甘肃金积堡、乌鲁木齐、辑怀、昌吉、呼图壁城及达板、托吐城、玛纳斯、南城，历补副将，赏换音德本巴图鲁花翎，历官金门协副将、顺德协副将，署漳州镇、南韶连镇总兵，封建威将军（正一品武官），署广东水师提标前营都司，特授广东提标中营参将。

英国继道光二十二年（1842年）强迫清政府签订《南京条约》，侵占香港后，光绪二十二年（1896年）八月，又要扩展租借九龙新界至深圳湾界址。光绪二十四年（1898年），谢遇奇参与谈判租地条约，结果把界址划至九龙深水埗太子道。

光绪二十六年（1900年）十月，谢遇奇任中军参将。光绪二十七年（1901年），代理右营游击。光绪二十九年（1903年）十月，复任前营都司阃府、中右营中军守备。

光绪三十一年（1905年），谢遇奇告老归田，解甲还乡。朝廷为表彰其功绩，特赐其在故乡南社村兴建家庙。谢遇奇家庙为全国重点文物保护单位，坐南向北，三间二进二廊一天井合院式布局，占地面积约294平方米。头门匾额阳刻"家庙"，年款"光绪辛丑年"，落款"陶濬宣题"，挂"荣膺一品，祀享千秋"对联，进门有挡中屏风。后堂悬挂"载德堂"木匾。

全国重点文物保护单位——谢遇奇家庙（陈培坤摄）

宣统元年（1909年），清政府新筑广九铁路，要穿南社村的祖坟而过。村民以破坏祖坟风水为由，不许动工，调解不成。当时县令黄凤祺多次亲临调解，均无效而返。后由朝廷行文宪谕邀请谢遇奇出面解决，铁路离坟前十四丈而过，并委任谢遇奇为监工。宣统三年（1911年），谢遇奇与东莞县探花陈伯陶以及张其淦等人为东莞县万顷沙明伦堂慈善社董事，掌管慈善公益事务。（据《东莞市茶山镇志》、民国《东莞县志》等，吴沃根整理）

袁应淦（袁应淦后人供图）

袁应淦 广东名儒，《茶山乡志》编者

　　及门袁功甫手其先德意园先生《意园集》来，嘱为之传。集内诗文渊永沉雄，不懈而及于古，缘其幼承尊人燮卿明经庭训，家学夙有渊源。以名宿讲学粤中，人物、朋徒极一时之盛。尝谓圣贤为学，所称"主敬行恕"大要，都从人已事物外面分明处做起。功夫虽兼动静，而必从动始；知行虽是合一，而必自知始；良知虽有可致，而必从穷究事物始。于王阳明、湛甘泉学说以外，另树一帜。诗文则其余事耳。

　　先生在茶山筑有意园。同邑陈伯陶探花题联云："意适尊鲈张返棹，园忘花鸟董垂帷。"以汉董仲舒推许。园中有传薪堂、鸿宝阁、汲古斋、墨池馆、锄月轩、烟霞窟、烂柯亭、碧云天、雨亭小筑、兰苑诸胜。易县陈云诰太史纪诗刻石，无锡钱基厚参议作《意园图诗序》。鸿宝阁藏书多宋元精椠，及手钞孤本《袁崇焕督师章疏遗诗》。墨池馆碑帖，则有三代金石文八种、秦汉刻书十五种，钟繇、阮籍、刘伶、阮咸、向秀、嵇康、山涛、王戎、索靖遗书四十八行，均盖有意园收藏印鉴。后经兵燹，惜多散失。先生集外著作尚多，若《六经考》，若《平秩南讹解》，若《禹贡修堤辨》，若《茶山志》，若《茶山文诗拾遗集》，若《莞沙续集》，若《意园小草》，若《课儿诗草》，与功甫所著书合刊为《意园丛书》，番禺叶恭绰部长题序。

先生蓄德砺行，廉介持正，不容偶干以私，自甘淡泊，于世俗纷华漠然无动于中。1924年，任东莞县第六区区长，非其志也。解组后，隐居不仕。年七十，聪明犹强，著述不辍。所为古文词，欲迫蹑古作者，不屑苟同于世俗，然吏治之得失，民生之忧戚，类皆能言之。所谓明道义、维风俗以正人心者，君子之志；而其词足以尽其志者，君子之文也。番禺商衍鎏太史赠句云："人境庐存元亮老，名山书著史迁勋。"颇得其梗概。

室三：嫡周、继翟、侧刘。周著有《季薇集》，四川谢无量馆长序称"以史见长，神解精识，能窥及前人所未到处，殆今之曹大家"云。翟雅嗜诗歌，爱梅成癖，先生戏谓"梅妻"。子三：学甫、功甫、亮甫。功甫工诗古文词，协审黔南，兼任国立贵州大学教授，造士尤多。

先生广东省东莞县人，名湛恩，号雨亭，一字应淦，人皆称为意园先生。1933年2月28日捐馆，终年七十有三。

论曰：先生出处颇类渊明，其不戚戚于贫贱，不汲汲于富贵，亦类渊明。惟渊明有《责子》诗，先生则可称父作而子述也。

按，本文原题为《意园先生传》，转载自《意园续集》。本文作者为金曾澄。金曾澄，字湘帆，广东省番禺县人，早岁尝游学日本，旋任广东高等师范学堂监督、广东省教育厅厅长、广州大学校长、中山大学校长，著有《澄宇斋诗集》。

附录：

袁湛恩（1861 1933年），字应淦，号雨亭，别号荔坡居士，上元村人。国子监太学生。幼随父读书，以颖异闻，出试辄列前茅。应光绪己丑（1889年）恩科，不中；辛卯（1891年）、甲午（1894年）连战北闱，皆下第。于是放情诗酒，募修万寿庵，日与同道咏觞其中。又辟"意园"，设帐讲学。1924年，任东莞县第六区区长。著有《意园集》《意园小草》《课儿小草》《荔坡谈余》《茶山文诗拾遗集》《茶山乡志》等。（据《东莞市茶山镇志》）

袁应淦重修之万寿庵（引自民国《茶山乡志》）

袁应淦墓（在上元村，由中山大学原校长金曾澄题字，陈贺周摄）

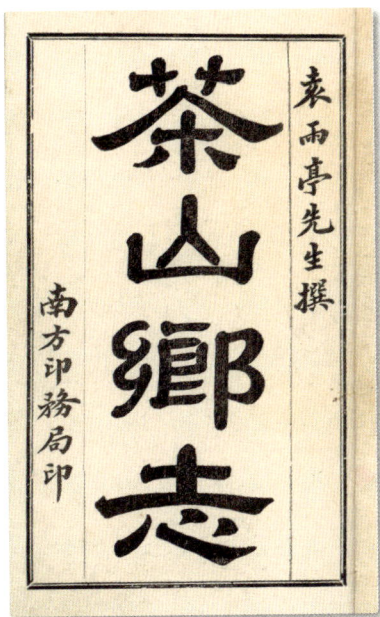

袁应淦所编《茶山乡志》是
茶山最重要的历史文献之一

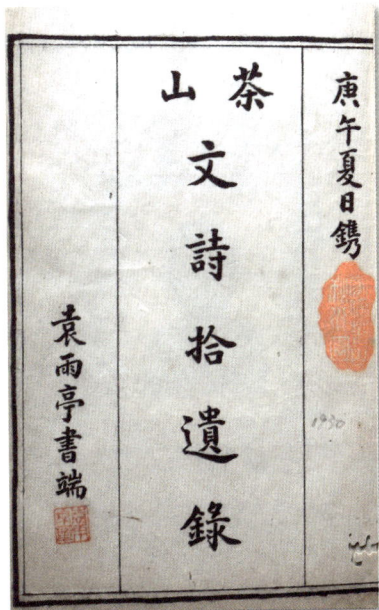

袁应淦所编《茶山文诗拾遗录》
扉页上的袁应淦题字

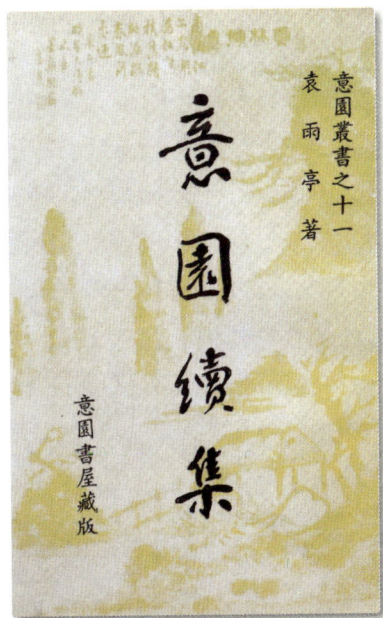

袁应淦所著《意园续集》

袁应淦所编《茶山文诗拾遗集》

陈官桃（引自《东莞中学建校105周年纪念》画册）

陈官桃 为民请命，不阿强权

　　陈官桃（1880—1933年），字红宝，号恭甫，下朗村陈屋人。儿童时即聪颖如成人，少年时从康有为、梁启超游，卓有声誉。光绪二十四年（1898年），以县冠军补博士弟子员。光绪二十八年（1902年）九月，东莞学堂（东莞中学前身）创办，陈官桃任国文教师。其后，随叔父陈高第留学日本法政大学，得学士学位。光绪三十年（1904年），奉旨赏给法政科举人。宣统元年（1909年），廷试一等第六名，授内阁中书。陈官桃认为朝廷低级官职难以施展所能，改授河南省即用知县。到河南开封后，河南巡抚吴重熹与陈官桃讨论新政，对陈官桃大为惊叹、赏识，奏补镇平县知县。吴重熹爱惜人才，请陈官桃不到镇平县赴任，任命他为抚署总文案。陈官桃统筹河南内外政务，明敏善决，案无留牍。因劳绩卓著，奏以道员补用。

　　河南有某地煤矿富饶，数万矿工以此为生。英国人觊觎煤矿，向清朝索要开采权，清朝只得允许。数万矿工失业后，聚集起来请求废止合约。陈官桃和吴重熹商议后，向清朝据理力争。但清朝十分软弱，不敢得罪英国人，反而屡次下旨申斥河南省。最终，吴重熹罢官而去。临行前，吴重熹执着陈官桃的手说："我为保卫国权、为民请命而失官，实在一无所憾。如果不是你，我又怎能成此美名？"

辛亥年（1911年），署河南巡警道兼学务处督办。其时革命军兴起，河南为中国南北枢纽，各路民众乘机起义，烽烟四起。省会开封受到剧烈冲击，一日发出几次警报，眼看就要被攻破。河南省长官胆怯，弃城先行逃跑。陈官桃毅然担起稳定河南的重任，整肃军队，安抚百姓，成为稳定时局的中流砥柱。事件平定后，陈官桃丝毫没有居功。省长田文烈到河南后，对陈官桃说："如果不是您主持防卫，开封的事态就不可收拾了。真想不到您一介书生，却能稳定危局！"

1912年，陈官桃任河南警察厅厅长。1913年，任广东高等检察厅厅长。1914年，任河南高等审判厅厅长。旧时的制度，法官任命严资格、重考核，职务升降有明文规定。1920年，法部执政者无视规定，任人唯私，法官靠关系升官之风日盛。陈官桃用人不阿部长之意，遂辞官而归。陈官桃说："我今日辞官，可以无愧于为民请命而辞官的前河南巡抚吴重憙了。"回乡时，陈官桃车里所载的除了书籍，别无长物。河南人为纪念陈官桃的高尚品德，为其建生祠。

陈官桃为官清廉，在河南高等审判厅厅长任内公费所余十万余元，没有私取一分一毫，而是用于建新办公楼，故河南高等审判厅大楼十分宏伟、壮观。河南人每每指着河南高等审判厅称颂陈官桃为官廉洁、不苟取。

辞官后，陈官桃以书卷自娱，虽然贫困到要出卖所居住的房子，但陈官桃依然心胸豁达、毫不介怀，尤喜欢奖掖后进，每每教导他们要培育品德、磨砺操行。(据《茶山乡志》《东莞市茶山镇志》，陈贺周整理)

袁良骓（引自《东莞英才录》）

袁良骓 参加淞沪抗战，为抗日救亡作出贡献

　　袁良骓（1891—?），上元村人。袁良骓排行第七，少年丧父，自小受家庭的影响，从记事始，在意识朦胧中，感到清政府腐败无能，萌发了振兴中华、洗刷国耻的爱国思想。他常说："男儿为国家，哪怕马革裹尸还。"他勤奋好学，十几岁就考取了广东陆军军医学堂学习西医。他认为进入陆军军医学堂既能学到新知识，又能投笔从戎，是报效国家的好途径。

　　在军医学堂期间，中国社会发生了伟大的变革，孙中山先生领导国民革命推翻了清王朝，建立了中华民国。袁良骓立志追随孙中山先生，满腔热血投身革命。他在上学的同时接受革命党给他的任务，写传单，传消息，担任通讯联络等工作，在同学中已崭露他的文采和组织才能。有一次袁良骓组织了几个同学，配合革命军缉捕害民的窃贼，得奖金100大洋，在学堂中一时传为佳话。

　　随着革命形势的发展，国民党内各派系的斗争越来越激烈。1920年，孙中山在广州大力革新军政机构，新组成的粤军大多数是拥护孙中山三民主义的，其中李济深、莫雄、邓演达、陈策、廖仲恺等都与袁良骓有密切的联系。

　　1922年初，正值北伐军节节胜利之时，心怀叵测的陈炯明阴谋夺取军政大权。他乘革命军后方空虚，刺杀了孙中山的得力将领邓铿，继而炮击广州观音山总统府，妄图杀害孙中山。幸得林直勉等人在危难中奋力救助，孙中山先生暂避于永丰舰，困于白鹅潭，形势十分危急。此时袁良骕革命立场坚定，不顾个人安危，紧守岗位，通过秘密渠道与支持孙中山的海军取得联系，终于使孙中山先生成功脱离虎口。经过了这一战火的锻炼，袁良骕更坚定了跟随孙中山先生革命的信心，成为国民党左派的中坚一员。

1925年，孙中山先生不幸逝世，革命与反革命力量激烈较量。1926年，袁良骕任宋庆龄侍从参谋。当北伐军迅速向北推进时，以蒋介石为代表的国民党右派于1927年公然发动"四·一二"反革命政变，屠杀共产党人和国民党左派人士，解散工农武装，革命又陷于低谷，大批左派人士受迫害，袁良骕只好和少数同志转辗到了上海，一边开设福生医院谋生，一边与上海的洪帮势力联合，在洪帮的致公堂中成为有名望的大哥之一。他以隐蔽的方式积极宣传孙中山的革命主张，积蓄革命力量。这时他和驻上海的十九路军总指挥蒋光鼐、军长蔡廷锴等志气相投，过从甚密。

1932年1月28日，日本帝国主义在上海向我十九路军发动突然进攻，我十九路军奋起抵抗，屡予敌军重创。在悲壮的33天淞沪血战中，袁良骕以特殊身份，以军民合作的形式组织了抗日救亡后援会，与十九路军紧密配合，抗击日寇。他联系各界人民，组织义勇军、运输队等，并协调各方的行动。他领导的致公堂的弟兄们直接组成情报队、通讯队，在十九路军的统一布置下作战，对前线战斗起到重要的作用，并得到宋庆龄、何香凝的支持和帮助。特别是在这场战争中，袁良骕有机会与中共江苏省委卢涛同志接上关系。

淞沪抗战以后，蒋介石调十九路军去福建与红军作战，妄图用这一着棋达到他一石二鸟的如意算盘。这时的蒋光鼐、蔡廷锴等已看透了蒋介石"攘外必先安内"的反动政策。他们在开赴福建之际便秘密邀请了袁良骕同去福建另图大计。1932年7月，十九路军调到福建，蒋介石催迫十九路军"围剿"福建苏区，十九路军的领导人一边敷衍蒋介石，一边紧张地筹划对策，同时与中国共产党联系，谋求合作反蒋。中共中央派潘汉年、卢涛等同志到福建，开始了抗日反蒋的谈判。这时陈铭枢、李济深及其弟李济民也到了福州，参加了具有历史意义的谈判。翌年10月，双方签订了《反日反蒋的初步协定》，积极筹划建立中华共和国人民革命政府。在谈判和筹建新政府的工作中，袁良骝卓有成效地参加了文件起草和宣传工作。他敏捷的思想、文字上的功夫，以及谈判方面的才能，深得李济深以及十九路军领导人的欣赏。

1934年初，蒋介石调动军队十多万人，从浙、赣分路攻入福建。蒋介石亲自坐镇建瓯指挥。不久，泉州、福州相继被攻占，人民革命军不得已退入广东，被陈济棠收编，袁良骝跟随李济深等人民革命政府领导人，历尽艰辛险阻到了香港。一时轰轰烈烈的人民革命政府以短命告终。其后，李济深、袁良骝等人被蒋介石南京政府明令通缉。袁良骝居港后，因得到洪门兄弟的帮助，不久便在弥敦道挂牌行医，坚持为劳工及穷苦民众定时赠医送药，受到当地民众欢迎。

注：此文由袁思劼同志供稿，编者作了删改，顺此致谢！（转载自张磊《东莞英才录》，略作删改）

卢洪婉 宁可沙场阵上亡

"不要寂寞在家过，宁可沙场阵上亡！"这是卢洪婉（1920年1月12日—1938年11月，日期不详）烈士生前的豪迈誓言，也是她短暂而值得缅怀的一生的形象写照。在民族危难的时刻，她毅然带着弟妹离开温暖的家庭，在抗日救亡的第一线上忘我战斗，无私地把自己的一切献给了伟大的民族解放事业。

立志

1920年1月12日，卢洪婉出生在莞城北隅世科里一个商人家庭。祖父卢麟书原籍茶山增埗，在沙墩靠打鱼摸虾维持生计。后因生活所迫，跑到莞城给人打工。经过数年的日夜操劳，节衣缩食，积攒了一笔血汗钱，跟别人合股做些小生意。卢洪婉的父亲卢庆寿，自青年时代开始就随父从商，以此维持全家的生活。卢洪婉共有6个弟妹，堂兄卢居谦、卢华（卢宗）由于其父早逝，亦随卢洪婉一家生活。

卢洪婉从小勤劳俭朴，勤奋好学。自懂事起，她就帮着母亲张玲料理家务，照顾弟妹。她不仅自己从来不讲究吃穿，还经常教育弟妹不要追求有钱人家的奢华生活。因此，深得母亲的钟爱和弟妹的敬重。

1935年夏，卢洪婉考入东莞中学读初一。年底，爆发了"一二·九"运动。运动的洪流很快波及广东。东莞中学的全体学生在学生会主席王鲁明（王寿祺）同志的领导下，在12月16日停课上街示威游行。十五岁的卢洪婉夹在示威的人流中，心情显得格外激动。她一次又一次地高呼着"停止内战，一致对外！""打倒日本帝国主义！"的口号，开始了人生道路中具有非凡意义的转折。她经常打听北平爱国学生运动的消息，如饥似渴地阅读《铁流》《八月的乡村》等进步书刊，探求抗日救国的道路和真理。读初二那年，她叫卢居谦为她画了一个炭像，自己在炭像下面工工整整地题写了"不要寂寞在家过，宁可沙场阵上亡！"的豪迈誓言，然后庄重地安放在房间的桌面，作为自己的人生抱负和教育弟妹的座右铭，立下了为国为民的崇高志向。

1937年初，中共东莞临工委书记谢阳光和赵学同志在莞城西门口开了一间"阳光书店"，秘密推销进步的报刊、书籍，并以此来联系当地的进步青年。卢洪婉与堂兄卢居谦经常到"阳光书店"阅读进步书刊，还秘密买了《共产党宣言》《大众哲学》《八月的乡村》等一批进步书籍，在家里建立了"图书角"，与弟妹、堂兄一起阅读、议论，教育弟妹树立爱国思想和远大理想，把家庭变成一个爱国主义的教育阵地，为以后全家支持革命、参加革命奠定了良好的思想基础。

救亡

1937年"七七"芦沟桥事变后，东莞的抗日救亡运动在中国共产党的领导下开展得如火如荼，迅速遍及城乡。卢洪婉满怀革命激情，于1938年1月参加了何佳同志领导的"东莞县妇女抗敌同志会"（简称"妇抗"）。她与战友梁霞冰、尹柳眉、尹叶枝等同志积极排练救亡歌曲、话剧，深入到大街小巷和附近乡村进行宣传演出。有一次下乡演讲，天气很冷，在下户活动时，她把自己的棉衣送给了一位患病的妇女，冒着严寒继续下户宣传，当地群众都为之感动。与此同时，她还与张玉蝉、尹柳眉等同志到郊区农村办妇女识字班，经常忙到三更半夜才回到家里。第二天一早，又参加"妇抗"组织的"啦啦队"，到大街小巷呼喊着抗日救亡的口号……在火热的救亡运动中，卢洪婉光荣地加入了中国共产党。

1938年8月，为支援前线抗战，广东全省开展了"八·一三"献金运动。"妇抗"在中共东莞中心县委的直接领导下，在莞城搭了三个"献金台"，发动了一个"献金"募捐运动。卢洪婉热情奔放，积极行动。她一方面与"妇抗"的战友们深入到学校、街道、商店、茶楼、酒馆去宣传发动；另一方面带头把母亲用多年积蓄为她精心选购的两只金戒指、一只金手镯献了出来。同时，还动员弟弟卢焕光、卢佳分别献出了一个袋表和两个积攒了多年的钱筒。

1938年秋，日寇的飞机加紧对广州和东宝惠三县的公路交叉点和市镇进行扫射、轰炸。在日趋严重的紧张局势下，卢洪婉参加抗日工作的心情越来越迫切。当时，"妇抗"正准备开办一个"救护班"，组织妇女学习战地救护的知识和本领，以适应战时之需。卢洪婉求之不得，立即报名参加。在救护班学习期间，她从不迟到、早退，专心致志地听医护人员讲解战地救护常识，很快学会了一套战地救护的本领。有一次，日寇的飞机在万江渡头丢下了几颗炸弹。卢洪婉和战友们一听到爆炸声，立即奔向渡头，迅速为伤员洗伤、包扎，及时把重伤员抬到东莞医院抢救，并主动协助医院做好护理工作。她们的行动受到了广大群众的称赞。

丰碑

1938年10月12日凌晨，日寇在大亚湾登陆，东莞的形势十分紧张。次日，卢洪婉刚吃完晚饭，"妇抗"的同志跑到她家，说晚上在公园成立抗日游击队，征求她去留的意见。卢洪婉毫不犹豫，立即动员弟弟卢焕光、妹妹卢洪珍，与堂兄卢居谦一起，匆匆收拾行装。父母见状，顿时感到有点难舍难分，便对卢洪婉说："阿婉，弟妹的年纪尚小，你也刚刚初中毕业，待读多几年书再出去吧！"卢洪婉向双亲耐心地讲了"国破家必亡""国家兴亡、匹夫有责"的道理，坚定地说："爸爸、妈妈，现在正是民族危难之际，难道我们能坐以待毙么？"卢焕光、卢洪珍也一起帮着做双亲的说服工作。孩子们切合时势的说理和满腔的革命热情，有力地叩动了父母的心扉。他们两眼饱含热泪，慢慢地向卢洪婉点了点头，勉励孩子们到部队好好地干。当晚，卢洪婉带着卢焕光、卢洪珍，与卢居谦一起，告别了家庭，赶往东莞公园，参加了东莞抗日模范壮丁队。

参军不久，卢洪婉被派到东坑一带开展民运工作。10月底，与弟弟卢焕光一起，被调到黎协万同志的政工队，开赴怀德做虎门要塞司令部守备团的统战工作。到守备团后，卢洪婉与政工队的战友们密切配合，一方面深入到当地群众中，动员群众捐钱捐粮，积极设法帮助守备团解决给养问题；另一方面深入到连队，废寝忘食地向广大士兵宣传抗日救国的道理，力图争取他们坚持就地抗战。11月，守备团因上层"恐日病"复发，从东莞撤向宝安。卢洪婉与战友们随队边撤边继续做争取工作。11月底，守备团撒开政工队，从大船坑往七娘洞的方向撤走。同志们很气愤，但为了争取守备团的下层官兵团结抗日，于是马上沿着守备团撤走的方向继续前进。在途经龙华圩西门楼时，不幸遭到进攻南头的日寇的袭击。卢洪婉与队长黎协万等五位同志壮烈牺牲，年仅十八岁。

卢洪婉牺牲后，遗体被弃于龙华河边，水浸日晒，腹内长满蛆虫，惨不忍睹。七天后，政工队的战友重返龙华，怀着万分悲愤的心情与龙华的群众一起把几位烈士掩埋在散兵坑里。不久，模范队开赴到龙华，在那里举行了追悼会，并树碑纪念。

卢洪婉等烈士的英名，永远与龙华的历史丰碑共存。(陈铣鹏撰，本文根据袁鉴文、赵学光、卢佳、万明等同志的回忆编写。转载自《东莞英烈》)

钟学修（引自民国《茶山乡志》）

钟学修　从教终生，编修茶山文献

钟学修（1877—1954年），字叔敬，茶山村钟屋人。

钟学修生于书香门第。祖父钟梦桂（号月樵）曾师从博罗大儒韩荣光（号珠船），得其诗、书、画三绝之传，蜚声艺苑。父钟焕文，曾任内阁中书，有政声，工书画，致仕后，任东莞明伦堂沙田局董事，卓有成绩。

钟学修故居（骆炳根摄）

钟学修幼承家学，师从袁燮卿、袁应淦（民国《茶山乡志》编者）父子，为二人高足。光绪二十四年（1898年），钟学修考中东莞县秀才，以才华超卓闻名全县。1906年科举废止后，钟学修入读广东教忠师范学堂，师从岭南儒宗朱次琦（号九江）之高足凌孟澂，为朱九江再传弟子，学问得承朱九江衣钵。

钟学修作为东莞名秀才，有感教育之重要，不屑走上仕途，甘愿为人师表、为国育才，曾任东莞县立第八初级小学校［光绪二十九年（1903年）在茶山设立］校长。1911年1月，开办敏初小学，学生约50人。1914年，钟学修与刘淦清、钟学超、刘文亮等人倡议开办茶山两等小学校。钟学修亦曾在东莞县立第一小学（在莞城）任教数年。

1938年，东莞沦陷，钟学修义不屈辱、不愿事敌，避居香港，设帐授徒，与学生同仇敌忾，爱国人士多入其门。其时，茶山乡中有土豪横行霸道，为仇家所杀，诡称抗日就义，乡绅倡议为其立碑纪念，请求钟学修撰写碑文，钟学修严辞拒绝。暨南大学创始人郑洪年在《钟秀才墓志》中对钟学修的气节大加称颂，曰："临节义，不屈挠苟从。"

作为孔孟"圣人之徒"（学生桓少甫语），钟学修在教学中"传孔孟仁义之道，授圣贤修身之教……非徒以词赋为尚也"（学生钟拔语），"治学严谨，执教认真，焚膏以继晷，恒矻矻以穷年"（学生陆宝瑜语）。钟学修曾告诫学生曰："器莫大于不矜，学莫大于善下，害莫深于侮物，福莫盛于与天下为亲。"（大意：人的器量，莫大于不自矜；为学，莫大于善于处于下位；为害，莫深于轻慢、侮辱他人；福祉，莫盛于与天下人相亲。）钟学修其言、其教，"盖几于道也"（学生桓少甫语）。

钟学修终生以教书为业，学生大多勤奋好学、品行优秀，东莞名士多出其门，如民国军政要人李扬敬、徐赓陶，诗人刘品薑，名医朱敬修，财经学者袁功甫等，知名学生有陆宝瑜（璧轩）、李才达、袁振鸣、桓少甫、钟炳文、杨秉公、陈达权、钟养然、陈景贤等。

钟学修虽然声名远扬、桃李遍天下，但从不醉心利禄、游走于权贵之门，反而淡泊明志，以此自重。"游心万物之表，遁世无闷，以自适其适。丹铅书史，穷年矻矻，曾不知老之将至"（钟学修《与陈子砺先生书》）。"其待人也以谦，其处事也以谨"（学生桓少甫语），"与人言，娓娓不倦，即之蔼然仁者之风"（陈雪轩语）。

在治学方面，钟学修师承袁应淦之"良知虽有可致，而必从穷究事物始"学说，主张"通经致用"，于学问无所不窥，旁涉医学。"学问淹博，尤粹于《易》。每观察世事，榷其情伪，计其成败，多如其言"（郑洪年语）。"讲学之余，从事著述，间以诗书自误，与邑中名宿时相唱和，道德文章，为世所重"（陈雪轩语）。"其为文，骎骎入古；为诗歌，要皆梓桑事迹，为人心世道所关。论者谓其诗简洁温厚，得风人之旨"（郑洪年语）。

钟学修"怀瑾握瑜，效法圣人之韬光，贤者之遁世，从不以诗文炫人"（学生钟拔语）。

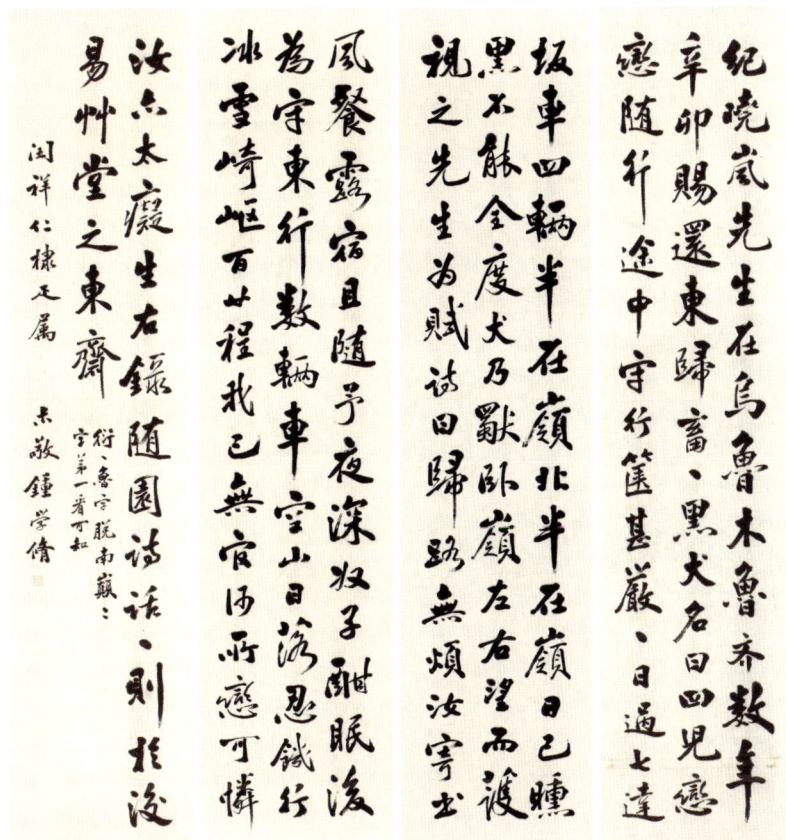

钟学修书法（引自《文掀后浪 艺继前徽：东莞市茶山镇文艺巡礼》）

1926—1927年，钟学修与其师袁应淦及刘文亮共同编修《茶山乡志》，为发掘、保存茶山历史文献作出了不可磨灭的贡献。1948年，钟学修编成《淳家坊钟氏族谱》，此谱亦是茶山历史文化的重要文献。钟学修专心研究《易经》，曾花三年寒暑写成《后易草堂易注》二十卷，另著有《三国疆域图说》一卷、《后易草堂诗存》一卷、《后易草堂笔记》一卷、《涵芬堂诗剩》等。这几种著作今不存，仅《后易草堂笔记》一书之文散见于民国《茶山乡志》。1993年，学生陆宝瑜（璧轩）、袁振鸣等人为其编辑散佚诗文，编成《后易草堂诗文集》。

钟学修所编《淳家坊钟氏族谱》

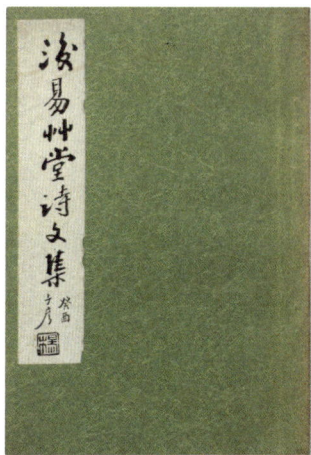

钟学修《后易草堂诗文集》

钟学修工书善画，"人得其尺幅者，辄珍同拱璧"（郑洪年语）。今存钟学修书法若干，2010年所编《文掀后浪　艺继前徽——东莞市茶山镇文艺巡礼》载其书法四幅。（据《茶山乡志》《意园续集》《后易草堂诗文集》《石龙镇志》《文掀后浪　艺继前徽——东莞市茶山镇文艺巡礼》，陈贺周撰）

附录：

钟学修是联坛高手，各酒楼都请他代撰对联。他曾为广州荔湾酒楼撰联："荔子正绯红，问谁似东坡饱啖，太白狂吟，结一番诗酒因缘，胜西湖金碧楼台，买醉看花不觉好；湾头新涨绿，况对此短棹疏烟，小娃歌月，添几许风光旖旎，比南汉昌华旧苑，美人芳草更何如。"典雅清新，为上乘佳作。

民国初年，酒楼尚无女服务员。某酒楼开业，他撰联："到此试烹茶，虽无绿袖红裙，且倾两盏，说地谈天，万事抛开休再问；莫漫愁沽酒，对此清风明月，好买一壶，猜三喊四，千金散尽还复来。"

有一尧天茶楼，请钟学修代作对联十副，如"三径菊松陶令酒；一帘风月羽公茶"等，皆典雅有致，文气逼人。

谢砺生是民国时茶山的名中医，于1928年10月10日，为其第二子和第三子同时举行婚礼。这在当时是空前之举，传为佳话，好友纷纷撰联致贺。钟学修撰联："试歌南国琼华，看堂著交辉，屈指恰逢双十节；争羡谢家宝树，喜阶庭竞秀，并头齐放两三枝。"袁雨亭（应淦）初度为翁时，是钟学修的老师。钟学修以联贺之："玉树长程门，喜枝有鸾栖，之子桃花歌灼灼；春风留稗榻，幸躬陪鲤对，河洲荇菜咏关关。"

20世纪20年代，茶山寺下村一梁姓村民家祠落成，钟学修精心撰一联贺之："华胄仰金貂，记当年纡紫拖青，济济都成廊庙器；璇阶多玉树，愿异日争荣竞秀，森森蔚起栋梁材。"（据《东莞联话》，吴沃根整理）

刘君任（引自《东莞英才录》）

刘君任 —一代哲人，创校育才

　　刘君任（1899—1961年），又名毅起，字树声，别号枕剑楼主，增埗村塘边人。父亲刘伟庭乃前清武举人，母邓氏乃名门闺秀。

　　刘君任1922年就读于香港圣保罗书院，后任教于香港基督教青年会。他对中国历代名画细加揣摩，再师造化，参以己意，妙得于心，不落俗套。由于酷爱美术，函授于美国华盛顿美术函授学院，对西洋画更有深湛的研究，其画融中西于一炉，妙笔生花，名声鹊起。

　　刘君任除绘画外，对书法、诗词、音乐、摄影等无所不好，凡与美学有关者，无不深入研讨。他又从香港白鹤派宗师吴肇钟习武功、剑术，能文能武，多才多艺。

创校育才

　　刘君任是著名的美术教育家。他有感于当时香港有"文化沙漠"之称，便立志于弘扬中华民族传统文化艺术，以培养人才为己任。他不畏万难、克服艰险，于1931—1933年先后创办万国艺术专科学校和万国美术函授学院，为香港教育司署第一间注册之艺术学府。刘君任亲任校长，主持校政。

校舍原在九龙何文田太平道，校舍宽敞，设备完善，分设有中画、西画、雕塑、文学等系，及图、工、音、体、师范系，培育中小学师资专才，当时教育司署甚为赞赏。

刘君任著有中国画函授课本十册，西洋画素描、水彩、油画等课本二十四册，均经教育司署审定采用。函授学生除香港外，云南、四川、贵州、上海、北京等远道参加者不乏其人。不辞邮程迢递，从不间断。

嗣后建筑物易主，遂迁弥敦道，迨香港沦陷，乃停办三年，胜利后复原于太子道，并加办夜校，往日诸生未竟所业者纷纷归来，极一时之盛，成为香港著名的艺术学府。迨刘君任归道山，校政遂由其夫人周世聪主持，述事继志，守节抚孤，劳瘁心力，备尝艰苦，以迄1995年始告结束。六十年间造就美学人才，众达三千，贤者七十，其英才遍布世界，享誉艺坛，知名当世者，大有人在。

此外，刘君任还曾创办君任英文夜校、儿童工艺学院，殚思竭虑，广育英才。

社团活动

刘君任曾创组香港美术协会、壬申书画会等。1940年与高剑父、吴肇钟、吴梅鹤、简琴斋、王道源、张坤仪、周世聪、麦啸霞、陈抱一等创组中国艺术协会，举办中外画家作品联展、港英美术作品交流展。抗战时举办兵赈艺展大会，筹款汇回中国赠与荣誉军人及灾民。1947年冬举办南北现代名流书画义展，筹赠寒衣、施医赠药等慈善义展先后二十余次，刘君任连任多届主席。

弘扬艺事

刘君任是一个著名的画家。他数十年如一日，对艺术孜孜以求，淡泊名利，甘于清贫，乐于传艺育才。他曾谆谆教导学生说："吾曹献身艺事，要必具坚贞不拔之志，毋为荣辱得失所易，夕斯朝斯，谋其道不谋其食，始足以几其成于万一。而世之丹铅甫弄，便沾沾然自以为世莫我若，自诡而炫于人，或枉道以取媚于俗，遂其富贵利达之心，或竖抹横涂，标奇立异，以求惊世俗，将见其不旋踵而自绝于人矣。当何有于传世行远哉？吾守吾道，吾行吾素，虽身后之名不可必，要其能仰不愧、俯不怍而已。"刘君任不但诲人不倦，而且乐于助人。大凡经济有困难的学生都受到优待，甚至免费入学，充分表现了中国知识分子先忧后乐的固有的崇高气质和舍己为人的伟大风范。

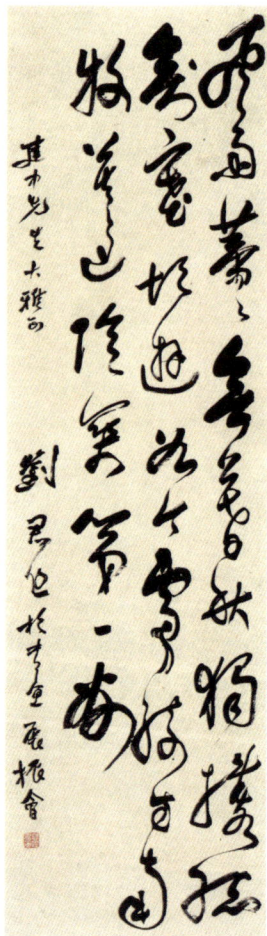

刘君任书法作品（茶山文联供图）

在艺术上，刘君任可谓"书画双绝"。他不但以中国书画名传于世，而且在西洋画方面也有极高的造诣。他对艺术创作的态度是热情而忠诚的，在奔放雄奇的笔法中常常流露出独特的豪迈风格。他的笔触遒劲处沉实难撼；轻巧处畅快利落。在他所作的国画，如虾、鸡雏，以及水彩和油彩的作品中，都恰如其分地描绘出对象的形、色、质感以及笔墨的情趣。对墨虾和鸡雏的描绘有独到之处，墨虾的用墨和水分的控制可谓妙到毫巅，如虾须之纤细而锐劲，虾壳之透明，都赋予传神之写照。又如鸡雏之羽毛蓬松，动态之活泼可爱，亦曲尽其趣。他的水彩和油彩将中西画艺融冶于一炉，以简洁明快的笔调把自然界各样的美景在画面上表现出来。他的水彩风景画，典雅纯朴，秀美而富于诗意，境界甚高。他的书法刚健而有活力，深得二王之神韵。

刘君任夫人周世聪为塘边刘氏宗祠所书门匾与对联（茶山文联供图）

刘君任以其精心经营之作品，参加各国各地举办的画展，以弘扬国粹。他不辞劳瘁，东奔西往，到处举办个人作品展览，或与夫人或与学生等联展。其作品曾参加美国金门博览会。苏联举办之国际美展，其墨虾图为苏联博物馆收藏。哈佛大学、香港艺术馆亦庋藏其书画。全国、广东省、广州市举办的美展，刘君任无不应邀参展。1957年与夫人周世聪南游东南亚各地，举办夫妇书画巡回展，并应怡保名胜霹雳洞主邀请绘无量寿佛大壁画，供游人欣赏。1960年刘君任与夫人联袂应邀到南洋的新加坡、吉隆坡、怡保、马六甲、金宝、森美兰、槟城等地作巡回展览，并受邀作艺术专题演讲。由于劳瘁过度，凯归不久，竟一病不起。其挚友吴肇钟于其逝世周年为文纪念称："吾常见君任课业，则口讲指画，笔不停挥。闲处则静对一灯，手不释卷。又复晋接宾客，应酬社会。自勉劳苦，困顿不息，病源早伏。为远播艺文，复作南州之游。南州土湿风冷，水寒日热，新客是邦，刻意调摄，犹复不免。而况君任俯仰随俗，不欲与人不安，于是劳顿益甚，病之潜者，遂得机而发，疾遂作，屡医罔效，君任竟以此逝矣。呜呼痛哉！"一代哲人，以身殉艺，光前启后，为万民所景仰。

著作行世

刘君任除函授课本十册，各种中西画画法课本二十四册外，还著有《汉字基本笔法》《水墨雏鸡画法》《南游书画展览特辑》等。他大量的绘画、书法、诗词作品仍有待荟萃结集出版。他的传略被选入《中国当代艺术界名人录》。

注：本文据彭广信《刘君任校长事略》和《周世聪校长书画集》中的《万国艺术专科学校略历》等编写而成，顺此向周世聪校长、彭广信先生致敬。（转载自张磊《东莞英才录》）

附录：

1929年，创办万国函授美术专门学院。1931年，创立万国美术专科日夜学校（香港政府教育司署立案之第一所函授美术学校及艺术学府）。1937年，创立香江美术会，连任四届主席。继而创办儿童工艺学院，自任监督。1940年，与高剑父、张谷维、李景康、吴梅鹤等书画名家组织中国艺术协会，被推为理事长。曾在香港政府华员会、南华体育会、白鹤国术体育总会、刘氏宗亲会、龙冈亲义总会、东莞同乡会、精武体育会、壬申书画会担任职务。1937年，刘君任以《山水观瀑图》参加中华全国美术展览会。1939年，苏联举办中国美术展览，刘君任以一帧《墨虾图》参展，并为该国珍藏。同年，美国举办金门博览会，刘君任有多幅画作参展，其中中国画有山水、花鸟、走兽、虫鱼、水墨虾蟹；西洋画有水彩、油画等。此外，还参加泰、意、法等国际美术展，全国美术展和上海、广州等美术展，为慈善、奖学、赈灾等义展筹款30余次。1958年，刘君任偕夫人周世聪南游，举办书画联合展览，常即席挥毫示范。（据《东莞市茶山镇志》）

刘乃勋（引自《一庐全集》）

刘乃勋 清末民初两广著名幕客

刘乃勋（1872年11月9日—1968年1月12日），号少弼，晚号一庐主人。广东东莞县员头山村（今刘黄村）人。父弼唐先生，分省试用同知，与广东候补县田明曜有交。田知县署香山县，延父为管度支。

一八七二年（同治十一年）[1]十月初九，母王宜人生我于县署西斋。时为科举年代，一心志于八股试帖，县府试多列前茅，惟学院试五次被黜。一八九五年（光绪二十一年），抛弃书本，在广东博罗县幕从张功山先生习名法学，甫四阅月舍去。一八九六年（光绪二十二年），应第六次学院试，取列第三名招覆。覆试日以身带买卷余资洋银五元犯疑，亦复黜落。尝有句云："逐客又为门外汉，误人原是墨西哥。"又有句云："荆公登茂叔之门，屡惭未遇；诸葛振祁山之旅，终惜无功。"

一八九八年（光绪二十四年），广西候补县冯镜芳延办书启，七月到馆。冯知县供差就职于郁林、桂林、濛江、陆川之间，均约与偕。计馆其家六年，每自嘲云："王粲曩依刘表，兹胡刘转依人；孟尝昔客冯谖，今则冯还客我。"

---

[1]原文中年份的书写形式如此，全文同——编者注。

一九〇三年（光绪二十九年），汤松士先生就广西按察使幕，电招读律。八月至省，汤先生已病莫能兴。余遽以不学无术之身，为之代庖，然亦幸无损越。

一九〇四年（光绪三十年）正月，汤先生遂捐馆舍。按察使刘心源，夙相知爱，送聘书来，延余接办遗席。余不敢以幕内学生，一跃而珥笔于全省刑名之总汇。使三至而三辞之。四月，马平县向淦聘作刑钱幕客。到馆旬余，柳州兵变，衣物荡然，工人文高遇害，间关脱险，辞馆东归。十二月，永宁州吕鉴熙聘作刑钱幕客。山州修菲，原订暂借枝栖。到馆三日，太平思顺道谢汝钦电聘将行。吕知州属作《三隍土城碑记》，读而善之，增修留馆。

一九〇五年（光绪三十一年）八月，桂林府欧阳中鹄聘作属案幕客，未几兼作漱局幕客。爱书皆法家言，阅惟恐卧，余佐以词藻，俾豁心目于句沉字闷之中，见者激赏。学使汪贻书、布政使张鸣岐、按察使余诚格、候补道王芝祥，皆未谋面，皆相推重。余擢布政使，王任桂平梧盐法道，均以重币延聘。欧阳知府挽留，未果往也。

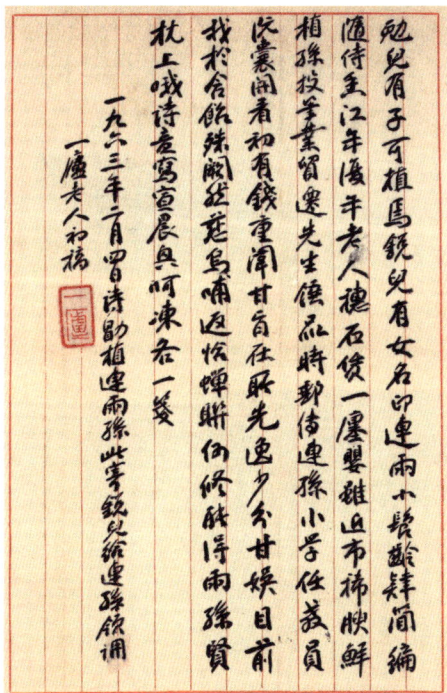

刘乃勋书法（引自《一庐全集》）

一九〇六年（光绪三十二年）十二月，欧阳知府调署梧州府。一九〇七年（光绪三十三年）二月，又调署平乐府，均约与偕。欧阳知府文章道德，为时所宗，于余廿年以长，学行互相切劘，对于上官，强项不阿，州县谳因失当，虽经院司核准，仍行驳审，时予平反。官经三任，时阅三年，余在幕中，捉笔不虞掣肘。欧阳知府于国变前半月，在广西提法使任内捐馆。余忝后死，为撰事略綦详。前数年，寄其长孙予倩焉。

广西巡抚张鸣岐聘作文案幕客。一九〇八年（光绪三十四年）四月，余至南宁行营到馆。缘张巡抚督师龙州，事平，驻节南宁。军务殊简，时有行营诗钟之作。六月遵陆回省，长途舆中，亦作诗钟。先是光绪庚子，前台湾巡抚唐景崧在其寓邸看棋亭，恒结诗钟灯谜诸社。余初到桂林，相与推敲角逐者半年，亦雪泥鸿爪中韵事之可纪者。

尔时习惯，督抚幕客，春夏秋三节，本省提镇副参游都守，司道府厅州县，及各釐厂，各有馈款，名曰"节敬"，每节约可收银二千余两。余到抚幕，悉谢绝之。

时当昏乱，未宜宦海沉身。若幕客，道合则留，不合则去，不至混入漩涡。张巡抚屡劝出仕，余婉却之。一九〇九年（宣统元年）二月，叶姬至自广州，张巡抚葺治署斋，俾资栖止。越数日过我，出示奏稿，拟为纳粟报捐知府，留桂补用。强我弹冠，我阅竟不置可否。第请辞馆东归，张巡抚怃然曰："我错，我错。"方吸水烟，即引煤条，立将奏稿焚却。十一月，候补府胡铭槃擢任广西劝业道，聘兼道署文案幕客。

一九一〇年（宣统二年）七月，张巡抚晋京述职，约我偕行。余曰："改幕为僚，迭奉严诏，兹携幕客至京，显授言官口实。"张巡抚谓："如奉廷诘，我当有词陈奏，但请莫参加寒山社作诗钟耳。"八月抵都，辇毂之下，酣嬉泄沓，燕雀怡堂，余惟日流连于琉璃厂中。值谭鑫培出场，偶一观剧。或至陶然亭便宜斋，小酌而已。张巡抚请假，省墓西安，先饬四川候补道何作照送余回粤。归途经沪，友人甘翰臣邀主其家，导游北里，云以洗我儒酸，相与徜徉于花天酒地中者二十日，只有目中之妓，而缠头浪掷三百余金，亦可算穷措大一生之豪举。

张巡抚出都翌日，简放两广总督。十二月抵任，仍聘作文案幕客。奏调广东知府、礼科参事杨增荦，书扇赠余诗云："粤中岂有诛茅地，却笑还家未是归。"则时局可想。

一九一一年（宣统三年）二月，温生财刺杀镇粤将军孚琦。三月黄兴等焚攻督署。自时厥后，风鹤频惊。广西梧州府志琼调粤，委署广州府。六月抵任，聘兼府署文案幕客。八月义旗起于武昌，各省响应。九月辞馆，挈家香港，囊中只港币一百元，眷属十有三人，以五元赁楼房一间，纵横不及二丈，地布重席，席地坐卧。资用旋罄，悉将家人簪珥，鬻充薪米，港居仍不易也。

一九一二年（中华民国元年），移家虎门，依友人前广西候补县蒋航以居。四月，广东护军副使龙济光，聘作文案幕客，系由四川财政厅长梁正麟力荐。梁厅长前署广西灵川县，余在桂林府幕，屡驳其案，于余固有夙憾，而向未谋面者。龙副使所部济军十三营，广东都督陈炯明裁其十营，尚余三营，调扎雷州。龙副使属作电呈中枢辞职，余为拟稿，以时方多事，劲旅可惜，请将济军调驻广西梧州，招回裁兵，训练备用，饷由京发。大总统袁世凯饬部覆电照准。

一九一三年（中华民国二年）正月，移军梧州。龙副使以济军裁余三营，弃同鸡肋，缘余一电，竟得回十有三营，遂赠余银二万元为砚田润。六月，陈炯明据粤独立，省议会弗赞其议，拔剑斫案示威，人心惶惑。友人广东德庆县知事梁迈，商同肇军统领李耀汉，至梧乞师声讨。余介见龙副使定议。七月，挥军至肇，即拜广东都督兼民政长之命。燕塘新军炮队连响应，发三炮，轰督署，陈炯明仓皇出走，兵不血刃，遂定粤局。龙都督驰电酬庸，首以二等文虎章、陆军中将为余保荐，钤印发驿。余追削之。济军四统领，穷贪极暴，诨名"四大天王"。梧州一隅贫瘠，无多大的觊觎，故尚帖然就范。广东著名财赋之区，开赌、扛讼、卖缺、纵囚，关说片言，黄白物咄嗟可致。不予制裁，何以对我桑梓？制裁过甚，必将贾祸而危身。当在梧出发时，余即托词母老须侍，提出到粤辞馆。龙副使未加体会，但力挽留，遂未深说。抵穗受篆，余于军民两署，部署就绪，留函鹄举，肇庆杜门。其后四大天王无恶不作，不出余逆亿之外。粤人至今，衔之切齿焉。

一九一四年（中华民国三年），张鸣岐出任广西巡按使，函电交驰，仍延入幕。余以去龙就张，嫌显示择木而栖意见，再四坚辞。

一九一五年（中华民国四年）五月，西江潦发，景福堤决，寓宅水没瓦顶，全家蹲避晒台。李耀汉时任肇阳罗镇守使，具舟来援。老母以次，十有三人，免葬鱼腹。龙都督闻之，派舰专员接护出省。余先托督署参谋长吕嵩寿道意，请勿再延入幕，然后往见。张鸣岐调任广东巡按使，聘作文案幕客。龙都督并有书来劝驾。张巡按使握手轩渠曰："不有巨潦，先生肯为我出乎?"七月到馆,顾瞻时局,感喟滋多。筹安事亟,袁大总统派遣前湖北提法使梁鼎芬、前江苏苏松太道蔡乃煌,回粤商同龙都督、张巡按使,在南园设立广东修志局,丰送修金,罗致前清翰林进士,分任总纂;举贡生员,分任帮总纂、编辑、采访。开办麻雀牌捐,实开番摊。又开办药膏检查局,实专卖鸦片烟,备充经费。特以总纂一席聘余,以为余一布衣,竟得志局总纂,足慰名场潦倒之私。惟余峻拒之,缘不屑贿买嵩呼,赞成帝制也。继余辞总纂者,惟丁仁长、吴道镕两太史。前云南都督蔡锷,与现任云南都督唐继尧,兴护国军讨袁。袁大总统特铸临安将军印,命龙都督之长兄、广东护军使龙觐光督师,取道南宁袭滇。龙将军聘作行营文案幕客,余以老母不愿远游固辞。龙都督怂恿尤力,议接余母并眷,居观音山振武楼,分日电告起居,余亦坚拒。十二月龙将军行抵南宁,其亲家广西都督陆荣廷宣布独立,悉缴其械,乃赤手狼狈而归。

一九一六年(中华民国五年)三月,洪宪帝制取销。[1]六月,袁大总统赍志以殁。当时大封功臣,龙济光封王,陆荣廷封伯。陆早不满于龙,久存取而代之之志。因奉岑春煊为都司令,挥军入粤讨龙,四大天王之一曰段尔源,迎降佛山。龙陆遂鏖兵广州城西之五眼桥。余先辞馆,挈家香港。中枢命朱庆澜为广东省长,抵粤聘作文案幕客。推毂者为新委广东潮循道尹黄孝觉,初未识面者也。九月到馆,始获倾襟。余在广州城北周家巷,买地三亩余,方事建筑,朱省长不时税驾,为余意匠经营,山塘亭榭,具体而微,命名"一庐"。

一九一七年(中华民国六年)四月,移家入住。先于三月,重修余父坟茔。缘一八九八年(光绪二十四年)十月,父在广州寓宅弃养,余由郁林奔丧回穗,营葬于北门外狮带岗。余素不信形家言及筮日,时同襄大事者,为竺轩兄、森侄及余三人。乃葬后次年,竺轩兄卒,又次年森侄卒,惟余孑遗。众大骇惧,指为葬地葬时犯煞,咸劝仆碑纾祸。余以不理理之,如是者二十年,碑则无恙,而宿草已荒。余乃鸠工葺治,其兴作也,仍不用形家言及筮日。我生平不迷信风水,此事实也。我更不信看相,不信算命,家无淫祀,只祀先人。

朱省长在任,只十阅月,而政务厅长已五易其人,独于余能继权舆,能从懿谏。肇阳罗镇守使李耀汉接任广东省长,仍聘作文案幕客,月送修银一千元。七月到馆。先是龙陆兵争,中枢从事调停,调龙济光督办琼崖矿务,

---

①原文写作"销"——编者注。

任陆荣廷广东督军，拔茅连茹，未几而谭浩明、陈炳琨、莫荣新相继督粤。陆谭陈莫皆广西人，粤人名之曰"桂系"。陈炳琨任内，据粤独立，莫荣新继之。中枢另褫莫职，以李省长兼任督军，群疑以起。龙济光复任两广巡阅使，就职琼州，整军讨莫。宣言李省长应之于内，以壮声援。众尤侧目，实逼处此。粤局不宁，李省长勉从余言，通电辞职安粤。赠余港币一万元，俾作闲居菽水。李省长随即返肇。前广东都督胡汉民，为党人拥驻南堤，榜其门曰"新任广东省长胡行署"，莫荣新以空穴来风，从此多事，驰电专员，力请李省长回省复任视事。方谓一场雾障，荡扫而空，无如事变不常，竟有转虚以为实者。黄孝觉道尹愤桂系之专横，呈奉中枢执政段祺瑞，思以一龙二李之力为驱除。一龙指龙济光，二李指李省长及广东镇守使李福林也。肇军统领陈均义、陈灏如等，深致悚惕。李省长惑之，颇有规画。余以桂军棋布星罗，扼粤险要，饷械皆归掌握，滇军海军唯其马首是瞻。济军远驻琼州，苦无兵舰，且又久失人心。福军仅二十营，李福林意存观望，均难合作。卵石情势，再四指陈。当局执迷，仍有规画。鼓钟闻外，莫荣新袭挟天子令诸侯，故智用孙文、唐继尧、陆荣廷、唐绍仪、伍廷芳、林保怿、岑春煊七总裁令，免李省长职。旋由桂军约会滇军海军，向肇庆节节进逼。李省长遂于一九一八年（中华民国七年）九月，通电引疾辞职。举旧部肇阳罗镇守使翟汪，代理广东省长。翟省长抵任，仍聘作文案幕客，谊无可却，事无可为。余有句云："谁生厉阶，铸错聚六州之铁；莫回残局，披裟敲一日之钟。"李前省长海外运筹，谋去邻逼，又复师漏多鱼。

一九一九年（中华民国八年）五月，桂军复行约会滇军海军，合兵围肇，肇军瓦解。翟省长引退犹豫。余先五日，辞馆归矣。前江宁提学使陈伯陶，国变后，遁迹九龙城，相招偕隐。九龙城朴野安谧，可称乐郊。一九二一年（中华民国十年），遂将一庐鬻去。七月挈家九龙城，与陈提学使结邻酬唱。

一九二二年（中华民国十一年）六月，二儿其谅殇逝。维时内子生大儿其勉，叶姬生谅儿及三女志澄，黄姬生四儿其钝、五儿其慎，吴姬生六儿其晦。谅儿已殇，则叶姬无子。家庭之内，万不可使一人向隅，更不可使昔荣今悴。谅儿属纩之顷，余即商诸黄姬，拨钝儿归叶姬抚育，命以慈母视之。盖所生母存，而父令别妾抚育者，所谓亡于礼者之礼，又所谓礼顺人情也。九龙城水土恶劣，家人多病，未可久立岩墙。八月，眷属回省，赁宅城西。余独旅居香港。

先是一九二〇年（中华民国九年）八月，陈炯明由闽漳回师，驱去莫荣新，复任广东督军。是年九月（按：当为一九二二年），委其秘书金章出任广州市长，属至香港，聘作市府文案幕客。民二济军讨陈，余在军中筹笔，陈督军竟相忘于度外。且知为有用之才，谊良可感。后二十一年①陈督军捐馆香港，余作诗六首挽之，末首云："琳檄词严箭在弦，偏教仲宝幕栽莲。年来流水知音少，泪掬西风哭逝川。"十月到馆，甫越兼旬，滇桂联军入粤，粤局扰攘。余遂辞馆，自此脱离政治生活，不再作等因奉此之文章。后十二年，余志黄姬有句云："姬独偕隐有心，食贫无怨。谓得英才而乐育，从兹适我琴书；丁乱世而苟全，何必与人帷幄？"昨非今是，所由悟欤。

十二月，移家澳门。娱园主人卢廉若君，一见如故，为买嘉伯乐提督街楼屋二间。澳门赌嫖鸦片三害公行，余书联厅事云："无陶士行、程明道、林少穆之方严，习俗移人，漫矜成室奂轮，买邻豪侈；有马交石、白鸽巢、田螺山诸名胜，旅怀如遣，我正好泛舟容与，蜡屐留连。"

余著有《一庐存稿》甲乙集四卷，甲集诗古文词隶焉；乙集官文书隶焉。一九二四年（中华民国十三年），由商务印书馆印行。后此续著有《一庐续稿》八卷、《百日淹通集》八卷、《一庐年记》三卷，此皆明日之黄花，幸未灾梨，留自覆酱。

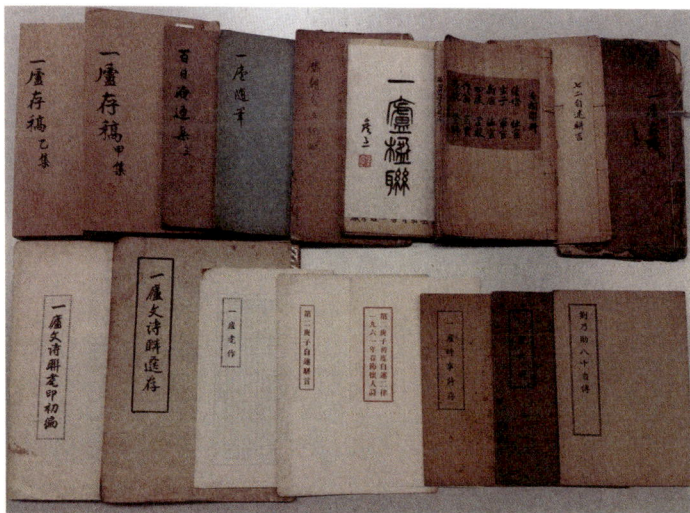

刘乃勋生平著述（引自《一庐全集》）

①陈炯明于中华民国二十二年（1933年）9月在香港病逝，并非中华民国二十一年（1932年），此处疑为原文笔误所致——编者注。

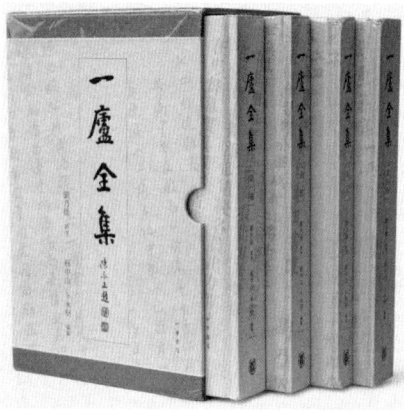

2018年由中华书局（香港）出版的刘乃勋《一庐全集》

一九二六年（中华民国十五年）十一月，母王宜人弃养。余于去年十月、今年六月，两番大病几殆，幸延残喘，能执亲丧。一切丧仪，不敢过从简陋。廉若君介绍陈多福仪仗店承办。陈已推情，价取八折，并时到宅照料。一日，李耀汉省长手港币一千元来赙，余以棺衾凤备，需款无多，不敢因以为利，只叩领其二百元。陈见之，语廉若君曰："刘君贫而能介，我深佩之，货价愿由八折减半收取。"余持不可。廉若君曰："商人重利，匪今斯今。"陈既仗义轻财，不可不成其美。余乃将减数作为赙款，书函谢之。锡类所关，至今耿耿。

是年原在李耀汉省长港寓，携同大儿其勉、大妇陈丽玉、三女志澄、四儿其钝，课其群姬诸子读书，黄姬随侍。十二月，全眷由澳迁港。自是历年，督同志澄、其钝及五儿其慎，分设两塾，先编丙寅课本后，后编庚午课本，教习国学，尚能速化。

一九三二年（中华民国二十一年）二月，黄姬端端逝世，旁妻无服，我服义缌。内子林瑞容，久患乳疮，九月逝世。余挽联云："婚半非盲，义系情维逾卌载；古皆有死，痛深创钜已三年。"纪实而已。

十年前因勉儿学贾，在李耀汉省长所开香港怡隆兴咸鱼栏内附股港币四千元。旋以勉儿改执教鞭，摆脱栏务。而栏中每年均有赢利五六百元送来。一日，友人婉讽谓渔人由栏贷款，出海捕鱼腌制售卖，所业近于矢人。余不假思索，即将股单批销，嗣后栏送赢利，不再收取。他日，另一友人谓我未能造到亲亲仁民，蹴等先行爱物。余亦无以应也。

一九三三年（中华民国二十二年），广东西北区绥靖委员李汉魂，好谈文学，时多笔墨之应酬，思觅捉刀能手。其移垦局副局长邓邦谟，初未识我，而以我之《一庐存稿》进，遂聘作顾问幕客。十月，挈家韶关到馆，所办纯属前清书启之事。余于三十年前，曾办六年书启，下车冯妇，煞可笑人。然所作《飘涯校书殉志诗序》《征求李小岩先生遗著序》，哀感顽艳，慷慨悲歌，颇为时人传诵。至所作《重修南华寺碑记》，记内反振一段，主文谲谏，讽其流亡未复，而俸钱浪费于禅林，有句云："前席作鬼神之问，广厦欢僧侣之颜。宁非无补民生，则亦徒夸豪举。"前途读之，亦极称善，但未敢以之上石。武溪公园落成征咏，余作长歌，三女志澄、四儿其钝、五儿其慎，各赋短章，髫稚拈毫，附庸风雅。居韶按月促电灯局查表收费，不作霸王转骏物听。

一九三四年（中华民国二十三年）正月，出省疗痔，痔愈返韶，余毒生海底疮。愈后两手中指曲，医言将患中风。水土不宜，五度辞馆，八月挈家广州。三女志澄，许字同县陆军中将第五师师长李振良为继室。一九三五年（中华民国二十四年）六月结褵，七月移家香港。

一九三六年（中华民国二十五年），李瑞琴君约六儿其晦授读，需余督课，推其西营盘高街楼屋与居。三月启塾。

一九三七年（中华民国二十六年）五月，芦沟桥事发，误从勉儿、钝儿、慎儿之请，八月由香港回住县城。十一月，由县城回住香港。仆仆往还，劳费可惜。开门七事，月费港币二百元。尔时余尚有一千五百元，存林炳南内弟店内生息。炳南内弟，一时疏忽，竟为歹人所赚去。余势将断炊，惟只自承损失。于炳南内弟，绝无怨言，并即涂销，还其店券。振良婿闻之，亟来慰问，自请长期担任所需。如是者年余，并言他时倘有余资，当为我另建一庐，并梓《一庐续稿》。

一九四一年（中华民国三十年），李瑞琴君有子及媳，自美国留学毕业回，需补习国学。又约晦儿至其家授读。余往督课。推其西营盘高街另一楼屋与居，派车早晚接送。八月启塾。十月，日本军袭陷九龙。振良婿行经尖沙咀，炮轰与难，烽火漫天，末由收骨。痛哉！十一月，香港全陷。余挈家出走投奔邓邦谟副局长之雁田村。数日前，村扰崔苻，无从立足。瞻乌谁屋，又复金尽途穷。振良婿友人李鹤龄，时署东莞县长，遣使接至其横江厦村，指困推宅，客至如归。

一九四二年（中华民国三十一年），钝儿赴连县布置房舍，由慎儿来莞接护，道出韶关。李汉魂时任广东省府主席，晤言馈赆。二月抵连。

一九四三年（中华民国三十二年），友人邓邦诚君来言，农人借谷，春借秋还，借一还二。余初不知此所谓高利贷也。即凑取国币一千元，托其买谷出借。届时如数还谷。事已，邦诚君喟然曰："借易还难，该债务人卖去一子矣。"余闻骇汗，立即卖谷得款，央邦诚君转交，促其赎子完聚。

在连赁庑维艰，居停恒借端逐客。因就郊外八榕井畔，佃地亩余，建筑木屋。六月入住，且以学圃，惟代瓦松皮时为狂风卷去，极费修葺。余于是年初度，作有《七二自述骈言》，共七千六百余字。内有句云："六旬以后，悬弧悦者三；七秩而还，弄瓦璋者再。"余六十二岁生八女志翔，九儿其武，六十四岁生十儿其恕，七十岁生十一女志宁，七十二岁生十二儿其恺，皆吴姬出。故云："腊鼓催年，囊空如洗。"早晚两饭，皆搀番薯煮食。余作诗五首，录前三首云："粮尽常稀隔宿储，充庖半米半番薯。个中别有甘腴味，侑饭还捐豉与蔬。""高风晚食法前贤，老子应为举室先。饭已琅琅书爱读，边诏不负腹便便。""课余故故讯儿童，果腹依然曩日同。箧室糟糠原习惯，喜无交谪聒衰翁。"

一九四五年（中华民国三十四年）春间，大病弥月，愈后则已重听矣。八月，日本投降。九月，由连县回广州。时厄在陈，且屡以番薯代饭。

一九四六年（中华民国三十五年），友人前广东省长公署政务厅厅长梁日东，以其亡女觉兰，许字亡儿其谅为室，冬节举行冥婚。觉兰未及余门，惟爱读《一庐存稿》，今夏殇逝，临终诵余《祭汤松士先生文》曰"立雪坐风，已属来生之事；高山流水，再无知我之人"四语而殁。

一九四九年（中华民国三十八年）四月，广州疏散，晦儿垆溪任教，余遂避地垆溪。八月，人民解放军[1]解放广州。十月，钝儿迎余回本村居住。余有背瘤十稔，向无痛痒。一九五〇年，岁在庚寅，四月，瘤溃成痈，势甚凶险。五妇贾惠贞到村注射盘尼西林药液者二十九日。六月，始就平复。

一九五一年，岁在辛卯，四月出省，依三女志澄以居。吴姬翠环，就养垆溪。缘晦儿因事，羁押县狱，忧惶瘵发，六月逝世，死长已矣。我益无聊，穷愁宜若著书。惟有将八十年年记，从头翻阅，摘要删繁，作为自传。

---

①原文如此，全称为"中国人民解放军"，全文同——编者注。

　　传将脱稿，偻指春秋，计在前清占四十年，在中华民国占三十八年，在中华人民共和国现占二年。前清时代，国政乖弛，国势阽危，民气摧残，民生凋敝。慈禧太后、摄政醇王，固不知有革新自强之道，惟是厉行专制，自促灭亡。中华民国时代，国政益乖弛，国势益阽危，民气益摧残，民生益凋敝。蒋介石承北洋军阀之后，变本加厉，明明知有革新自强之道，以其不利于渠个人法西斯之所为，力压抑之。美国为当今帝国主义的渠魁，出其巨大资械，帮凶压抑，卒亦无救其败亡。中华人民共和国时代，缘前清及中华民国祸乱已极，正殷忧启圣之时。毛泽东主席以旷代天才，服膺马克思、恩格斯学说，追踪列宁、斯大林，组立中国共产党，领导工农群众，训练人民解放军，以三十年力征经营，一革二十二年蒋、孔、宋、陈卖国殃民、掊克聚敛之命；二革百多年来自鸦片烟案起，国际侵略、蚕食鲸吞之命；三革四千余年封建制度、官僚、军阀、地主、买办暴虐剥削之命。三矢齐发，应弦中的。中国人民政治协商会议，制定共同纲领诸条，体大思精，规模宏远。从此敷政立教，悉本共同纲领，次第施行，土地改革将近胜利完成。土特肃清，地方安靖。抗美援朝之举，志愿军以正义为同仇，各省捐献飞机大炮，超额缴交，输财助边，源源不绝。一任美帝扯联合国旗号，纠十七个国家，用二十倍兵力，将官已经三易，侵略已逾两年，终于节节惨败。毒战空施其细菌，和谈无赖而拖延。人民政府一面巩固乎国防，一面修明乎国政。布新除旧，美不胜书。举其荦荦大端，教育认真普及，从此永无文盲；婚姻定制自由，从此永无怨偶。大张旗鼓，展开"三反""五反"之斗争，于以塞国家财产之漏卮，并以重人民生命之保障，且以励工作干部之廉隅。淮荆两江，水害转而为利；苗瑶诸族，情阂化而为通。城乡交流，边腹亦复交流；节约增产，技能亦复增产。经济建设，日有进展。解放未久，收支竟得平衡。其明效大验有如此者，人不能无过差，政不能无过失，则批评与自我批评尚焉。若人民检举招待室，若人民意见箱，斯为求通民情，愿闻己过之极则。日前叶剑英市长，派遣代表市长访问组，挨家逐户，咨询疾苦，考查弊端，随事随时，即行改善。以故，上无不宣之德，下无不达之情。资产阶级、小资产阶级，要以工人阶级的先进思想为改造思想之准绳，则他山可攻玉也。学校教职员、工程技术人员，用批评与自我批评方法，展开改造思想运动，各有成就，则白圭可磨玷也。尤其是人人学习毛主席思想，咸有政治知识，为人民专政之途径、之阶梯，合四万万七千五百万人，同心同德，图富图强，行见由新民主主义，一进而为社会主义，再进而为共产主义。比肩苏联，促进全世界于大同，于拨乱反正之始，植久安长治之基，斯不特海珠桥未炸以前所未见，且为自中国有史以来所未闻。余尝俯仰身世而慨然曰："余年方盛而国衰，余年已衰而国盛。"诚如《论语》朱注云："其词若有憾焉，其实乃深喜之也。"

转念我生八十年，读书不成，去而读律，壮年游幕，传食诸侯。保荐知府，却之；保荐中将，却之。有词誓墓，无志出山。既弗受岁时习惯之馈遗，更无论暮夜倘来之贿赂。酷虐必严乎吏察，哀矜每念乎民艰。守道不渝，闻过能改，扪心清夜，生当浊世，敢忘众浊而独清？晚年讲学，循诱能使速成，所作诗古文词，谬拟颉颃乎时彦。相如遗稿，且妄希身后之名。抑知现当新民主主义时代，人民专政，百度维新。官爵非荣，辞五斗之陶潜不足羡；苞苴永绝，凛四知之杨震不为奇。救济一隅，平反一狱，而利弊多未兴除。吟哦万卷，挥洒万言，而文字转嫌虚饰。向之自以为是者，正如辽东境出，豕皆白头；又如橘已逾淮，自然成枳。个中得失，难昧寸心。兹当风烛残年，两耳增聋，双眸渐瞆，此身半废，于国家无补涓埃，亦惟鼓腹含哺，扶杖而观郅治云尔。

论曰：如要我作自我批评，则我一生，实在好名。何则？我作诗钟、猜灯谜，斗捷争多，可称能手。骈文诗联，夙所擅长。时论称之，我则沾沾自喜。我治公牍，于国法人情之中，参以经腴史腴。曩在桂林府幕，议驳修律大臣，订立刑事、民事诉讼法。骈散兼行，五千余言，以为法非不善，时未可行。广西巡抚，不易一字，以之入告，经宪政编查馆汇核覆奏，列为各行省之冠，我尤沾沾自喜。清末廷旨，各省幕客，悉令改幕为僚，我不愿做官，但请辞馆。桂抚粤督，仍然聘作幕客，以迄鼎革。入中华民国后，护军副使、都督、民政长、巡按使、省长、市长，仍复聘作幕客。尝有句云："广陵散绝，而灵光殿存。"又云："严子陵不臣光武，古人亦谅其狂；汲长孺独揖卫青，将军特容其憨。"亦复沾沾自喜。桂幕朱氏，粤幕沈氏，皆一时名幕，皆以好货败名。我矫枉过正，在督抚幕中，提镇司道以次官员，习惯的年节馈款，概行谢绝不受。居停讶问，属我照常收纳，我以戏语笑却之，此皆我之好名也。我自解放后，立即自动改造思想，学习时事，免人置我于顽固守旧之列，亦属好名之一端。若要我作严格的自我批评，则我作幕客于光绪、宣统之朝，以及袁世凯、曹锟、段祺瑞的时代，虽云别有居停，实间接而效其棉力；若问得来修脯，实明知而饮彼贪泉。诚难免春秋之责备。至于我在七十八年中，所办的公、所造的事，以我个人夏虫井蛙之见，自然满肚密圈。若以新民主主义律之，多系背道而驰，愆谬不胜其绳纠。故我之思想，必须改造。对于时事，尤不可不学习云。

一九五一年十二月东莞刘乃勋作于广州寓宅

（转载自刘乃勋《一庐全集》）

刘乃勋墓（在刘黄村，陈贺周摄）

附录：

刘乃勋的诗文成就

刘乃勋游幕二十多年，磨砚治牍，批驳禀奏，条陈析辨，自是工作本分，故《一庐存稿·乙集》所收案牍，可见其治理官书之成就。1957年国务院法制局法制史研究室所编《中国法制史参考书目简介》将《一庐存稿》列为参考书目，更注明有《在桂林府幕拟遵议刑民诉讼法现多扞格禀》一文，足见刘乃勋所办案牍有很高的参考价值。又《一庐存稿》收"一庐尺牍"凡三十五通，主要为刘乃勋与幕府主人、官场知交往来函件，或写出处心声，或作酬答之情，反映刘乃勋人事交际之情况。除了官书尺牍外，刘乃勋一生热衷诗文对联创作，词作不多，仅"一庐词集"所收十余首而已，诗文对联则终身创作不已。刘乃勋晚年曾以"书绛丛中一蠹虫"自嘲。

刘乃勋所作诗歌明显没有宗派意识，以抒情言志为主。刘乃勋身处清末民初易代之际，面对剧变不安的社会，时以诗纪史，曾作《感时十四首》；又有《廿六吟》二十六首绝句反映民元广州社会实况。刘乃勋诗中亦多怀念亲友、歌咏亭园之作。刘乃勋晚居广州，生活简朴，每日阅报遣闲，既以此了解国家建设及世界时事，更赋诗咏写时事，歌咏祖国蓬勃发展。

刘乃勋一生文章，以骈文创作最为瞩目。早年骈文，或序或纪，或哀祭文，无不典雅工整。晚年刘乃勋有《七二自述骈言》《第二庚子自述骈言》，分别为七十二岁及八十九岁时所作，篇幅均多，前者长达七千余字，煌煌巨篇，甚为惊人。刘乃勋的骈文成就，不可不论《百日淹通集》一书。此书仿民间流传、明人所作的《故事琼林》，分天文、地理等三十八类，成骈文三十八篇，正文二万八千多字，自注约三十万字，篇幅巨大，空前绝后，学子若能日读二百多字，百日之间，反复揣摩，应可无师自通各种中华文化常识，是一本实用的启蒙之书。可以说，《百日淹通集》是中国最后一本传统蒙学著作。

刘乃勋另一个重要的创作是对联。刘乃勋长于诗文对仗，写作对联自是得心应手，数十年来经常为幕府主人或友人捉刀代笔，晚年更喜以对联赠好友门生，或咏园林商号，所作或存或佚，难以计量。一九六四年所编《一庐楹联》共三百零一联，新旧作品并列，尤多赠挽之作，所及人物有官场好友如蔡锷、龙济光、唐景崧、张鸣岐、陈炯明、李耀汉、朱庆澜、李汉魂、梁启超等，亦有哀挽伍廷芳、林森、陈布雷等政军名人，以表哀悼敬仰之情，当然也有不少亲友门人等。刘乃勋每于联下自注人物生平，或述交谊等，为后世研究清末民初两广社会提供宝贵资料。

2010年，由刘乃勋之孙、刘其钝之子、香港中文大学教授刘可复提议，香港中文大学程中山博士着手整理刘乃勋遗著，于2018年6月由香港中华书局出版《一庐全集》(全四册)。香港中文大学历史系系主任黎明钊教授称："先生非仅名幕也，可谓史家也，可谓诗人也，可谓通儒也，其人可敬，其书可传，漪欤盛哉！"香港恒生管理学院中文系系主任张光裕教授称："皇皇大著，所及当时宦海见闻、个人阅历、交谊世讲，率皆经腴史液，足资史家参证，有益学林。"(引自程中山《一庐全集·前言》，稍作整理)

黄般若（引自《黄般若美术文集》）

黄般若 著名的画家、鉴藏家

　　黄般若（1901—1968年），原名鉴波，字般若，号万千，别号"四无恙斋主"。东莞茶山员头乡（编者按，今刘黄村黄屋）人。1901年生，三岁时，父亲病故，留下一口鱼塘、两分薄地，孤儿寡母，受人欺凌，母子二人只得跑到广州，寄居在叔父黄少梅家中。

　　黄般若只念了三年私塾，便因家贫而缀学。这时他对绘画产生了浓厚的兴趣，但饱受穷困潦倒之苦的叔父却对他说："画画是不能当饭吃的。"于是，他只得偷师！十岁那年，他居然把叔父的一张八大山人的藏画临摹得似模似样，用番薯刻了一个图章盖上，拿到双门底，竟有人买了一张。从此，他与美术结下了不解之缘。

　　潘达微与黄少梅最为友好，他们性格相投，同办《时事画报》，当时很多著名的画家，如何剑士、郑侣泉、潘致中等都经常云集在黄少梅家。从这些最早参加辛亥革命洪流的广东画人身上，黄般若不仅受到艺术熏陶，汲取了极为丰富的艺术营养，学会了鉴赏古今名画，而且学会了体察民情，懂得了人间冷暖、世态炎凉、革命艰辛，更重要的是继承了他们坦率爽直、刚介豪侠、酷爱自由、不受束缚、淡泊名利、鄙视权贵的品质。他希望四海之内人间无恙，故别号"四无恙斋主"。

黄般若《小鸟天堂》（邓尔雅黄般若文献陈列馆陈列馆供图）

黄般若《新安江》（邓尔雅黄般若文献陈列馆供图）

国画研究会的中坚

在五四运动之前，黄般若在广东画坛已崭露头角。其时正值中国画坛民族虚无主义泛滥之际，"中国画衰微论"不绝于耳，"全盘西化"的狂潮席卷神州画坛。为了发扬中华民族的优良传统，振兴国画，黄般若和潘致中、黄少梅、赵浩公、卢振寰等八人于1923年组织成立了"癸亥合作画社"，这是广东最早在政府正式立案的美术社团。由于影响很大，翌年扩充为"广东国画研究会"，加盟者达160多人，外省的画人黄宾虹等亦闻风加入。随后，黄般若和潘达微、邓尔雅到香港组建并主持国画研究会香港分会工作，并担任《探海灯》三日刊编辑。

谈起国画会，人们自然会想到黄般若与方人定在20世纪20年代的那场激烈的论争——史称"方黄之争"。争论缘起于1926年春节，广州市政府在观音山举行空前盛大的游艺活动，在游艺会期间，高剑父让方人定写了一篇题为《新国画与旧国画》的文章，刊发在《国民新闻》上。黄般若看后，立即与潘达微、赵浩公等商量，并决定进行反击。这就是广东近代美术史上著名的"方黄之争"的开始，可惜当时论争的文献史料已难找到。但是，从一些当事人和知情者的回忆中，亦可知论争的大致经过。

任真汉在回忆这场论争时说："20世纪20年代的方黄笔战，是涉及高剑父作伪的文坛笑话。当时高剑父游日本回来，开了一次个人画展，展出的画中有一部分有'剑父'署款，被一些在日本学画的人认出是日本画匠的行货。在东京的银座街头店中陈列推销，每幅定价二元，画的是夜月下的狸猫，或枫树上的猫头鹰，及水村小景等，都是大约尺二三阔、三尺高的绢本或纸本，较多是绢本画。胡根天老师就指出过。后来我在香港艺术馆看过展出，高剑父画展就有三幅是这样的日本画家作品，并非只是临摹，而是借人家的画来写上剑父二字的画。为此，黄般若在广州《国华报》上予以揭发，高剑父当然极力否认。但他的文笔不易听用，乃请做律师的方人定代笔作答，由此展开笔战……黄般若少年锐气，文字尖酸，且略知日本画坛情形，搜罗一些日本画家作品图片，与折衷派所诩为创作的画照片并列刊出在报上，简直使折衷派没有反击余地。"

据黄苗子说，论争由于叶恭绰的调停而中止。

至于论争之后的情况，方人定回忆说："1929年，我到东京买得很多日本画集，始知黄般若之言不错，原来张张都是抄大正年间的作品。"

方人定的夫人杨荫芳说，知道二高抄袭的真相后，"方人定很痛心，他说高剑父要我和黄般若笔战，争了半年多，原来高剑父真的是抄袭。黄般若不欺我也，很有眼光，我真对不起黄般若。"

这场论争"给予高剑父有很大的打击"，使他"对国画传统笔墨，曾作长期补课"，以"避免'邯郸学步'之讥"。论争也令国画会名声大振，队伍迅速扩大至300多人，在海内外产生了深远影响。"先前受居古泉影响的那种纤弱柔媚的作风，原是风靡广州国画界的，到这时候就洗涤殆尽了。"

默默地耕耘与奉献

黄般若是一位画家，同时又是一位杰出的美术活动家。从癸亥合作画社成立并举办第一次展览时起，黄般若迷上了举办书画文物展览，此后广东大凡有影响的重要展览，都少不了他的参与。1931年"九·一八"前夕，中国文化协进会为了研究乡邦文化、发扬民族精神，决定举办规模空前的广东文物展览会，黄般若被聘为筹备委员会的执行委员，兼任总务组主任、干事部总干事。由于黄般若天才的组织和工作能力，150多位藏家借出的2000多件展品，竟无一件损坏与遗失。这成了广东文化史上的美谈。抗战胜利后，黄般若回到广州，第一件事就是提出要及时对文物进行搜集、保存、整理和研究。于是广东文献馆得以成立，黄般若负责艺术室、古物室。馆址尚未修复，他便着手征集图书古物的工作，并筹备每月一次的艺术观赏会了。当文献馆的工作走上正轨之后，他又发起筹划"中国古代文物展览会"。他们向省港澳三地藏家共征得1000多件展品，1947年1月29日开幕，被称之为战后"香港空前未有的盛会"。展览结束后，各藏家亲携展品乘"西安轮"返广州，讵料在启航前一小时船尾突然起火，熟睡的乘客惊醒后仓皇逃生，160余人遇难。参展的藏家孑然一身逃出了火海，唯黄般若尽弃私人所藏，一把抓起文同的《墨竹》与罗两峰的《鬼趣图》等数幅最有价值的古画夺路逃出。他无私的精神受到文化界的赞扬。

艺坛法眼

黄般若从小就沉浸在艺术的氛围之中，耳濡目染，养成了广泛涉猎、勤于思考、反复考证、治学严谨的习惯。从1926年起，黄般若每年都到上海一次，不仅与黄宾虹先生结为忘年之交，还结识了邓秋枚、潘兰史、张大千等一批名家。在广东独特的生活圈子，以及在上海与各名家亲密的友谊，使他看到了无数历代名家大匠的法书杰绘。在当时的广东，没有哪一位画家、藏家可以与其相比。到了30年代，黄般若的画艺不仅已和黄少梅齐名，而且也成了广东有地位的鉴藏家。1937年，徐悲鸿到香港开画展，把所藏的无款的《朝元仙仗图》遍请藏家鉴赏。黄般若看后，说此非武宗元所作，并把自己临自真本的摹本给徐悲鸿看。黄的摹本尺寸较徐本大，人物开朗、衣纹开展，线条潇洒活泼而流畅，而徐本的人物挤在一起，布置失宜。徐氏一见黄氏的摹本，爱不释手，提出以自己所写的两张画交换，但黄氏以真本借之不易、摹之更艰，婉却之，徐也不敢勉强。

黄般若毕生致力于中西画学的研究。针对用西方摹仿自然的写实主义来改造中国画的写意表现主义的观点，他指出自然主义的根本缺陷在于"不知人性之价值与自由"，"促成艺术之屈服与灭亡"早就成为艺术的陈迹。当年从思想界到艺术界对文人画进行口诛笔伐，但他反其道而行之，肯定了文人画的理论和成就。当然，他不否认近代中国画坛衰败的趋势，特别在广东，但他认为其原因一是画家不去研究中国画学的传统；二是画家陈陈相因，既不师法自然，又不向大名家学习。他指出，广东的绘画虽受历史及地域文化的影响，绘画稍落后于中原，然并非无奇才异能，只是广东人对自己的东西不加整理、研究、宣传，才潜隐衡门，名不出里巷罢了。因此，他特别注意广东画家的介绍和研究，并撰写了大量的文章。一次，他在上海偶然获观颜宗的《湖山平远图》长卷，即撰文介绍，并指出画史汇传所载"顾宗，字学源"之说实为"颜宗，字学渊"，明永乐二十一年（1423年）举人，于是此图便成为广东画人最早之传世真迹，如今已被广东省博物馆收藏。黄般若对历代各家各派作品涉猎之广、研究之深，尤令同行折服，被称为"广东画坛活辞典"。1930年汪兆镛的《岭南画征略》出版，这是广东美术界的一件大事。但遗憾的是，此书讹误甚多。抗战胜利后，广东省文献委员会指定由黄般若进行修订补辑，但黄般若觉得还是由其子汪宗衍修订为好，并向汪氏提供了很多建议和线索，使他的修订工作得以顺利进行。

黄般若还是二苏研究的先驱。当年人们对苏六朋、苏仁山根本不放在眼内，但黄般若却从20年代开始便为二苏的艺术所着迷，开始搜集二苏作品及资料，认为二苏之画足以"雄视艺坛"。数十年来，邀集同好努力研究，在黄氏的推动下，二苏的研究在40年代形成了高潮，至80年代更引起国际学者的关注，终成显学。

走出传统，创造辉煌

黄般若从黄少梅习画，靠的是他的天才与勤奋。开始他走的是师古人的道路，由于遍览历代名家真迹，所以落笔不凡，早年模仿新罗山人、石涛、八大山人，几可乱真，无懈可击，其功力之深，令人为之倾倒。20年代，与方人定论争之后，他便开始认真思考中国画何去何从的问题。在中西画学的比较研究中，他从西方绘画由印象派到抽象派的发展历程中发现了中国绘画的合理性，坚信可以，而且应该在传统中寻求拯救国画的力量。于是他开始了"师意不师迹"，并致力于走出传统、超越古人的探索。但这谈何容易？自古以来，多少有才华的艺术家背着传统所赋予的累累精神重负，陷入了师古的泥潭而不能自拔，使自身的才华被古人的光环所掩盖。然而，他以其坚韧不拔的意志，尝试拆散由前辈艺术家固有的形式规范所形成的稳定的审美框架，寻找新的绘画艺术语言。为此，他坚持以自然为师。青壮年时期，他跑遍了祖国的名山大川，在香港定居后，每周都进行远足旅行，去到香港的每一个山岭、港湾，踏遍了当时荒无人烟的穷乡僻壤，倾注了自己的热情与感受，以新的笔墨、新的技法，发天地之幽悠，写前人之未及。

黄般若平生淡泊名利，不宣传自己，也不开个人画展，故人们只能偶尔在社团的画展或与朋友的联展中见到他的作品。而每有作品参展，都必引起关注与轰动。1960年，在朋友的极力劝请下，他才在香港举办了以"香港人画"为题的展览。这是他有生以来第一次真正的个展。当他把几十幅香港山水风物的新作展现在大众面前的时候，人们为之震惊与赞叹。他们在《凤凰山》《鸭洲》中发现了香港"穷山恶水"中的美；在那海湾、渔港和《木屋大火》的画图前感受到了香港底层人民生活的艰辛，寄予了无限的同情。其时张大千正好到港，看到那烈焰在木屋中腾舞、浓烟弥漫天空、灾民奔走呼号的《木屋之火》时，被震撼了，潸然泪下，提笔写道："此般翁状眼前景色，仿佛有奔走呼号之声从纸上出，令观者目悸心骇，欲哭无泪，当与郑侠《流民图》并传千古也。"其后，他多次应新华社香港分社之邀，回国观光，重游名山大川，并以澎湃的感情和全新的笔墨创作了《深圳水库》《抚顺露天煤矿》《长城内外》《新安江》《小鸟天堂》等一批描绘祖国山河新貌的作品。1965年，黄般若应邀前往北京参加国庆典礼，周恩来总理邀请他回内地工作，他亦欣然答应，惜因"文化大革命"而未果。黄氏于1968年因病辞世。著作有《黄般若美术文集》（黄大德编）。

黄般若的部分著作（刘心怡摄）

黄般若逝世后，朋友们深深地怀念他。

郑家镇说："黄般若在香港画坛，是在创新的路上走得最快的人。"

刘霜阳说："回溯50年代香港的山水画坛，黄般若的出现无疑是最重要的……他的创作历程也因而对香港画坛产生深远的影响。"

吕寿琨说："（黄般若）不独是南中国传统山水画主要代表之一，亦是近代中国主要代表画家之一，足与黄宾虹、傅抱石、李可染并肩比美。"

罗孚说："他是香港一位杰出的画家……说杰出也许还不够，应该说伟大。"

1995年，香港中文大学文物馆举行了为期四个月的"黄般若的世界"回顾展，引起了强烈的反响。学术界认为：黄般若不仅在理论上，而且在艺术上都有足与岭南画派分庭抗礼的地位，他不仅是广东和香港的，而且是全中国的杰出画家。黄苗子先生为展览撰文指出："黄般若在近代中国画中的地位，深信时间推进，会逐渐揭示辉煌的本相！"

好啊，般若，著名的画家、鉴藏家。正是：

人生难得少年贫，画坛发奋勤耕耘；
香江震动传千古，又见遗作展羊城。

由广东省美术家协会、香港中文大学文物馆、广州美术馆主办的"黄般若的世界"，1996年7月23日至8月13日在广州美术馆展出。

注：此文原作黄大德同志，编者作了适当的修改和补充，顺向大德兄致敬！（转载自张磊编著《东莞英才录》）

陈逸云（引自《艺海双珠》）

陈逸云 民国花木兰

陈逸云（1908—1969年），字山椒，下朗村陈屋人。父亲陈星槎，性格豪爽，富有爱国思想，年轻时在香港、澳门等地经商，与革命党人过从甚密，受孙中山先生革命精神感召，毅然加入同盟会，竭其资本资助革命大业，置家庭生活艰难竭蹶而不顾。及至推翻满清，民国成立，陈老先生不居功，也不受禄，回归故乡，安度晚年。母亲钟润婵，知书识礼，勤俭持家，教育子女，严而有方。

自幼男装，聪颖韶秀

陈逸云幼年已聪颖过人，读书过目成诵，8岁入私塾，即善属文。10岁能诗，每有吟哦，无不隽永，为同辈之冠。她自幼爱男装，父执不知其为女子，争欲以女妻之，一时传为美谈。10岁那年报大岁数，考入东莞高等学校，毕业后考入广东省立女子师范学校，仅读一年，又报大3岁，越级考入广东大学（中山大学前身）法科政治学系（时年仅17岁），研习政法。在校学习，勤攻苦读，时以文章投各报，得资助购买书籍，课余参加妇女运动，笃信孙中山三民主义，遂参加中国国民党。1926年秋，在广东大学法科毕业后，即任《国民日报》记者及国民党中央党部青年干事。

从戎北伐，唤醒国魂

1927年，陈逸云考入中央学术研究院。其时北伐军兴，陈逸云毅然投笔从戎，随军北伐，时年21岁，易军服，作男装，星夜奋战，直抵武汉，出任国民革命军前敌总指挥部政治部党务科长。其时戎装英发，与士卒同战斗，共甘苦，深入民众，宣传主义，促进军民合作。陈逸云辞去军职后，出任上海妇运会主席。1928年辞职，就任中国国民党南京市党部执行委员兼妇女部长。其时党内勾心斗角，领导层屡有变动，陈逸云从容应对，工作得以逐渐开展。1929年，任司法院荐任秘书，为国民政府女职员中最高官职者。

1932年，陈逸云以优秀党工人员身份考取官费赴美深造，获密歇根大学市政管理硕士学位。1936年，自美学成回国，任铁道部专员，主编《铁道月刊》。是年，日寇侵华野心日益明显，国势岌岌可危。陈逸云在各报刊著文，唤醒国魂，激励士气，呼吁为救亡而战。是年冬，日寇侵绥边，国人义愤填膺，为慰劳前方浴血将士，南京组织慰劳团，陈逸云被推为妇女界代表，募集大批御寒衣物，往塞外劳军，在冰天雪地中前进，备尝艰险，圆满完成任务而归。陈逸云被誉为模范爱国女青年。

陈逸云在美获硕士学位时留影
（引自《艺海双珠》）

奋起抗日，饮誉中华

1937年"七七"芦沟桥事变，揭开了中华民族全面抗战的序幕。陈逸云热血沸腾，求战心切，立即辞去铁道部专员的文职，再次穿上戎装，奔赴抗日前线。先后担任中华妇女慰劳抗战将士总会委员、战时儿童保育会常务委员，奔走南北战场，从事宣传慰劳工作。又应宋美龄之聘，任妇女指导委员会战地服务组组长，从事战地宣传、慰劳、救护等工作。陈逸云率领百余女青年，奔赴湖北、湖南等战区，驰骋于大江南北，出没于枪林弹雨之中，冒险犯难，不畏生死，虽男子也望尘莫及。

陈逸云在工作中成绩卓著，屡获中央嘉奖，赢得将士钦佩。长沙大会战后，因体弱不支，陈逸云辞去各种职务，独任《妇女共鸣月刊》总编辑一职。

1939年，陈逸云复受政府聘请，任中央妇运会常务委员。翌年，被聘为国民参政会参政员，每次会议发言，都敢于针砭时弊，为民请命，为时人称道。在重庆召开的三民主义青年团首次代表大会上，陈逸云被选为中央干事会干事。

1944年，抗日战争已进入战略反攻阶段，陈逸云心潮澎湃，义无反顾。她决心女士义不后人，率先报名响应，第三次弃文从军，受命出任青年军女青年服务总队长，授少将衔，训练千余名女青年组成文化、救护、通讯工作队，配置青年军师部服务。陈逸云训练有素，指挥若定，成绩显著，被称为女将军。1945年被推举为重庆国民党党员代表，出席六全大会，当选为中央委员。

抗战胜利后，青年军复员，陈逸云因抗战有功，获颁胜利勋章，卸下戎装，解除军职，就任中央文化运动委员会委员，兼广州特别市（原文如此——编者注）文化特派员，返粤指导文化工作。同年被选为制宪国民大会代表，为宪法中有关妇女权益的规定提供卓见。

1947年，被聘为宪政实施促进委员会委员，同时被选为我国妇女代表出席"泛亚洲妇女代表会议"。陈逸云在会中至为活跃，表现良好。翌年，实施宪政，办理普选，女士参加立法委员竞选，结果陈逸云以最高票当选。1952年参加在台湾召开的中国国民党第七次代表大会，兼任《自由青年》杂志社社长。

罹难异邦，遗爱长存

陈逸云献身于国民革命凡30余年，一向国而忘家，公而忘私，从未谈及个人终身大事。直至1957年（时虚龄已50），始经好友介绍，与李钦若结为伉俪。赴美后，为谋生计，经营餐馆。虽身在异邦，仍联系当地妇女，成立妇女图书馆，举办个人画展，协助经济困难的留学生解决资金问题，致力于国民外交、文化等工作，贡献卓著。

1969年春，陈逸云回中国台湾出席中国国民党第十次代表大会。同年6月29日凌晨，陈逸云在美国西雅图返家途中遭匪徒劫掠狙击，不幸罹难，享年61岁。遇难后，其家人遵照遗嘱，以餐馆年股息捐赠台湾大学医院。陈逸云能诗善画，辞世后两个月，其夫将《逸云诗词遗稿》请人制印，分赠亲友。

陈逸云是女中豪杰，曾三次供职于军界。她又是个才女，能诗能文能画（曾从赵少昂习花卉），遗有诗词217首，画作50余幅，《黔滇劳军记》一册，日记三本及《第二次世界大战》书稿等。有《逸云诗词遗稿》存世。[本文资料来源：陈士诚《东莞才女陈逸云》，东莞市档案局《广东时人志》。顺向陈士诚先生致敬。（转载自张磊编著《东莞奇人录》，略有删改）]

陈逸云《逸云诗词遗稿》

陈逸云《枇杷图》(茶山文联供图)

"逸云抗日词"石刻（位于下朗村陈屋，骆炳根摄）

范伟（范伟后人供图）

范伟 亲历二万五千里长征的干部

苦难的童年

范伟（1906—1986年），广东省东莞县茶山圩人，清光绪三十二年（1906年）七月二十九生。父亲范杰，以小贩及为商店挑运货物为业，孩子众多，家境清贫。

1914年，范伟8岁入家乡私塾读书，12岁因母亲去世而辍学。为减轻家庭负担，1918年，他只身去香港，因年幼体弱，难以找到工作，只好到其兄长开的一间小食店里当小工，生活举步维艰。有一次，因小事被兄长训斥，一赌气便离开了小食店。先后曾到中、英、葡等国资本家的店中做雇工，此时，他还不到18岁。凭着一身的"牛"劲，起早贪黑，拼命干活，只要赚到几毛钱，就积蓄起来，寄回家去，帮助补贴家庭生计。

参加香港海员大罢工，出洋谋生

1921年，香港海员由于政治上受英帝国主义的压迫，经济上受外国资本家的剥削，工作时间长，工资收入低。他们在孙中山、苏兆征、林伟民、陈炳生的组织领导下，成立了"中华海员工业联合总会"，与资方进行谈判，要求在港的各轮船公司增加工资、减少工时，被资方拒绝，激起公愤。1922年1月12日，爆发了香港海员大罢工。2月底，香港各行各业的工人成立"全港同盟罢工办事处"，海员工人、船坞、报馆、印刷、饮食、旅业、公用事业、屠宰、市场等行业的工人以及私人家庭中的仆役和厨师等，都参加了罢工。范伟当时在英人办的商店里当雇工，与大家一起参加了罢工。罢工的浪潮席卷全港，一时间，交通瘫痪、商店停业、工厂关闭。在罢工期间，范伟与其兄长一道加入工人纠察队，为罢工运动起到保障作用。为了保护罢工成果，3月4日，范伟和数千罢工工人一道从九龙集合，经沙田步行回广州，途中被港英军警开枪射击，酿成震惊中外的"沙田惨案"。罢工工人回到广州后，得到广州党组织和各界工人的声援，迫使港英当局向罢工工人屈服，宣布增加海员工资，赔偿"沙田惨案"死难者抚恤金。范伟第一次参加工人运动，就领略到中国工人阶级力量的伟大，在其心灵深处萌发了革命斗争的信念。

罢工斗争虽然胜利了，工资有所增加，但对于挣扎在水深火热之中的劳苦大众来说，生活仍没有得到改善。出洋打工的浪潮吸引着范伟这样的年轻人，1924年，18岁的范伟毅然到南洋谋生。他先后到过新加坡、新山、马六甲、孟加叻、马丁宜等地，在码头做过苦力，在橡胶园里什么重活、苦活都做过。开垦荒地、种植橡胶，割胶、制胶，修路、运货，一天十几个小时的艰辛劳作，得到的只是微薄的薪水，生活始终得不到温饱。时值资本主义经济衰退，橡胶价跌，他被园主解雇了。范伟在新加坡无以为生，1933年初，回到家乡。父亲续弦后，增加了许多弟妹，家庭生活更加艰难。

参加十九路军

在生活极端困难时，范伟希望通过军界找到一条出路，以改变中国劳苦大众的生活。同年，经朋友介绍，范伟与几个青年一起，到广州参加国民革命军第十九路军，在49师291团机枪连当二等兵。不久，部队就开拔到福建龙岩。经过一段时间的新兵训练，他被调到第四军（军长张炎）第四师机枪连当一等兵。

1933年11月20日，李济深、陈铭枢、蒋光鼐、蔡廷锴、李章达等在福建成立"中华共和国人民革命政府"，将十九路军扩充为五个军，宣布联共抗日反蒋。蒋介石立即调集海陆空三军十余万人马，分三路向福建围剿，欲在革命政府建立初期就将其扼杀在摇篮之中。与此同时，蒋介石还派遣大批特务入闽潜入十九路军内，施展收买拉拢的分化政策，沈光汉、毛维寿、张炎、区寿年等高级将领先后动摇，投靠了南京政府。这样，历经两个月的"中华共和国人民革命政府"，被蒋介石残酷地扼杀了。

当时在十九路军内部的部分下级军官和士兵处境十分艰险，范伟也在其中。摆在面前的路有三种选择：投降蒋介石，为蒋家王朝卖命，去当炮灰；被遣散回老家，依旧和家人一道，出力干活，继续过着终日不得饱食的艰苦生活；跟着共产党走，参加红军，高举反蒋抗日的大旗，为民族的解放、人民的翻身而浴血奋斗。

参加红军，参加长征

范伟早在香港参加海员大罢工时，就已受到工人阶级的革命教育，在十九路军里，又受到共产党人革命思想的熏陶，深深地感受到：只有跟着共产党，劳苦大众才能求翻身、得解放，才能与普天下的人民一道过上好日子；只有跟着共产党，才能高举抗日反蒋大旗，使革命取得胜利。他在部队中的共产党人的号召和率领下，与一部分中坚分子毅然起义，在龙岩光荣地参加了中国工农红军，部队翻越过武夷山，到达江西瑞金，被编入红一方面军第三军团（彭德怀任军团长）十三团一营二连，其时为1934年1月。随即参加了第五次反"围剿"的战斗。

1934年10月，由于党内"左"倾机会主义占据领导地位，错误指挥，导致中央苏区第五次反"围剿"失利，中共中央和红军被迫撤离苏区根据地，开始了史无前例的二万五千里长征。

红军离开了革命根据地后，蒋介石为了消灭共产党的有生武装力量，调集几十万部队，对长征的红军进行天上有飞机、地上有大炮的前堵后追的立体战术，硬要置红军于死地。范伟所在的十三军团是一个能征善战、敢于冲锋陷阵的光荣团队。在军团长彭德怀的直接领导和指挥下，一边行军，一边打仗，与国民党军队进行殊死搏斗，大仗不断、小仗天天有。从瑞金出发后，渡过湘江，挺进贵州，攻克黎平，强渡乌江。

1935年2月下旬，三军团再次渡赤水后，军团长即令十三团为前卫，日夜兼程，直扑桐梓。团长彭雪枫接到彭德怀军团长亲转军委毛泽东给十三团的电话命令：速令十三团务必于今日（22日）天黑前攻下娄山关，占领点金山。阵地前，战火纷飞，杀声雷动。战斗之激烈、气魄之大是五次反"围剿"以来所没有见过的。战斗进行了一天一夜，十三团与兄弟部队协同作战，共歼敌20个团，4个整师。在攻打娄山关的战斗中，范伟负了伤。

娄山关和遵义被攻下后，军团随即在遵义城召开了祝捷大会。全军将士一致认为，娄山关战役的胜利，全赖于具有历史意义的遵义会议的召开，在确立了以毛泽东为领导的中共中央以后，在毛泽东的正确领导下，遵义会议就像一盏明灯，拨开迷雾，照亮航程，为中国革命的解放事业指明了方向。

部队在这里进行了短暂休整，粮食和弹药得到了补充。范伟的伤也得到初步的治疗，伤还未痊愈，又随部队开始了新的战斗。

毛主席又准备在这一带开辟新的战场，诱歼敌军的有生力量。遵义会议后的红军已成长为战无不胜、攻无不克的军队，四渡赤水，强渡金沙江，连克定番、广顺、兴义等县城，摆脱了蒋介石的围追堵截，继续沿川康边境北上，经西昌、泸沽，过彝族少数民族地区，至安顺场，勇夺泸定铁索桥，飞渡大渡河。经过几个月的行军、打仗，部队减员十分严重，红一方面军仅剩下七八千人，伤员、病号，缺盐、断粮，削弱了部队的战斗力。

在毛主席的领导下，全体将士表现出勇往直前、大无畏的高尚品质，意志坚定，斗志昂扬，继续长征。1935年6月，红一方面军在毛主席的领导下，翻越梦笔山、长板山、打鼓山，然后越过荒无人烟的草地。

在爬雪山、过草地时，战斗的次数少了，但将士们的生存空间也在减少。兄弟之情、阶级友爱在红军当中广为流传。为了革命能够多保存一分力量，大家相互勉励、互相支持。粮断了，挖野菜、找树皮；走不动了，你搀着我、我扶着你。有时连树皮、野菜都找不着，就将皮带煮来吃，吃后往往不能消化，腹胀难解大便。许多战友因饥饿相继倒下。到最后，军团长彭德怀下令将驮运辎重的六匹骡马全杀了，一部分人只能分到一小块肉，还得省着吃。范伟当时二十多岁，正值青壮年，虽经长时间的行军打仗，体力消耗过大，相比其他战友，还算有点力气，常常将战友的枪支扛到自己的肩上，互相搀扶，最后终于爬过雪山，走出草地。

按上级指示，部队在巴西、包座、班佑一带筹粮、休整，准备进军陕北，建立抗日根据地。部队休整后，沿白龙江前进，过栈道，攻占天险腊子口，脱离了雪山草地，到达甘南的岷县、西固间的哈达铺。在榜罗镇和通渭城与国民党军队打了几仗。10月，在会宁、静宁等地，连续突破马步芳的骑兵的三道封锁线，翻过六盘山，过环县，抵达陕北的吴起镇，与刘志丹的十五军团胜利会师。

历时整整一年，红一方面军从苏区瑞金出发时的8万人马，到会师时只剩下不足3万人。红一方面军历尽了千辛万苦，克服了许许多多的天险和重重困难，摆脱了蒋介石的围追堵截的立体防线，经过十一个省，连续作战行军二万五千里，取得了长征的伟大胜利。会师后，红军进行了整编，恢复师一级的编制。以三军团的一团和十三团为基础编为红一师，师长为陈赓。

毛主席和中共中央决定在陕甘宁边区的延安建立抗日革命根据地，为了巩固和发展根据地，经常要与国民党的军队作战。

架子还来不及搭起，蒋介石就调派五个师的兵力对陕甘宁根据地进行"围剿"，企图将我中央红军消灭于立足未稳之际。毛泽东摸清敌人意图后，决定在直罗镇一带创造战场，把东北军的一〇九师引来，将其全部吃掉。

陈赓从上级那里抢来了打头阵的硬任务。他在分派任务时说，十三团自打了娄山关战役以后，一直担任后卫，掩护全军。这次主攻任务就交给十三团。不过不要杀红了眼就什么都不顾，上级要求采用政治瓦解的攻势来配合战斗，要大家记着两句口号"宽待东北军""欢迎东北军掉转枪口打日本"。

在战斗中，范伟的头部再次负伤，被转送到中央红军陕北第一兵站的医院治疗。伤愈后，奉命担任该医院的警卫班长。

范伟同志历尽长征血与火的洗礼，经过数以百计的战斗考验，于1936年2月光荣地加入中国共产党。从此，他开始走上一段"为天下劳苦大众求解放"的新里程。

为朱德总司令站岗放哨

1937年2月，范伟同志奉命调到中国工农红军前敌总指挥部特务团三连任排长。特务团由当时的副总参谋长左权同志直接指挥，任务是专门负责保卫总司令部首长的安全。"七七"芦沟桥事变后，中国共产党为了民族大业，与蒋介石组成联合统一战线，抗日救国，一致对外。该团番号改为"国民革命军第十八集团军总司令部特务团"。范伟同志在该团六连一排任排长，1938年2月升任连长。他率领连队在晋东南地区担任朱德总司令和红军前敌总指挥部、八路军总司令部的内卫警卫工作。特务团六连的人数近二百，实力最强。干部战士是清一色的共产党员，当中绝大部分是经过长征考验，政治素质高、军事素质过硬的红军战士。

1937年9月上旬，在朱德总司令亲自指挥下，八路军以3个师的兵力，开赴抗日第一线。特务团随总部从陕西省三原县的云阳镇出发，经风陵渡和韩城县的芝川镇，东渡黄河，经侯马、太原，到达五台的东冶、豆村一带，集结在太行山脉的腹地。范伟所在的六连与五连负责警卫总部，其余部队在当地开展群众工作，宣传党的抗日政策，发展地方武装。

同年12月，朱德总司令陪同外宾到六连参观内务卫生和武器装备。总司令非常高兴地赞扬六连的内务卫生整理得整洁干净，武器装备保养得锃亮，为八路军树立了榜样。

1938年春天，八路军总部移驻洪洞的马牧村不久，被日军的飞机侦察出总部的位置。日军纠集3000多兵力，兵分几路，来势汹汹，妄图消灭八路军的首脑机关，形势十分危急。当时总部身边只有一个营的警卫，为了总部机关和当地群众能安全转移，左权副总参谋长亲自指挥，将范伟率领的六连留在总司令身边，指示范伟寸步不离总司令，不得出半点差错，剩下四、五两连由二营营长欧致富率领投入战斗。为了减轻六连的压力，总司令命令总部凡有枪的人员都组成战斗队，协助总部和群众转移。随后，左权随总司令将指挥所移至府城左侧的山头，从容指挥战斗。朱德总司令和左权副总参谋长利用手中有限的兵力灵活调度，采用游击战术，与敌人周旋，经过两天的战斗，击退了敌人疯狂的进攻，粉碎了敌人的阴谋，保护了总部的安全。朱德总司令安然无恙，全体将士受到总部首长的通报嘉奖。

1938年4月，日寇以其华北主力之一的一〇八师团为主，共纠集3万多人，兵分九路，向晋东南根据地扑来，妄图合击八路军总部。这场战役最后以日寇伤亡四千多人而告终。范伟所率的六连始终没有离开总部和诸位首长，保护总部的安全，保证战役的顺利进行。经过这次战役，晋东南根据地更加巩固壮大。在之后的整整一年多时间里，日寇不敢冒险进犯。

　　1938年7月，国民党第三军军长卫立煌邀请朱德总司令到其战区讲授我军游击战的战略、战术，朱德总司令慨然允诺，起程前往。范伟带一个班去保卫。其间发生了一个小插曲：友军所准备的饭菜自然比八路军的伙食要好，有酒有肉，战士们想吃又不敢吃，一怕丢了军威，二怕吃了会出事，完不成首长交给的任务，处于十分尴尬的境地。朱德总司令知道后告诉范伟，怕什么，让战士们先吃饱肚子，其他事情先不要管。随后，范伟又带领一个排的兵力护送朱德总司令和总部首长从山西返回延安，参加党的六届六中全会，途中与国民党阎锡山的部队发生冲突。由于出发前准备工作充分，兵力布置得当，朱德总司令和总部首长安然度过险情，胜利通过封锁线回到延安。范伟出色地完成总部交给的任务，受到上级领导表扬。

　　1938年冬，前线各部队首长云集总部，准备研究部署战役之事，粟裕趁开会空隙，有事要见朱德总司令。粟裕当时是一个年轻的高级将领，活泼好动。他走到朱德总司令住所小院门口时，故意戏抢警卫的枪，结果，其他三个警卫立即冲上前，将他制服。其他领导见状，忙来解围。随后，粟裕见到朱德总司令时说："警卫连的同志真厉害，党性强、觉悟高、素质好，我用一个排的战士换你一个警卫员，好不好？"说得朱德总司令大笑起来，回答说："你用一个营，我也不换一个。"此事在当时传为佳话。

　　从1937年2月到1939年10月，历时两年半，范伟同志一直战斗、生活在朱德总司令的身边。朱德总司令经常以渊博的知识、丰富的阅历，向身边的警卫战士讲授我党的革命传统，讲解毛主席的战略思想、游击战术。在奔赴前线的路途中，凡走到大的集镇时，朱德总司令总是亲自对当地的百姓宣传党的统一战线政策，宣传抗日救国的道理，发动群众、组织群众。不论是行军，还是打仗，朱德总司令为了便于掌握战局，指挥战斗，全然不顾自己年过半百，不顾个人安危，总是把司令部往前靠，警卫部队常捏着一把汗，紧紧跟随左右。平时，朱德总司令谦虚谨慎、平易近人，从不摆架子训斥身边的工作人员。生活上总是大众化，与战士们一样衣着简朴、饮食单一，常常把前线部队缴获的战利品分给身边的工作人员或警卫战士。朱德总司令的模范表率，给范伟及全体指战员留下了深刻的印象，为他们日后的工作和战斗树立了良好的楷模。

1943年夏季，范伟化装返回延安，途中照相留念。（范伟后人供图）

由于组织上的安排和总部首长的关怀，1939年11月，范伟奉命调到抗日军政大学一分校学习（此事由八路军副总参谋长左权同志推荐促成），随即升任晋东南抗日军政大学一分校四营营长。在校学习半年后，范伟的文化水平和军事素质都有了提高。1940年4—12月，又调到抗日军政大学总校干部营一队受训。

1941年1月，范伟作为八路军总司令部巡视团团员赴冀鲁豫敌后根据地检查工作，随后留在当地。1942年5月至1943年4月，范伟担任冀鲁豫军区政治部直属大队大队长兼科长。1943年5月奉命调回延安。1944年2月，在八路军新四旅供给部任军需科科长。

奔赴华南，挺进东北

1945年6月，中共中央为了加强两广地方武装的领导力量，特调集两广籍的干部、战士，编成华南大队，由伍晋南同志率领，返回广东。范伟亦随队南下，计划与广东东江纵队的曾生、王作尧汇合。当华南大队刚走到河南洛阳时，日本帝国主义于8月15日宣布无条件投降，华南大队接到中共中央的电报，命令全大队人员立即转赴东北三省，与国民党争夺日本关东军交出的战略地盘，为日后发展和巩固东北根据地打好基础。

范伟在1945年9月出关后，在沈阳的一个兵站工作。他主要负责郑家屯、卧虎屯、白城子等地的物资抢运工作，将从日本侵略者手中接管到的各种物资如军械、布匹、机器等，用火车、汽车往黑龙江省转运。在与国民党军队抢夺物资的时候，经常与装备优良的国民党军队接火、发生战斗，不时还遭到天上飞机的轰炸干扰。

1946年10月，范伟调到东北西满军区西满铁路局，任经理处处长，主要工作是加强军队对铁路的监管。11月，奉调到中共东北局组织部，分配到财政厅，由财政厅调到绥化，任东北贸易总参局绥化采办处副处长，在绥芬河一带负责征集粮食，将征集到的粮食转运到苏联进行贸易。在这段时间里，范伟经受了最艰苦的磨练，整天和战士们奋战在零下四十多度的气温下，在冰天雪地里到处筹集粮食，然后将粮食装上火车，亲自率领战士押运。机车因天气寒冷，烧煤产生的蒸汽往往不足，没有办法，他只好带领押运的战士用撬棍撬、用人力推着火车走。为了完成任务，外出时有一顿没一顿，吃的又是以杂粮为主。在这样恶劣的环境里，范伟一个南方人，本身有胃病，既要抵抗寒冷的天气，还要适应饮食的变化，几个月下来就病倒了。因组织上的关怀，他调回城里，到绥化办事处任副处长。

1947年5月，松江省财政厅调范伟回哈尔滨，去接管哈尔滨被服厂，并任命他为该厂的军事代表兼厂长。范伟只带着警卫员，便去接管一个几百人的大厂。该厂后和牡丹江被服厂合并。当时的主要任务是为部队解决鞋帽、衣服、被服等装备。这个厂在日本占领时期是个重要的军工厂。范伟任厂长初期，厂里留下的工人大部分是日军以前抓来做工的日本人和朝鲜人，没有党组织。在范伟的领导下，以及其后调来的副厂长齐平的配合下，逐步发展一些中国人中的骨干分子入党，使党组织在厂里扎下根来。日本人和朝鲜人被陆续遣送回国，厂里不断招收新工人，以补充劳动力。

1948年12月2日，摄于哈尔滨松江照相馆（范伟后人供图）

随军南下，建设新中国

为了彻底消灭蒋介石军队，推翻蒋家王朝，解放全中国，中共中央下达了大军入关作战的命令。中共中央清楚看到，内战即将结束，全国就要解放，摆在眼前的工作就是进城以后管理城市，恢复经济建设，所需的大量各类人才必须自己解决。1949年3月，中共中央命令东北地区的各系统抽调财经干部，到双城集中，经过培训，随大军南下，准备接管城市。5月急行军，范伟曾参加锦州、郑家屯、沈阳等战役，在打沈阳时头部又一次负伤。

随着辽沈、平津战役的结束，许多重要的大城市，如沈阳、北平、天津相继解放。入关后，范伟随大部队从天津出发，经徐州转郑州。因战争原因，铁路、公路破坏十分严重，坐不了火车，就改坐大卡车，路断了，就急行军，有时日行二百多华里，日夜兼程。赶到湖北的黄坡时，只休整了半天，于第二天进入汉口市，随即汉口市被军管。范伟被任命为华中税务总局汉口盐务处军事代表，后任中南汉口军管会铁道办事处总务处长。在接管衡阳铁路管理局时，由于衡阳的湘江大桥被炸，他只好带领少数人员先行过江，打好前站，为大部队的到达做好准备。当大部队和物资在晚上到达湘江北岸时，他又不顾连续征战的疲劳，立即租借船只，迎接部队过江。

范伟是最早一批接管衡阳铁路管理局的人员。在接管初期，范伟被任命为军事代表，后又被任命为管理局的总务处长。广州刚解放，范伟又率领有关人员抵达广州，接管了粤汉铁路局。1953年管理局从衡阳搬迁至广州以后，改名为广州铁路管理局。范伟先后任广州铁路局总务处长、工程处长、房产处长，中共广州铁路局委员会副书记，中共广州铁路局党委监委副书记、书记，铁道部驻广州铁路局视察专员，广州铁路局顾问。1963年，范伟被选为广州市东山区人民代表。

中华人民共和国成立以后，范伟同志一直奋战在铁路系统。中华人民共和国成立初期，百业待兴，国家正处在经济恢复时期。时任总务处长的范伟，在自己小家未安顿好的情况下，经常出差在外，常常带领财务科长和旧铁路人员一处一处地核实查对已被接管的房产、地产，既做到心中有数，又不使国有资产流失。1953年2月任工程处长的时候，由于旧的粤汉、广九铁路线路、桥梁、隧道、涵洞等设备原有的技术等级低，陈旧老化，事故隐患多，工程处所属人员经常处于抢险、施工的紧张状态。为了保证运输生产的安全，身为处长的范伟身先士卒，深入第一线，与工人同吃、同住、同劳动，带领施工人员奋战在铁路沿线工地，及时抢修和维护铁路线路的各种设备，保证铁路线路畅通。

1954年，范伟在任工程处长的同时，着手组建房产处。1955年，被任命为房产处处长。1959年起，范伟先后担任中共广州铁路局党委常委、副书记、监委书记。他严于律己，经常以一个共产党员的标准来衡量自己，督促自己。为了清除党内一些腐败分子，纯洁党的队伍，他努力克服人员少、案件多的困难，常常亲力亲为，一丝不苟。所办的案件，既能纯洁党的组织，又能使涉案人员心服口服。在"文化大革命"期间，范伟同志虽然已从工作岗位上退居二线，但仍受到造反派的冲击。"文化大革命"后，范伟被委任为广州铁路局顾问。在任顾问一职期间，只要是党委通知需要参加有关会议，他不顾年迈体弱，一定前往，对铁路局的建设和发展常常发表自己的看法和意见。

1978年12月，时值朱德警卫团四十三周年纪念大会，范伟同志曾任该团六连连长，被特邀前往参加庆典。在大会期间，除被安排回老连队作传统教育外，还与多年未见的老首长、老战友、老部下欢聚一堂，畅叙友情。1983年，范伟正式离休，开始安度晚年。1986年4月16日因病去世，享年81岁。

范伟同志参加革命五十多年，在党的培养和领导下，无论是在革命战争年代，还是在和平建设时期，始终坚决贯彻执行党的路线、方针、政策，执行党的决议，模范遵守党的纪律，与中共中央保持高度一致。他有高度的事业心和责任感，为人作风正派，办事认真，从不以权谋私，保持了一个老红军谦虚谨慎、戒骄戒躁的优良作风。

纵观范伟同志的一生，他从一个饱受国内外资本家残酷剥削和压迫的工人，成长为一位经过二万五千里长征洗礼的革命战士，一位为铁路建设贡献毕生的老铁路。他的一生，是为共产主义事业奋斗的一生，革命的一生，战斗的一生，大公无私的一生，为人民服务的一生。

注：本文根据范伟夫人朱志涛的谈话记录，并参考朱德警卫团团史和广州军区原副司令员欧致富同志的《戎马生涯》及长征的有关资料、陈雪轩先生的《范伟事略》写成，其后又由范伟的子女范江平、范松平对本文进行修改和补充，在此一并向他们致敬。（转载自张磊编著《东莞英才录》，标题略改。照片由范伟之子范湘平提供，谨此致谢）

袁晴晖（引自《东莞英才录》）

袁晴晖 从文从教，从政从军

　　袁晴晖（1899—1994年），字泽森，上元村人。清光绪二十五年（1899年）八月二十二生。青少年时聪敏过人，奋发向上，努力学习。自广东远赴北京师范大学教育系求学，1923年毕业，获学士学位。随即从事教育工作，曾任上海市教育局主任秘书，不久南归。1924年任广东大学教授、广东国民政府教育行政委员会秘书。后从政，任军事委员会海军局中校秘书，1927年任广州政治分会军事委员会秘书兼第一科长和代理秘书长，兼空军委员会秘书。1930年任海军第四舰队少将政治部主任，第二十九军团司令部少将参议。1931年任海军总部秘书兼黄埔海军军官学校秘书（陈策任海军总司令兼黄埔海军军官学校校长），从事幕僚工作，有所建树。

　　1932年任广西苍梧县县长（编者按，《茶山乡志》卷十一"仕宦表"载"袁晴晖：民国十八年，广西苍梧县县长"）。他爱民如子，政简刑轻，不扰民，人多乐业。后任江西省东乡县县长，提倡办学，文风蔚盛，深得县民拥戴。1935年任广东省干训团少将教育长。1937年抗战军兴，他毅然投笔从戎，先后跟随李济深、李汉魂等在海、空、陆军中任要职。他出生入死，襄赞戎机，素以胆识自豪，建树良多。

他在《往事如烟》一文中回忆粤北第一次大会战："抗战时期，粤北第一次大会战，敌人炮火猛烈，防线被敌突破，敌前锋马队冲至韶关市之门户马坝附近，副司令长官、前敌总指挥余汉谋将军退至粤东北从化县。韶关警备司令孔可权将军率警备部队全部开往马坝防守。司令长官张发奎将军只有卫队60名，主席李汉魂将军卫队80名，均驻市郊，省府及各机关已疏散至连县，韶关市空虚，时余任粤行政干部训练所同少将教育长，该所取军事编制及训练。同时防守干训所及附近一带之警察第二大队，队部亦驻所内，受教育长指挥。余奉主席命，率领所本部官兵、学员总队及警察第二大队，急速乘大卡车驰往接防，余在市内白云酒店设临时指挥所。当时全体八百余同志，均深知韶关是危城，敌人马队有机枪及小钢炮，如再前冲，则警备部队必不能抵御，敌人便可入袭韶关，我们这些杂牌军便成牺牲部队。然各同志爱国家、轻生命、英勇奋发、毫无惧色。妇女大队长阮秉坤同志，英姿挺拔，妇女大队各队长及学员亦毫不畏惧，不让须眉，令人敬佩。后来幸得军委会政治部长陈诚将军亲莅韶关，调湘粤边区精锐部队乘火车到达，急速增援，向敌冲击。我被敌突破防线之张瑞贵、黄国梁等军，虽败不溃，重新集结，在敌后左右两方与敌纠缠。由此三方面夹击，日寇败退，获粤北大捷。"

1941年袁晴晖任中国国民党广东省党部书记长，兼任中山大学、国民大学教授。其间曾领导党员发动民众，号召十万青年从军，增加新生力量，振奋士气，对抗战胜利大有助益。由于支援前线，凤夜匪懈，屡建奇勋，被记大功一次。抗战胜利前夕，跟随陈策将军由美国空军战斗机掩护，飞越日军占领区的空军基地，降落广州市敌后地区，策应盟军反攻登陆工作，冒险犯难，不畏艰辛。1945年抗战胜利，奉派至广州市任市党部书记长兼教育局长、社会局长，广东省地方行政人员训练团教育长，珠海大学教授。其间协助复员，恢复秩序，安抚流亡，重建家园。他办事公正廉明，有口皆碑。其后复创办崇焕纪念中学，自兼校长，主持校务，培育英才。

1948年，行宪之初，于广州市获最高票当选为第一届监察院监察委员。任职后，竭尽心力，纠正官邪，整肃政风，并时在报章杂志发表言论，匡正时弊，传诵一时。尤以在监察院每年总检讨会提出政治检讨意见，动辄数万言，其忧国之深、爱民之切，令人感佩。至其治事，坚持原则，刚正不阿，不胜枚举。诸如提案弹劾宋子文涉嫌贪渎案，推动对军人之弹劾案件，应送公务呈惩戒委员会审议，遂经大法官会议解释定案，均为其著例。其对人民权益的维护，监察职权的彰显，对后进的奖掖，更不遗余力，功不可没。故深为民众所信赖，为同人所赞扬。

1949年袁晴晖赴台湾定居，先后于台中创办侨光商专、逢甲大学，培育人才，成绩显著，堪称桃李传芳、子弟盈门。其著作有《三民主义宪法》《中国革命与建国途径》《三民主义研究之重要性》《中国革命与世界前途》《风雨晦鸣集》等。

1994年9月29日，袁晴晖辞世，享年九十有六。

注：本文根据陈予欢《民国广东将领志》，袁晴晖《往事如烟》《袁故前监察委员晴晖行状》写成。如有不妥之处，望其哲嗣斧正。（转载自张磊《东莞英才录》）

罗克明

罗克明 雪泥鸿爪启后人

父亲罗克明（1920—1998年）离开我们已经多年了，但他对人民的忠诚和正直廉洁的品格为我们树立了做人的榜样，鼓励着我们坦然直面人生道路上的种种坎坷和挑战。他对我们的关爱和教导，依然历历在目。

受革命启蒙 立终生志向

父亲1920年2月出生于广州市，1932年秋入读广州市培正中学。他对日军的侵华野心和暴行极为愤慨，当年就参加了广州学生反日大游行。1935年父亲入读广东省立第一中学（现广东广雅中学）。目睹国民党统治下极端的贪污腐败、民不聊生的状况，面对国家的内忧外患，他开始思考中国的出路何在。他在广东省立第一中学就读期间参加了中国共产党领导的秘密组织——中国青年抗日同盟，在组织内负责编辑出版《时事批判》等进步刊物。由于他喜欢研究哲学，对一些问题有自己的独立见解，同学们称他为"哲学家"。在此期间他读了《共产党宣言》和《左派幼稚病》等一批进步理论书籍，开始接触共产主义思想。

1937年11月，父亲和周益宽及周奋等10位进步同学几经周折经武汉、郑州和西安到达革命圣地延安，入读抗日军政大学，被编入第三期三大队第八队学习。毕业后又转入马列主义学院学习。在延安前后两年的学习为父亲打下了较为坚实的革命理论基础，同时也使他更加牢固地树立起终身为人民谋福祉的志向。他说，这段经历一生受益，对自己六十多年的革命工作影响深刻。

1938年2月，父亲加入中国共产党。从延安马列主义学院毕业后，1939年11月，他被分配到华中解放区工作。他随同刘少奇同志前往河南新兴县，同行的有刘瑞龙、曹荻秋和潘琪等人。途中刘少奇对父亲讲，你们马列主义学院出来的是革命的"母鸡"，以后要不断地生革命的"鸡蛋"。从此，无论是在硝烟弥漫的抗日战争和解放战争的战场上，还是在和平年代的社会主义革命和建设事业中，父亲鞠躬尽瘁，死而后已，以自己的一生实践了自己的革命理想。

1949年春节摄于济南的全家福。左起：凌惠元、罗伟平、罗克明、罗伟林。

关心群众疾苦　律己严而待人宽

在父亲心目中，共产党干部手中的权力是人民给的，只能用于为人民谋利益。关心干部和群众的疾苦，个人利益在任何时候都服从人民利益，律己严而待人宽，是一个党的领导干部必备的品格。

1949年底，父亲随大军南下到广西平南县，任首届中共平南县委书记兼县长，在那里工作了两年。当时广西土匪猖獗，袭击区、乡人民政府，杀害我基层和农会干部，形势十分险恶。父母亲把我们兄弟俩托付给在广州的奶奶，做好了夫妻同为革命牺牲的准备。1950年秋，正是剿匪的关键时刻，六陈区副区长、老八路王明贵同志病了。因六陈区没有医院，父亲马上打电话与中共梧州地委联系，请求协助解决医院床位，并嘱附区长蒙一平同志一定要派干部护理，注意路上安全。蒙一平同志率一个班武装护送，路上击退遭遇的土匪，将王明贵安全送到武林赴梧州的船上。

1946年摄于北平颐和园，右二为罗克明。

1958—1964年，父亲在肇庆地委工作，任地委第一书记。当时老同志云广英被指"右倾"受到冲击，有一段时期曾在高要县大湾公社蹲点。其时正值经济困难，物资极端匮乏。父亲设法买了点红糖送给云老补充营养，还特意跟下面的同志打招呼，让他们不时安排车子送云老回广州休息。父亲有时候下乡带回来几个鸡蛋，也要问问有哪位同志身体不好，让人送去。父亲很关心身边的工作人员。他1998年回肇庆探望80多岁的当年的炊事员刘炳，还送了人民币1000元给刘老帮补家计。

父亲处处考虑群众利益，对同志尽力关怀照顾，但对自己和家人却严格要求。父母亲在中华人民共和国成立以前生养了4个儿子，由于战争时期环境恶劣，老大出生仅几个月就被托给江苏泗洪的一家老乡寄养，直到5岁多才领回来。老二出生不久就因病夭折。老三也是托付给老乡，后来死在逃荒的路上。想到无数先烈为革命事业献出了宝贵的生命，自己个人一点牺牲算不了什么，所以父亲很少对别人提及这段历史。

20世纪50年代初，父亲担任中共东江地委组织部长，母亲凌惠元任中共博罗县委副书记。一次地委负责人梁威林找父亲商量，打算调一位东江的老同志担任博罗县委副书记，同时将凌惠元提为书记。父亲考虑到该老同志是广东人，熟悉本地情况，又是男同志，担任正职更有利工作的开展，遂安排该同志担任中共博罗县委书记，凌惠元仍为副书记。后来省委负责人得知此事，说这样的事只有罗克明同志能做出来。父亲和母亲是数十年的战友和伴侣，一生相互扶持、相互关心。母亲晚年患了精神方面的疾病，父亲宽容隐忍，设法为母亲访医寻药。直至自己病重时，父亲还亲自将母亲的药包好，叮嘱家人按时给母亲用药。

实事求是　追求真理

在60多年的革命生涯中，父亲经历了多次政治斗争和运动。实事求是，追求真理，刚正不阿，是他的政治原则。

"文化大革命"期间父母亲都受到冲击。1968年末，我们一家4人分赴四地：父亲去曲江县"五七干校"，母亲往英德茶场干校，伟林到连山干校，伟平到阳山县插队务农。在伟林出发去连山的前夕，前路茫茫，一家人不知何时能再团聚的气氛压得人心头沉甸甸的。父亲叮嘱伟林，今后在别人得势时不吹捧，不攀附权贵，在别人有困难时要帮助，不落井下石。父亲是这样说的，也一向都是这样做的。

曾任新华社广东分社社长的杜导正同志，在《我是怎样成为"右倾"机会主义分子的》一文中提及："1959年夏，我到高要县去，与地委书记罗克明有过一次谈话，我们俩很熟。罗说，1957年提出的'鼓足干劲，力争上游，多快好省地建设社会主义'这条总路线没有讲客观规律。我同意他的意见。"应该说，能在当时的环境下说出实话是很不容易的。

淡泊名利　甘当勤务员

父亲身居领导岗位，工作任劳任怨，讲话和写文章均亲自动手写稿而不假手他人。谦虚谨慎，艰苦朴素，淡泊名利，从不计较个人的待遇和位置，是他一贯的作风。

中华人民共和国成立初期父亲在广西平南县任书记兼县长期间，对解放军原桂中支队第十大队在平南的艰苦的革命斗争给予充分肯定，大胆使用当地干部，放手发动群众，开展清匪反霸，减租退押，建立基层人民政权，并选择群众基础较好的地区开展土地改革试点工作。当时百废待兴，县政府经费十分紧张。为减轻人民负担，父亲坚持步行下基层，暂时不买自行车。他下乡不吃中灶伙食，同志们很受感动，请他按规定吃中灶。他笑着说，同大家一起吃大灶也很好呀！1951年夏他调广东工作，临行前开了一个小型座谈会，只备每人清茶一杯。广西平南知名人士刘振威（中国楹联学会理事、广东楹联学会副主席）在《闲吟楹帖选》一书中有《赠罗克明同志》联："两年施德政，卅载忆深情。"文中提及"罗公克明……随解放军入桂，首任中共平南县委书记兼县长，年未满三十，主持党政，井井有条，诸如剿匪反霸，土地改革，安定民生，经济建设，百废俱兴，为县中干群所共仰"。

1975年伟平有一次探望曾任中南局宣传部长的王匡伯伯时，王伯伯提及"文化大革命"前一位主持广东工作多年的领导同志说过，广东的地委书记中，罗克明是很优秀的一个。

中共广东省委党校党史教研室原主任周德光在《缅怀赖仲元》一书中，提及中共广东省委党校原副校长赖仲元对父亲1978年在中共广东省委党校任第一副校长时的工作的评价：罗克明的领导具体，既抓住主要矛盾，统管全局，又对各个局部了如指掌，作风平易近人，显示其出色的领导才能，令人心悦诚服。

但父亲从不居功自傲。1997年家乡东莞市要编写《东莞英才录》，主编张磊同志要到广州采访父亲，父亲谢绝了。后来父亲清明回乡扫墓见到张磊，说："我不是什么英才，只是一个人民的勤务员。过去几十年如果工作有一点成绩的话，应该记在党的功劳簿上。如果真的要写我，倒应该写中华人民共和国成立后这几十年来的教训，太深刻了。'以铜为镜，可正衣冠，以史为镜，可知兴替，以人为镜，可明得失。'写工作中的失误，就是一面镜子，使同志们吸取经验教训，使今后的工作做得更好些、更出色，这不是使党更伟大，国家更繁荣，民族更富强，人民更幸福么？"事后父亲只邮寄了一份《罗克明简历》给张磊同志。

萦怀天下走人生

父亲1985年退居二线工作，任广东省人大常委会副主任。他仍然十分关注中国改革开放的进程。他从中华人民共和国成立后几十年的经验教训中得出一个结论：中国不改革开放是没有出路的。他关注民生，勤于做社会调查，甚至在乘出租车时也不忘和司机聊上几句。他关心国际大势，不忘了解外部世界的情况。他应邀到许多单位和企业去讲学，结合在香港工作的经历和西方国家发展过程中的经验，探讨中国的改革方向，为改革开放政策摇旗呐喊。他的讲学理论联系实际，有数据，有例证，很受欢迎。

延安马列学院建院60周年纪念二班校友合影

1998年5月5日　北京　大北照像

1998年延安马列学院建院60周年纪念二班校友合影留念，三排右一为罗克明。

1997年底，父亲和母亲到澳大利亚探亲旅游。在澳大利亚停留的一个多月期间，一尘不染的蓝天，花园式的城市，井井有条的市政建设和管理，以及当地人民的友善热情，给他们留下了深刻的印象。除了观赏异国风光，父亲把这次出游当作一次社会调查的好机会。他参观了农场、牧场、港口和码头，走访了7户人家，参观过华人教堂的礼拜活动，到医院探望了一位因车祸受伤住院的亲戚，详细了解当地人们的收入、住房、医疗、税收、福利以及政府的移民政策等情况。他一直在思考西方发达国家的发展经验中有哪些是中国可以借鉴的。回国后，父亲写了一篇旅澳见闻，着重从经济、文化和社会形态等方面对澳大利亚的情况作了介绍和分析，并将该文寄给几位老同志阅读。1940年曾与父亲在江苏省怀远县共事的老战友、中华人民共和国成立后曾任江苏省副省长和江苏省人大常委会副主任的汪冰石同志阅读该文后颇有感慨。他在自己的回忆录《我们走在大路上》一书中"怀念罗克明同志"一节里写道："在我接触的离休老同志中，离休以后，仍然继续坚持钻研政治、经济形势问题和相关的马克思主义理论问题，无出乎其右者。人虽离休，但他的思想很活跃！……一个七十八岁高龄的老人，利用出国旅游的机会，不忘调查研究国外的情况，精神何等可贵！"

今天，在回顾父亲的人生足迹时，我们感到欣慰的是，父辈们毕生为之奋斗的事业取得了前所未有的成就，中国的经济在起飞，人民生活得到了实实在在的改善。父亲的榜样给我们启迪和力量，鼓舞着我们为实现炎黄子孙振兴中华的梦想继续奋斗。

附：罗克明简历

1920年2月出生于广州，祖籍广东省东莞市茶山镇寒溪水村。幼时家境富裕，但家教严谨。其父罗博修为北京大学法律系毕业生，曾任广东省地方法官。

1935年进入广东省立第一中学（广东广雅中学）高中部学习。1936年参加中国共产党领导下的学生地下组织——共产主义青年同盟。

1937年冬赴延安，于抗日军政大学第三、四期毕业。1938年2月加入中国共产党。1938年8月于延安马列主义学院二班学习一年，同班学员有李心清、安平生、马洪、王光伟、王匡、杨震、吴冷西、林默涵、宋平等。1939年冬后，历任中共豫皖苏边区党委党校科长、中共安徽省怀远县委宣传部部长和中共淮北解放区泗南县委民运部部长。

1942年任中共江苏泗南县委书记和独立团政委，时年22岁。由于工作出色，多次受到上级领导的表彰。1945年后历任中共淮北区委组织部干部科科长、中央华中分局组织部副科长、华东局土改委员会委员和土改工作团团长。

中华人民共和国成立后，任中共广西平南县委书记兼县长。

1952年春，调回广东任中共东江地委组织部长。年底后，历任中共中央华南分局办公厅副主任、分局副秘书长，中共广东省委副秘书长、广东省委直属机关党委书记和广东省委财贸部代理部长。1958年1月至1964年，任中共江门地委、肇庆地委第一书记。

"文化大革命"期间，曾在曲江"五七"干校审查劳动，遭受迫害。

1971年任中共广东省革委会生产组办公室副主任和中共广东省革委会财贸政治部副主任。1974年任中共广东省委第二办公室主任。

1978年春，任中共广东省委党校第一副校长。1978年7月，任新华社香港分社副社长。

1985—1992年，任广东省第六届和第七届人大常委会副主任。

1998年12月，因病于广州逝世。

（本文转载自《父辈的足迹》，由罗克明的子女罗伟林、罗伟平撰写。照片由寒溪水罗氏革命史迹陈列馆提供）

袁功甫（引自《东莞奇人录》）

袁功甫 满城桃李属春官

袁功甫（1915—1999年），名于宣，字功甫，以字行，别署飞山居士，茶山镇上元村人。出生于书香世家，是岭南经师袁意园先生（编者按，即《茶山乡志》编者袁应淦）哲嗣，著名经济学家、私立广州大学校长陈炳权博士的入室弟子，家学师承，通达文章经济，著作等身，从事会计教学和实践五十年，桃李满天下，是一位年高德劭的教育家、会计学家、骈文学家和诗人。

袁功甫半个世纪以来一身扑在会计教育上，先后担任尚信高级会计学校校长、广州大学桂林计政班主任、贵州大学教授、广州业余商学院教务长、广州市财贸战线会计师辅导班主任、广州市财贸管理学院特约教授，广东业余大学、广州第一职工商学院和贵州省商业专科学校兼职教授。

袁功甫于1942年在广西梧州创办尚信会计师事务所。抗战胜利后，袁功甫膺审计部驻外协审之命，赴黔审计贵州省财赋，尚信高级会计学校随迁贵阳。在办校的十年间，毕业学生16300多人，遍布粤桂黔川滇各省，卓有建树。其中有大专院校的教授、副教授、讲师和公营事业单位的总会计师、高级会计师、高级经济师、统计师、会计师、工程师，有的已担任厅、局、处级或厂长、经理职务。贵阳市政协委员会编印的《贵阳文史资料选辑》第7辑（1983年）和第29、30辑（1990年），以及云岩区政协委员会编印的《云岩文史资料选辑》第8辑（1990年）均以专题撰文表彰袁功甫创办尚信高级会计学校的卓越成绩。

1981年，袁功甫等人创办广州业余商学院，为筹建该院呕心沥血，终无少悔。从规划、组织、建制到课程设计、提高教学质量，特别是注重理论归纳、联系实际，编写补充教材60多万字，并参加第一线教学，倾注了他全部的精力，充分体现了他对祖国教育事业无比忠诚的赤子之心。4年来，不费公家一文钱，为国家培育270多名大学专科毕业生，他们均已成为各条战线的骨干力量。1982年袁功甫荣获广州市工农教育先进工作者称号。1983年广州市首次举办"各民主党派为四化服务汇报展览会"，袁功甫是中国农工民主党成员，被推选参加汇报展览，展览的标题是"适应四化需要，培养会计专业人才，袁功甫作出贡献"。

袁功甫在教学上有高度责任感，循循善诱，运用启发式的教学方法，不断更新教学内容，着重阐述本学科国内外的最新进展和主要成就，因而深得学生的爱戴。广州财贸管理学院1986年5月进行教学质量评估试点工作小结，肯定袁功甫"教风端正、治学严谨、知识面广，讲课围绕中心，突出重点，深入浅出，形象生动"。同年，被评为学院先进工作者。

袁功甫治学认真不苟，对问题的探讨旁征博引，孜孜不倦，不肯轻易放过每一个细节。会计名宿、香港中文大学教授杨汝梅博士说："袁氏精研会计之学，潜心损益，发为文章，常有独到之处。"近年，袁功甫先后发表论文30多篇，其中《内部审计若干问题探讨》《中、小型企业的财务分析方法》两篇文章参与广州财贸管理学院第一、二届优秀科研成果评选，均高居榜首。《试论历代物价变迁》一文荣获广州市价格学会优秀论文奖。袁功甫曾应中山大学的邀请，作"零售企业经济核算体系问题"专题报告，理论联系实际，获得好评。

1948年袁功甫在贵阳主编的《尚信会计通讯》学术性双月刊，剖析会计技术上的疑难问题，在会计界有广泛影响，是当年黔省唯一的会计刊物。所著有《经济学削繁》《财政学絜要》《政府会计要义》《成本会计要义》《成本会计题解》《统计方法》《公库制度之研究》《公有营业会计问题》《会计法要义》。1989年受全国18省市财贸管理院校的委托，主编成人教育大专教材《审计学》，内容新颖，系根据改革开放的新形势写成。1990年由广东人民出版社出版，在全国公开发行。

1986年袁功甫出席全国18省市财贸经济管理学院的《商业财务管理》教材评审会议；1988年出席国家经济委员会召开的《资本主义企业财务会计》《合资企业会计》教材评审会议。献可替否，每中肯綮。

1986年袁功甫出席"中美审计学术交流"国际会议，研讨国际审计学术研究动态和成果，增进中美人民友谊。1987年出席中国审计学会召开的"审计学术研讨会"，研讨中国近代审计史发展规律，为中华人民共和国审计制度建设作出贡献。

袁功甫德高望重，先后兼任的社会职务有贵阳市重估财产评审委员会委员、贵阳市修订工商业统一会计制度委员会委员、广州市政协委员会会计师学习小组组长、广州市荔湾区人民代表大会代表、中国农工民主党广州市委员会联络委员会委员、广东省审计局《审计志》编委、广东省审计学会常务理事、广州市商业经济学会常务理事、广州市审计学会顾问、贵阳会计师事务所顾问、广州工商咨询公司顾问……

袁功甫幼承庭训，于祖国古典文学夙具根底。他说："唐以前文无所谓骈散之分，宋以后，始判为两途，如骈文不运以古文之气，则涂附可憎；古文不泽以骈文之色，则边幅易窘。昌黎柳州雄视词坛者，能用词采而不为词采所累，欧苏以下兢兢然不敢犯了。桐城祖述八家，实则弥震川而宗永叔，沿其流者才力少弱。骈文不易作，散文尤难工。"他这番话真能道出此中甘苦。华南师范大学廖必光教授谓："功甫骈文风骨遒上，江鲍之遗。"

袁功甫作诗，不模唐仿宋，作自家诗，情真义实，能于诗中显示个人的风格。陈叔通太史推为诗坛后起之佼佼者。他主张"不须立异矜高调，但洽群情是好诗""挥毫眼底无唐宋，跃进骚坛此一时""诗中亦有新天地，浑沌何妨自我开"。名诗家夏承焘教授谓："功甫作诗，不屑俯仰随人，窘步相仍，而竞出新态，并具有人民性。"最近，甘肃人民出版社出版《当代中华诗词选》，浙江古籍出版社出版《当代中国诗词精选》，均选录袁功甫的作品。日本京都市《吟咏新风》月刊平成元年（1989年）8月也选录袁功甫的诗作。袁功甫工书法，写曹全碑得其神髓。

袁功甫尝选录全国22个省、5个自治区及海外朝鲜、日本诗人的作品，每人各系一小传，并加评语，名曰《湖海诗钞》，反映海内外诗人之风流儒雅，与一定时期诗教之因革，以诗证史，有裨于知人论世。又仿桐城姚氏《古文辞类纂》例，分论说、序跋、赠序、碑铭、杂记、传赞、书牍、哀祭八类，搜录遗文，分类编纂，作者各系一小传，名曰《珠海拾遗》，用补史料之阙。中央文史研究馆叶恭绰副馆长谓："功甫文章经济，蔚为邦国之光。"中山大学王起教授谓："功甫诗文诸作，虽窥豹一斑，已见卓识鸿裁，有非时流所能企及者，不胜钦仰。"但袁功甫谦让未遑，益徵学问功深。

1935年，袁功甫与里人袁础雨、袁晃勋倡立蓬庐诗社。袁功甫曾先后兼任中华国粹研究会副会长、梧江诗社和砢牂诗社社长、粤海诗社名誉社长。编著有《意园外集》《飞山耸翠楼存稿》《飞山耸翠楼诗文集》《飞山耸翠楼同人集》《岭南藏书家征略》《诗灯续焰》《湖海诗钞》《珠海拾遗》《绿水红蕖轩诗钞》《出山复入山随笔》《茶山名胜古迹考略》《袁崇焕爱国思想及其文献》《经济学削繁》《财政学絜要》《会计学概论》《实用簿记学》《审计学》《政府会计要义》《成本会计要义》《会计法要义》《统计方法》《公库制度之研究》《脉诀诠解》等。（张磊撰，原载《育才》1991年9月号，引自张磊《东莞奇人录》，略作删节，并据《茶山乡志》《东莞市茶山镇志》《意园续集》略作增补）

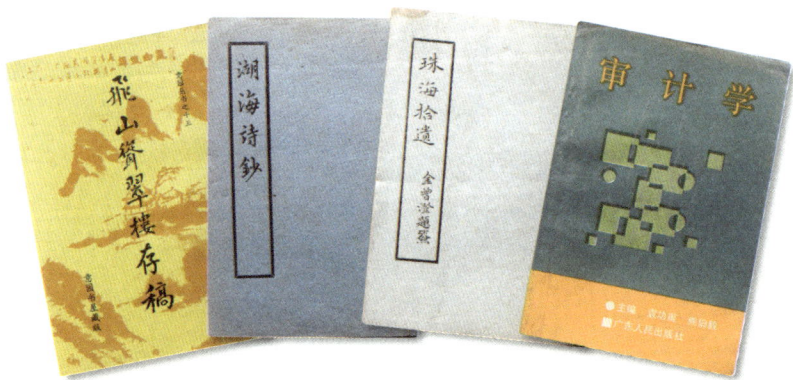

袁功甫的部分著作：
《湖海诗钞》《珠海拾遗》《飞山耸翠楼存稿》《审计学》

罗立斌 对革命忠心耿耿

罗立斌（1917年3月2日—2009年3月17日）同志是一位革命家、军事家、散文家、诗人。他数十年如一日，忠于革命，忠于党，忠于祖国，忠于人民。胡耀邦同志称他为"一个忠诚的老战士"。

上海迁京 中国照相摄
1958.10 北京
援朝归国（军体）

罗立斌（照片上的字为罗立斌手迹）。1955年9月，罗立斌被授予大校军衔，荣获二级独立自由勋章、二级解放勋章，曾获华北、西北、东北解放纪念章，抗日战争、解放战争、抗美援朝勋章。

一、天资聪敏　学业优异

罗立斌同志原名罗彦兴，生于1917年3月2日，东莞市茶山镇寒溪水村人。先辈原居莞城，后迁居茶山。高祖罗遇明到越南谋生。曾祖罗绣心由于经商有道，遂成华商首富。祖父罗炳祥仍从商。父亲罗云山是个法官，母亲廖衍琼早婚早育，罗立斌是老大。由于广州有祖业，1919年罗氏举家迁往广州"河南"定居，那年罗立斌3岁。5岁时拜塾师启蒙，读的是《论语》《孟子》等"子曰诗云"，断断续续地啃八股。1929年春在珠江南区插班私立海辐小学四年级，由于智力初萌，勤奋学习，每试必居榜首，曾获全市小学五年级语文比赛第二名。1930年夏越级考上中山大学附中。1931年春，罗立斌的各科成绩都超过学校的跳级规定，但由于身体欠佳，学校和家庭都不赞成再跳级了。以后初中6个学期，罗立斌都是全级第一名。当时他抱着科学救国的目的，决心学好数理化，因而整个初中的数学成绩全满分。按照学校的规定，应获得金质奖章，但校长邹鲁未发，只赠送了《三民主义月刊》。

二、抗日救亡　　离家北上

1931年，日本军国主义发动"九·一八"侵华事件，全国上下掀起了抗日救亡的热潮。那时罗立斌读初中二年级，积极参加抗日救亡运动，开会、罢课、游行示威、发传单、写标语等。1932年"一·二八"淞沪抗战爆发。十九路军在总指挥蒋光鼐、军长蔡廷锴的领导下，奋起抵抗，给日寇以沉重的打击。全国抗日救亡的浪潮进一步风起云涌，如火如荼。由于十九路军多是广东的子弟兵，而蒋光鼐、蔡廷锴又是广东人，所以在广东掀起了更高的抗战狂飙。那时罗立斌已升上初三，积极参与开会、游行，发传单，走上广州街头进行宣传募捐，支援抗日将士。还参加了班报（黑板报，也搞油印）的编委会。由于蒋介石集团实施"攘外必先安内"的政策，初三级有两名学生因"过激言论"而被开除学籍，罗立斌因"成绩优良"，暂时"留校察看"。但民族意识、阶级觉悟一旦被唤起，革命的热情如地下运行的熔岩，是不会被遏止的。罗立

1933年，在广州中山大学附中读书时的罗立斌。

斌进高中后一直住校，除继续开展救亡活动之外，一方面努力学习功课，另一方面大量阅读课外书。广州原是辛亥革命的策源地，又是点燃"广州起义"烈火的英雄城市，有很多进步书籍。罗立斌当时贪婪地阅读着《共产党宣言》《国家与革命》《两个策略》《大众哲学》《通俗资本论》以及鲁迅、郭沫若等作家的进步作品。他和同学们一起组织读书会，共同讨论抗日救国的大计。还编印宣传小册子，到工人区散发，下乡去宣传。尽管有些同学被捕或"失踪"了，但罗立斌仍无所畏惧，隐蔽一些活动就是了。1936年初，他约同八九个知己，分途离家北上，找寻革命真理。

三、闯荡南北　地下工作

1936年7月中旬，罗立斌乘船由穗到沪，寓居朋友家。他在上海参加了"一二·九"运动，走上街头，进行声势浩大的示威，声援北平学生的斗争。经朋友介绍，认识了郑伯奇、何家槐等作家。他写了一篇关于学生救亡运动的短篇小说《敌友》，发表在《文学青年》十月号里。10月中旬转赴北平，由张苏（北方局负责人，"文化大革命"后任最高人民检察院副检察长）介绍并监誓，加入了中国共产党。旋即受党派遣到西安东北军学兵队做地下工作，化名为赵秋苇，任第三连党支部书记。"西安事变"时担任宣传、警卫工作。其后学兵队改组为宣传大队，时谷牧、郭峰、乔晓光等均在此。每师去一个中队，罗立斌任中队长（兼中共某师工委书记）。不久又改派到王曲军官训练团任政治教官，主讲资本主义社会的阶级关系和剩余价值学说。1937年2月罗立斌被派到抗日先锋队（张学良新组的一个师）二支队二大队任教导员，同时被聘为《解放日报》（张学良、杨虎城总部的机关报）副刊《士兵呼声》的主编，后随部队进驻陕甘边境的长武县城。由于张学良被蒋介石扣押不返，东北军被分化，党组织将原东城楼学兵队再集中改名为"军官差遣队"，驻安徽怀远附近，重过"学兵"生活。5月末，该队被蒋介石的手谕解散，罗立斌被派去清江浦于学忠部炮营当一等兵，过大兵的生活。1937年"七七"芦沟桥事变后，罗立斌被调回北平。北平弃守前夕，他又被派往顾颉刚办的《通俗读物》编刊社，赴归绥（今呼和浩特）当编辑。直至大同吃紧，该社南迁太原，他到八路军办事处接上党的组织关系为止。这年他从南到北，从西到东，从学到兵，内红外白，或官或兵，或隐或现，备历沉浮，亦可谓"百炼成钢"矣。

1936年，地下党领导宋黎派罗立斌以燕京大学经济系学生的身份，给东北军、西北军军官训练团讲授马克思主义，很受军官欢迎。

四、戎马生涯　战功赫赫

1937年9月，罗立斌到了太原八路军办事处。当时八路军办事处聚集了不少东北、平津的"流亡学生"。当时他们40多人，随关向应、王震两政委乘车北去，一二〇师与三五九旅各分配20余人。康世恩（后来任副总理）、饶斌（后来任一机部长）、王季青（王震夫人）均在此参军。他到苛岚、岚县后，启用"罗立斌"这个名字在宣传部任教育干事（部长张平化、科长王恩茂）。1938年老红军部、科长都调出去做地方工作，甘泗淇主任曾指定罗立斌负责宣传部的全面工作。年底，因事到延安月余，即随萧克同志到冀热察根据地，成立八路军挺进军。罗立斌在司令部任秘书一年，1940年初，任宣传部副部长、部长，中间曾有半年到抗日军政大学分校工作。因为写过一些散文、杂文、自由诗，1940年全国文艺界抗战协会晋察冀分会曾选他为执行委员。1942年春夏，整个敌后精兵简政，罗立斌到北方分局党校学习半年后，又到冀热察任地委宣传部副部长、分区组织科长、冀察军区工业部政委。平西（北京西郊房山、良乡、涞水等地）山大沟深，地脊民贫，战斗频繁，生活艰苦，人们常以"过原始社会生活，为共产主义奋斗"而自豪。1945年春，他又到八团、二十六团任政委，参与察南地区天镇等地解放与察绥战役。日寇投降后，曾率部进驻小汤山一线，准备与北平国民党部队谈判停战分界。

1940年，罗立斌在平西大山行军途中。

1945年，罗立斌（右二，时任晋察冀军区八团、二十六团政委）率部队出长城大龙门。

1946年夏，罗立斌从冀察纵队调到冀晋纵队任宣传部长。冬，从张家口撤出，纵队政委胡耀邦同志派他去开办随营学校，任政治处主任兼军政委员会（党委的前身）书记，胡耀邦兼政委。1947年10月，我军歼敌第三军于清风店；11月解放石家庄；12月晋察冀野战军在冀中束鹿召开高干会议，罗立斌见到刘少奇、朱德等领导同志，并聆听他们的报告。1948年春，罗立斌调到第四纵队十二旅任政治部主任，参与察南战役及其后的冀东战役，配合辽沈战役。冬，十二旅在平绥线新保安打响平津战役的前哨战，发挥了特殊作用，受到中央军委通令嘉奖（电影《大决战》中的《平津战役》有载）。北平和平解放，旅改为师，罗立斌任一九二师副政委。率部经太原战役进军大西北后，同马家军鏖战于宁夏，解放黄河以东的中宁、青铜峡、金积等地，进入灵武，刚好听到中华人民共和国成立的广播。其后回师陕西扶风。1950年1月，罗立斌调一九一师任政委（驻歧山），不久即率部到拓石一线修筑天宝铁路之"盲肠"段。工程尚未结束，即奉命移驻山东泰安一线，准备入朝作战。

1948年冬，新保安阻击战后，华北野战军全歼傅作义麾下的三十五军。战后罗立斌负责傅作义总部特务团的改编工作，获分配傅作义坐骑。

兵團戰術概則

1950年，朱德总司令视察部队工作时，在罗立斌学习的《兵团战术概则》书上题词："罗立斌同志，努力学习，朱德。"

1951年2月15日夜间，部队雄赳赳、气昂昂跨过鸭绿江。进军三八线时，第四次战役防御已经接近尾声。部队在开城以北隐蔽休整后，4月22日发起了第五次战役。第一阶段没有完成任务。第二阶段，部队曾进抵北汉江边，其后回师驻开城附近。对于这次战役的部署和指挥，后来总部和军委另有结论。10月，十九兵团六十四军一九一师在临津江西粉碎敌人的"秋季攻势"，在马良山阵地阻击战中歼英联邦师、美骑一师、伪（李承晚）一师各一部近3000人。11月，一九一师在反击占领并坚守阵地中，又打垮英联邦的两个师。马良山战役的结果：英军"三易其兵"（从英国本土和海外殖民地调兵轮换），而我军则"攻防两胜"。这是在朝鲜战场难以大量包围歼敌的情况下，"以土地换时间，而又以时间耗敌力"的一个战例。1953年7月朝鲜停战后，罗立斌被调到志愿军总部当文化部长，在接待祖国人民慰问团时，见到了梅兰芳、程砚秋等许多全国知名的表演艺术家。1956年夏，罗立斌被调到二十兵团政治部任代主任。从师级到兵团级，中间隔了三四级（准军、副军、正军、准兵团），但他凭着年轻（39岁）有为，敢想、敢说、敢干，把工作做得很出色。1958年撤军回国前，他曾在志愿军高干会上向周恩来总理作过部队情况的专题汇报。回国后，他参加过两次军委扩大会议，聆听过毛泽东主席的两次长篇讲话。1958年末至1960年夏，在解放军政治学院学习后，他转业到国务院对外文委任一司（负责对苏联、东欧的文化外交）司长。因听力欠佳，1961年秋南下广西。

1951年秋，中国人民志愿军第六十四军第一九一师在朝鲜马良山防御和反击战中，击垮当时装备精良的英联邦二十八旅、二十九旅，歼敌4300余人，全歼苏格兰皇家边防团2500余人。图为时任六十四军一九一师政委罗立斌（左三）与干部们研究作战部署。

五、广西任职　著述不解

1961—1964年，罗立斌在广西壮族自治区党委宣传部工作。为了掌握地方工作的知识和规律，他深入到各地区的农村去搞"社教"，到大队"蹲点"，连上级派他出国访问也辞掉了。1964年夏，他调任广西壮族自治区党委农村政治部主任兼农林战线党组书记。接着到玉林地区搞"四清"，自己扛铺盖，走乡串村，与贫下中农一起"三同"。"文化大革命"期间，被调往南丹县大厂矿务局任毛泽东思想宣传队队长。1972年回到生产指挥组的工交计划小组任第三小组副组长，至1973年党政机关恢复时又到宣传部。1976年粉碎"四人帮"，他主持文教办工作，主要参与自治区党委的工作。1979年秋兼任广西壮族自治区人民政府副主席。1983年，在省级干部中带头离休。

1983年离休后，罗文斌历任广西中国文学学会、外国文学学会、语文学会、逻辑学会、楹联协会、杂文学会、集邮协会、高教学会、儿童基金会等学会、协会的名誉会长，中华诗词学会、中国书法家协会广西分会、广西通志馆、智力大学、儿童活动中心、老年体育学会、《桂海春秋》杂志等机构顾问，以及广西桂海诗社社长、广西诗词学会会长、广西图书馆名誉馆长等20多个职务。他原来搞过宣传、文化工作，虽然已是高龄，但以能多做工作，多作奉献，全心全意为人民服务为己任，真正表现了"一个忠诚的老战士"对党的革命事业的忠心耿耿！

离休后他很重视锻炼身体，坚持每天走路、按摩、练气功3个小时，睡眠八九个小时，保持每天学习和写作7个小时。他将历年来写的旧体诗词180多首加以系统地整理，出版《溪海集》。将多年来积累的素材写成大事记加回忆录《八年烽火战芦沟》，全书44万字，全面系统地记载了八路军挺进军和冀热察根据地整个抗战过程中的军事、政治、经济、文化各方面的斗争。1986年写了反对资产阶级自由化的有关论文、杂文，出版《政文杂论》。1993年又将历年来写的诗词1000多首结集出版《战迹游踪》。此外，还将多年创作的16首歌曲加以复印和录音。

2009年3月17日，罗立斌同志在南宁逝世，享年92岁。

注：此文根据罗立斌同志提供的资料及他送我的《八年烽火战芦沟》《政文杂论》《战迹游踪》等书的有关资料编写而成，顺此向罗老致敬！（转载自张磊《东莞奇人录》，略作删改。图片及说明文字来源于寒溪水罗氏革命史迹陈列馆。）

罗立斌的部分著作（刘心怡摄）

附录一：

罗立斌简历

原名罗彦兴，曾用名赵秋苇、赵克明。

1935年，参加抵制军阀陈济棠兼任中山大学附中校长等活动。

1936年10月，被委派去张学良的东北军学兵队从事地下工作，经历"西安事变"。

1937年初，以中共地下党员的身份，在抗日先锋队二大队任教导员，兼《解放日报》（西安版）副刊《士兵呼声》主编，给东北军、西北军军官训练团授课。

1937年9月，加入八路军一二〇师，任师政治部宣传部干事。

1938年，随萧克到平西，任宣传部长、组织科长、工业部政委和团政委。

1939年初，任八路军挺进军（冀热察挺进军）军政委员会秘书。

1940年，任八路军挺进军宣传部长。

1942年夏，冀热察与晋察冀合并。

1945年，任晋察冀军区八团、二十六团政委。

1946年春，从冀察地区调到晋察冀第四纵队任宣传部长；冬时，调到随营学校任副政委兼校党委书记。

1948年，任华北野战军四纵十二旅政治部主任，参与保安阻击战，歼灭傅作义的王牌军三十五军。

北平解放后，任十九兵团六十四军一九二师副政委，参加解放大西北的战役。

1950年，任十九兵团六十四军一九一师政委，在甘肃境内修筑天宝铁路。

1951年，率领六十四军一九一师参加抗美援朝，参加了马良山争夺战。

1953年，调任志愿军总部文化部长。

1955年9月，被授予大校军衔，荣获二级独立自由勋章、二级解放勋章，曾获华北、西北、东北解放纪念章，抗日战争、解放战争、抗美援朝勋章。

1956年，任二十兵团政治部副主任、代理主任。

1958年6月，从朝鲜回国后留在北京解放军政治学院学习年余，参加整风整社等运动。

1960年秋，任国务院对外文委东欧司司长。

1961年秋，调广西工作，历任中共广西壮族自治区宣传部副部长、农村政治部主任兼农林水战线党组书记。

1976年后，任广西壮族自治区教卫办主任、中共广西壮族自治区党委常委、广西壮族自治区人民政府副主席。（本简历由寒溪水村提供）

附录二：

文韬武略载诗书

罗立斌不仅是一名老红军，同时也是诗人、作家、作曲家、剧作家和理论家。他曾兼任广西诗词学会、书法家分会、中外文学学会等学会的名誉会长，作品有诗词集《溪海集》、纪实文学《八年烽火战卢沟》、歌剧《白发女神》（白毛女原型）、军旅歌曲《志愿军之歌》等。

1934年后，罗立斌（笔名：李冰、寒溪、惊蛰）陆续发表散文、小说，并常在报刊上发表短论、散文、自由诗。1936年，罗立斌在东北军学兵队时，曾参与即兴创作诗词、教唱歌、指挥合唱和器乐队、编辑墙报等文娱工作。谷牧曾夸他："你真是我们的百宝箱。"

1937年2月，罗立斌在西安抗日先锋队当大队指导员，兼任《解放日报》副刊《士兵呼声》的主编。此时他创作了第一首音乐作品《抗日联军军歌》。

1937年7月，罗立斌被中共中央派到归绥（今呼和浩特），在由顾颉刚主持的《通俗读物》编刊社任编辑。其间创作了动员东北军民收复家乡的歌曲《拼他一场》，并结识了音乐家吕骥。

1937年9月，时任八路军一二〇师政治部宣传部干事的罗立斌，负责编写及出版刊物，同时执教唱歌和戏剧，后兼写政治教材、文化教材，并给特务营等直属单位干部上政治课，得到贺龙师长和甘泗淇主任的高度赞誉。

1940年，罗立斌被选为全国文协晋察冀分会执行委员。

1950年，罗立斌在《人民日报》大幅连载《大军西进记》《宁夏金灵之战》等纪实性报道。

罗立斌的主要著作：

《溪海集》收录186首诗词，8万字。

《八年烽火战卢沟》记录了八路军挺进军战史和冀察热根据地的斗争，45万字。

《政文杂论》收录41篇文章，20余万字。

《战迹游踪》收录诗词1089首，30余万字。

《曾经作为武器》收录创作歌曲16首。

《伏枥集》收录50多篇文章，50余万字。

《峥嵘岁月稠》收录51篇文章、41首诗，共60万字。其中的《漓江游》书法作品，1984年被选赴日展览。（据"寒溪水罗氏革命史迹陈列馆"展览资料）

附录三：

解放战争中罗立斌的战火经历

2019年是中华人民共和国成立七十周年，我父亲罗立斌参加了伟大的解放战争。现把他的这一段经历记述下来，也借此纪念他去世十周年。

协助胡耀邦办随营学校

抗日战争胜利后，父亲调到华北军区（聂荣臻任司令员，萧克任副司令员）二兵团（杨得志、罗瑞卿、耿飚兵团）第四纵队任宣传部部长。纵队政委胡耀邦找他谈话，说："纵队党委决定，把旅的教导队集中起来，办随营学校。编成4个队，连长、指导员各一个队，排级干部两个队。纵队司令员陈正湘为校长，我为政委，任你为副政委，兼校党委书记，主持日常工作，目的是提高部队基层干部的水平。"

胡耀邦起草了随营学校的校训交给父亲。父亲为校训谱了曲，作为校歌在各部队和俱乐部张贴出来，由父亲去教唱。桂林市人大常委会原主任崔金才就是当年随营学校第一期二队学员。他还记得随营学校创办前后的许多故事。

1947年夏，父亲参加了在冀中束鹿县召开的晋察冀军区高干会议，又一次见到了已调到第三纵队任政委的胡耀邦同志。他非常高兴地问父亲随营学校的情况。在那次会议上，萧克副司令员还带父亲第一次见到了刘少奇同志和朱德总司令。父亲很荣幸地和两位领导握手问好。

父母战地信函往来

父亲调到第四纵队十二旅任政治部主任时，第四纵队司令员是曾思玉，政委是王昭。为配合即将展开的辽沈战役，阻止傅作义出关，1948年5月，第四纵队十一旅、十二旅开赴冀东地区，在半年左右的时间内，以运动战形式和傅作义部队周旋。攻克延庆，奔袭丰润，继克昌黎、香河、武清、三河，解放县城5座，攻克大小据点30余处，歼敌1.5万余人。而后在平绥线和长城内外与敌人反复争夺，钳制了傅作义和范汉杰兵团出关。

父亲在前线打仗，母亲白晓琪在后方第四纵队的后勤机关，先在野战医院任干事，傅崇碧爱人黎虹是医院医生；后又调职业学校任干事，学校政委是曾思玉爱人洪林。

在较长一段时间里，前方部队战斗的地点、战斗的状况变化非常快，而且和后方基本没有联系，这让后方的妻子很为前方的丈夫担心。只有父亲经常写信，让来回传递消息的通讯员带给母亲。所以父亲一来信，其他指战员的妻子就互相传递消息：罗立斌又来信了，大家就约个时间聚集到母亲那里。父亲那字体写得很草，给其他人看，没有一个人看得懂，只好请母亲一句一句地念给她们听。

保卫中共中央所在地西柏坡

在蒋介石严令下，傅作义决定在1948年10月28日偷袭中共中央所在地西柏坡。北平地下党从几条途径及时探听到这一情报，迅速报告给中共中央。当时在中共中央附近的我军正规部队非常少，都是机关、后勤、学校等。

中央决定采取3条措施，一是公开发布新华社通讯稿，把傅作义偷袭的时间、部队番号、进攻路线讲得清清楚楚；二是由萧克副司令员负责，调在附近的冀中第七纵队，指挥地方部队和民兵沿平汉路两侧布防，破路、埋地雷、设置路障；三是调300多千米外的二兵团第三纵队、第四纵队迅速南下。

10月28日傅作义军队沿着平汉路南下，受到我军、地方部队、民兵的顽强阻击，一天只能前进一二十千米。我第三纵队、第四纵队经过三四天的强行军，月底终于赶到了阻击傅作义军队的预定地点。敌机侦察发现大量的解放军出现在西柏坡的西北方，11月2日傅作义下令取消偷袭西柏坡行动。

当时第四纵队十旅、十一旅已到达西柏坡北面的曲阳地区，得知傅作义撤军了，就在当地休整。第四纵队南下时十二旅断后，在敌4个师的围追堵截下，在华北地区赤城、龙关与敌纠缠，这样一来，十二旅与十旅、十一旅一下子拉开了300多千米的距离。

不让傅作义三十五军返回北平

1948年11月底，我华北军区杨成武、李天焕三兵团包围张家口，傅作义急派他的王牌——郭景云为军长的全部美式机械化部队三十五军2万余人去增援。不久，得知我东北野战军进关，先头部队程子华部已达延庆地区，就又急下令在张家口的三十五军在12月6日中午12时前一定要撤回北平。

郭景云6日午后从张家口撤出，天黑才到达鸡鸣驿。前方侦察报告，鸡鸣驿东面西八里、水泉地区发现解放军，郭景云不敢夜间再向东前进，决定在鸡鸣驿过夜。

新保安成为焦点。毛主席12月4日给华北军区三兵团发电报，希望杨成武、李天焕把敌三十五军封堵在张家口。为了更加保险，毛主席又给距平张线300千米的二兵团连发3封电报，希望杨得志、罗瑞卿、耿飚能于6日夜或7日晨在下花园、新保安一线抓住三十五军。12月7日，发觉二兵团未按时赶到指定地点，中央军委和毛主席又给杨、罗、耿发急电严肃指出："现三十五军及宣化一部正向东逃跑。杨、罗、耿应遵军委多次电令，阻止敌人东逃，如果该敌由下花园、新保安向东逃掉，则由杨、罗、耿负责。"

抓住傅作义起家的王牌三十五军，就能拴住傅作义的60万大军，将其分割，最终各个歼灭，这是夺取平津战役全胜的关键。因此，一时间，新保安这个塞外小镇成了西柏坡和南京两个统帅部关注的焦点。

抢占新保安。上级把阻击敌三十五军的任务交给了父亲所在的第四纵队十二旅。12月5日中午，十二旅抵达距新保安20多千米的马峪口一线，正准备过平绥线南下向十旅、十一旅靠拢。黄昏接电令："你旅应于12月6日袭占新保安，不让三十五军任何一个人东返北平，十旅、十一旅两天以后赶到。"拿着这份电报，第四纵队王昭政委、十二旅马卫华旅长和父亲等几个领导商量：挡住人员数倍于我而且是全部机械化的敌三十五军，是一个艰巨的任务和严峻的考验，与其明日进军，不如立即行动，尽早攻下新保安城，争取一天时间来部署防务、抢修工事。任务就这样紧急地下达了。深夜几个小时的强行军，前卫三十六团最先到达新保安，6日拂晓前即打开西门，与从东面进城的三十四团会合，一个小时左右，300多人的敌警备队，除死伤10余人外，全部成为俘虏，我军占领了新保安城。

阻击敌三十五军。7日拂晓，展开在西八里一线的我三十六团的防线首先遭到敌人来势汹汹的攻击。敌三十五军军长郭景云率领着他的军部，以一〇一师为前锋，二六七师为后卫，夹着守护十三团、下花园矿警队等，共2万余人，配备着数十门一〇五榴弹炮、野炮、山炮，还有420多辆汽车，蜿蜒10千米，全力东窜，二三千米外都可听到马达的轰鸣声，掩护的飞机从12架增加到18架。

西八里阵地由于突出超前，易攻难守，经过几个回合的较量，我军主动后撤。但在水泉、黄庄一带，敌人便碰到"硬骨头"了。敌人几乎展开了全部不同射程的火炮，加上空军的反复轰炸，弹声如雷，烟雾迷漫。我三十六团一个加强连，依托着野战工事，顽强阻击，打退了敌人从一个营增加到两个多营的4次冲锋，自7时战到10时。在大量杀伤敌人之后，我军开始转移阵地。

接近中午，敌进至辛庄、西菜园一线，和父亲参与指挥的我守军三十四团一、二营接触。他们攻击的重点似乎是二营的阵地。该营四连担任正面防御，在敌18架飞机的轮番扫射和滥炸以及敌地面火炮的轰击下，我军沉着应战，集中火力打退了敌人的多次冲锋。敌人曾8次突进我阵地，战士们勇敢地跃出战壕同敌人拼刺刀、肉搏，硬是把攻上来的敌人拼了下去。

傍晚，在旅部总结这一天的战况，我军用有限的阵地换取了尽可能长的时间，以70余人伤亡的代价毙伤敌500人以上。由于坚守难度较大，为了减少伤亡，午夜，我军悄悄撤出新保安，加强了东八里、北高地、马家台的第三道防线的防御。

敌军占领新保安城后，即向车站东的北高地发起攻击，但被我军坚决地击退。夜晚，第四纵队司令员曾思玉发来电报："今夜十旅、十一旅即赶到与你们会师。"消息传达给十二旅的战士们，阵地上呈现出一片欢腾景象。

8日凌晨，第四纵队的十旅、十一旅先后赶到新保安东郊，其后，郑维山司令员和胡耀邦政委率领第三纵队的3个旅，另有兄弟部队2个旅先后来到。这样，我军8个旅以上的兵力，把敌三十五军围在新保安。我十二旅单独阻击敌三十五军的任务胜利地完成了。

十二旅受到中央军委的嘉奖。新保安阻击战的胜利，一是把傅作义的王牌三十五军挡在北平之外，使它不能在北平的防守中发挥作用；二是它打破了傅作义西逃绥远的幻想；三是为最终歼灭敌三十五军奠定了基础；四是为和平解放北平立了头功。

情况很快报告到西柏坡，毛主席听了甚为兴奋，当场表示通令嘉奖。中央军委的嘉奖令很快用电报发给华北军区各个部队。嘉奖令内容：十二旅的英勇阻击，挡住了敌军的去路，胜利地完成了抓住傅匪王牌三十五军的光荣任务，这对全部歼灭华北蒋、傅匪军有着重要意义。

解放大西北

北平解放后，全国解放军统一番号，华北军区一兵团、二兵团改称十八兵团、十九兵团，第四纵队改称六十四军，十旅、十一旅、十二旅改称一九〇师、一九一师、一九二师。

彭德怀的西北野战军改称第一野战军，第一野战军下有一兵团、二兵团共15万人。西北的敌军，胡宗南有17万人，马步芳、马鸿逵有14万人，加在一起超过30万人。中央决定，把十八兵团、十九兵团划归第一野战军，这样第一野战军的兵力增加到34万人，由彭德怀统一指挥，向大西北进军，消灭胡宗南4个军，解放兰州，解放灵武。

1949年9月中旬，父亲所在的一九二师转头向北，直指马鸿逵的老巢宁夏银川。部队有时一天只吃一顿饭，走一百三四十里。敌军两个骑兵团，整天活动于我右侧，不时袭扰我军的前进，我军用小钢炮轰击他们，大部队依然奋勇前进，顺利地占领了固原、七营、同心、中宁，势如破竹。

19日黄昏前后，我军进至金积东南沙曲哨子、侯家湾、阎家湾、高栅子一线。敌人将这一带的桥梁全部拆毁，并从青铜峡决堤放水，附近湖沼、稻田连成一片，几成泽国。20日拂晓，我军向金积发起进攻。我左翼某部九连进攻徐家湾等3个据点，一直打到距城二里的马家桥，歼敌一个营部并一个连，生俘百余人。该部三连一直扑至金积城边，该连三班冲在前面的7个人以猛攻猛插、火线喊话的方式，击溃敌一个连，生俘40余人。我右翼部队虽在不利的地形下，亦攻至田家桥附近。中午，敌军三五六师主力逃缩城内。我一九二师又奉命将包围攻击任务交给左路友军，绕道廖家桥、养马湖，中途与右路友军会合，直插吴忠堡。

马鸿逵保三师主力凭借吴忠堡南的深宽各丈余的清水沟阻拦我们，在渠北一线布防，并在吴忠堡以南各村纵深分散固守堡寨。我先头部队于20日黄昏进抵涝河桥附近，拂晓前该部三连奉命架桥，在敌一座高碉、4个地堡的火力射击下英勇顽强地架桥。该连有一个战士，4次负伤仍然坚持在火线，终于将桥架成，并占领了敌人的桥头堡垒，使主力得以安然渡河。经过数小时激战，终将敌人防线全部摧毁，敌纵深被整个打乱。我某部七连连克4个堡子，歼敌一个团部另一个营，生俘170余人，缴获轻重机枪14挺，步枪450余支，自己却无一伤亡。该部一连六班勇敢机智地俘敌一个排，七班长两次完成爆破任务，全歼固守马建营、顽抗我军之敌一个排（内有副营长、连长各一人）。中午，我左翼某部势如破竹，首先进占吴忠堡。该部八连插入敌纵深后，七连迅速插至吴忠堡东北角堵截逃敌，生俘70余名，我无一伤亡。此时右路友军亦在吴忠堡以东地区歼俘甚众。敌保三师主力，连同从灵武增援之二五六师一部，除少数跟随敌一二八军军长渡黄河西窜，少数在我进占吴忠堡时狼狈北逃外，大部就歼，被我一九二师生俘者即达千人，右路友军战果未统计。

接着我一九二师主力毫不停息地向灵武猛追，并派出一支部队直插灵武西北二十余里之仁存渡，截得汽车8辆及一批逃敌物资，共俘敌800余人。我师主力进至距灵武城十余里处，敌二五六师副师长、政工处长及灵武县长、商会代表等前来向我求降。这时城内残敌只剩一个团另两个营，我们命他们在城内集结，听候改编。9月20日我军占领灵武。

马鸿逵逃去重庆。在我十九兵团的强大攻势下,马鸿逵的一个骑兵旅和两个军先后起义和投诚。9月23日,宁夏国民党军政当局签字投诚,十九兵团进驻银川,宁夏全境解放。

9月25日和26日,新疆的陶峙岳、包尔汉起义,新疆宣布和平解放。

而后父亲任六十四军一九一师政委,带领部队参加了抗美援朝战争。[本文为罗立斌长子罗海鹏所写的回忆父亲生平的文章,发表在广西《老年知音》(2019年第8期)。罗海鹏曾任广西科学院副院长,数学研究专家]

袁乃驹 清华大学教授，著名化工、核工业专家

袁乃驹（按，下朗村人），1928年生于广州。1947年7月毕业于广东广雅中学；1947至1951年7月在清华大学化工系学习；1951至1953年10月在清华大学化工系读研究生；1953年11月至1954年7月转入北京石油学院炼制系读研究生；1954年8月至1971年11月历任北京石油学院炼制系教师，系主任助理，化工原理教研室主任，系党总支副书记，院党委委员，北京市第一届党代会代表、北京市第二届政协委员、北京市海淀区第三届人大代表。

1971年12月至1983年4月任核工业部（二机部）西南核动力研究设计院室主任，高级工程师，其中1980年8月至1983年4月兼任清华大学化工系教授。

1983年5月至1994年9月任清华大学化工系教授，博士生导师，系副主任，清华大学学位委员会委员、学位分委会主任，清华大学天然再生资源研究开发中心管理委员会副主任，清华大学学报编辑委员会副主任，联合应用化学与化学工程研究所所长。他还担任烟台大学兼职教授和化工系兼职主任，抚顺石油学院兼职教授，江苏石油化工学院兼职教授，河北轻工学院兼职教授。

1986年，他作为科协派到香港的核专家，讲解大亚湾核电站安全性。曾任国家科委（科技部）国家发明奖、进步奖评审委员会化工组评审委员，国家教委中英友好奖学金第一届资格审查委员会委员，公费出国留学人员资格评审委员，石油学会理事，石油炼制与化学工程专业委员会主任，化工学会石油化工专业委员会主任。

1994年10月退休，至今为清华大学化工系顾问，联合应用化学与化学工程研究所名誉所长，科技部发明奖、进步奖评审委员会化工组评审委员。

主要著作和成果：20世纪80年代后正式出版科技书籍6本，已批准专利2项，发表科技文章170多篇。

我的自述

袁乃驹

我虽然从事教育、科研工作已50年，但没有作出什么突出的贡献，关于治学经验，也没有太多可说，只有一点体会最深，就是为了国家的需要，努力学习，努力工作，困难可以克服，重任可以完成。

我1928年出生于广州，老家是东莞茶山。家中没有田地，爷爷年轻时到香港当小贩谋生，年老回东莞居住。我生长在祖国危难之时，对日本的侵略暴行义愤填膺，报国之心一直是我求知的动力。从小学到中学，学习成绩一直是全班之冠。1947年在广东广雅中学毕业，考取了清华大学化工系，其间积极参加爱国学生运动，开始接受马克思主义思想。1949年加入共产主义青年团，1951年大学毕业后留校攻读研究生。我作为高校教师培养，故亦称为教研生，从此立志一生服从国家的需要和安排，把培养人才和发展祖国的科技事业当作我一生的奋斗目标。几十年中，我接受了许多任务，都通过努力学习、工作去适应它，可以通过下面几件事具体说明。

第一是组织速成俄文教学。1951年学校共有20多人留校攻读研究生，包括第九届全国人大常委会副委员长周光召。全校组织了一个研究生班，第一次建立团支部。1952年初，清华大学党委开始在全校发展新党员。当时全校教师只有一个党支部，第一次发展党员，我和周光召、袁奇荪3个研究生为预备党员，并在研究生班成立第一个党小组。当时高等学校遇到的主要问题是高等教育改革和向苏联学习，教育部提出的口号是"全面向苏联学习"。今天回头看来，这个口号有正确的一面，也有片面性，它导致1952年后的院校调整，拆散了很多基础很好的综合性大学，建立专科性学院。当时向苏联学习的一个主要障碍是缺乏俄文人才。教育部发给清华大学大量的苏联教学大纲、课程大纲，却没有人看得懂；找了一些外语学院教师翻译的内容也是错误百出，如把"微积分"翻译为"微弱的计算"等。当时，我们研究生班发动学习俄文很有成效，许多同学都在短期内掌握了基本语法和单词，能够看懂专业书籍，帮助学校翻译了大量俄文教学大纲，但这些教学文件太多，还是难以完成任务。校党委问我们能否推广研究生学习俄文的经验，发动更多教师参加这项工作。我们这些年轻人热情很高，都认为可以，校党委便把组织速成学习俄文的任务交给研究生党小组来筹备这项工作。1952年7月，我和周光召、袁奇荪三人成立了一个领导小组，大学青年教师卢谦、研究生史光筠作俄文教师，开始编写俄语语法教材。他们二人都是自学成才，对学习语言很有天赋，懂得多国文字，我和周光召等则准备阅读教材和背单词的方法。7月中，党委选定7名教师为学习试点，其中包括教授2人——化工系朱亚杰（1981年选为中科院院士）和航空系一位教授，以及年轻教师和研究生5人，全天学习。10天后，他们已基本掌握科技书常用的语法和近2000个单词，效果良好。党委决定8月初全校教师停止工作20天，全天投入速成俄文学习，连年近古稀的副校长刘仙洲教授也参加；北京其他高校也派人参加学习班。我们除了负责组织工作外，也负责学习班的辅导工作，没日没夜地忙了20天，大部分教师都可以凭字典阅读专业文献，并帮助教育部翻译了各种俄文教学文件，推动"向苏联学习"的进程。1953年暑期，学校又组织了全校的教师和应届毕业生速成学习俄文，周光召和袁奇荪因为院校调整已分别到了北京大学和北京航空学院，领导工作主要由我负责。我们所编写的语法教材由中华书局出版，其中的序言和俄文单词的背诵方法是我写的，这是清华大学在中华人民共和国成立后正式出版的第一本教材。尽管我们的水平与完成这个任务还有一定差距，但年轻人可以承担并完成这件工作，其中的道理也很简单，国家的需要就是我们的动力，勇于攻关就能填补国家的空白。

第二是教书育人。1952年我一边完成研究生的学习，一边参加教学和教学组织工作。由于提倡向苏联学习，需要开设许多新的课程，课程内容也有很大变化，对我，甚至对我国教育界而言都是很陌生的。当时，学校让我担任化工系主课"化工原理"的辅导老师，并讲授三分之一课程的内容。中华人民共和国成立之初是没有辅导老师的，辅导课也是学习苏联的新生事物。听课学生是只比我低两届的同学，其中包括后来当过四川省省长和国内贸易部部长的张浩若、海洋石油总公司副总经理的尤德华等同志。这批同学后来当总工程师、教授的人也不少。经过努力备课，听取同学和老教师的意见，我获得了较好评价。1953年冬天，由于高等学校院系调整，把清华大学、北京大学、天津大学、大连大学的化工系中某些专业合并，组建北京石油学院，我也到了该院工作，一边继续完成研究生论文，一边担任8个公共教研室的教学秘书，协助教务长曹本熹教授作教学管理，主要是修订教学计划、教学大纲，保证教学质量，减轻学生负担，推动全面发展。1954年，我研究生毕业后，留在炼制系当教师，兼作系秘书、系党支部书记。次年，系里成立党总支，我又担任了系党总支副书记、校党委委员、系主任助理，协助系主任处理全系的工作，包括贯彻党的教育方针，组织各项教学活动，全面负责学生的德智体的培养和发展。这些工作对我来说是全新、困难、繁重的。此外，根据苏联的教学计划，还需要开设许多国内从未开过的课程。为了带动全系教师勇于承担这些任务，我也主动讲授了几门新课，1956—1958年，分别讲授了化工热力学、催化原理和反应动力学、石油炼制工学等课程，编写出相应的讲义和教材，开国内大学之先，课程全靠努力自学开创。按今天的眼光去评价，这些课程的水平并不是很高，但它是奠基性的，还培养了大批石油化工干部，后来大都成为石化企业的主要领导，国务院原副总理吴仪就是当时的学生之一。1962年后，我改授"化工原理"课程，并参加编写了全国的通用教材；直至今天，所用的教材还是以此教材为蓝本修订的。1983年我调回清华大学后，当了近10年的系副主任，分别给本科生和研究生讲授"反应工程"和"反应器理论与发展"课，并在1988年出版了大学教材和习题集，还为研究生编写了3本参考资料。1986年国家批准我为博士生导师后，至今已培养12人获得了博士学位，他们都成了国家的技术骨干。1991年国家授予我特殊津贴的奖励，我也为几十年从事教育工作为国家培养了大批技术干部而感到欣慰。我涉猎的学术领域是比较宽的，并不是我有什么特殊的能耐，只是尽量适应国家的需要，努力学习，努力工作，报效国家。

第三是参加创新性的科研工作。我没有机会长时间从事某方面的研究，成为某方面有特殊贡献的专家，但参加了多项新开展的工作，接受了许多新的挑战。1951年，我作为研究生，开始接触研究工作，当时刚从美国回来的侯祥麟教授（现为院士）给我定的题目是"流态化干馏页岩"，流态化当时在国外属研究前沿，在国内尚无人从事研究。一年后侯教授离开清华大学，我改由杨光华教授和苏联专家波波夫指导，课题改为"催化裂化人造硅酸铝催化剂的研究"，这也是中华人民共和国第一次研究的课题。从我们开始，这项研究一直是20世纪50年代北京石油学院的研究重点，也是

1955年至今我国炼油部门的重点。但在1958年后，我便脱离了该项研究，参与另一项新的研究计划。1958年在我国七机部成立之前，北京市在清华大学校长蒋南翔的建议下，拟联合北京高校开展导弹的研究，由北京大学、清华大学、北京工业学院、北京钢铁学院、北京矿业学院、北京石油学院分工协助。北京石油学院参加高能燃料的研究，我代表学院参加联合指导小组的工作。虽然在一年后国家成立七机部统一归口研究，此事终止，但这促使我学习了导弹燃料的知识，并为北京石油学院建立喷气燃料研究室打下基础。1964年，我又参加了另一项创新性工作，当时国家科委组织了全国第一个计算机控制工业化装置的试点，选定了兰州炼油厂常减压蒸馏装置为试点单位，并组织了中国科学院、工业部研究院和高等院校等7个单位参加，我代表北京石油学院参加技术领导小组，并承担编写控制程序的具体工作。我带领几个学生到兰州炼油厂工作了几个月，一切从头开始。编写控制软件，不但需要有炼油的知识，还遇到大量控制理论和难度很大的数学问题。今天，这领域的技术已发展为化学工程的一个二级学科——化工系统工程，但我只入了一点门，并没有继续参加以后的发展工作。1999年，我有幸参加兰州炼油厂装置的一项自动优化控制的鉴定，了解到自动化控制已经实现，并取得显著的经济效益，历时30多年取得了成效，回顾当年我参加了一些启蒙性工作，仍然是十分高兴。1971年冬，我的工作又有了重大改变，我离开北京石油学院到四川山沟的二机部核动力研究设计院工作，为我国尖端的国防工业作贡献。我参加了其中的核心项目"核动力反应堆"的研制，由于工作涉及保密，无可细说。在12年的工作中，由外行变为内行，这需要付出艰苦的努力，所说的只有两件事：一是在80年代初我负责出版了两本核反应堆热工分析的书，至今仍是国内出版同类书籍的主要参考书。其中一本是专著，另一本是翻译美国原子能首席热工专家美籍华人汤焜孙的著作。在翻译中，我们发现该书有120个错误，送给原作者审查，同意在译本中改正，为此，他还为我们的译本写了"序言"。此事表明，我们掌握了核反应堆设计的基本理论，我们的努力是有成效的。另一件事是在1986年，当时香港有100万人签名反对大亚湾核电站的建设，为了减少香港人的顾虑，由国家科协组织了一个五人专家代表团到香港讲解大亚湾核电站的安全性。我因为在1981年参加过大亚湾核电站方案论证，并参加过调研，又可以用粤语与香港人对话，被选作专家到香港宣讲。10天中，对香港的技术官员和工程师用英语演讲，对市民则用粤语讲解，并在展览厅回答他们提出的问题，收到较好的效果。1983年回到清华大学后，面对国家发展新形势与清华大学的地位，为立足创新协助国家解决一些重大的生产技术问题，我与中国石化总公司于1984年组建联合应用化学与化学工程研究所，并担任所长，为石化总公司承担了不少任务，参与他们的科学规划和项目审查、成果评定等工作。在化工学科方面，在催化反应动力学、化学反应工程方面作了一些创新性研究。从20世纪90年代开始，又开展了电场下分离研究，获得了两项专利，有关的研究成果在国内外都达到先进水平。1995年后，又把我们研究的气—液反应器的成果扩大到污水处理的领域，大大提高污水处理的效率和能力。与传统的污水处理方法相比，处理速率可快5倍以上，加以设备立体化，占地面积缩小到只为传统方法的十五分之一至十分之一。现正准备推广应用，为我国的持续发展保持良好的生态环境作贡献。

回到清华大学的十几年中，还遇到涉及专业面很宽的其他工作。例如，从1986年起，一直参加国家科技部（科委）的发明奖、进步奖化工组的评奖工作；参加了国内主要大学化工系和科学院的化工类型所、石油部门近400篇博士论文的评审；接受了国家自然基金委员会委托，编写"化学工程学科发展战略总报告"作为自然科学基金委员会安排重点科研的重点参考，参加编写报告的包括科学院3个研究所和9所高等学校的代表组成一个研究小组，我担任组长，征集了国内146位专家编写了126篇报告，最后由我执笔写出一份10万字的总结报告。以上几方面工作，由于涉及面很广，很多内容都是原先不熟悉的，但我没有知难而退，而是采取了不耻下问的态度。不懂就问，不明便学，尽量弄清楚其中的核心和关键，使在工作中不断扩充自己的知识，也加深了对问题的了解，克服困难完成任务。

目前我虽然已退休，化工系仍返聘我当化工系的顾问，校外很多单位仍经常找我参加一些技术评审工作。我仍然一如既往，努力学习，努力工作，尽量适应各种需要，尽量发挥余热，为社会服务。（转载自《东莞当代学人》第444至452页）

乡贤简传

【下篇】

庾观圣 广东庾氏之祖

庾观圣之父庾东旸为邳州府下邳县潞河口村（今属江苏省徐州市）人，在北宋元佑年间（1086—1094年）任广南东路经略安抚使，携眷到广州，生子庾观圣。庾观圣在北宋政和年间（1111—1117年）任广南东路提举，因公来到茶山，乐见茶山风土之美，遂定居茶山，其地名"庾家坊"。

庾观圣生庾昆善，字国祥，号竹庵，好吟咏，放情山水，终日以诗酒娱情，时人视作神仙，创建爱月楼。以子贵，宋朝诰赠朝议大夫。

庾昆善生庾岳辅，以贤良举朝散郎，不就。归家数月后，再被举为朝议大夫，有德政，声闻中外。配何氏，封恭人。

庾岳辅生四子：庾孟奇、庾孟良、庾孟贤、庾孟质。庾孟奇举明经进士，不就。庾孟奇身份高贵而放浪江湖，被母亲憎恨，有十年没回家。后来，庾孟奇积累了大量财富，回家后得到母亲原谅。他加倍孝顺母亲更甚于往日。不久，母亲去世，庾孟奇为母亲守墓三年，日夜悲号不缀，时人称颂他有孝顺的品行。庾孟良，诰封翰林承旨，加赠御史大夫，夫人何氏，诰赠宜人。

庾孟奇生庾万子，自号东湖居士，生当宋末，战乱频仍，庾万子抱膝长吟，隐晦终身。时熊飞将军抗元牺牲，庾万子作诗凭吊。庾万子去世后，东莞县进士赵秋晓为其作墓志铭。

庾万子生二子：敬一郎、敬二郎。兄弟二人抱道自乐，遭遇宋元之变，闭户不出，兄弟和睦。时势动荡，敬二郎嘱咐五子庾德信迁居他方。其时海寇作孽，敬二郎捐出一千石谷救济乡人，乡人很感激他。

敬二郎五子庾德信，号月翁，天性醇厚、谨慎，家里十分富裕。他向茶山雁塔寺捐出田产（这些田产向国家交五十石税），以供应雁塔寺开支。明洪武二十六年（1393年），发生蓝玉案，何真之子、蓝玉之婿何荣被杀，庾氏受到牵连（庾德信高祖父庾岳辅、曾叔祖庾孟良之妻均为何氏），庾德信兄弟九人到邻县避难。事件平息后，庾氏宗亲回到家乡，但庾德信及兄弟都没有回家，分别在各地安家。庚德信带着父亲、家眷迁到谷涌（今东莞市万江街道谷涌居委会）。庚德信重修了在茶山的祖墓，和宗亲们约定每年重阳回茶山祭祖。庚德信又捐资创建南海神行祠，捐出鸭埠之租供应香灯之费。庚德信的善举在雁塔寺、南海神行祠的碑记上有记载。

至乾隆五十七年（1792年），茶山庚家坊"田房庐墓俱全"。今茶山本地已无庚氏族人，庚观圣的后代则遍布广东各处，如东莞市万江街道谷涌居委会、广州市从化区白兔村、广州市花都区唐美村、广州市花都区莘田村、广州市白云区钟落潭镇长沙村、清远市高桥黄溪村、佛山市三水区曹寨村等。广东庚氏奉庚东旸为一世祖、庚观圣为二世祖。

象山（在东岳庙后）今存庚氏墓园，有庚观圣、庚昆善、庚岳辅、庚孟奇、庚孟良之墓。在茶山公园旁的卫氏墓园，有卫氏三世祖妣庚氏之墓。宣德癸丑年（1433年）的墓志铭称："庚之先，茶园庚家坊人，父某，素善治产，家裕乐施。"东岳庙立于嘉庆二年（1798年1月）的《重修东岳庙碑记》上有"庚观圣，谷涌，五大员"的记载，可见庚观圣在谷涌的后人一直以茶山为故乡。[据《琴轩集》《庚氏族谱》《东莞常平刘家墩庚氏族谱》《庚氏志（赣粤湘桂卷）》《茶山卫氏族谱》《庚氏墓园碑记（2010年）》《茶山历代碑刻》，陈贺周撰]

象山庚氏墓园（陈贺周摄）

按，张穆《故园茶山记》称："当元末，邑人何真与王成俱起……是时，茶园犹荒落也。"庾氏是有文献记载的最早来到茶山的氏族之一，虽然《庾氏族谱》对人、事的记载不是很详细，但仍可窥见明朝以前茶山的一些信息，如庾氏诸祖有广南东路提举、朝议大夫、明经进士、翰林承旨、御史大夫等职衔。庾氏三世祖庾昆善创建爱月楼；五世祖庾孟奇"锱积甚富"；七世祖敬二郎，"时海寇作孽，公出谷一千石以救乡人"；八世祖庾德信"舍陈子山等处田租五十石于茶山雁塔寺，以供佛赡僧"。由此可见明朝以前，茶山已人才辈出、颇为富庶。

卫宁远 茶山卫氏始祖

　　唐僖宗年间（874—888年），朝廷在大名府（今河北省大名县等地）选拔一卫姓高官派往南雄任郡守，其后代世居南雄沙水村。

　　南宋建炎年间（1127—1130年），宋室南渡，战乱四起，原居南雄的卫氏后代卫宁远携四子从南雄经韶关抵达广州。长子早逝，次子卫达在番禺沥滘定居。卫宁远携三子卫弘（曾任福州司户）、四子卫衍抵达东莞茶山。兄弟二人爱茶山风土之美，卫弘选择茶山大桥头建立卫屋村（今茶山卫屋），卫衍则在茶山之西的墩头另建塘边卫屋村（今茶山粮所附近）。

茶山目前已发现的年代最早的碑刻："宋故卫公墓"碑（1216年），距今已有八百年历史。（陈贺周摄）

　　此后，卫宁远夫妇一直留居东莞茶山，经常前往番禺沥滘探望儿孙。卫宁远夫妇仙逝后，合葬于博罗九潭镇泊头义合村，此墓今存。东莞茶山、番禺沥滘均尊卫宁远为一世祖。

　　卫宁远之孙、卫弘之子卫申宗，即茶山大桥头卫氏三世祖，卒于南宋嘉定八年十二月十二（1216年1月2日，此日期或为下葬之日），其墓今存茶山凤山"卫氏祖茔"墓园。墓园内今存南宋时卫申宗之子卫文会等人所立之墓碑，碑文为"宋故卫公墓。公讳申宗，配孺人庾氏、缪氏，别葬……时嘉定八年乙亥岁十二月十……会立"。此碑已有800多年历史，是茶山目前已发现的年代最早的碑刻，是茶山卫氏悠久历史的见证。（据《卫氏族谱》，陈贺周整理）

陈彦清 南宋泉州刺史，龙头下朗陈氏始祖

陈孔范（1140—1206年），南宋时任亳州司户参军，诰授儒林郎，原徐州人，因金人渡河，迁居河南，再迁居南雄珠玑巷沙水乡。

陈孔范之子陈彦清，字永德，由南雄郡庠登庆元丙辰（1196年）进士，官至福建泉州刺史，诰授中宪大夫。为官十年后（1206年），陈彦清和父亲陈孔范经东莞回京，因听闻江西草寇蜂起，水路、陆路难以通行，只得暂时寓居茶山。父亲陈孔范去世，葬在黄旗山，陈彦清不忍心离去。不久，陈彦清的妻子曹氏也去世。陈彦清于是置田地、住宅于龙湖头（今属超朗村），在此定居。

陈彦清生有九子，四子正四郎为龙头陈氏之祖；九子庆九郎的长子陈昌盛迁居下朗，为下朗陈氏之祖。陈彦清之墓今存南社村，于万历戊子年（1588年）重修，规模颇大，墓前仍存一根华表。陈昌盛之墓今存下朗村。（据《龙头陈氏族谱》《厦朗陈氏族谱》《茶山历代碑刻》，陈贺周整理）

陈彦清墓（陈贺周摄）

叶永青 南宋抗元英雄

叶刚（1226—1277年），字永青，号安禄，以字行，京山人。

叶刚天性孝顺、友爱，智勇双全，深沉稳重，喜读孙武、吴起兵书，屡次参加科举都没有考取功名。咸淳甲戌年（1274年），元兵大举进攻中原，皇帝下诏号召天下百姓保卫国家。叶刚听闻后慷慨激昂，心生兴复中原之志，便带着弓箭到县衙求试。县令李秀芝欣赏叶刚的忠诚、壮志，将他推荐给广州府，被授军前参谋，随军策使。叶刚征战数月，屡立奇功，升任都督，统兵抗元。后来因元兵势大，宋军不敌，叶刚只身归里。

叶永青墓（陈贺周摄）

丙子年九月（1276年10月），叶刚跟随妻兄熊飞起兵抗元。叶刚亲弟名判，字弘青，亦投身抗元。熊飞、叶刚败元兵于铜岭（今东莞东城榴花公园），斩杀元将姚文虎，全歼元军，乘胜收复广州，迎江西制置使赵溍入广州。接着，又收复韶州（韶关）、南雄。赵溍命熊飞、叶刚等人守南雄。十月，遇元军于大庾岭，战败，退守韶州。十一月十四（12月20日），元兵围攻韶州，熊飞与叶刚兄弟率兵登上城墙，坚守七昼夜。十一月二十一（12月27日），叛将刘自立私自打开韶州南门，向元军投降，元兵涌入韶州城内。在巷战中，熊飞、叶刚、叶判等将士搬来桌子、屏风等杂物堵住巷口，与元兵短兵相接，奋力抵抗。熊飞、叶判壮烈牺牲，韶州失守。叶刚易装逃回东莞，隐居大朗，伺机再起。

丁丑年二月（1277年3月），叶刚前往惠州甲子门（今陆丰县甲子镇）拜见端宗皇帝，向皇帝陈述攻讨元军的策略。皇帝嘉奖叶刚的忠诚，特授督府职务，派他指挥、监督江西的军务。三月，跟随文天祥收复梅州、江西。五月，有会昌（今江西省赣州市会昌县）之捷。八月，元将李恒袭文天祥于兴国（今江西省赣州市兴国县），叶刚和文天祥出走。八月二十六（1277年9月25日）去到空阬时，叶刚与元兵力战而死，时年五十二岁。叶刚之弟叶钊将其尸背回家乡，葬于京山犁雾岭。

叶刚墓今存京山村，为东莞市文物保护单位。（据《宋永青叶公墓志铭》、民国《东莞县志》、《东莞市志》、《广东通史》、《东莞市大朗镇大井头叶氏族谱》、《龙湖头叶氏族谱》，陈贺周撰）

按，《宋永青叶公墓志铭》云："于景炎丙子九月从妻舅熊飞起兵……败元兵于铜岭。"民国《东莞县志》卷五十四《熊飞传》云："姚文虎追飞至榴花村，飞勒阵斩之……复韶州……至广州……后十日潜至，飞迎入广州。是岁景炎改元之六月也。"二者的时间有矛盾。关于韶州兵败，《熊飞传》谓"自立开南门出降"，而传中所附陈琏《战韶阳为义士熊飞》诗云："老奴潜绝城竟覆。"

大朗镇大井头叶氏是叶永青的后人，《东莞市大朗镇大井头叶氏族谱》第120页载关于叶永青的《扒船埔的传说》，虽未能确知当年是否真有其事，但当地有此传说流传，正反映出叶氏后人或东莞百姓对叶永青报国情怀的景仰。该传说抄录如下：

南宋端宗景炎元年（1276年），元兵入莞，永青公随抗元英雄熊飞与元兵战于榴花（今东城区峡口社区）铜鼓岭，怒斩元将姚文虎于山下，威振岭南。熊飞与永青公乘胜进击，与广东制置使赵潽、新会县令曾逢龙合兵，收复广州、韶州二地。十一月，元兵围韶，部将刘自立开南门降元，韶关城破，熊飞领兵巷战抵抗，终因寡不敌众，赴水自尽。永青公见大势已去，与弟弟一起，化装为民，逃脱回大朗。隐居大朗后，永青公痛定思痛，认真总结这次失败的惨痛教训，最致命的因素就是大部分将士不懂水性，而元兵有水路战队，有大小战船配备，士兵懂水性，战守容易。永青公汲取这个教训，首先要大家学会游水，其次要学会划船。但是，大井头没有河流湖泊，又没有船只，怎么办？永青公想出一个办法，制造多只无底木船，在村后选择一块大空埔地，训练划船的基本要领。训练方法是每条无底船中20人分两行站立，每人用绳子把木船系在肩膀上，手拿船桨模拟划船动作，有进有退。经过一段时间模拟训练后，永青公带这批民众，去到有水的地方，用真船实践，终于学会了划船，并学会了游泳。后来人们就把当年学划船的空埔叫"扒船埔"，直到现在。（据《东莞市大朗镇大井头叶氏族谱》，大井头叶氏族谱编委会，2010年）

宋永青叶公墓志铭（1419年，引自《茶山历代碑刻》）

刘宗 员头山刘氏始祖

陈伯陶《宋东莞遗民录》卷二："刘宗，邑之栅口人。祖某，武节大夫、团练使，贯濮州雷泽县，靖康兵火，迁金陵，迤逦家于莞。宗以赋中乡举，淳祐三年（1243年）特奏进士，官封州司法，秩迪功郎。宋亡，与从弟玉退隐员山，互相倡和，著有《埙篪偶咏》。玉，学士继曾之子。景炎间，熊飞兵败，避乱乡曲。入元不仕，自以家世仕宋，不忘故君。酒酣赋诗，一字一泣，所作《赠内》一律，世传诵之。"

张其淦《吟芷居诗话》："刘宗、刘玉，皆为宋遗民，隐于吾邑，可谓玉昆金友也。刘玉《赠内》诗'月引池光归坐榻，云含花气入窗纱。鹿门本是庞公宅，栗里谁寻陶令家。'传诵一时。然刘宗《咏怀》诗'闭户且教防俗客，拥书终自笑浮生''漂泊乡关新避寇，荒唐客梦旧从军'，工力悉敌，惜所著《埙篪偶咏》今不可得见也。"

刘宗与堂弟刘玉在南宋灭亡后，隐居员头山（今刘黄村等地）。刘宗为员头山刘氏始祖。刘宗今存《栅口致喜亭咏怀》诗二首、《张母刘安人墓碑》文一篇，刘玉存《赠内》诗一首，为茶山现存最早的诗文，具有极高的文学、史料价值，全录如下。

栅口致喜亭咏怀

刘 宗

一

经年多病少逢迎，投老归来称野情。
闭户且教防俗客，拥书终自笑浮生。
怪人鸿雁呼群起，浴水鸂鶒傍母轻。
几点疏萤独来往，鬓丝禅榻落花声。

二

天末凉风吹白云，渐看长昼少炎氛。

满庭慈竹秋阴合，夹岸枯荷夜雨闻。

漂泊乡关新避寇，荒唐客梦旧从军。

起来极目西山望，故里松楸怅夕曛。

张母刘安人墓碑

刘　宗

淳祐辛亥（1251年）十一月二十二日戊申，前苍梧司法曲江张君之夫人彭城刘氏终于广之东莞，寿六十有六。宝祐丙辰（1256年）十二月初三日庚申，葬于黄公岭新村坤山艮向之原，实礼部正奏名黄君石相之。其子光济擗踊而嘱予曰："孤之母，子之姑也。生不及养禄之荣，死当尽孝葬之礼。然长于刘，归于张，皆子之所知所闻者，愿以为志。"呜呼！衰门薄祚，吉人其萎，吾父之党其已乎？遂重其事而承命，书夫人之懿于兹石。

夫人名伯顺，祖武节大夫、团练使，贯濮州雷泽县，靖康（1127年）兵火，拥六世迁金陵，迤逦因家于此。夫人，其女孙也。生于淳熙丙午（1186）二月十八日。早有淑德，识见逮男子。尝与姊妹析财，推多取少，悉无所较。既笄，叔祖命之曰："汝性简淡，不事于饰。吾邻张氏深居简出，积善家必兴，诸子竞爽，长尤力学，吾以汝妻之。"及归，居家有条，事舅姑如父母。先姑丈允迪，字德明，早蜚声于璧水。时南宋鲜有登天子之廷，先姑丈踵菊坡后程，文满方册，与中州豪杰齐驱。一日归自京，夫人有不悦色，问之曰："夫子名未遂，宜决意以遂若志，家事非夫子所虑！"学二十余年，往来赍程，夫人悉笔之，累数至万，需辄应，无难色。癸巳，先姑丈苍梧法司，未及禄而卒。夫人抚诸孤，剔灯课书，寒暑不辍。勤俭治家，铢积寸累，衣不文彩，食不重味，惟周急不继富。晚年买屋创义斋，割田施寺观，积而能散，乡闾义之。

　　夫人生三子，俱以边赏阶右选：长斗文，江东漕元两征，所至以廉能称，当路交剡焉；次翼文，调沅江征，亦领漕贡赴礼部，卒于庐陵；季光济，间关数千里，扶护而归，委官不出，侍夫人而励先业，两与漕贡。男孙七人：师道、师德、元庆、元吉、登辰、迂衡、一龙。曾孙八人：惟寅、宝大、方谷、希性、孺子、昌武、昌平、伯良。孙支诜诜绳绳，来者未艾。叔祖谓积善家必兴，信不诬也！安人其得所托也。夫谨书于贞石，以垂不朽。

宋特奏迪功郎封州司法侄刘宗谨志

赠内

刘　玉

　　春风休记旧繁华，举案林园乐事赊。

　　月引池光归坐榻，云含花气入窗纱。

　　鹿门本是庞公宅，栗里谁寻陶令家。

　　相对勿论终岁计，酒狂诗癖是生涯。

（据《宋东莞遗民录》《东莞诗录》，吴沃根、陈贺周整理）

刘黄村刘氏宗祠（陈培坤摄）

茶山若干氏族始迁祖

本文系据现存族谱、碑刻等资料整理而成。茶山氏族众多，部分氏族无族谱、碑刻等资料，难以稽考，只得付诸阙如。

周塘陈氏

太始祖陈嘉谋，建康人，任广州别驾，其子陈典，补宝安弟子员，始居茶园。六世陈行（生于宋嘉定甲戌年，1214年），宋乡荐，仕至宣义郎、太常寺典簿，致仕归家，观周塘山水奇壮，遂迁居。陈氏所居周塘地处寒溪河下游，故名"下周塘"。后代名人有陈其琛、陈万几等。

下周塘乐野公祠（陈贺周摄）

茶山钟氏

始祖亮公，迪功郎，先祖浙江雪川人。宋雍熙年间（984—987年），讳穆府君，任岭南南雄路别驾，因而居住南雄珠玑巷。先祖有六个儿子，其中一个迁徙广东新会。几代后，传至掌教宝安儒学的克贤公，死在任上，其子把他葬在宝安，因此在宝安定居。第四代亮公（钟屋始祖），在宋隆兴年中（1163—1164年），任福建归宁县主簿，辞官后，选择茶园隐居。（据《东莞市茶山镇志》）

横江、下朗袁氏

袁祯，字天佑，为横江、下朗袁氏始祖，宋朝人。原江西袁州府分宜县（今江西省新余市分宜县）人。宋建炎元年（1127年），袁祯与父亲袁臻（号泽庵）、弟袁弘德，跟随宋室南渡，由河南汴梁来到广东，寓居在南雄保昌县柯树乡珠玑巷。袁臻任大司马，袁祯任准备将，袁弘德任贵州团练副使。宋绍兴三十年（1160年），袁祯迁居茶山。袁祯有两个儿子，长子袁琚，为横冈袁氏二世祖，奉政大夫；次子袁珂，为下朗袁氏二世祖。宋绍兴三十二年（1162年），袁祯返回故乡便不再回茶山。后来，后人葬袁祯之妻莫氏于白雾岭，并在此墓一同祭祀袁祯。今此墓尚存，钟卿、袁昌祚为此墓所作墓表、墓记尚存。

下朗袁氏大宗祠旧貌（陈培坤摄于2010年，今已重建）

大巷、上元袁氏

始祖袁君能，袁州府宜春县人，宋朝奉议大夫，领使命于广，道经茶园，乐其风土，于宋徽宗末年，携家逾岭，居南雄柯子里。二世袁松华，任都尉，宋孝宗时（1162—1189年），奉母自南雄迁居茶园象岭，数年后迁居芦葭墩。六世袁德乾、袁德坤分别为大巷、上元分枝始祖。"上元"原名"上茶园"，处于茶园上游，故名。大巷名人有明朝书画家袁敬、袁登道。上元名人有袁晃、袁立俊、袁应淦。

上元简庵袁公祠（陈贺周摄）

京山、茶山、龙头叶氏

远祖为叶颙（1107—1195年），仙游人，宋绍兴元年（1131年）进士，初授南海主簿，官至宰相，致仕后居南海大埔。叶颙曾孙叶仲伟（1171—1238年）迁东莞茶山，长子叶纯祐为京山始祖，生子叶刚（永青）；次子叶匡龙，生子叶祚，居茶山水步头。叶祚曾孙叶盛迁居龙湖头（后称"龙头"）。京山叶氏名人有叶刚、叶至刚。

京山叶氏大宗祠（陈贺周摄）

寒溪水莫氏

太始祖莫宣卿，封川（今封开县）人，唐大中五年（851年）状元及第，为岭南首位状元。四世莫怀，占籍南雄保昌之凌水乡。六世莫永昌，宋景佑（1034—1038年）进士，曾任广州学训，迁广州。莫永昌三子为莫钝。莫钝次子为莫遗（1089—1152年），号肖叟，迁居蕉利（今属中堂镇），为东莞莫氏始迁祖，以献策、纳粟，授奉政大夫，生七子，六子居蟠溪水（亦名"韩屋水"，今名寒溪水）。

员头山何氏

始祖何肇易，号乾符，原居南雄沙水村，宋末镇守梅关有功，封将军，后迁居莞城栅口。长子何嗣迁员头山立业，三子何受迁茶山深巷。何嗣曾孙为"东莞伯"何真。

塘角陈氏

始祖陈应甲（1206年3月29日—1277年8月29日），字廷魁，号巨山，建康府上元县（今南京市江宁区）人。宋宝祐三年（1255年）登进士，授粤东南雄府郡守。长子陈用，宋乡荐，授湖南转运使；次子陈英，宋授田州金判；三子陈彬，宋授承信郎；四子陈敬，宋授临安别驾。时因天下扰攘，陈应甲偕四子避隐于东莞，择地置田，筑室凿池，池上建阁以居，因名之曰"塘阁"（后改为谐音"塘角"）。

塘角陈氏宗祠（陈贺周摄）

沙角头、茶山、超朗邓氏

远祖为东汉高密侯邓禹。三十八世孙邓邦仁占籍于南雄珠玑巷，其后邓大观，字颙吉，号萃南。宋开庆（1259年）选贡，仕承直郎，由增城迁至东莞，葬于超朗。长子邓平可居横沥；次子邓平信（茶山一世）居茶山深巷；三子邓平善居超朗。茶山五世邓良定居沙角头（今属上元村），十三世邓奇迁居茶山罗山。茶山邓氏名人有邓奇、邓廷喆、邓云鹤、邓大林、邓大经、邓淳。

近江骆氏

南宋端平元年（1234年），骆氏六十世祖骆子韶（号浩然，字九成）由浙江迁广东南雄府始兴县沙水村珠玑巷，娶妻罗氏，生三子：长子侃，号荆宗；二子信，号荆宾；三子佐，号荆主。宋咸淳元年（1265年），荆宾公从南雄珠玑巷迁居东莞籈竹岗，繁衍至今。籈竹岗后被误写成"筋竹岗"，又因靠近江边，改为"近江"，今属增埗村。（骆炳根整理）

上步林氏

始祖林天与，字惟贤，号南隐，原居福建福州府福清县鳌里，娶宋宗室、郡王孙女赵氏。宋景炎间（1276—1278年），父任广州，侍从南游，遂安家于东莞茶山。后代名人有清官林球、画家林树熙等。

上步林氏宗祠（陈培坤摄）

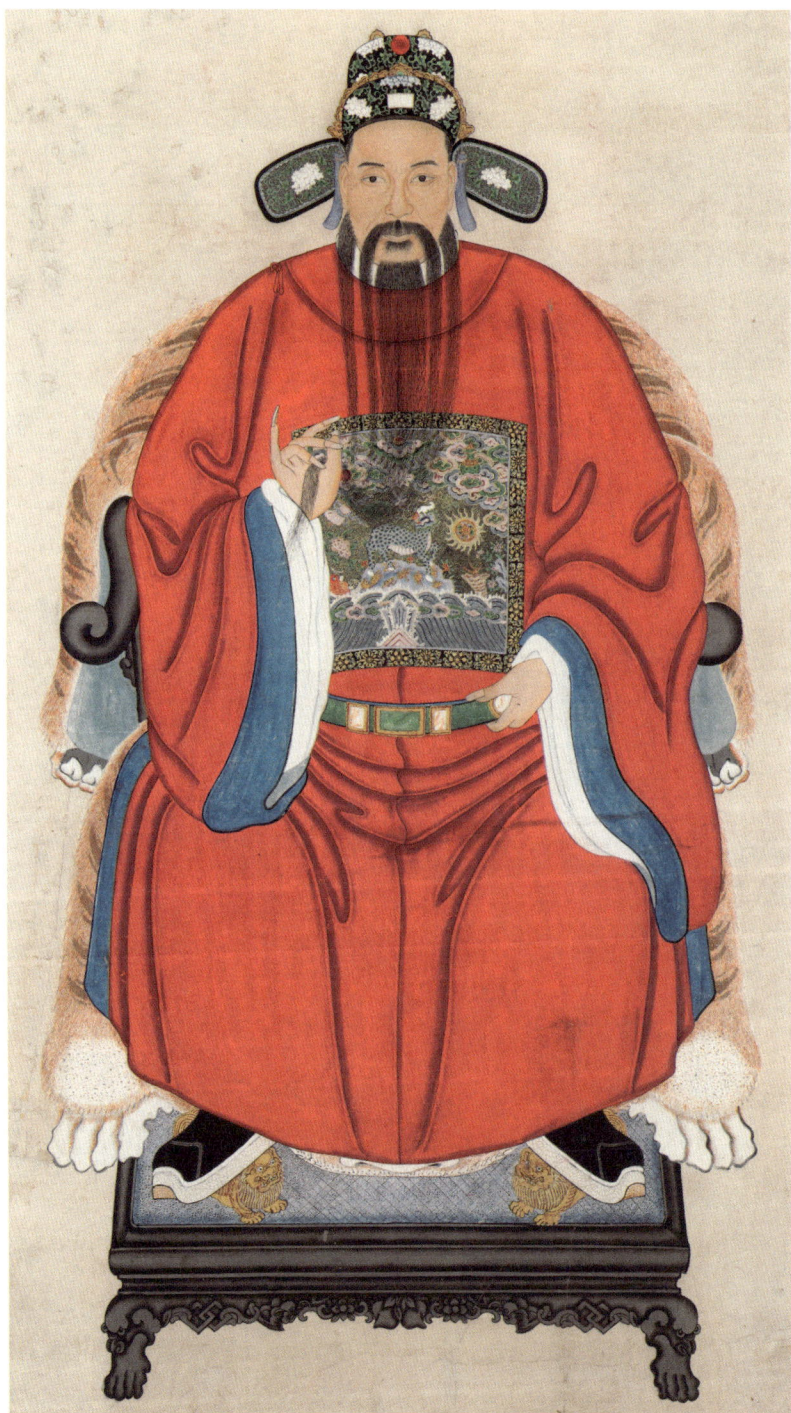

上步林氏始祖南隐公像（上步林氏供图）

上步林氏南隐公元配赵氏像（上步林氏供图）

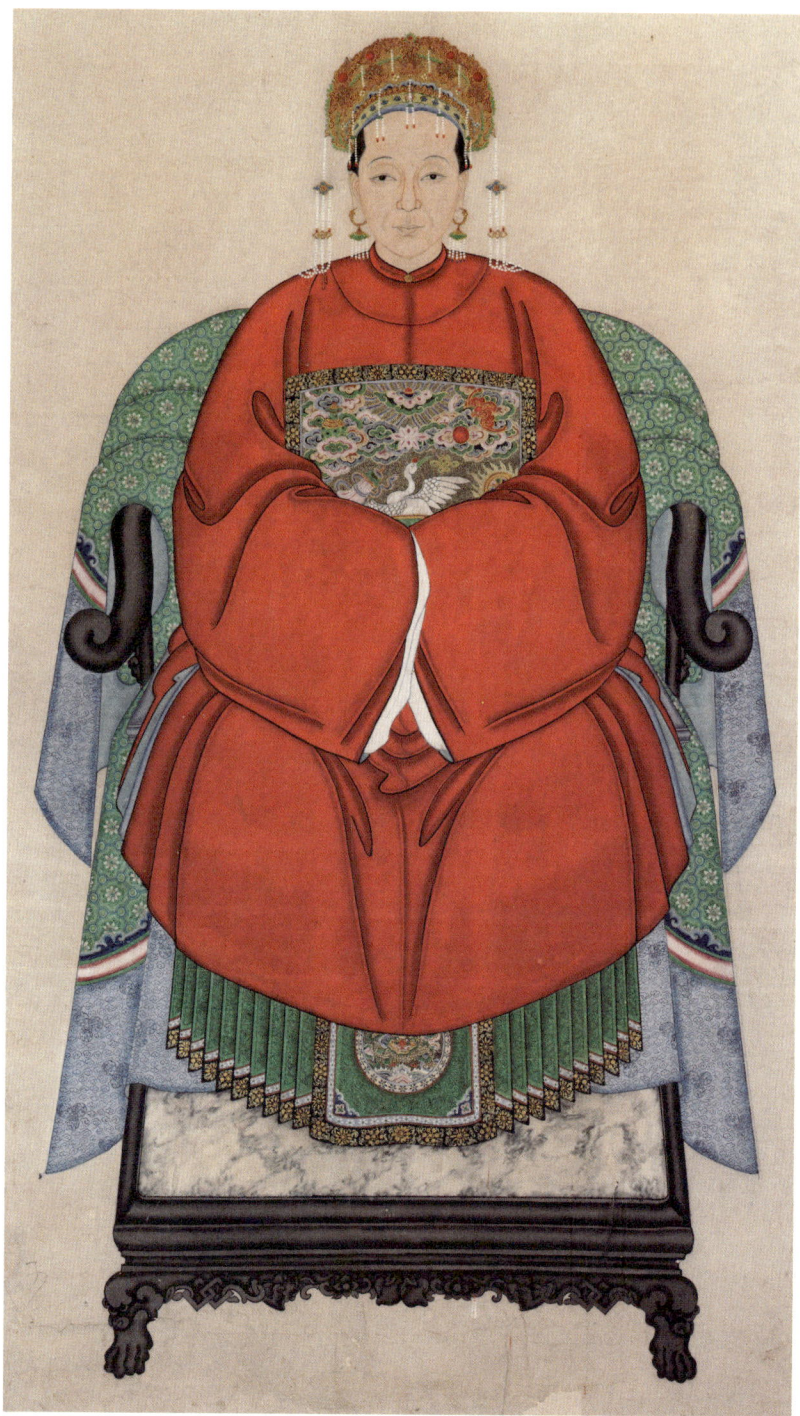

上步林氏南隐公继室吴氏像（上步林氏供图）

下步林氏

始祖林乔，本福建莆田人，生于宋淳熙元年（1174年），宋嘉定十年（1217年）进士，绍定六年（1233年）升奉议大夫、广州路别驾，卒于任。其子林日新初居广州，葬父母于东莞茶园金钗脑，因居茶园，世为茶园人。后代名人有明朝哲学家林光。

沙墩刘氏

始祖刘仲平（1254—1322年），字公德，号淳园，先祖由南雄珠玑巷迁增城。咸淳年间（1265—1274年），携儿子游东莞增埗，并择该地定居。（按，此条参考《东莞市茶山镇志》）

沙墩刘氏宗祠（陈培坤摄）

南社谢氏

谢希良，会稽人，宋末进士，为南雄州推官，卒于任。其子谢尚仁，值乱，路梗不能归，乃徙于东莞茶园之芦荻墩，复迁于南社定居，是为谢之初祖。后代名人有谢赆、谢重华、谢遇奇、谢元俊等。南社，原名"南畲"。

南社谢氏大宗祠（茶山文联供图）

塱头刘氏

始祖刘文奎，宋荫郎官，由南雄府珠玑巷迁居涵头（今博头村）。元末，四世刘彦章避战乱，徙居河源。明洪武初年，时世升平，乃迁回故园。古时南畲塱流域各乡村的船只，走水路到石龙、东莞、广州等地，途经涵头村前，常在岸边埠头歇息停留，故称此地为"埠头"。"埠"与"塱"音近，村外筑有涵头塱，后来改"埠头"为"塱头"，今称"博头"。（据塱头《刘氏族谱》及博头村资料）

博头刘氏宗祠（陈贺周摄）

社吉坊刘氏

刘葆真,其先彭城人。南宋景炎年间(1276—1278年),元兵犯江西袁州(今江西省宜春市),刘葆真由袁州迁凌江(今南雄),再由凌江迁东莞,定居于茶山。其后人有明朝富商刘钜、民国名师刘文亮。

寒溪水罗氏

南宋绍兴元年(1131年),东莞罗氏远祖罗贵带领33姓共97户人家从南雄珠玑巷南迁至江门萌底(现为江门市棠下镇良溪村)安家落户,其子孙在江门五邑及珠三角周边地区繁衍。罗贵长子罗清之曾孙罗元振,南宋庆元二年(1196年)进士,官江西南昌知府,致仕后居铁冈(今属企石镇)。罗元振第五子罗映胄,宋岁进士。罗映胄第五子罗汉荣,官鸿胪寺序班,原居铁冈,后迁乌沙,后迁至莞城西门负廓。罗汉荣之子罗广文(1262—1345年)至寒溪水置田耕种。罗广文之子罗宽(1277—1362年)始居寒溪水。

寒溪水罗氏宗祠(陈培坤摄)

员头山孙氏

始祖常德公讳八郎，号员沙，任杭州刺史，长子贵荣，次子贵华。元末寇起，流寓南雄珠玑巷。贵荣与何真交善，遂与父、弟迁居何真家乡员头山。后代名人有孙士登、孙中山（孙贵华之后）。村民皆姓孙，故名"孙屋"。

孙屋孙氏宗祠（陈培坤摄）

周塘杨氏

一世祖杨畏为北平（今北京）人，宋哲宗（1085—1100年）时任南恩州刺史，迁行营都部署。四世祖杨巨源以功擢南雄郡守。五世祖杨杰，由教授迁郡判，宋末世乱，携子杨道念、杨道存迁居东莞。六世祖杨道念居斗涌（今属厚街镇）。九世祖杨梦阳（1348—1429年）因家里发生灾难，遂投靠岳父谭天然，从而迁居周塘，其时应为元末明初。杨氏所居周塘地处寒溪河上游，故名"上周塘"。

上周塘杨氏宗祠（陈培坤摄）

茶山李氏

始祖讳宣，原籍南雄保昌柯树里。于南宋建炎年中（1127—1130年）到广东，家居莞城。至第八代定道公，刚好遇到明洪武辛酉年（1381年）东莞盗贼猖獗，避乱于茶山，遂为茶山人。（据《东莞市茶山镇志》）

茶山谢氏

远祖谢辉亮，梅州丙村人，清初任惠潮边海水陆兵务驻扎东海滘参将，子谢鼎镛居广州，孙谢泓、谢淮约在康熙四十六年（1707年）迁居东莞茶山。谢淮从医，治愈邓大林之母，邓大林邀谢淮入籍茶山。名人有名医谢淮、谢杰祥。茶山圩谢家原有谢氏宗祠，祠内有联曰：由梅渚而卜宅茶溪，梅馥茶芬，共萃一庭秀气；自龙岗而分支凤岭，龙蟠凤翥，预征百代文明。

茶山谢氏谢辉亮像（茶山谢氏供图）

茶山谢氏谢辉亮元配杨氏像（茶山谢氏供图）

茶山谢氏谢鼎镛像（茶山谢氏供图）

霞坑陈氏

霞坑陈氏源流待考。陈积冈、陈羡冈兄弟二人的儿子均在国外营生，归国后，于1928年（一说1916年）共同出资营建积羡陈公祠，奉祀陈积冈、陈羡冈。（陈贺周整理，有说明的除外）

积美陈公祠（陈贺周摄）

霞坑陈氏陈美冈像（霞坑陈氏供图）

霞坑陈氏陈美冈夫人像（霞坑陈氏供图）

袁菊隐 赈济东莞饥荒，荣获皇帝褒奖

　　袁义安（1274—1340年），字逸夫，号菊隐，下朗袁氏七世祖，元朝人。他家本来就富裕，娶了何氏妻子，获赠三顷良田作为嫁妆。他每年督促家丁辛勤耕作，田租收入达巨万（极多），因此人们称他为"巨万公"。他虽然富裕，但富裕后更加谦虚、谨慎，举止、行动都遵礼而行。他教育家人要以孝顺、友爱为本，又编修族谱，增进族人和睦。乡邻有争执的，不去官府，都去找他主持公道。他热心公益，不吝啬于捐助别人。他十分仰慕东汉时热心助人的刘翊的为人，曾经捐给资福寺十五亩田，以供资福寺祭祀之用。

下朗村袁菊隐像（陈贺周摄）

元朝泰定丙寅年（1326年），有大饥荒，东莞县百姓缺乏粮食，袁菊隐出巨资购买粮食赈济灾民，救活了很多人。官府将他的事迹上报朝廷，皇帝下敕书褒奖，并赐给官服。皇帝敕书内容：

"皇帝敕曰：盖闻家饶于财，遇岁饥馑，为粥施贫，民赖安活。不惟名显当时，抑且福延后世，理之必然也。顷者，东莞袁义安韬光隐晦，其英风足以变浇漓之习，标行足以为乡闾之表。济急，民德莫御焉。朕欲致之于朝而重显之，奈其衰迈，跋涉为艰。今特授冠带，以荣其身，庶不负赈济之心。尔宜敬慎，毋替朕命。钦哉！元泰定三年十一月十一。"（大意：朕听闻袁义安家境富裕，在饥荒之年，煮粥布施给贫民，贫民赖以存活。他不但扬名当时，而且造福后代，这是他理应得到的。近来，东莞袁义安隐居乡间、行事不张扬，他的高尚品德足以改变人情淡薄的风气，成为乡民学习的榜样。他救济遭受饥荒的民众，民众都很感激他。朕想召他到朝廷，隆重嘉奖他，无奈他年老衰迈，难于出行。现在，特授予他官帽、官服，让他拥有荣耀的身份，不辜负他赈济饥民的善心。你袁义安要恭敬谨慎，不要怠慢了朕的命令。1326年12月5日）

下朗村菊隐公祠（陈培坤摄）

袁菊隐为收藏皇帝所赐敕书，修建了美轮美奂的御书楼。临川（今江西抚州）聂大年先生在御书楼上题诗曰："凶年到处有饥民，仗义轻财复几人。乔木故家阴德厚，高堂华构奂轮新。璇题耀日传天语，玉节临门拜使臣。多少困仓尽陈腐，何曾分惠及乡邻。"［大意：饥荒之年到处有饥民，能有几人仗义轻财？故家巨族积下了深厚的阴德。新修的御书楼高大华丽、美轮美奂。玉饰的椽头在阳光下闪耀，将天上（皇帝）的话语传下来。皇帝的使臣携着玉做的信节来到门前，袁菊隐上前恭敬地迎接。多少粮仓的粮食就算陈腐了，何曾像袁菊隐一样慷慨地分发给饥饿的乡邻们？］

下朗村的菊隐公墓、菊隐公祠至今尚存。与袁菊隐相关的现存碑刻有《菊隐袁公处士何氏孺人之墓》《重修菊隐公墓记》《菊隐公世行》《建祠记》《重建七世祖祠碑记》。（据《袁氏族谱》《茶山历代碑刻》，陈贺周撰）

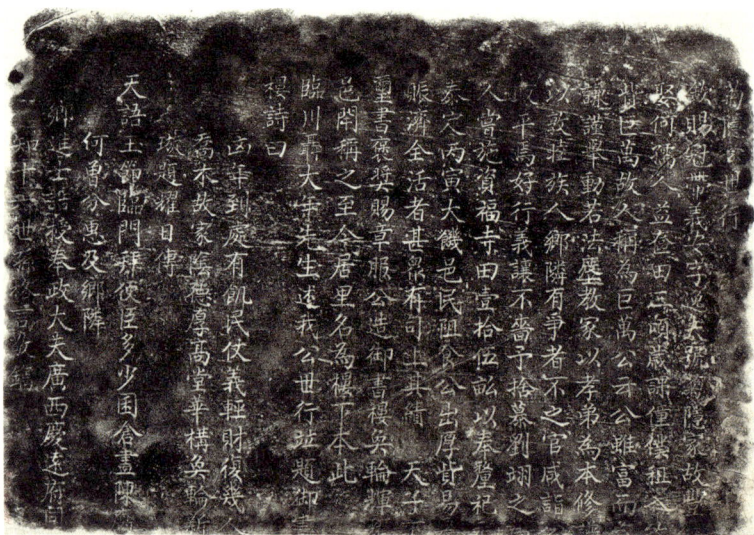

记载袁菊隐事迹的《菊隐公世行》碑（1595年后，引自《茶山历代碑刻》）

袁清吉 以弟代兄亡，一节足千秋

　　袁清吉，茶山人，其外甥黎某是一个无赖之徒。一日，黎某骑马经过袁清吉门前却不下马，袁清吉的哥哥袁祥吉责备黎某说："你母亲就在我家，你怎能这样傲慢不恭？"黎某听了，从此怀恨在心。其时王成占据茶山〔约在元至正十五年至元至正二十六年间（1355—1366年）〕，黎某为了诬告袁祥吉，对王成说："茶山人本来对将军无不心悦诚服，只是受到袁祥吉的蛊惑。不杀了袁祥吉，就不能安定茶山百姓。"王成听信黎某，捉住袁祥吉，将要杀了他。袁清吉急忙求见王成，对王成说："求您放了我哥哥，他需要回家照顾母亲、抚养幼子。我愿意代哥哥受死。"王成遂放了袁祥吉，残忍地将袁清吉杀害。后人为纪念袁清吉，尊称其为"洁斋先生"。

　　后人真湛子作诗纪念袁清吉云："衰世无是非，至人有血性。鸰原急难时，谁与出陷阱。呼天天不闻，叫地地不应。雄踞霸一方，今日彼为政。以弟代兄亡，何惜蝼蚁命。嗟彼昏暴兮，谗言每轻听。黎甥固不仁，王成亦非正。无怪被仆囚，终为人所胜。我兄乞得回，九死目亦瞑。一节足千秋，鬼神起钦敬。寄语世间人，阋墙莫争竞。兄弟自怡怡，蔚为家之庆。奇节砺后昆，德门必昌盛。"（据《茶山乡志》，陈贺周整理）

卫仁辅 辅佐何真

卫仁辅（1327年5月24日—1368年2月28日），元末茶山卫屋人。曾祖父卫起龙，祖父卫医子，父亲卫以善，诗礼相承，笃于行谊，乡邑称之。卫仁辅生于书香门第，自幼志向不凡，思以功名自奋。元末为循州判官，可惜因元朝政治腐败，民心思乱，遂弃官归隐。

适逢何真（今粟边村何屋人）起义师，以卫仁辅有才识，招卫仁辅至幕下。卫仁辅善于为何真出谋划策，很多人都曾得到他的恩惠。丁未年（1367年），何真派卫仁辅至胥江（今三水）。次年二月初十（1368年2月28日），卫仁辅及其随从为贼寇所害，享年四十二岁，遗骸不知所踪。

卫仁辅之妻林氏，有贤行。卫仁辅死后，林氏守寡不再嫁，处理众多家务，整肃有条理，内外庆吊之礼，未尝有违，抚育诸孤，慈训备至。生有二子，守中、守正。其次子守正（卫端）为纪念死去的父亲，建了一座孝思亭，并请文学家陈琏撰写《孝思亭记》。（据《卫氏族谱》《琴轩集》，吴沃根整理）

戚用方 仗义疏财的南社戚氏五世祖

戚用方（1364—1449年）是南社戚氏五世祖，其祖先是广东南雄人，宋末由南雄迁居东莞茶园。戚用方祖父戚享，字德辉，乐南社风土之美，由茶园迁居南社；父亲戚仕华，以行善积德著称乡里；母亲麦氏，为人有美好的品德，得众人称许。

戚用方天性孝敬长辈、友爱兄弟，待族人、亲戚忠厚诚信、宽宏和蔼，日常督促后辈子侄勤奋向学。戚用方经营家业时常仗义疏财，别人遇到危急之事时，他能真诚地予以营救、保护。乡中有穷得连吃都没有的，他就加意周济救助。有些人向他借了钱，他得知对方无力归还后，就将借据撕掉，从此不再过问。族中有两个自幼失去父母的男女孤儿，戚用方将其当成自己的子女一样抚养。两个孤儿长大成人，戚用方又为他们隆重操办婚礼。戚用方为祖先创建祠堂。祠堂建成后，有几株灵芝长出，看到的人都说皆因戚用方仁爱孝敬，才有这样的祥瑞。

戚用方生于元至正二十四年甲辰（1364年）十月二十四，终于明正统十四年己巳（1449年）二月初五，享寿八十六岁。

宋朝文正公范仲淹身居显要而济贫恤孤，流芳百世。戚用方虽然没有仕禄之奉，却能学习先贤而乐善好施。他正如操行卓异的士人一样，值得世人称颂。（据《处士戚公孺人卢氏尹氏祖墓》，吴沃根、陈贺周整理）

释文

处士戚公暨孺人卢氏尹氏祖墓

五世处士戚公暨孺人卢氏尹氏墓志铭。公讳用方，其先南雄人，宋季始迁东莞茶园。祖讳享、字德辉者，乐南社风土之美，遂卜居焉。父仕华，以善行称；母麦氏，有懿德。公性孝友，人无间言，待族党忠信宽和，日督子弟勤于就学。及治生，好为义事，人有告急者，恳调护之；有不举火者，加意赒恤；有称贷者，察力果绵，辄损之不问。族有遗孤男女二人，公养之若己出。既冠笄，丰于婚嫁。创先祠，后有芝数本产焉，观者称其仁爱孝敬，致祥如此。终于大明正统己巳二月初五日，距始生元甲辰十月二十四日，寿八十六。凡两室：卢氏、尹氏。子四，皆尹出。次子安，生员，后赴部历事，未及任职。卢氏同公年正月二十四日生，终于永乐壬辰五月十七日，享年五十九。尹氏生于洪武壬子十一月初四日，终于景泰丙子十月十四日，寿八十五。男：理生、理政、安。孙守珩、曾孙浩等于丙子年十一月二十四日，以公与孺人卢氏、尹氏合窆于大王头祖茔寅甲向之原。呜呼！昔范文正公身居显要，济贫恤孤，犹诧为盛事。今公无仕禄之□，而能若是，此犹士行之卓者。宜铭焉！铭曰：天福善人，安享遐寿；庆泽流芳，必昌厥后；勒铭坚珉，用昭□□。

万历三十二年三月初四日，孙：思表、大才、大举、大钦、大瞻等重修立石。

《处士戚公孺人卢氏尹氏祖墓》碑（东莞市博物馆供图）

卫端 为国运输粮饷的乡贤

卫端（1368年5月22日—1453年1月10日），字守正，号学稼，明朝茶山圩人。其父卫仁辅，曾任循州判官，元末追随何真，任何真幕僚，受何真派遣去胥江（今三水），途中遇难。卫仁辅去世三个月后，卫端出生。卫端以生下来就见不到父亲为憾事，每谈及父亲或每到父亲忌日，都悲痛饮泣，不能自胜。

卫端容貌俊美，幼时聪颖好学，工于吟咏。他孝顺母亲，对待家人能慈爱恭敬，对待乡邻能和睦融洽。对于别人的优点，他不吝赞扬，唯恐说得不够；别人的过错，他藏在心里从不乱说。

他擅于经营生产，家境富裕，但能待人以礼。别人有匮乏，他给予接济而毫不吝啬；朋友或官员来访，他设宴招待，饮酒尽欢。

外甥何仲谦父母早逝，卫端将他接到家中，抚育如同己子。何仲谦成年后，卫端为他操办婚姻大事，并建屋相赠、赠予田地，让他能成家立业。卫端的宗兄女、从甥女到了结婚年纪仍未嫁人，他将她们许配给本地名族之子，为她们准备嫁妆，一如己出。

卫端才识过人，能判明事理，且善于交际。乡邻都很倚重他，遇到纷争都找他评理，他都晓之以理，让双方不再有争议。乡邻遇到不测横祸，他都不顾自身利害，亲自为他们排忧解难，从不以事情难易为借口。乡邻向他求地安葬亲人，他不吝给予；乡邻居住的地方狭窄，他帮助拓宽而不问钱财。有人知道某处地方藏有金银，邀他一起挖掘，他认为不合仁义，就拒绝了。

洪武年间（1368—1398年），增城受到盗寇侵扰，阮某托卫端照顾妻子，卫端以礼相待。八年后盗寇平息，卫端又送她回家。

永乐戊子（1408年），皇帝下诏要求东莞进贡铁力木，县令以卫端有才识、能服众而任命他为千夫长，让他率领民夫入山采伐。在山中，有民夫患了瘴疠、湿疹，卫端用自己的钱买药给他们治病。很多民夫缺乏粮食，卫端煮粥接济他们，救活了很多人。

永乐壬辰（1412年），朝廷征伐交趾，广州府王太守督促所属十县的官吏、千夫长、百夫长等八千余人运输军饷。王太守听闻卫瑞之名，任用了卫端。王太守很器重卫端，让卫端跟随左右，有什么事都跟卫端一起筹划。王太守从不直呼卫端之名，而以"先生"尊称他。卫端能够抚恤下人，大家都很尊敬他，服从他的管理。有一天，卫端在路上遗失了金银，有人捡到后看到金银上面的记号，知道是卫端丢失的。他认为卫端是一位人人敬重的尊长，不忍心私藏，便将金银交还给卫端。

宣德丁未（1427年），卫端创始编修茶园卫氏族谱。

正统己未（1439年），右金都御史、东莞篁村人罗亨信在甘肃率兵抵御外敌入侵，其父亲去世，未能回家治丧。广东省当政者准备替其父修筑墓地，东莞县推举卫端负责。卫端严格按照礼仪、定式，督工营建，将丧事办得井井有条。墓前地方狭窄，卫端捐款买了一旁的土地，将墓地拓宽。罗亨信十分感激卫瑞。卫端死后，罗亨信亲自为卫端撰写墓碣铭。

差不多同一时期，东莞的福隆堤坍塌，县令召集数千人修筑，由卫端总负责。卫端领导有方，不到一个月，福隆堤便修筑好了，没有劳民伤财。受到福隆堤保护的93村村民都十分感激卫端。由此可见，卫端确实才智过人。

正统己巳（1449年），有流寇在茶山周边打劫，到处烧毁民舍。这伙流寇来到茶山时并没有骚扰，头目说："卫公是一位值得尊敬的长者。"卫端的崇高品德，连强盗都认可。

卫端在家里时，建立家塾，教育子孙及宗族子弟，并设立祭田供应家塾及祭祖所需。卫端重修历代祖墓，每年春秋扫墓、祭祀，只要符合礼仪的事，他都亲自去做。

晚年，卫端闲居在家，每月邀请年高的亲友参加"延龄会"，酒食简单，不尚奢侈，有宋朝司马光组织"真率会"之风。

卫端曾说："我有幸遇上圣明之朝，而不能为朝廷略尽微力，如今白发苍苍，只能每日督促子孙辛勤耕种庄稼，为国贡献税粮、提供劳役。我能好好做个太平百姓，这就够了。"因此，卫端将其居所命名为"学稼斋"，乡人称他为"学稼先生"。

景泰壬申十二月朔（1453年1月10日），卫端抱微病，将各儿子叫到一起，说："我今年八十五岁了，死也没什么遗憾了，只是惭愧没有点滴能报答君主、亲人。各位孙子要奋发求学、考取功名，力图忠于国家、孝顺父母，这才不会有辱卫氏名声。"说完，卫端就去世了。（据《卫氏族谱》《琴轩集》《罗亨信集》，陈贺周撰）

吴弘政 顺天时，尽地力

吴弘政（1381年10月25日—1466年4月3日），字用宣，号鹤林，员头山（今刘黄、孙屋、粟边一带）人。

吴弘政是一位质朴、老实的人。他天性孝顺、友爱，父亲去世时他只有三岁，就哭得像成人一样哀伤。他长大后，一直因来不及服侍父亲而感到遗憾。因此，他用心服侍母亲，从早到晚恭谨地顺从母亲的喜恶，无论是香甜的食物、柔软的衣物还是其他，只要母亲想要，他就马上给母亲奉上。母亲去世的时候，他十分哀痛，骨瘦如柴。母亲的葬礼、祭祀，他全部按传统礼仪来进行。年老后，每到父母忌日，他仍像父母刚去世时那样悲伤。母亲死后，他就像服侍父亲那样服侍哥哥，与哥哥和睦相处，从不会有违背哥哥的言语或脸色。

吴弘政壮年时出游四方，虽说是经商，但他不看重获利。他出游疲倦了，便回到家乡，从事农业生产，决定在农业生产上终老。他十分注重农业技术，每天教导家丁们要"顺天时、尽地力"，开垦、种植、施肥、灌溉等生产活动都能做到合理安排、实施。由此，他的家产日渐丰厚。乡人、邻居遇到困难向他求助，他都尽力帮助。

吴弘政以八十六岁的高龄去世，其子请丘濬（明朝著名思想家、史学家、政治家、经济学家、文学家）为吴弘政撰写墓志铭。丘濬认为，像吴弘政这样亲身参与农业生产并有所成就的人，如果出生在"孝弟""力田"科（科举的科目）未废之前，一定会得到朝廷的官职，为世所用，创下辉煌的功绩，为社会作出更大的贡献。丘濬在碑铭中称："古代的士人，容易受到重视。当代则不然，没有文采就难以显耀。有位伟人老先生，没有文采，但十分质朴。他从事农业生产，顺天时，尽地力。'孝弟''力田'科废除后，他不为世人所知，只能老死在远方。他用心经营家业，他的名声留在家乡。他没有当官，但很长寿。我们铭刻、宣扬他的事迹，使其永远流传。"（据《茶山历代碑刻》，陈贺周整理）

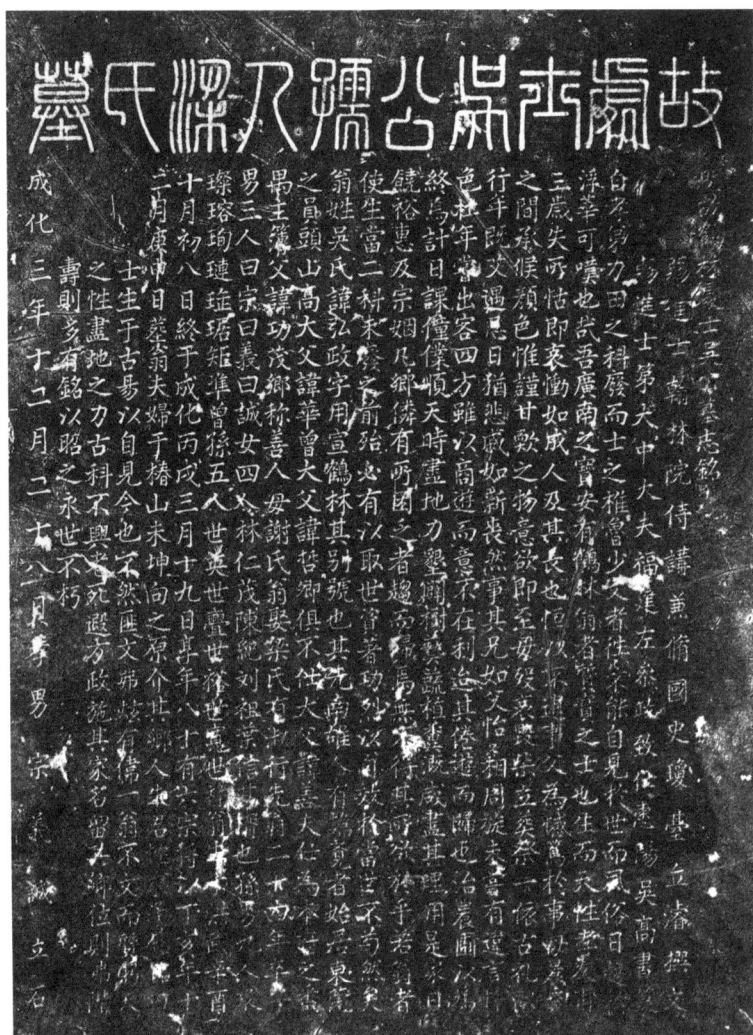

记载吴弘政事迹的《故处士吴公孺人梁氏墓》碑
（1468年，引自《茶山历代碑刻》）

林彦愈 培育林光成为理学名家

林彦愈（1415年7月17日—1479年5月11日），字抑夫，号竹斋，林光之父，茶山圩人。

林彦愈年轻时是一个贩卖鱼、盐的商人。他虽然是一个商人，但十分重视对儿子林光的教育。林光小时候，林彦愈手抄一张纸条给林光，上面写着范仲淹少时在僧舍就咸菜吃粥刻苦攻读的事迹，对林光说："你好好记着，男子汉想有所建树，必须这样。"不久后，林彦愈购买范仲淹全集送给林光，对林光说："这是你的老师，你要好好学习！"林光想读的书，不论多少钱，林彦愈都会买给林光。市面上买不到《朱子语类》，林彦愈亲手为林光抄录至卷四十三，直至该书有售才停止。林彦愈在外经商时，见到人人称颂的诗文，都会抄录回来给林光。别人问他为什么，他说："我儿子可能没有读过。"林光长期在学校学习，林彦愈为他提供一切所需，让他能一心读书，不为生活所累。林光常常半夜起来读书，林彦愈劝他不必太过刻苦。

林光从小至大从未被林彦愈叱骂过。平日上灯时分，林光在座的话，都会给父亲林彦愈敬上几杯酒，和他一起谈天，有时甚至谈到半夜，忘记了睡觉。林彦愈、林光既是父子，也是知己，林光每对理学有阐述、见解，林彦愈都会表示赞赏。林彦愈对林光的慈爱、教育让林光十分感激。

明成化元年（1465年），林光考中举人，之后考了两次会试都没有考中进士。明成化五年（1469年），林光落第后拜陈献章为师，林彦愈非常高兴，说："我听闻陈先生是有道之人，你能师从陈先生，一生都有指路人了。"林光在榄山修筑书屋研修学问，林彦愈常常戴着斗笠、穿着木屐去到榄山，帮助林光规划、建筑。林光在榄山闭门读书，林彦愈十分赞赏，对林光说："你有志于此，我怎能不支持呢？"

林光中举很久都没有当官，落寞无名，而和林光同时中举的人早就官场得意、光耀乡里。亲友们都劝林彦愈说："林光已考中举人，官禄唾手可得，你怎么不催促林光去当官？你们父子不要再傻了。"林彦愈答道："我不是不想儿子做官，但林光研习理学才入门，我怎能夺去他的志向？我还恨自己不能扶持他呢。"面对亲友们的质疑、取笑，林彦愈置若罔闻，反而勉励林光说："你刻苦研修学问，是想立一家之言，何必要有其他追求？如果你真能够在学问上有所成就，将会永垂不朽，我就算生活艰苦些，也能死而瞑目了。"

林彦愈对祖先十分虔诚，每到春秋时节，一定事先沐浴，严肃、恭敬地祭祀祖先。林彦愈待人慷慨，不分尊卑贵贱，唯恐有失于人。乡亲有什么红事、白事，他都会真诚地前往道贺、问候。他自己则很节俭，衣物破了补补再穿，一定要无法修补了才会丢弃。平常吃饭，妻子未到，他便不动筷。

林彦愈每日天未亮便起床，家里各种琐事都亲力亲为，例如搬运、驾车、打扫庭院茅厕、磨刀磨斧等，甚至箩筐、扫帚这些小东西也亲自制作。田地、果园里的各种农活，锄地、除草、培土等，都与家丁们一起分担。人们劝他不用过分操劳，他说："做人要有谋生的技能。落魄的人家，都是因为家里子弟不屑于做这些低贱的杂事。"

闲暇的时候，林彦愈就焚香挂画，吟诵古诗，或抄录书籍，或与亲友一起游览罗浮山。每年县学邀请乡贤举行乡饮酒礼，邀请他参加，他每次都婉拒说："我的德行还配不上。"

林彦愈在六十五岁时无疾而终。岭南大儒陈献章应林光之请，为林彦愈作墓志铭。林彦愈在民国《东莞县志》《茶山乡志》有传。（据《南川冰蘗全集》《粤东名儒言行录》，陈贺周撰）

按，林彦愈对林光的教育、支持，即使以今天的眼光去看，仍是非常值得学习的，也是今天很多人都做不到的。例如：他鼓励林光读书，为林光抄书，在物质上无条件支持林光求学；他能理解林光的追求，常和林光把酒谈心，互为知己，在追名逐利的社会环境中仍鼓励林光追求纯粹的学问。林彦愈一生经商、务农，日常勤劳、节俭、乐于助人、遵守礼义，闲暇时读书吟诗、栽花植树、游山玩水，其人生也称得上精彩、圆满。

袁晖 白沙弟子，理学名家

袁晖，字藏用，下朗村人。袁晖十岁丧父。父亲去世后，他常常去父亲墓地哭泣，很有孝心。袁晖家贫，白天造香柜赡养母亲（按，茶山其时盛产莞香，远销全国各地，香柜当指用来装着莞香去贩卖的柜子），夜晚则用心读书、学习。陈献章来茶山探访弟子时，见到袁晖，大为称许。袁晖遂拜陈献章为师，研究理学。

袁晖主张躬行实践，不拘泥于书本字句。新会县令见到袁晖，赞叹道："真想不到一介贫苦布衣百姓，却如此卓然独立，境界崇高！"陈献章曾说："林光称赞袁晖决非泛泛之辈。从前伍光宇跟随我学习，我很欣赏他，也是因为他不是学无根底、只注重表面功夫的泛泛之辈。如今伍光宇已死，本以为乡间再也没有像他那样的人了。袁晖大概就是伍光宇那样的人吧。"

陈献章曾作《茶园曲》赠给袁晖。诗云："峡束湾湾一水长，商船无日不苏杭。千村万落无穷树，尽是袁郎柜里香。"陈献章准备在自己的精舍旁筑一草庵，让袁晖居住、学习，作诗云："精舍岩西拟一台，松高竹密路斜回。草庵半属袁郎了，好带茶园一柜来。"又曾在冬至日作诗示袁晖云："面壁山人不下台，老阴消尽少阳回。白云影里千峰静，紫菊香腾十丈来。"

后来，袁晖辞别陈献章，从新会回到茶山，在社学担任教师。陈献章听闻后，颇为不悦，怕袁晖在社学受到乡儒影响，忙着著书立说，耽误了自身修为，便写诗规劝袁晖。诗云："南州香柜久流传，亦卖东湖草屦钱。莫共诸贤理铅椠，只治香柜过年年。"又云："君道鸥夷解了心，五湖何用更千金。鲁连长揖平原去，风月无边碧海深。"陈献章曾书"正庵"二字赠袁晖，故袁晖被后人尊称为"正庵祖"。袁晖以孝道、友爱、仁义、礼让教育乡人，茶山风俗为之大变。

袁晖以理学闻名，其后人引以为豪。《重修袁氏大宗祠记》云："明兴，益修公车之业，理学衣冠赫然，门户之盛，甲于全邑。如正庵公（讳晖），莞沙公（讳昌祚），其特著也。"又《建祠记》云："长房月川公以孝友显，次房正庵公以理学闻，并西川公以高行著，簪缨显宦、用光史册者，代不乏人。"

　　袁晖的孙子袁太恩，字绍仁，性豪迈，尚气节。他贫穷的时候，曾在路上拾到钱，将钱还给失主。又曾在樟树镇遇到一位偷了主人的金钱而逃跑的仆人，在袁太恩的劝谕下，仆人回去向主人自首。主人十分欣喜，要拿出被盗金钱的一半来答谢袁太恩，袁太恩坚辞不受。（据民国《东莞县志》、《茶山乡志》、《茶山历代碑刻》，陈贺周整理）

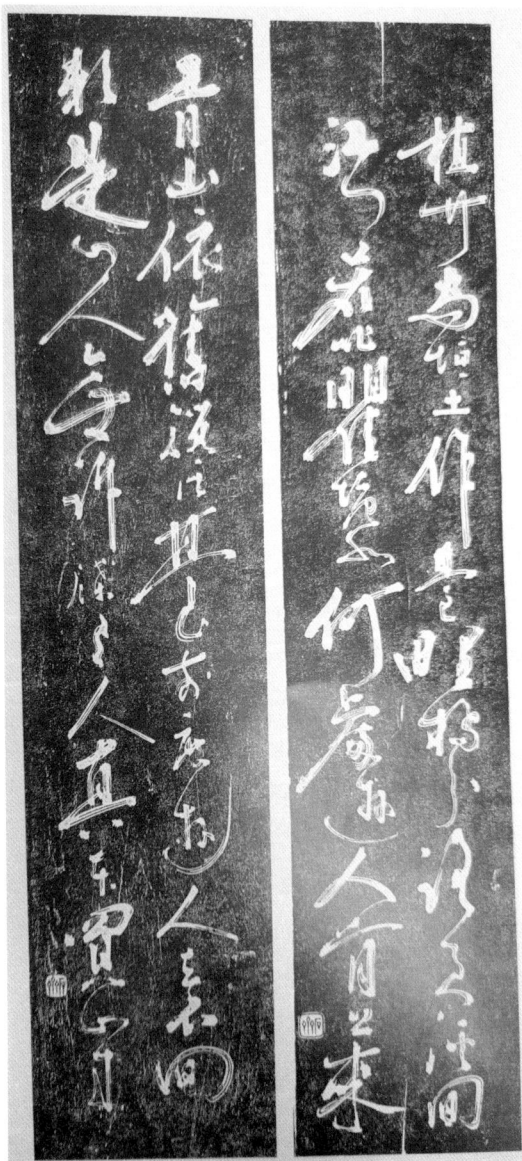

陈献章书赠袁晖诗（木刻拓片，引自《陈献章书法集》）。

释文：植竹为垣土作台，野桥分路到溪回。江门若比瞿塘水，何处游人肯上来。青山依旧锁溪台，前度游人去不回。赖是山人无诉牒，有人真本买山来。

林球 —贫如洗的廉洁官吏

林球（1441年8月3日—1493年6月27日），字天球，号时斋，茶山圩上步林屋人。

林球身材魁梧，品行端正，很有孝心。父亲去世后，他痛哭至双目流血。服丧三年期间，严格守制，绝不喝酒吃肉。服侍母亲则恭恭敬敬，各方面都关怀备至。

林球天生聪敏，好学不倦。明成化四年（1468年），林球以《春秋》中经魁（第四名举人），任上虞（今属浙江绍兴）县令。林球为官清廉、耿介、自律，以诚待人，爱民如子，百姓都不忍心欺瞒他。上虞遭遇饥荒，林球想方设法赈济百姓，存活甚众。林球在上虞任职届满，上司认为林球很有才干、政绩卓异，推荐他升任他职。林球以母亲年老，请求辞官回家照顾。

林球离任之日，上虞百姓携老扶幼，挤满了路边，扶着林球的轿子，为他哭泣送行。为了感怀林球的高风亮节，上虞百姓为林球树立去思碑，奉祀林球于名宦祠。后来，上步林氏为林球建立"古虞慈父"牌坊。

林球回到茶山后，包袱里除了几件旧衣服，什么也没有，一贫如洗。对比别的官员辞官后带着大量金银财宝衣锦还乡，林球觉得非常羞愧，怕回家后家人埋怨他为官多年没有为家里积下钱财，让家人失望，便不好意思回家，寄居在东岳庙。渐渐地，林球的家人、朋友知道他回到了茶山，便去东岳庙请他回家。请了多次，林球都没有答应，也不愿意见家人。一天，林球的儿媳陈氏想到一个妙计，笑着说："我有办法让老爷回家。"陈氏抱着幼小的儿子去到东岳庙，让庙祝通传。庙祝对林球说："你的儿媳带着刚出世的孙子来看你了。"林球只好出来相见。陈氏见到林球，二话没说，将儿子放在地上，马上跑回家中。林球身边连一个仆人也没有，庙里也没人帮他照顾孙子，孙子见不到妈妈，一个劲在地上哭泣。迫不得已，林球只好抱着孙子回到家中。

　　林球回家后，萧然淡泊，无求于人，家里连房子、田地都没有添置。有一次，女儿回娘家借钱，林球实在拿不出钱，只好拿着自己的官服去当铺质押，得到钱后才得以借给女儿。时人称颂林球为真正的廉洁官吏。

　　林球平日服饰一如学者，见到他的人都不知道他是退休官员。乡邻推崇林球的品行，凡有不平之事，都找他评理，林球一言半语就为乡邻解决了矛盾。

　　林球兄弟十分和睦，终身无闲言闲语。林球常常教育子侄一定要以品行为先。林球母亲患病后，他不离左右，煎药、喂药从不假手他人，夜里衣不解带，随时起来照顾母亲。母亲去世后，林球哀痛成疾，几日之后也相继去世。

　　林球去世后，其诗集、文集在明朝末年散失。今《茶山上步林氏谱传》载有林球撰写的《时斋公庆凹头余氏新建祠堂记》。(据《茶山上步林氏谱传》、民国《东莞县志》、《茶山乡志》及上步林屋群众口述，陈贺周撰)

林韬 自学成才，慧眼识才

林韬，字葆光，茶山圩塱尾（今茶山圩文化路附近）人。

林韬幼年家贫，以给别人做雇工为生。秀才郑胜颇负时名，四处开馆授徒，林韬就跟着郑胜，给他煮饭、做杂事，那时林韬才十岁。由于天性聪颖，郑胜在课堂上教学生诵读诗书，林韬在旁边听上一两遍就记住了。郑胜给学生们讲解四书五经，林韬马上能理解书中要旨并融会贯通。林韬空闲时就在灶台边偷偷练习写文章，郑胜从未发觉。

明弘治二年（1489年），郑胜参加乡试。此前，林韬已经偷偷应儒士试，取得参加乡试的资格。三场考试，林韬都是后进先出，不让郑胜知道。放榜时，林韬榜上有名、高中举人，郑胜反而黯然落第。

郑胜名落孙山，催促林韬收拾行装回家。林韬迟迟不动，面有难色。郑胜发怒说："你是见我考试不利，要改投别个雇主吗？"林韬不得已，只好如实告之。郑胜极为震惊，久久说不出话。

林韬中举后，因母亲年老，就在离家乡较近的上林县（今属广西南宁）任教谕。后来，调任江西省吉水县训导。其时，裁缝匠毛某带着儿子毛伯温（后成为明朝兵部尚书）四处给人做衣服。林韬一见毛伯温，便认为他是可造之材，让他不要再做裁缝，改为攻读诗书。林韬将毛伯温留在身边，亲自给他讲学。数年间，毛伯温学业大进。后来，林韬升任王府伴读。再后来，毛伯温考取进士，但林韬不知道此事。

林韬辞官回乡二十年，家贫，无以为生，只好叫其仆人受雇于官船，去当舟夫补贴家用。有一天，上面有命令下来，仆人被派往南雄府保昌县，去迎接两府总制的官船。仆人抵达后，才知道总制就是当年吉水县裁缝毛某之子毛伯温。毛伯温见到林韬的仆人，还能认出来。毛伯温连忙叫仆人回去告诉林韬，要见林韬一面。林韬前去拜见毛伯温，只是单纯的礼节性见面，没有以私事相求。毛伯温对林韬更加敬重、礼待。

林韬在七十岁时去世。（据民国《东莞县志》卷五十七、钱以垲《岭海见闻》卷三，陈贺周、吴沃根撰）

袁智昌妻何氏 抚育幼儿，延续家族

何氏是东莞伯何真的孙女、下朗袁智昌的妻子，明朝人。袁智昌读书应举，家贫，何氏典当首饰以助学费，劝丈夫专心读书。结婚两年后，袁智昌去世，何氏只有二十岁，痛不欲生，但考虑到上有公婆、下有幼子，便振作起来，卸去妆容、饰物，孝顺地侍奉公婆，全力抚养、教育儿子。公婆去世后，尽力处理丧事，人无闲言。何氏的儿子袁瓖长大后，在琼山（今海南省海口市）经商时去世，家道更加衰落。何氏与儿媳李氏一起，孤零零地守寡，做女红为生，虽然温饱不继，但二人都没有哀叹、抱怨。何氏之孙、李氏之子袁月川在《茶山乡志》有传。今存"十一世祖妣贞节孺人何氏之墓"碑。（据《茶山乡志》《袁氏族谱》《茶山历代碑刻》，陈贺周整理）

按，何氏面对丈夫、儿子早逝的不幸，备尝艰辛，仍坚强地将家族延续下去，其精神值得尊敬。

袁月川 孝友格天

袁子云，字君庆，号月川，明朝下朗村人。袁月川年少时，其父在琼山（今海南省海口市）经商时去世。袁月川听到父亲的死讯，仰天哭泣，痛不欲生，亲赴琼山扶灵归葬。传说，袁月川渡海时遇到风暴，船将沉没，船工惶恐，突然听到空中传来话语："袁孝子在船里！"船遂得安全。后来，袁月川到京师游历，与文人学士往来酬唱，日夜吟诗不辍，名重京师，诗人们都争相写诗歌咏他。袁月川到老仍致力于学习。袁月川和榜眼伦以训最友好，伦以训知得他的孝顺事迹后，为他题匾"孝友格天"褒扬他。袁月川著有诗集，同邑户部郎李希说为诗集作序，广东盐运使甘镛为诗集作跋。后来，袁月川的族人袁起元于1720年中举，同考官为袁月川题匾"孝友传家"。（据《袁氏族谱》《茶山乡志》，陈贺周整理）

释文

新建永言堂后进记

尝闻："路寝孔硕，新庙奕奕。"又曰："如竹之苞，如松之茂。"而叹古人之系念夫木本水源者，莫不于修庙加之意也。我显十三世祖月川公，性笃孝思，声闻琼海，躬敦友谊，感格苍天，则一溯夫祖德而报本追远之怀，能恝然乎？稽自前人置有祠后地基一所，非不欲翚飞鸟革，美奂美轮，刻桷丹楹，以妥以侑。奈祖尝淡薄，出入不敷，计费数百多金，固难兴此一举，所以有志而未之逮耳。迄今二百余年，使前人莫为于前，而后人亦莫为于后，终何以慰陟降之灵？兹赖炳勋叔等倡首，集众酌议其事，各皆悚然起敬，慨然乐从，曰："人苟不图一朝之肉食，则春秋之祭品可少蠲也。苟能集众腋而裘成，则庞公之银会可共结也。"爰是踊跃仗义，联成银社，名为"联义堂"，共计社友三十六份，每份先充会本银玖两，递年将他出息，随后每份派回本息银壹拾陆两伍钱，其余剩息银数百余两，尽为建祠费用。斯时也，卜云其吉，不日而成。虽非大壮之观，差等实枚之咏。

其在诗曰："永言孝思。"孝思维则，殆是之谓欤。今将会份三十六名，刊于左，亦欲后世之为子孙者，咸知其所由来耳。遂浣手而为之记。

国学生二十三世孙显宗顿首拜撰

会份芳名开列：

永言堂、广远、达臣、聘臣、炳勋、献勋、濬之，已上各贰份；树勋叁份；立本堂、惇叙堂仝，端庵公、明秀公、鹤天公、存素公、华秀公、毓兰公、捷举、声扬、沛奇、耀中、悦成、献贤，灿广、时广仝，珮盛、緝文、耀宸、端宸、焕章，已上各壹份。

督建首事：二十二世孙炳勋。房长：二十二世孙爵升。房袊：二十三世孙效忠、显宗、毓秀，二十四世孙诚修仝立。

咸丰五年（1855年）岁次乙卯仲秋谷旦

月川公祠《新建永言堂后进记》碑（陈贺周摄）

袁瑞禨 东莞巨富

　　袁瑞禨（1447年10月3日—1536年9月29日），字天善，号守澹，袁晃长兄袁冕长子，上元村人。袁瑞禨早年攻读诗书，专注于《易》。壮年在东南（江浙等地）经商获得巨利。回东莞后，购田数百亩，成为东莞巨富。《茶山乡志》卷一曰："明代富商巨贾，以本邑而论，茶山最占多数，如……上元之袁守淡。"袁瑞禨在子女成家立室后侨居莞城，和二三耆老结社交游。袁瑞禨每日见城市里的人营营役役，心生倦意，惭愧自己没能通过仕途显扬祖先，遂回到家乡，在故居左边建立家庙，奉祀四代祖先。明嘉靖元年（1522年），袁瑞禨立《守澹遗嘱记》石碑，嘱咐在其身后将田产交由四位儿子妥善管理，并对子孙作出训示，嘱咐子孙隆重祭祀祖先，要"登名跻秩、荣耀门庭""不得倚尊凌卑，恃强侮弱"。袁瑞禨又将田产所得盈余，供应、鼓励子孙入校读书、参加科举。袁瑞禨素负重望，乡人有所纷争，都请他评理、解决。东莞县令邀请袁瑞禨担任乡饮酒礼的正宾，袁瑞禨只去了第一次，第二次之后都予以辞谢，谦虚地说："这种殊荣，有一次就足够了，不敢多得。"袁瑞禨以九十高龄去世，全乡之人都为之哀悼。

　　袁瑞禨所立《守澹遗嘱记》石碑，今立于上元村简庵袁公祠前，至今已有近五百年历史。碑文记载了袁瑞禨对其田产、身后事务的处理以及对家族的期望，十分详尽，对于研究明朝历史、家族治理、赋役、行政区域均有极高的价值。（据《石屏遗集》《茶山历代碑刻》，陈贺周撰）

《守瞻遗嘱记》(引自《茶山历代碑刻》)

袁耀吉 苦学不倦，名师高徒

　　袁耀吉，字一先，号野叟，下朗村人。袁耀吉才满周岁，父亲去世。童年时，袁耀吉已能体察母亲苦心，保重身体而谨言慎行，惟恐不能达到母亲的期望。袁耀吉体力惊人，人称"袁大力"。他性格豪爽，敢于肩负重任，曾与袁晃等人一起捐资修建广济桥，造福乡亲。明正德年间（1506—1521年），督学以荒僻州县缺乏人才，学子无从切磋学问，以袁耀吉补阳春县弟子员。督学命肇庆府各邑诸生比试，袁耀吉常常夺得第一，补廪膳生，由公家发给银两、粮食。袁耀吉屡次参加乡试，都没有考中举人，遂告归，回到东莞县学。归来后，袁耀吉更加锐志砺学，读书常至午夜。读到疲倦时，便以冷水浸足，让自己清醒。袁耀吉好学不倦，老而弥笃。他在书斋旁种植梅百株，曾绘梅花图并作《玩梅十咏》。老年时，袁耀吉以耆年硕德，授冠带寿官，为乡饮正宾。袁耀吉设帐授徒，奖掖后进，曾任广西右布政使、福建左布政使的钟卿便是他的学生。（据《茶山乡志》卷四，陈贺周、吴沃根撰）

钟佐 培养子弟，造福乡邻

钟佐（1504年4月15日—1555年6月4日），字景勋，别号半醒，茶山村钟屋人。其父钟本成，长子早逝，就将家里产业交给次子钟佐打理。钟佐传承父亲的优秀品德，为人节俭、勤劳。他曾经在北京、南京经商，赚得丰厚的财产。回家后，对父亲说："我听说，要比富人高贵，难处不在于赚取财富，而是怎样善用财富。父亲您的财富已经有余，而推己及人是仁义的原则，我们怎能不用心于此？"于是，钟本成创置义田，用来供养宗族里的亲人。从此，钟氏宗族里鳏寡孤独、无依无靠的人都得了供养。

钟佐想到家里世代积累了丰厚家财，如果没人从政就无法光大门第，居家时常常将弟弟们召集在一起，训导他们："学习，难进而易退；时光，难得而易失。我的年纪大了，已经错过了学习的时机。我之所以竭尽全力经营家业，不怕劳累，就是希望你们能够不分心，努力学习，将来考取功名。你们应该趁着年轻，刻苦学习，树立考取功名而显耀、扬名的理想，这才能光耀门楣，将先人的事业发扬光大。如果不努力学习，终日醉心于安逸享受，这实在是自暴自弃。这怎能说是继承先人的志向呢？"于是，钟佐最小的弟弟钟继英全力学习，考取嘉靖乙丑科（1565年）进士，任翰林院庶吉士（负责为皇帝起草诏书等），隆庆丁卯（1567年）升任御史，以忠心、敢于进谏闻名，并曾任南畿提学、广西提学两职，被尊称为"畿辅儒宗"，是著名的文学大家。钟继英之所以能取得如此高的成就，全赖钟佐的培养、成全。

钟佐天性慈爱、仁义，不吝啬于给予，乡人向他借钱，他都会想办法借给他们。有一个人在婚嫁时向钟佐借了价值数两银子的金饰，借了很久都没有归还，钟佐问他，他反而出言不逊。钟佐说："他如果不困窘，应该不至于这样。"便拿出借据烧了，以示不再过问此事。人们都很佩服他的气量。东莞县常常闹饥荒，乡里有人饿死。钟佐说："救济灾难，帮扶乡邻，这是自古以来的道理。我何必吝啬多余的粮食而不拿来帮助别人？"于是，每天煮粥布施，救活了很多人。乡人十分感激他，给他的房子挂上"尚德"牌匾，以示褒扬。

钟佐身材魁梧，喜欢结交朋友，乡里有名望的人大多与他熟悉。每次宴会时，他一定会喝醉，醉了就睡，不屑于奉承、拘谨。有名望的人都乐于见到他为人率真，更加敬重他。因此，他以"半醒"为号。

钟佐的夫人谢氏是世家之女，天性温柔、顺从、端正、恭谨，有丈夫的风范。她侍奉婆婆，以孝顺、恭谨闻名，婆婆很喜欢她。钟佐壮年时常常在外经商，总是忧虑不能照顾母亲。谢氏说："这是我作为儿媳的职责，你只需在外面经商就行，不用过分挂念母亲。"她对待几个儿子很严格，儿子稍稍有过错，就算已经长大了，还是要严厉责备。她对几位儿媳很宽容，亲自教育她们。每天早晨起来，一定要召集几位儿媳，督促她们纺织，还亲自动手纺织，作出表率。她与妯娌相处十分礼貌、谦让，始终和睦。她对待下人体贴、关怀、周到，恩、义并行。因此，直到去世，钟佐都能够安心做事，无内顾之忧，这都得力于谢氏孺人在家里协助他。

钟佐去世后，进士、文学家陈履（东莞人）为钟佐撰写墓志铭。陈履赞颂钟佐说："像钟佐这样的人，在当世是很难找到的。他继承父亲品德，彰显孝道；他与兄弟友爱相处，勉励兄弟学习；他帮扶困难群众，他的惠爱、恩泽广大；他平易近人，讲究礼让。以上四者，是圣贤修养身心的要点，也是家庭和睦的根本。钟佐身兼四者，并且得到贤妻的协助，因此他的家族能够日益昌盛，子孙都有才而优秀。这实在是理所应当的！《诗经》说：'乐只君子，保艾尔后（君子真快乐，子孙天保佑）。'钟佐真称得上是这样的人。"（据《茶山历代碑刻》）

黄尚正 英勇剿匪，为民牺牲

　　黄尚正（？—1561年），明朝茶山圩鳌洲围人，任江西龙泉县秀州巡检。明嘉靖四十年（1561年），流寇数千人攻掠龙泉县，黄尚正率兵英勇迎战，杀数十人，夺其马，寇贼败走，逃向雩田，黄尚正乘胜追击。由于援兵没有赶上，黄尚正与家仆黄有进身陷敌阵，被寇贼捉住。黄尚正假意请求寇贼释放黄有进回家取赎金，暗中命黄有进给龙泉县县令带信说："卑职勇力不足，身陷贼营，现在欺骗寇贼放家仆回家取赎金，但您不用拿赎金前来。二十七日，贼营将迁移别处。请求您在二十六日夜二更时分，率兵千人急攻贼营。我从中接应，里应外合，必能剿灭寇贼。如果能得胜而归，那是天意；如果不幸战死，那是卑职本分，我死而无憾！机不可失，万勿失约！如果您能为我收尸，全身写有'正'字的尸体便是我。"二十六日夜，黄尚正乘着寇贼酒醉，手刃寇贼首领王上等数人。龙泉县县令并没有如约派来援兵，黄尚正只身抗敌，最后被寇贼残忍杀害。寇贼们见首领已死，树倒猢狲散，纷纷四散逃跑，龙泉县境内得以回归安宁。朝廷得知黄尚正剿寇的英勇事迹，赠黄尚正为太仆寺丞，其子黄承忠受荫，入国子监读书。为了纪念黄尚正，龙泉县百姓为黄尚正建祠供奉。（据《茶山乡志》卷四、民国《东莞县志》卷五十八，陈贺周、吴沃根撰）

钟相 增筑茶山城寨的义士

钟相（1534年9月1日—1572年8月3日），字燮可，号养原，钟佐次子，茶山村钟屋人。

钟相童年时已聪慧过人、胸怀大志。年纪稍长，钟相立志考科举，异常勤奋，每天都背诵数千字文章。钟相曾读到"陶侃运甓"的故事，说东晋的陶侃在无事时，为了让自己保持勤奋状态，早晨将砖搬到屋外，到晚上再搬回屋内。钟相赞叹道："古人如此勤奋、励志，我为何不能做到？"钟相将故事讲给兄弟们听，互相砥砺，希望兄弟们都能有所成就，不要辱没家声。钟相多次参加科举考试，但都没有考取功名。

父亲钟佐去世后，钟相管理家族产业。钟相说："士农工商都大有可为，未必一定要攻读诗书才能有所成就。我父亲从商，我要继承父亲遗志。"于是，钟相带着资金四出经商，游走于江湖，财富越积越多，富甲一方。

钟相很有孝心，每次外出经商回来，问候母亲之后，便立刻去到祖母刘太孺人跟前，亲自服侍祖母的饮食起居，照顾无微不至。刘太孺人非常高兴，赞扬钟相说："你祖父、父亲都以勤俭立家，你能继承家风、拓展家业。我九十岁了，能看到你有所成就，感到很欣慰。"

明嘉靖三十六年（1557年），东莞发生饥荒，乡中恶少打算纠集同党外出劫掠。钟相听闻后，向恶少们宣示国法，告诫他们将有严重后果。恶少们大受感悟，遂中止不当想法。钟相拿出大量钱、粮借给穷人们。茶山得以保持安宁，安全渡过难关。

明嘉靖四十三年（1564年），惠州寇贼黄西桥煽动暴乱，逼近茶山乡周边地区。茶山百姓大为震惊，却又手足无措、无计可施。钟相见此，召集乡绅们商量对策，勇敢地承担起守卫茶山的重任（按，钟相应得到乡贤钟云瑞的支持）。钟相对乡绅们说："盗贼之患，自古便有。善于防盗者，不会寄望于盗贼不来，而寄望于对盗贼有所防备。我们的当务之急，就是增筑茶山城寨，据险而守。"

　　钟相和殷仲济一起带领乡绅们前往官府，请求增筑城寨以守卫茶山。官府同意后，钟相率先捐出三百两银，广泛发动乡中富人踊跃捐资。由此，茶山百姓购买材料、聘请工匠，大兴土木，齐心合力增筑茶山城寨。建筑过程中，钟相不辞劳苦，亲自统筹、协调施工各项事宜。第二年，增筑的茶山城寨竣工，规模雄伟，巍然屹立，固若金汤。茶山百姓很感恩钟相，称誉钟相为"义士"，说："从今往后，我们能守住家室，都是拜钟君所赐。"

　　明隆庆六年（1572年），东莞大旱引发饥荒，茶山贫苦百姓不得不四处流离。钟相慷慨捐出粮食救济百姓，得到东莞县令董裕旌表。至于承担家祠种种杂务而绝口不提辛劳，在水中救起邻居的孩子而坚拒酬谢，这样的善举、善事更是不可胜数。

　　钟相最为人称道的是其孝心。钟相服侍母亲孝顺、恭谨，终身不变。母亲晚年病重，钟相自己也患病，但钟相仍勉强从床上爬起，匍匐在地上，拜请上天以自身代替母亲患病。最终，母亲还是去世了。钟相悲痛欲绝，不久后也离开人世。

　　多年后，东莞进士陈履为钟相撰写墓志铭。陈履称颂钟相说："世上能称作故家子弟的，其实很少。愚钝者，仗着先辈留下丰厚遗产，只顾着自己经营财富，而不顾宗族、乡亲的贫穷、困苦。轻佻者，仗着家里富裕，沉迷酒色，无视法纪，自败其身。因此，乡间往往以富人为诟病。钟相则不然，卓越杰出，其生平功业足以成为世人典范！"（据民国《东莞县志》卷五十八、《茶山乡志》卷四、《茶山淳家坊钟氏族谱》，陈贺周撰）

袁璿 人生贵于舒适自得

袁璿，字廷察，自号铁园子，袁晃之孙，上元村人。袁璿体质丰腴、方脸高鼻，有见识的人都认为他是非凡之器。袁璿天性聪敏，父亲每天教他数千字文章，他都能一一记住、背诵。他又与堂姐（妹）夫王希文（后成进士）一起读书，相互切磋，文名日起。明嘉靖十年（1531年），东莞县令李公选拔学子，读到袁璿卷中的策论时惊叹："此乃状元之才！"袁璿遂以第一名考入县学，专攻《尚书》。后来，袁璿多次参加乡试均未考中举人。

袁璿体质虚弱，读书不能过于劳苦，说："科举考试虽然可以博取功名，但酷暑之时还要沉思苦读，汗流浃背，有如病人不得休息。人生贵于舒适自得，刻苦攻读、博得一官半职之后，还要四处奔走劳累，这又何苦呢？"于是，袁璿在祖先的墓园旁开辟了一个园子，每天在园里读书，闲暇时就邀请朋友前来畅谈，有时还奏乐助兴、抒情。墓园所在的地方土名"黄铁园"，袁璿遂自号"铁园子"。

袁璿在家塾亲自教授儿子袁以芳、侄子袁应衡、宗侄袁昌祚。督学蔡可泉在茶山录取四人，袁璿门下三人皆入选，且皆不到二十岁，成为一时佳话。袁璿长子袁以芳（举人）、次子袁春芳（郡庠生），时人誉为"双璧"。

袁璿天性孝顺，终身不忘祖父、父亲遗训。母亲去世后，袁璿每次祭祀，都会供上母亲喜爱的物品，由此形成家规，代代相传，直至民国年间。
（据《茶山乡志》卷四、《茶山乡东隅坊袁氏族谱》，陈贺周撰）

袁以芳 博学多闻的醇雅君子

袁以芳（1533—1581年），字景标，号旸谷，袁璿长子，上元村人。为人质朴稳重、敦厚寡言，不为世俗纷华所动。喜欢考证古书、万物，博闻强志，过目终身不忘。十四岁时，与堂兄袁应衡、宗兄袁昌祚师从父亲袁璿，闭户读书。三年间，专心致志，从未窥看园中风景。明嘉靖二十八年（1549年），同门三人皆以优异成绩被督学蔡可泉录取，入县学读书。袁以芳谨记父亲教诲，少交游，勤诵读，不到二十岁就被选为廪生，由公家发给粮食、银两。明嘉靖三十四年（1555年）乡试，袁以芳与袁昌祚同时考中举人。次年春，袁以芳到南京国子监参加会试。虽然没有考取进士，但袁应芳学习到王守仁的"主静"学说，认为"礼以范身，敬以存心"（大意：用"礼"规范行为，用"敬"保存仁爱本心）。

袁以芳举止不逾礼节，以古人严格要求自己。纵使是日常起居，袁以芳都能做到衣冠整肃、正襟危坐。即使是去给高祖、曾祖扫墓，要走二十里路，袁以芳每次都穿戴正式的衣冠、腰带。给门徒讲学时，袁以芳能将经义的原原本本讲得一清二楚，做到诲人不倦。袁以芳与另一东莞人陈绚并称于时，东莞县令董裕特别敬重二人，曾对人说："袁以芳、陈绚二人毫无私心，我和他们谈论经学、世事，终日忘倦。"

明万历五年（1577年），袁以芳考取会试乙榜进士，获选任官职，但他认为自己为人方正，处事不能圆滑，就没有就任。明万历六年（1578年），桂林长官姚光泮邀请袁以芳编修《粤西志》，袁以芳婉辞。明万历九年（1581年），袁以芳旧友叶蒸邀请他编修《太平府志》，袁以芳欣然前往。到南宁后，袁以芳不幸病逝，享年四十九岁。

金都御史管九臬来广东任职，问及广东人物、故事，听闻袁以芳的故事后，感叹道："袁以芳真是醇雅君子，只可惜无缘和他见面。"由此可见，袁以芳为世人所重。（据《茶山乡志》卷四、民国《东莞县志》卷五十八，陈贺周撰）

张仲孝、刘元杰 抗击倭寇的民族英雄

张鏴，字时侃，明朝京山村人。张鏴隐居乡里，博览群书，以论道为乐。张鏴居家行事循规蹈矩，孝顺地侍奉父母，友爱、恭敬地和兄弟相处，但对待子侄十分严格，子侄如有过错，便会当庭杖击责罚。朋友来访，张鏴总是命酒接待，高声吟诗，以陶渊明自况。张鏴在山上建了个亭子，悬有"恒斋"匾额。张鏴自撰《恒斋记》云："恒，吾性也，贫贱富贵一于此而已矣。"学者因此称张鏴为恒斋先生。张鏴之子张仲孝任平阳县令时，张鏴以"清白"劝勉张仲孝。张鏴著有《笔筹集》，书中多有悟道之语，其诗学陶渊明。

张仲孝，本名仲汤，字彝先，一字敬所，张鏴子。嘉靖十六年（1537年）中举人，嘉靖二十九年（1550年）任平阳（今属浙江省温州市）知县。张仲孝体恤贫民，铲除豪奸，施行仁政。平阳学宫为飓风毁坏，张仲孝大力改建。后任饶阳（今属河北省衡水市）知县，殚精竭虑，革除弊端，百废俱兴。升福州府同知。

嘉靖年间，来自日本的倭寇大举进犯中国沿海，浙江、福建等地饱受侵扰，形势危急。嘉靖三十一年（1552年），"以佥都御史王忬提督军务，巡视浙江及福、兴、漳、泉四府"（南炳文、汤纲《明史·下》第448页）。王忬特向皇帝上疏，举荐张仲孝专任海防事务。张仲孝亲自登上险要的军事重地视察，在连江县城筑城防卫，充实定海（今连江县定海古城）的防御，扼守倭寇来犯的路线。张仲孝派间谍刺探倭寇情报，加强储备粮食、修整武备，严密备战。张仲孝亲自乘战舰上前线督战，率军捣毁倭寇在濂澳的巢穴，又在罗源县、福安县重点布防，切断倭寇的逃跑路线。张仲孝的军队前后击毙倭寇3000余人，倭寇大受震慑，不敢进犯福建。福建军衙向朝廷汇报战果，列张仲孝为第一等军功，极力称赞其智勇双全，能胜任艰难、重大的职责。皇帝下旨嘉奖张仲孝，赐予金钱、绸缎、旌旗，表彰他的赫赫战功。

后来，广西的少数民族发生动乱，朝廷以张仲孝有极高的才干、人望，将张仲孝调往广西思明府。张仲孝只身一人乘车驰赴思明府上任。在思明府，张仲孝大力整治军队、修整武备，逐一巡视各土司（少数民族地区首领)，宣布朝廷的军威、仁德，各少数民族地区首领皆俯首听命。张仲孝生辰时，有少数民族妇女送来五百两银，张仲孝予以拒绝。其后，张仲孝在任上去世。

在明朝抗击倭寇的战争中，增埗人刘元杰亦是一位值得歌颂的英雄人物。

刘元杰，字廷彦，增埗人，力气过人，善于骑马、射箭。刘元杰在杭州经商时，倭寇侵略杭州，刘元杰毅然应征入伍，为国出战，杀敌众多。倭寇逃跑时，指挥刘某乘胜追击，深陷敌军重围。刘元杰见此，高呼众人向敌人进攻，但众人皆胆怯后退，只有刘元杰孤身一人骑马疾驰冲入敌阵，去援救指挥刘某。由于无人支援，刘元杰不幸战死沙场。杭州人为了纪念刘元杰英勇抗倭，在北新关的钟鼓楼设祠供奉刘元杰。（据崇祯《东莞县志》、民国《东莞县志》，陈贺周撰）

谢彦庆 南社百岁老人

　　谢彦庆（1504年2月13日—1597年3月2日），字天瑞，号社田，南社村人。早年，谢彦庆家里遭遇不幸，父母接连逝世，谢彦庆艰难地抚养弟妹，生活拮据、忙碌。谢彦庆勤俭治家，事事亲力亲为，曾用船贩运莞香，也曾当过下海采珠的珠户。由于善于经商，谢彦庆逐渐积下丰厚的家产。谢彦庆心地宽厚，待人忠实，天性孝敬、友爱，老而弥笃，故能创立基业、健康长寿。

　　明嘉靖三十四年（1555年），其时南社谢氏全族有数百人，但没有大宗祠，无从追思、感恩、祭祀祖宗。谢彦庆说："这是我们谢家缺失典制。"于是，谢彦庆带领族人捐款创建谢氏大宗祠，主要祭祀南社始迁祖东山公，他自己出资最多。不久，又自建三代祠，专门祭祀曾祖父晚翠公以下祖先。其后，又为祖先修筑墓茔。

社田公祠屋顶精美的陶脊（茶山文联供图）

明万历九年（1581年），东莞知县杨寅秋挑选谢彦庆、刘钜（茶山巨富）等二十五人，任命为"公正"，协助开展清丈土地工作。谢彦庆将"公正"之职视为崇高荣誉，"奉命皇皇"（接受任务，诚惶诚恐），为东莞县丈量土地、减轻税赋作出了自己的贡献。

约在次年（1582年），谢彦庆被授予"冠带寿官"（寿官是虚职，奖励"德行著闻，为乡里所敬服者"，只有官帽官服，没有爵位）。明万历十七年（1589年）至二十年（1592年），谢彦庆被知县董兆麟邀请，以"介宾"身份参加东莞县乡饮酒礼。

约在万历二十三年（1595年），知县李文奎上报朝廷，为南社包括谢彦庆在内的4位年近百岁或过百岁的老人申请兴建百岁坊，获准。谢彦庆在家里厅堂前建有牌坊，知县李文奎赠予"帙开百岁"匾（十岁为一帙）。谢彦庆连续受到3位东莞知县表彰，可见其当时在东莞县有较高的社会地位。

纪念谢彦庆等4位南社百岁老人的百岁坊（茶山文联供图）

万历二十三年（1595年），谢彦庆立下《百岁翁祠记》《百岁翁自述》二方碑刻，拟过世后将其居所改建为祠堂，并将自己的田产（收租六百五十石）拨作祀田，由子孙共同拥有，祀田中有专门的书田（收租六十石），鼓励子孙读书。另外，又将田产（收租四百五十石）拨给自己的3个儿子。两项田产收租达一千一百石，可见谢彦庆家产非常丰厚。

《百岁翁祠记》碑的大意如下：

"我所生下的后代与后代生下的后代，这些子孙都视我为祖宗，他们尊敬我和我尊敬祖宗的心是一样的，因此，我怎能不修建一个祭祀我的场所？我生平拮据，只建了此堂，我死后一定要以此堂为祠。我的原配李氏以慈爱、节俭、孝敬、谨慎之心辅助我创业起家，我的继室是何氏，她们两人配得上和我一起接受祭祀。我所置下的祀田，各子孙共同享有。书田只给那些才能杰出的，成为县学生员的子孙才能分享。这实在是我们家的盛大典制！我常常见到如今的贵家旧族，往往以肥沃的田地和华丽的屋宇来自鸣得意，显得比先人更有成就，其实到了身后，这些膏田华屋都只是遗迹而已。"

在《百岁翁自述》碑中，谢彦庆回忆了自己一生的经历：

惟我老夫，生于盛世，长于此乡；丕徽祖德，长发其祥；义方有训，遗我以安；遭家不造，怙恃连亡；抚我弟妹，拮据不遑；赖有今日，俾炽俾昌；船香珠户，以次充当；点为公正，奉命皇皇；见旌当道，厥服用章；先茔修建，冀其予享；天锡遐龄，惠我无疆；坊名百岁，花县表扬；亭号硕宽，乐也阳阳；既膺乡饮，阐我幽光；爰述始终，俾知予艰；凡我子孙，绎思不忘。

碑文大意：我生于盛世，长于此乡。幸得祖先保佑，事业兴旺发达。祖先训导我做人应该遵守规矩，这使得我一生平安。早年，家里遭遇不幸，父母接连逝世，我抚养弟妹，生活拮据、忙碌。到了今天，事业兴旺。我曾用船贩运莞香，也曾当过下海采珠的珠户。我被东莞知县任命为丈量田地的"公正"，谨慎地完成任务。我得到当政者旌表，被赐予有花纹的官服。我修建祖墓，希望祖先能享受祭祀。上天赐我长寿，恩惠无边。我得到县官褒扬，为我及另外三位百岁老人赐建"百岁坊"。我有一个名为"宽硕"的亭子，我在这里快乐生活。我是东莞县"乡饮酒礼"的嘉宾，在酒会上阐述自己的品德情操。我讲述人生经历，让子孙们知道我曾经的艰辛。凡是我的子孙，都不能忘记我说的话。

上述两方碑刻仍完好保存在南社村社田公祠内。除此以外，如今在南社村仍保存的与谢彦庆（社田公）相关的文物古迹有7处：社田公捐资创建的谢氏大宗祠，纪念社田公的社田公祠，社田公为其曾祖父创建的晚翠公祠，纪念社田公及南社村其他3位百岁老人的百岁坊（以上4处均为全国重点文物保护单位），社田公之墓，社田公为祖父修筑的墓茔，社田公为曾祖父修筑的墓茔。由此可见，作为一个对社会、家族作出过重大贡献的人，谢彦庆不仅在当时获得了荣誉，在身后也实现了"流芳百世"。

社田公祠的对联云："一生传行宜，看此日，甲第联登，孙曾盈列；百岁享尊荣，想当年，宠膺冠带，饮获宾筵。"此联正是谢彦庆一生的生动写照。（据《南社谢氏族谱》《十八世积培祖房家谱》，陈贺周撰）

袁敬 注重道德教化

袁敬（1551—1603年），字敬德，号作所，茶山圩大巷人。幼而颖异，素有才名，十六岁入县学读书，最得东莞县令杨守仁喜爱。隆庆元年（1567年）起，从族叔袁以芳读书三年，于百家诸子之言无不深究，各地骚人墨客均慕名前来与之结交。万历四年（1576年），袁敬考取举人，但屡次参加会试均落第。后来，袁敬赴吏部应选，授浙江东阳教谕。万历二十八年（1600年），转授直隶天长（今安徽省天长市）县令。

在天长县，袁敬为以养官马作为赋役的民户编立户籍，做到既为百姓清除虚增的赋税又不损害官府收入，既能完成官府工役又不妨害百姓耕作。袁敬政绩突出，亦曾捐出薪俸救济贫民。袁敬很注重道德教化，以五伦（古代中国的五种人伦关系和言行准则）和《六谕》（明太祖朱元璋颁布的教导民众的书籍）教育百姓，提升百姓的道德水平。因此，即使袁敬没有使用严刑峻法，当地百姓也能做到令行禁止。只可惜，袁敬没有进一步施展其才能，便于万历三十一年（1603年）在天长县令任内去世。

袁敬善书工诗，其诗"散藻流葩，霭若出岫春云，又如寒潭秋水，湛然清澈"。著有《粤社草》《适燕草》《西征草》《白云集》，皆脍炙人口，世人争相传诵。袁敬有三子，次子袁登道工书善画，有《水明楼诗》，与父并称，其山水画为当时广东之冠。（据《茶山乡志》、民国《东莞县志》《东莞诗录》，陈贺周整理）

按，《茶山乡志》卷四："袁敬……年十六，补邑庠，邑令杨守仁最爱之。丁卯，从旸谷叔学三载。"嘉靖四十五年（1566年），杨守仁任东莞县令，次年为丁卯，则袁敬"年十六岁，补邑庠"时为1566年。因此，袁敬生于1551年。

袁奇瑀 明朝富商，雅重教育

袁奇瑀（1522年1月15日—1604年3月5日），字朝载，号少泉，下朗村人。

明朝弘治、正德年间，袁奇瑀的父辈出生时，下朗、横江袁氏家族已积弱多年，家境比不上中等人家。袁奇瑀的父辈很有锐气，大有振兴家声之志，纷纷四出经商，曾远至海南、雷州、南宁、绍兴、苏州乃至江西、山东、河北、北京等地。袁氏家族诚信经营，友爱互助，不知疲倦，赚得颇丰足的财富。

袁奇瑀和父辈、兄长一起居住在北京，在崇文门之东置下产业，让来京做官、经商的同乡在此暂住。袁氏家族很重视教育、科举，重金聘请名师教育袁氏子弟。因此，从明嘉靖至万历年间，下朗、横江袁氏子弟入县学、府学、太学（国子监）读书，中举人、任官职的，多至数十人。

袁奇瑀接管家族生意时，事业发展得更加兴旺，交游更广，和袁家世代相好的贵人、长者纷纷前来拜访，袁家门外常常停满了达官贵人的马车。几年间，袁奇瑀的财富与日俱增，名动京城。朝中有大臣觊觎袁奇瑀的财富，以其他借口向皇帝上疏，将袁奇瑀治罪。幸得司法官察得袁奇瑀的冤情，再三向皇帝上书，朝廷亦认为袁奇瑀实属无辜。袁奇瑀沉冤得雪，有了倦游之意，便离开北京回到家乡下朗。

袁奇瑀在家乡购置田宅，在教子之余继续经商。袁奇瑀善于观察各种货物的行情，加上素来勤劳、节俭，他的生意总能做到贱买贵卖，盈利颇丰。袁奇瑀富裕了，更有能力发扬他的高尚品德，乐于帮助别人。明嘉靖二十六年（1547年），袁奇瑀在下朗倡建袁氏宗祠，以崇敬祖先、敦睦族人。饥荒之年，袁奇瑀都拿出自己的粮食赈济饥民。

袁奇瑀很重视子女教育，长子在国子监上舍（全国最高学府的最高年级）被选拔为秩中秘书，曾任武英殿中书；三、四、五子均毕业于国子监（二子可能早逝），三子曾任鸿胪寺序班。长孙也在国子监读书，其他孙辈亦攻读诗书。

　　万历二十九年（1601 年）十二月十八，袁奇瑀八十一岁寿辰，儿孙、族人纷纷向他祝酒贺寿，族侄袁昌祚为袁奇瑀作《少泉叔八十有一寿序》。

　　万历三十二年（1604 年），袁奇瑀去世，享年八十四岁，葬于屏山村（今属东莞市大朗镇）。袁奇瑀墓在康熙、咸丰年间曾重修。2019 年 6—7 月，东莞市博物馆在屏山村对袁奇瑀墓进行考古发掘，出土绿釉罐、圹志、碑刻等文物。祭祀、纪念袁奇瑀的少泉公祠今存下朗村，重修于宣统三年（1911 年）。

　　袁奇瑀生前富甲莞邑，《茶山乡志》卷一载："明代富商巨贾，以本邑而论，茶山占多数……下荫之袁荫泉、少泉。"（据《莞沙续集》《茶山乡志》《茶山历代碑刻》、东莞市博物馆《东莞市大朗镇屏山社区松山湖材料实验室用地考古调查勘探报告》，陈贺周撰）

附录：

袁奇瑀墓圹志

　　袁公讳奇瑀，字朝载，号少泉，莞之茶山夏荫坊人，初祖宋将袁公讳祯十五世孙。父友溪公，讳绍舜，母周氏孺人，公行五。淑配罗氏孺人，先公卒，别葬于周塘板桥岭祖茔之右。男四人，长学贞，次学齐、学彦、学亮，孙弘猷、弘达等见六人，曾孙见一人，女二人，余未艾。公生于嘉靖辛巳年十二月十八日戌时，终于万历甲辰年二月初五日戌时，寿八十四。今葬于屏山壬子向之原，卜兹宅，兆永世其昌，天长地久，维公之藏。

《袁奇瑀墓圹志》（东莞市博物馆供图）

纪念袁奇瑀的少泉公祠（陈贺周摄）

位于大朗镇屏山村的袁奇瑀墓（东莞市博物馆供图）

陈鼎 器识过人，料事如神

陈鼎（1549—1606年），字玉铉，上元村下周塘人。自幼慷慨有奇气，八岁时听说父亲在增城遇到盗寇劫掠，便号哭着要前去营救父亲。明万历十九年（1591年）辛卯科，四十三岁的陈鼎考取第二十八名举人，授江西瑞昌县令。瑞昌不产矿，陈鼎刚上任，由宦官担任的矿使勾结本地奸民以采矿为由，侵占、吞并百姓田地。陈鼎召见主事者，严厉地说："采矿之事，你们好自为之。如果对瑞昌造成严重侵扰，我一定会捉拿你们的妻子、儿子来抵罪！"主事者被陈鼎的正气震摄住了，采矿之事遂止息。

不久，陈鼎因诗得罪长官，被调往湖广的汉川县（今属湖北省孝感市）任知县。其时湖广巡抚赵可怀被楚王宗室殴打致死，楚王的宗人怂恿楚王发动叛变，在各处设置军事力量。陈鼎立即向御史报告："我们只须稳住楚王，捉拿带头的几位宗人，便可以立刻将政变控制住。"御史赞同陈鼎的计谋，命陈鼎前往拜见楚王。陈鼎向楚王分析此中利害，楚王深以为然、大悟其非，立刻将几位宗人捉拿入狱，赶在朝廷发兵征剿之前将事端平息。事后，御史向朝廷上疏推荐陈鼎，可惜陈鼎此时染病不起，死于任上，卒年五十八岁。陈鼎居官廉洁、两袖清风，死时家里穷得竟然无钱殡葬，汉川百姓为陈鼎建祠奉祀。

东莞知县周天成在雍正《东莞县志》中认为陈鼎处理矿使、楚王之事，能预知事情萌发的细微迹象，用坦率诚恳的谈话切中事情的要害，开诚布公，将事端消弥于萌发之前。周天成称颂道："明炳几先，知柔知刚，器识过人远矣！"（据《周塘陈氏族谱》、民国《东莞县志》卷六十，陈贺周撰）

袁秋 体恤百姓的"袁佛"

袁秋（？—1605年），字于戌，号西台，明朝下朗村人。袁秋天生聪颖，天性平和，与物无忤。早年随父亲到北京，入国子监（按，国家最高学府）攻读科举课业，但未考取举人。父亲在北京去世后，袁秋千里迢迢护送父亲的灵柩回家乡安葬。随后挑起养家重担，抚育三弟两妹成人，亲自为他们打理嫁娶之事。袁秋家贫，在日夜操劳把家里事务处理得井井有条之余，仍苦学不辍，得以进入仕途。

袁秋初任南城兵马指挥，负责治安、捕盗等事务。有太监私自召集众人赌博，袁秋坚决绳之以法，绝不宽恕。有响马贼在京城郊外绑架百姓勒索钱财，袁秋派出密探擒拿贼

袁秋书袁氏大宗祠"雄绪堂"匾（陈贺周摄）

首，余党四散逃去。上级委派袁秋挑选宫女，袁秋能体察百姓委曲之情而适当行事。袁秋协助监考武科考试，敢于揭发奸弊，让舞弊者一无所隐。主管官府丛葬地时，袁秋能体恤百姓困苦并时常给予救济，默许贫苦百姓到丛葬地打柴、打猎以解决生计。袁秋又曾捐出薪俸，在狱中施米，得众人称颂，有"袁佛"之称。

袁秋任南城兵马指挥满三年（1576—1580年）后，升四川建昌卫（今四川省西昌市）行都司断事。四川境内少数民族民俗犷悍，袁秋到任后宣明朝廷政策和恩德，彰显诚信。一个月后，当地横恶者销声匿迹。此时，少数民族官妇瞿氏与丈夫发难，一郡民众骚乱，长官派兵前去强行镇压，反遭叛军进逼，兵临城下。长官听从袁秋的计策，一方面与叛军推诚相待，劝谕叛军接受招抚，另一方面加强武备、固守城池。迫于强大的压力，叛军最终屈服、解散。经此一役，长官更加器重袁秋，经常请他出谋划策。

朝廷要求当地采伐木材进贡，袁秋善于调度，不枉费百姓一钱而很快

完成任务。长官委派袁秋稽查田税，袁秋认真核实田地、赋税的具体数目，免除虚增的赋税，但蒙报、漏报田亩数的，即使是世家大族也不为之通融，但世家大族也不敢侮慢袁秋。

在建昌六年后，袁秋因治绩显著升任亲土的理刑官，袁秋却辞官归乡。归乡后，袁秋与兄弟慷慨为家族增置祭祀产业，日常生活却是粗衣疏食。族中有贫穷者死去却没有能力殓葬的，袁秋主动资助而毫不吝啬。袁秋喜好练习楷书，自成一家而闻名遐迩，人们视其书法作品为珍宝。东莞知县李蔚［万历三十三年至三十六年（1605—1608年）在任］对袁秋十分敬重，加以优待，亲自为袁秋题写"高标恬守"门匾，多次延请他参加敬重长者的乡饮酒礼，袁秋只去了一次就没有再去。

袁秋的书法，今存"修初祖宋将公墓记"碑（隆庆三年，1569年）及下朗袁氏大宗祠"雄绪堂"匾（1576—1580年），极可宝贵。（据《茶山乡志》《茶山历代碑刻》，陈贺周、吴沃根撰）

袁秋书《修初祖宋将公墓记》碑（1569年，引自《茶山历代碑刻》）

袁应衡 首修《茶山志》

　　袁应衡（1531年3月10日—1613年4月4日），字儆庵，袁晃曾孙，袁璿侄，上元村人。袁应衡从伯父袁璿读书，与同门袁以芳、袁昌祚齐名。明嘉靖二十八年（1549年），同门三人皆不到二十岁，皆以优异成绩被督学蔡可泉录取，入县学读书，老师们争相以毕生所学教导他们。明嘉靖三十四年（1555年）乡试，袁昌祚、袁以芳均考取举人，袁昌祚更是以第一名夺得解元，只有袁应衡落第。回来后，袁应衡并没有气馁，更加励志苦读，可惜参加了九次乡试，均落第而回。袁应衡辞去县学诸生的学籍，回到家乡。

　　袁应衡博学好古，精研《左传》、先秦两汉诸子百家、《史记》等古籍，得其奥旨；熟读《诗经》及盛唐以前诗歌，取法其中。因腹有诗书，袁应衡每种著述都能发其所欲言、文体古雅，为士林景仰。袁应衡曾收集茶山乡中先贤文献、烈女事迹，编为《茶山志》，可惜未脱稿。

　　袁应衡天性孝顺，父亲很早去世，袁应衡与长兄袁应期一起恭敬侍奉母亲。母亲晚间多痰，睡不好觉，兄弟二人每天晚上都要起几次床照顾母亲，家人习以为常。

　　长兄袁应期品行纯良，受乡人称颂，七十一岁时去世。袁应衡为长兄作《修龄诗卷》，邀请袁昌祚作序，并亲自绘图、为诗写引子。人们读过《修龄诗卷》后，都深受感动、不禁泪流。长兄去世后，袁应衡从祀田中划出一部分，用以赡养长兄遗孀，并视长兄遗妾如嫂，妥善照顾。长兄遗下的田产，袁应衡分毫不侵。

　　袁应衡平日生活节俭，但能接济他人之急。邻居老妇人无依无靠，袁应衡长期为其供膳。明万历二十四年（1596年），袁应衡捐出粮食赈济饥荒，作《荒岁记》以述其志，士林皆称颂袁应衡急公好义。（据《茶山乡志》卷四、《茶山乡东隅坊袁氏族谱》，陈贺周撰）

刘钜（引自民国《茶山乡志》）

刘钜　建书院，修石桥，遗泽三百余年

刘钜，字孔武，号悦涯，茶山圩人。明万历年间，刘钜以贩卖大步（今香港大埔）明珠起家，诚信经营，至千万之富，有"廉贾"（诚信的商人）之称。刘钜虽然是一个商人，但好儒术，有儒士君子之风，曾在宅旁营建鹏南书院，教育茶山乡的优秀学子与刘姓子弟，又捐出二十亩肥田设立鹏南学田，供应书院、学子所需。刘钜捐出的学田至民国期间仍惠泽茶山学子。

万历九年（1581年），万历皇帝下诏丈量田地以核实税赋，东莞县令杨寅秋挑选十一名品德端正、不勾结偏袒的乡贤担任"公正"之职，主持丈量田地，刘钜是其中之一（按，崇祯《东莞县志》称共二十五人，南社社田公谢彦庆亦是其中之一）。事成之后，杨寅秋颁给刘钜冠带、匾额。其后，刘钜因输饷助国，特授为旌义大夫。万历十九年十二月二十二（1592年2月5日），刘钜重修父亲刘仕清之墓。

刘钜热心公益事业，救助他人之危唯恐不及。万历三十九年（1611年），袁昌祚倡议捐资重修广济桥，刘钜捐资修筑广济桥南面石堤数百丈。刘钜捐资修建道路、塔、庙宇，重修东岳庙，常常一捐千金。刘钜于北京崇文门外买地一块以埋葬客死异乡的人，深受东莞同乡颂扬。时人称："富人可以轻易施舍财物、接济他人，故人们常常轻视这样的善举。但是，像

刘钜一样富而乐施，有几人能做到呢？"（据崇祯《东莞县志》、民国《东莞县志》、《茶山乡志》、《茶山历代碑刻》，陈贺周撰）

广济桥旧貌（20世纪60年代林锡南摄）

附录：鹏南书院

　　明里人刘钜（孔武）在宅旁构精舍，割腴田以给膏火，择里中青衿之彦与子姓会文。今精舍已圮，尚存租谷四十有四石。鹏南学田在霞坑村土名天平架、堡子前、菵尾坑等处，原收租谷六十四石。乾隆三十三年批，收租银三十三两。咸丰二年批与霞坑陈应举耕，复收租谷四十八石。同治初年，实收租谷四十四石六斗。塘角村陈姓人与水围杨姓人分佃承耕，各耕其半。此田原共民米七斗二升，共上税十六亩六分七厘，递年粮银原纳铜钱四千二百文，交刘家代纳完粮，其后每年纳银四两二钱码。

　　按，刘钜设立鹏南学田，以为乡中青衿膏火之用，数百年来，兴学育才，嘉惠桑梓，其功不少。自鹏南社学废圮后，每岁学田租谷仍为青衿膏火之用，唯每年集会化用及应纳粮务无从筹措。光绪间，社友袁煜勋提议由社友捐集会款，以资弥补。当是时，乡中青衿二十人共集会四十份，每份银三两，共得银一百二十两，除拨还前两年挪借乡中公款外，实存银一百两，即将此一百两向邑明伦堂长批承回林宅送出之新围地场，由乡人承租，纳租鹏南会，以为集会及纳粮之用。嗣后，鹏南会经费遂可敷用。其后公议，继续入会者，每份捐银四两，现已积存数百金，由殷实店存储生息，则当时提倡设会者，实有以成其美也。

袁煜勋《签题鹏南会引》：前明刘悦涯（孔武）公设鹏南书院，今遗其租谷四十余石，惠及同人，甚盛举也。我同人每年正月十三日必公祀刘公，且送胙肉及宴席与公后人，盖以志食德之有由，且以征好施之必报。《诗》云："惠我无疆，子孙保之。"自明至今三百余年，乡中殷富不乏人，惜无有踵而行之者。前岁社学集议，皆谓岁首宴集及纳粮共需银十余两，在在寒素，每不便于倾囊，爰将岳庙之起马银限拨十两，以助其费。近闻外人纷纷聚议，甚而当面讥刺。有志者且不食嗟来，我辈虽穷，何以堪此？大丈夫磊落光明，与其沾惠于一乡，曷若集谋于同志？兹拟由同志签题，除拨回前起马银与社学公用，余则付店生息，且因便置业。希同人量力签题，俾美举克成，为斯文作气，一以扩前人未竟之绪，一以益后人新进之徒。有志者幸勿视为等闲也。是为引。（《茶山乡志》卷二）

彭际遇（引自民国《茶山乡志》）

彭际遇 贪官污吏望风而逃

彭际遇，字观卿，号紫岳，茶山村彭屋人。十几岁时，父亲去世，事二母至孝。万历三十四年（1606年）考中举人，第二年考中进士，被任命为行人司行人。彭际遇以生母古氏年二十六即茹苦守节的事迹向皇帝上疏，得皇帝下旨旌表。万历四十年（1612年），彭际遇主持贵州省科举考试，晋升为福建道监察御史。万历四十一年十二月（1614年1月），彭际遇重修显三世祖静庵彭公墓（今存墓碑），名衔为"赐进士第行人司行人"。边疆告急，彭际遇上疏皇帝，认为人才任用事关天下安危，用语非常诚恳、耿直、急切。辽、沈相继沦陷，彭际遇上疏阐述治国方略，有很多宏大的规划。彭际遇奉皇帝之旨，出任"巡视陕西川湖茶马"之职，不久，到宁夏视察，贪官污吏望风而逃。彭际遇挑选精壮男丁入伍，将领空饷的人全部革去。改任大理寺丞，晋升为少卿，平反了很多冤案。天启三年（1623年）二月，彭际遇为其师曾也诚修墓（此墓今存，碑文已不可辨识），并为少时友人、曾也诚之侄曾英撰写墓志（今存），名衔为"赐进七第文林郎福建道监察御史奉敕巡视陕西川湖茶马前行人司行人"。后来，彭际遇在北京官邸病逝。彭际遇著有《陈情疏》《西台疏草》。彭屋曾有为彭际遇立的"大廷尉"牌坊。（据《显三世祖静庵彭公墓碑》、《霭楼逸志》、《茶山乡志》、民国《东莞县志》、《茶山历代碑刻》，陈贺周撰）

彭际遇所立《显三世祖静庵彭公墓碑》(陈贺周摄)

　　欧苏《霭楼逸志》载彭际遇逸事《卖杂货》《龙船洲》二则。《卖杂货》记彭际遇少时贩卖杂货，为塾师所激，奋发读书，最终考中进士。虽未知此故事为真事否，但故事所反映的不困于际遇、奋发求学的精神，值得今人学习。下为《卖杂货》大意。

　　彭际遇父亲在晚年才生下他。彭际遇十余岁时，父亲就去世了，天资聪颖的彭际遇不得不因此辍学，改而贩卖线线等杂货。每天穿着草鞋、戴着竹笠、挑着肩箱、摇着小鼓，跋涉于各处乡村，以求蝇头小利，如是者数年。有一日，彭际遇挑着肩箱沿途叫卖，暑热如焚，便进入一家私塾稍作歇息。塾师恰好外出了，彭际遇见塾师所批改的作文文理不顺、字体不正，拿起笔一一改正。塾师回来后，见彭际遇当众揭自己的短，恼羞成怒，狠狠打了彭际遇一巴掌。彭际遇忿恨而回，立即从师复学，意图雪耻。第二年，彭际遇即考入县学。万历三十四年（1606年）考中举人，第二年考中进士，衣锦还乡。塾师负荆请罪，彭际遇将塾师请到上座，向塾师下拜，说："当年如果不是受你刺激，我怎能有今日？我都不知道怎样报答你，何来报仇？"彭际遇设宴款待塾师，塾师既感激又羞愧。

　　彭际遇上京参加会试时，遇到茶山同乡、珍珠商人刘钜的家人，家人以前和彭际遇相熟，称呼彭际遇为"彭三"，问道："彭三，你跟谁来的北京呀？"彭际遇答："我跟姓孔的人来的。"家人回到寓所，向刘钜禀告。刘钜十分震惊，说："你犯大罪了。彭际遇说跟姓孔的人来，必定是中了举人，来北京参加会试的。"刘钜急忙整理衣冠，亲自到彭际遇的住处请罪。彭际遇一笑置之，跟刘钜共叙同乡之谊。

彭际遇撰写的《曾省吾曾玄明墓志》(引自《茶山历代碑刻》)

陈秉良 免税赋，赈饥民

　　陈秉良，字惺然，下朗村陈屋人。明万历二十五年（1597年）丁酉科举人，授山东乐安县（今山东省东营市广饶县）令。乐安县赋税不均，民田的税赋重而灶田（盐民的田地）的税赋轻，当地豪强纷纷将田地寄于灶户（盐民）名下以避税，甚至串通上级盐官发文至乐安县，要求减免灶税八百两银，将此税赋转嫁给耕种民田的普通百姓。陈秉良据理力争，新增税赋得以免除。父亲去世后，陈秉良回乡守孝，期满后任徐州砀山（今属安徽省宿州市）县令。有一年，砀山发生大饥荒，百姓流离失所。陈秉良打开粮仓，又捐出薪俸，赈济饥民，大量百姓得以存活。砀山百姓为了感恩陈秉良，为他建了生祠。其后，陈秉良升任徽州府同知，因忤旨而辞官回乡。陈秉良有二子：陈应乾、陈应骀，均有建树。（据《茶山乡志》，陈贺周、吴沃根整理）

陈学佺 广东解元

陈学佺（1606—1635年），字全人，号西台，下朗村人。三岁时其父始迁居番禺，故落籍番禺。陈学佺天性至孝，父亲及生母早丧，每月初一和十五必熏沐洁身，向父母神位跪拜叩首。有时思亲心切，夜梦父母，常常涕泣而醒。陈学佺事后母诚恳真挚。后母曾经生有一子，不幸很早就去世了。陈学佺痛哭几绝，后母抚慰他说："弟弟去世了，你比父亲去世时哭得更加悲伤，为什么呢？"陈学佺回答："弟弟早逝，孩儿我固然悲痛，我忧心自己不能像弟弟一样服侍母亲，因而更加悲痛。"后母听后，为陈学佺的孝心深深感动，自此不再哭泣，唯恐让陈学佺更伤心。

陈学佺写文章注重实际，不务浮夸，词能达意即止。明崇祯六年（1633年）癸酉乡试，陈学佺以《春秋》得第一名，高中解元。

陈学佺所交朋友，皆以性命道义相砥砺。陈学佺目睹明末朝政腐败，空有济世之才而无力挽回，常感怀时事，与番禺梁朝钟、曾起莘、梁克载、同郡张二果约为方外游。未登第时，陈学佺礼空隐和尚，去世前受戒于椒园，僧名函全，归于佛教。

崇祯七年（1634年）甲戌，陈学佺与曾起莘等上京会试，不第。归家后，一晚到梁朝钟所居吼阁，梁朝钟欲与陈学佺倾谈生死之事，刚好有客人到来，二人遂转变话题。几个月后，明崇祯八年（1635年），陈学佺竟已病卒，享年三十岁。督学曾化龙亲临陈学佺丧礼并致送慰问金，茶山乡人为其罢市哭祭。

陈学佺著有《毫端阁集》。明末清初广东大文豪屈大均《广东新语》卷十三《诸家画品》称："陈全人白描佛相人物……粤东之所贵也。"由此可知，陈学佺不但是一位学识渊博的解元，亦是一位善于白描佛像人物的知名画家。（据《广东新语》、雍正《东莞县志》、民国《东莞县志》、《茶山乡志》、《番禺历史文化概论》、《东莞文人年表》、《全粤诗》，吴沃根、陈贺周撰）

卢上铭 著作记载于《四库全书总目提要》

卢上铭，卢瑛田之子，字尔新。少时，卢上铭跟随父亲卢瑛田，得以受教于黄儒炳、李孙宸等粤东名儒，喜著述，工诗文。卢瑛田去世后，卢上铭以父荫入读国子监，时常记录关于国子监的所见所闻。崇祯九年（1636年）夏，卢上铭任南京国子监典簿。崇祯十年（1637年），卢上铭在公务之余，与冯士骅合著《辟雍纪事》十五卷。

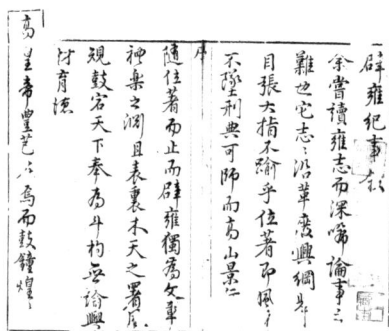

卢上铭《辟雍纪事》书影（引自《东莞历史文献丛书》）

《辟雍纪事》是极少数记载于《四库全书总目提要》的东莞人著作。《四库全书总目提要》称："是编叙述明代太学典故，起洪武，讫崇祯十年，详于南监，而北监亦附见焉。"卢上铭编写《辟雍纪事》的目的，是回顾明朝国子监的兴废沿革，希望国家在选材育士上能起衰振弊，让士人知悉"祖宗养士之隆与造士之盛"。

卢上铭后任左府参军，升任工部虞衡主事，在督造洪威厂时为当权的宦官陷害，于崇祯十四年（1641年）被贬到南宁，一年多后才释放回乡。明朝灭亡后，卢上铭不再出仕，曾作诗答友人，表达自己不事新朝、隐于琴书之志，诗云："多君佳意惠新诗，怜我青山采蕨薇。自是琴书堪共隐，不随富贵履危机。"除《辟雍纪事》外，卢上铭另著有《幻游草》《西征草》。

詹家豪在《东莞卢上铭与〈辟雍纪事〉》中认为《辟雍纪事》的历史价值主要表现在以下几个方面：

1. 《辟雍纪事》对南北国子监教官队伍的状况，包括出身经历、理念操守、教育思想和教学方法，作了透视性的记述，为人们了解和研究明朝太学教育提供了较为充分的历史资料。

2. 《辟雍纪事》简要记述了导致明朝太学教育走向衰败的两件大事：（1）关于"积分法"的举废和复活尝试；（2）关于援例监生留下的历史教训。

3. 《辟雍纪事》中的"辟雍四考"不乏独到见解和新鲜内容。

4. 《辟雍纪事》有关崇祯朝事的记述对明朝太学史作了可贵的补充。

5. 《辟雍纪事》新辟了《辟雍轶事》和《附名贤杂咏》两个编目，收集了一些教官的趣闻轶事，辑录了若干名贤有关太学的诗篇，使太学名人善事得以传颂，也保存了许多有价值的史料。

时任南监祭酒的张四知在《辟雍纪事叙》中谈及本书的价值，肯定了四点：一是本书"编不盈寸，而事迹周遗"；二是"祖宗作人之泽与先达课士之规，又綦周以核，且要而不烦也"；三是"道取风规，笔无梗避，高山景行，则效在兹"；四是南雍二志"简帙稍繁"，诸生"不能人予一册"，本书简约而便携带，如"挈司南于帐中"，诸士"从此殆无遗憾也已"。这个评价是言简意赅的。

上铭在《辟雍纪事》的引言中也谈了他对此书的期待。他说本书问世正逢"今上作兴士类""期得真土而用之"；"起衰振弊，必待其人"；"且济济多土不知祖宗养士之隆与造士之盛，安肯重报礼之思而追芳前躅乎"？希望本书的问世能对"起衰振弊"、扭转太学学风，让其发挥应有的作用。可见，上铭位虽微眇，却是不忘师责的有心之人。

（据《辟雍纪事》、《胜朝粤东遗民录》、民国《东莞县志》、《明清时期珠江三角洲区域史研究》，陈贺周整理）

袁立俊 心有百姓的清官

袁立俊，字达宗，一字逊万，明崇祯时岁贡生，上元村人。明朝灭亡后，袁立俊入福建，在东阁大学士苏观生的大参陈际泰幕中任幕客。在陈际泰军中，军书繁杂，袁立俊总能立刻办好。

南明永历年间（1646—1683年），袁立俊被推荐为宣化（今属广西南宁）教谕，升太平府（今广西崇左）通判。其时流寇四起，南宁、太平二府饱受其害。上级命袁立俊领兵镇守左州（今广西崇左）。袁立俊修筑屯堡，严密防御，流寇只得退去。总兵陈某催征粮饷，按户向左州百姓征收重税，几乎酿成民变。袁立俊紧急命令官兵严加巡防，力请免除重税，左州百姓得以安抚。

左州邻近的养利州（今广西大新县）被交趾攻破，知州、学正皆被杀害。整个县城大路无人，四处颓垣败瓦，一片凄惨。巡抚王菁特意向皇帝上疏，推荐袁立俊为知州。任命下达后，袁立俊仅带着一个仆人、三十名士兵到养利州赴任。抵达后，袁立俊组织人员清理城中瓦砾，安葬知州、学正及遇害百姓的尸骸，抚恤知州、学正家属，告谕外出避乱的士民尽早返乡，将恶棍张某绳之于法，又向上级申请减免租税、徭役。在袁立俊的辛勤管治下，养利州全境逐渐回复安宁。

御史廖应亨奉命出使滇南，途经养利州，命令养利州提供民夫。袁立俊向上级力陈本州百姓已非常困苦，希望可以免除。廖应亨批复说："正如汉朝贾谊为国忧心而流泪不止、宋朝郑侠绘制流民图上奏宋神宗一样，袁知州管治养利这个残破不堪的州县，处处为百姓着想，真可谓用心良苦。但是，我前去册封滇南，事关一国安危。就算免除养利一州百姓的任务，又如何免除沿途诸州县百姓的任务呢？"袁立俊不得已，只得用自己的薪俸雇请民夫来完成任务。廖应亨知道后，召袁立俊前来予以慰问，赠以玉带。事后，袁立俊拜见巡抚王菁。王菁称赞道："袁知州心里只知道有百姓，不知道有上官。如今很难再见到这么刚正的清官了。"

其时流寇四起，有巨寇私自将贼营命名为"团京"，设置伪官，四出焚掠。袁立俊会合各处兵力，剿灭了这伙巨寇，擒获伪知府、伪总兵，斩敌无数，以军功获加"按察司佥事"官衔。

不久，袁立俊父亲去世。按照礼制，袁立俊须回乡守制三年。袁立俊回到茶山后，广东已归入清朝版图。袁立俊无意复出，便闭户读书，足迹不入城市。曾编修《茶山乡志》，惜未脱稿，著有《诗经补注》《讷斋琐录》。官府听闻袁立俊的才能，多次想礼聘袁立俊，袁立俊皆推辞。

袁立俊性不喜佛而好为义事。友人黄伟辅死后，无子，其母亲年老贫穷、无依无靠，袁立俊将其接过来供养，直至去世。袁立俊在七十八岁时去世。（据民国《东莞县志》卷六十四、《茶山乡志》、《茶山乡东隅坊袁氏族谱》，陈贺周撰）

殷龙 负母同死，孝性天存

殷龙（？—1653年），字济时，茶山圩殷屋围人。临事敢挑重任，有侠义之风。殷龙很孝顺，与母亲朝夕相处。其弟殷凤，富甲一乡，乐善好施，与殷龙友爱相处。清初，李万荣三劫茶山，殷龙受茶山乡绅、耆老推举，率乡勇进行防御。殷龙号令严明，募集乡中青壮年，晓以大义，号召他们合力防御、守望相助。殷凤慷慨捐资，为乡勇们提供粮食。清顺治十年（1653年）三月底，茶园游会如常举行，百姓饮宴作乐，防御有所松懈。李万荣乘着茶山百姓到东岳庙观看夜戏、城内空虚之机，纵火杀入茶山城内。仓猝间，殷龙只得背着母亲逃走。母亲说："你快点逃走，不要和我一起死！"殷龙不忍心抛下母亲，边走边战，最终与母亲一同遇难。一年多后，茶山百姓将殷龙的事迹上报广东总督、巡抚，总督、巡抚赐予"孝性天存"匾额，向世人旌表殷龙的孝举。

茶山圩殷屋围今存殷仲铭于1925年所立"孝性天存"石匾，石匾上记载："我族七世伯奇祖孝闻于时，受旌，袁晖坊其颜曰'孝性天存'。"则"孝性天存"的来由与上述殷龙的事迹有异，待考。（据《茶山乡志》卷三、卷四及《茶山历代碑刻》，陈贺周撰）

"孝性天存"石匾（引自《茶山历代碑刻》）

陈应乾 革除宿弊，为民请命

　　陈应乾，字履吉，号两伊，陈秉良子，下朗村陈屋人，出生于陈秉良任砀山县令之时。陈应乾饱读诗书，博通经史，旁及星历、医卜之书。明崇祯十二年（1639年）中举人，清顺治十五年（1658年）高中进士，授湖广宜章县令。陈应乾能礼士爱人，革除宿弊。宜章县内有锡山，地理险要，关乎一县形势。当地豪强互相勾结，大肆牟利，恣意挖矿。陈应乾上任后，不因循旧例，毅然向上官报请竖碑封山，杜绝奸民采挖。负责镇守当地的吴总兵向百姓摊派割草劳役，强令百姓每月缴纳三百钱代替割草，每年此项收入数以万计。有一年，由于粮食歉收，百姓无钱缴纳，大为困苦。陈应乾向上官请求撤除此项扰民私敛的劳役。以上两事触动了当权者的利益，陈应乾被当权者中伤，遂辞官回乡。

　　回乡后，陈应乾隐居于莞城道家山，吟咏自乐，与东莞人莫梦吕、钟兆晋友善，相与为文酒之会。陈应乾酒后常常自作词曲，交付童仆歌唱，心胸非常豁达。著有《素存堂诗集》四卷。

　　陈应乾的兄弟陈应驹亦有感人事迹。民国《东莞县志》卷六十五："陈应驹，字晋吉，号白瞻，秉良子，诸生。事亲孝谨，内外无闲言，尤好行其德，振人之急，孜孜如恐后。康熙元年徙边民，仳离载道，应驹倡率同志力为赈贷，存活甚众。子继庠，字载之，贡生，琼山教谕，补罗定学正，其教一遵苏湖风轨。次继度，字庶之，贡生，遂溪教谕，升云南定远知县，以循良称。次继龄，字寿之，性孝友，笃志问学，尤慷慨仗义，乡闾有急者，无不赒之。康熙三十五年以贡选授定安训导。定安故海外小邑，文风颓靡，士艰于跋涉，鲜有赴科者。继龄崇礼教，作士气，日与诸生讲学论文，孜孜不辍，并捐邑学租，为士子宾兴费，文风不振，邑人德之，勒碑纪其事……碑文曰：'东官硕彦，盛世贤良。人师风范，司轨定阳。首崇实行，次及词章。学宫修葺，捐俸解囊。归田多士，泽沛通庠。蠲租学地，门役免当。济贫周急，视民如伤。仁言利溥，惠及穷乡。猗欤盛德，永怀不忘。'孙元咏，康熙四十七年举人，广西雒容知县。"（据民国《东莞县志》卷六十五、《东莞诗录》卷二十五，吴沃根、陈贺周撰）

袁古怀 重义崇儒，开设书塾

袁古怀（1606—1686年后），上元人。

袁古怀的祖父袁格非是一位读书人，在乡间私塾教书糊口，生活清贫。袁古怀十七岁时，为了改善家里生活、赡养老人，便到博罗、琼南（今海南岛南部）经商。袁古怀以淳朴、诚信、坦率、正直的品格，深得同行信任，每次外出经商都能获利。

袁古怀很有孝心。中年时，袁古怀已获利颇丰，在妻子黄氏的辅佐下，孝顺地侍奉、赡养父母。袁古怀想到"报本追远"（感恩、追思祖宗）是子孙后代的大事，便勤勉地经营祖业、广置祀田，以传永久，甚得袁氏宗亲信赖。

袁古怀天性仁爱，每次见到有人身处患难困厄，都竭力营救。有时实在帮不上忙，袁古怀甚至忧愁、叹息到夜不成寐。清顺治五年（1648年），茶山接连遭遇饥荒、兵祸，田野荒芜、赋税沉重，吏胥拿着棍杖追着百姓征收官粮，很多乡亲迫不得已逃往他乡。袁古怀为了保存、凝聚宗族，让乡亲们不至于流离失所，便拿出数百两银的积蓄，又向别人借贷一部分，帮乡亲们缴完了官粮。有田的乡亲后来慢慢向袁古怀偿还；贫穷的乡亲实在还不上，袁古怀也不介怀。乡亲们无不感激袁古怀的恩德。袁古怀曾为族弟代办差役，获得酬劳百余担稻谷。袁古怀没有将这些稻谷收为己有，全部给了族弟。族弟说："这些稻谷还不够你的酬劳，你怎么还给回我？"袁古怀说："我不忍心你那么穷，这些稻谷就帮你娶亲吧，你就不要推辞了。"族弟收到这些稻谷，得以娶妻生子。

袁古怀尊崇儒术，特别敬重读书人。壮年时，袁古怀在海南经商，在路上遇到一位甘秀才。甘秀才身体虚弱，快要病倒了，袁古怀上前询问后，下车步行，将车让给甘秀才乘坐。袁古怀步行了整整六天，才与甘秀才分别。后来，袁古怀与甘秀才在墟市重遇，甘秀才见到恩人，欣喜万分，盛情邀请袁古怀去家里作客。甘秀才对儿女们说："这就是让车给我坐的袁先生。"又让儿女们向袁古怀揖拜致谢。袁古怀优待、礼遇同乡读书人,向读书人馈赠金钱、粮食的事更是不胜枚举。

袁古怀曾在上元营建、开设书塾"贤贤轩",以重金聘请名师讲学,教育其次子袁壮声、女婿卢挺及一众袁氏子弟。贤贤轩培养出众多人才,卢挺等十人后来在儒学名噪一时,考中举人、岁荐等功名。袁古怀次子袁壮声有文才,品行端正,深受士林推重;女婿卢挺与袁壮声互相勉励,在康熙十七年(1678年)考中举人,曾任归善县儒学教谕、琼州府儒学教授,著有《四书宗注》等多部著作。后人为纪念袁古怀,在贤贤轩之侧营建古怀公祠,卢挺为贤贤轩题写匾额,载《茶山乡志》卷九。"古怀公祠"红石匾今存。(据《茶山乡志》《茶山文诗拾遗集》《茶山历代碑刻》,陈贺周撰)

"古怀公祠"石匾(陈贺周摄)

陈龙晖夫妻 明清鼎革时庇护一乡乐土

陈龙晖（1618—1685年），字曦仲，号在田，妻张氏（1618—1689年），明末清初龙湖头陈屋人。陈龙晖天性仁厚、孝顺、友爱，幼年攻读科举，因明清朝代更迭，转而经商，因善于买卖而创富。陈龙晖在外经商长达九年没有回家，全赖张氏在家里主持家务，侍奉公婆，抚养、教育儿子，以一人之身而兼儿子、儿媳、父亲、母亲、老师数职，让丈夫无内顾之忧。夫妻二人勤俭持家，点滴积累，数十年后成为巨富之家。陈龙晖在家时，优游林泉，雅重诗书，尊崇师友。夫妻二人重视培育子女的品德、才能，从无歌舞、饮酒的陋习，二子均入邑庠读书，成为士林翘楚。

陈龙晖与人交往，以诚信为本；赈济穷人，从不吝啬。适逢明清朝代更迭，时势艰难，兵荒马乱，村民被横征暴敛，粮饷任务紧急且繁重，陈龙晖捐钱代村民交纳。钱不足时，张氏屡次捐出自己的首饰，与丈夫一起帮助村民，村民甚至不知是谁人捐出的首饰。在附近乡村的村民饱遭赋役、苛政之苦的时候，仅有龙湖头一乡堪称"乐土"（按，今超朗龙头陈屋西门仍存"龙山乐址"之匾额）。（据《龙头陈氏族谱》《厦朗陈氏族谱》，陈贺周整理）

超朗村陈屋西门，上有"龙山乐址"石匾（陈贺周摄）

卢作樑 粤东词人

卢作樑（1662—1700年），字秋蓼，号陟山，卢瑛田曾孙，卢沄子，增步村卢屋人。年十七而孤，读《诗经·蓼莪》而哀思父母，故字秋蓼。父母去世后，卢作樑抚育两弟一妹成人，倾力为他们举办婚嫁，一如父母。父母留下的遗产不多，卢作樑多分给两位弟弟，仅分给自己少许。

卢作樑少颖悟，工诗文，年二十为邑诸生［康熙二十年（1681年）县学廪生］。学政蒋宏绪重其人，聘其为幕客，协助品评考卷、校对古书。与卢作樑交游的，多为当时名士，如南海关上进，顺德陈励，东莞陈阿平、林贻熊等，皆为莫逆之交。

卢作樑诗风奇艳，风格与唐朝诗人李贺、李商隐相近。曾作《击剑歌》，深得同乡大儒卢挺赞赏。尤工作词，清道光年间许玉彬等人所辑《粤东词钞》收录其词七首。东莞自古工词者不多，有成就者更少，卢作樑可谓凤毛麟角。

卢作樑著有《陟山堂偶存》（或作《陟山堂集》）。卢挺为卢作樑作传曰：

> 作樑父沄，孝廉。祖上铭，工部主事。曾祖瑛田，太仆卿。年十七而孤，事祖母以孝闻。抚两弟一妹，训诲婚嫁，一如父母。先人遗产甚薄，多与仲、季而薄于自取。年二十，补弟子员，旋领饩，学宪蒋公聘佐幕衡文。为诗尚工艳，复喜奇句，酷类长吉，危苦幽淡，如猿啼鹤唳，令人感怆。卒年三十九。

张其淦评论卢作樑的诗歌，认为集中多首诗"瘦劲幽艳"，属于"必传之作"。卢作樑莫逆之交、知名东莞诗人陈阿平认为其诗"有逸致，鲜妍秀雅，柔情缭绕""其文自成一家之言……必传无疑也"。《吟芷居诗话》曰：

> 卢秋蓼茂才诗学长吉（李贺），而参以义山（李商隐）、飞卿（温庭筠），集中如《击剑歌》《赠温孝子歌》《送十洲上人归长沙》

等篇，瘦劲幽艳，必传之作。陈阿平曰："秋蓼为诗有逸致，鲜妍秀雅，柔情缭绕，如游丝袅袅晴空。尤工玉台体，风华绮丽，不减六朝。余尝谓其文自成一家之言，诗似李义山、韩致尧，骈文则任、江、徐、庾之遗，必传无疑也。"按，余读秋蓼选本诗，已无风华绮丽之篇，即骈文亦不可得而见矣。

下录卢作檖诗五首、词三首。

读曲歌

感郎玉指环，殷勤托生死。
那知木芙蓉，不是真莲子。

细嚼槟榔茸，唾与檀郎食。
博得郎口红，未得郎心赤。

按，这两首短诗构思巧妙、语言通俗、婉转含蓄，大有刘禹锡《竹枝词》之风。"那知木芙蓉，不是真莲子"，"莲子"与"怜子"谐音，喻男子对女子并非真的怜爱。"博得郎口红，未得郎心赤"，大意：纵使嚼槟榔会令心上人口里发红，但实在不能换得他对自己一片赤诚。

击剑歌

寒风吹天白云起，塞涨黄云秋草死。
五陵走马黑归夜，提出匣中三尺水。
星文摇动玉花坠，神光冷闪青霜蕊。
南山蛇虺优优行，飞入山中取蛇髓。
燕丹慷慨荆卿去，欲报人恩不知处。
乌金鞘饰老蛟皮，床头夜夜吼秋雨。

晚泊松口

薄暮江流急，维舟近浅滩。
微凉初入树，早月已含山。

竹色缘崖绿，蕉花照岸丹。

归程千里外，几日度蓝关。

忆故山兼寄两弟

故山遥在碧云边，潮上平湖载酒船。

荷叶裹来香稻熟，玉盘擎出荔枝鲜。

同敲好句惊官马，独访名僧踏野田。

今日迟留归未得，竹林谁与听秋蝉。

蝶恋花　元夕

丝管沉沉忘远近。月上银屏，却借灯光衬。薄酒着愁容易困。颊边早又红潮晕。　　看遍鳌山都未准。人隔重帘，笑语浑难认。十二曲栏空独凭。暗中挑逗前春恨。

少年游　春游

沙平草软马蹄骄。随意翦金镳。十里莺花，一溪杨柳，遮映酒旗摇。　　当欢且莫辞沉醉，春恨总迢迢。才过清明，又经寒食，禁得几魂消。

离亭燕　七夕寄内

天际晚云轻薄。树杪凉风萧索。银汉迢迢良夜永，那管人间寥落。欲觅梦将归，更怕严城玉柝。　　记得洞房深约。人倚朱栏西角。今夕小楼看鹊影，应是欢娱输却。明日计佳期，正好侬家先着。

（据《粤东词钞》、民国《东莞县志》卷六十六、《东莞诗录》卷三十三，陈贺周、吴沃根撰）

卫金章 道学名儒，白沙功臣

卫金章，字立组，茶山圩卫屋人。康熙十七年（1678年）副贡生，康熙二十年（1681年）任惠州府训导。卫金章博考文献，学问渊博，品行端正。惠州知府吕应奎修《惠州府志》，聘南海黄挺华及东莞卫金章为纂校。卫金章辛勤编修，朝夕不懈，自夏至秋，遂脱稿。后迁连州学正、广州府学教授。

卫金章认为前人所编《白沙要语》"割裂参错"，不但不能据此学习陈白沙的道学精髓，反而会对陈白沙产生严重误解，遂从《白沙全集》中辑录精彩段落，辅以自己的见解，编成《白沙要语补》一卷，以正本清源。其《自序》曰：

> 《白沙要语》一编，节录白沙先生文集中语，不满三十条，割裂参错，不知出自何人之手。其于先生平日讲学，道所由造，教所由传，总未见本末，脱略有之，要则未也。愚惧执此以求先生，不惟无以见先生，反于先生滋惑耳。爰采全集辑而补之，间附鄙见。虽晚学疏浅，未足窥先生高深之万一，然急于为先生雪诬，庶于后之学先生者，不无小补云尔。

增埗人、粤东名儒卢挺与卫金章友善，时相唱和。卢挺为《白沙要语补》作序，称赞"此书明辨"。襄城李来章读过《白沙要语补》后，称赞曰："金章所著，洵足为白沙功臣。"

卫金章又著有《茶源诗录》及《广东道学诸儒录》二卷。《广东道学诸儒录》辑录广东自宋朝、元朝至明朝的道学名家，如陈白沙、湛若水等，以彰显岭南道学传承有序、繁荣兴盛，"道学之统，吾粤之儒，前有所承，后有所继，盖彬彬盛矣"。卫金章主张实践，曰："无讲学之虚名，有体道之实效，尤亟宜彰之……所谓道学者，不专在说敬不离口也。"（据《白沙要语补》、民国《东莞县志》卷六十六、《茶山乡志》卷十二、《东莞诗录》卷三十一，陈贺周撰）

序

人有誦白沙靜坐之說，余語之曰：而亦知白沙之因乎其時乎？聖人孔子不得不書，其後平居無言，感邪說於楊墨，孟子不得不好辯，或善或默，因乎時也。書從無言，於秦漢儒不得不訓詁，佛老子梁隋障子不得不闢異端，曰周以火於宋，迄宋千餘年，經義疏大備之後，乃以科舉之學，無言詞章之蔓語，沈溺以未運不桃，明承註所歸，白沙欲為補救，不得不斂耳目，靜坐支離，千文涵養，蓋當其時不得不衛也。善乎南川林之言曰：白沙先生當文

白沙要語補

盧序

濟火濟水以知白沙之書無所然信無著者述蓋真儒卓老白沙天質最高於聖賢垂訓之書無一言九……讀之庶幾有所契合云以我觀書非博我觀此則誠……舜之時無所用之講坐意在此耳南川一見觀丁巳災人休一答四六悔之古述輪子字中然則白沙靜坐實其言曰學者當求諸詩曰莫美老……工夫猶循環未嘗偏廢學者誠……

知白沙靜坐之說其言要以讀之為學積學以致講工夫……明徹功候將至乃得涵養性天純一者為……明讀之為學積學以……

一

《白沙要語補》序（引自《東莞歷史文獻叢書》）

袁必得　大兴教育，选拔人才

　　袁必得，字四其，上元村人。父袁增美，由岁贡选授广西博白县教谕。袁必得生而聪敏，在父亲的教导下读书作文，年纪轻轻就知名于当时。清顺治十七年（1660年）以第五名考中举人，授南雄府教授。讲学于天峰书院，寒暑不辍，南雄士子学风由此兴盛。南雄的学宫、乡贤名宦祠早已倾塌，袁必得在南雄府教授任上八年，陆续捐出自己的薪俸倡议重建，并妥善统筹，这些重要建筑得以恢复。清康熙二十一年（1682年），粤西补行辛酉（1681年）乡试，袁必得被礼聘为同考官，参与阅卷，所选拔的举人皆一时名士。在南雄任满后，因政绩优异，升江西信丰县知县，未赴任，辞官归乡。卒年八十九。著有《休园文诗集》。

　　清道光年间许玉彬等人所辑《粤东词钞》收录袁必得词五首，袁必得为入选该书的两位茶山人之一（另一人为增埗人卢作樑）。下录袁必得词二首。

凤凰台上忆吹箫　仲春送别亦樵还浙

　　青选榆钱，锦翻桃浪，倦来慵趁芳游。嘱五桥杨柳，稳系归舟。多少离情别绪，说不尽、欲去还留。从今后，人归杜若，目断芳洲。　　悠悠。片帆去也，恨不倩长鲸，吸尽江流。忆武陵人去，烟锁罗浮。为问何时尊酒，重与论文上小楼。怀人处，一弯新月，悄上银钩。

庆春泽　灯夜，余北上，内子亦于是日东归，代赋赠别

　　树黯平川，云迷芳草，忽惊人度梅关。细问归程，何时应到梁山。别来重返珠江棹，奈孤舟、兴意阑珊。想东君、何处栖迟，月宿溪湾。　　南园此日芳菲节，正秋千彩架，尽着跻攀。浅立苔阶，倩谁共倚朱阑。今宵莫掩纱窗睡，好凭他、旅梦归还。且须臾、半枕绸缪，细说平安。

（据民国《东莞县志》卷六十五、《粤东词钞》，吴沃根、陈贺周撰）

叶子存 下笔成文，狂放不羁

叶子存，清康熙年间茶山人。天赋聪颖，读书能一目五行，过目终身不忘。写文章笔法老练、遣词精确，从来不假思索，随手拿起笔就可以写满一页纸。一枝香才烧完数寸，叶子存就可以写成几篇八股文。然而，叶子存行为鄙俚、旷达不羁，毫无读书人的儒雅风范，常常赤脚在山里打柴，或赤身在池塘里捉鱼。人们见到他，绝不会想到他是个腹有万卷诗书、胸怀锦绣文章的读书人。

叶子存与同乡举人袁良牧［康熙丙午（1666年）科第二名举人，湖广衡阳县知县］兄弟最为友善。一日，叶子存在袁良牧的书轩"秋水园"里捉虾，恰好遇上东莞名流尹源进（今万江人，官至太常寺卿）来秋水园品尝荔枝。袁良牧夸口说："茶山乃莞邑名乡，做生意的、耕田的都能下笔成文。现在在池塘里捉虾的，也能写文章！"尹源进本来就孤傲不群、自视极高，听了袁良牧的话，自然不肯相信。袁良牧说："这样吧，我现在叫他上来，您来考一考他。"

叶子存去到书轩里，旁若无人，一点也没有向尹源进施礼问候的意思。尹源进斜眼看了看叶子存，见他穿着粗俗不堪的犊鼻裤，就更加轻视了。袁良牧既然对叶子存称誉有加，尹源进碍于情面，也不能不考一考他，便刻意出了道难题。叶子存丝毫没有怯场，只见他拿起笔蘸了蘸墨，便弯腰趴在书桌上秉笔疾书，瞬间就将文章写完。尹源进一看，居然写得文采斐然，怀疑叶子存早已将文章写好，便又给叶子存出了一道难题。不到一盏茶的工夫，叶子存又将文章写好并呈上。尹源进阅后，再次为叶子存的文才所折服，不禁高声吟诵。满座名流更是对叶子存刮目相看。

吟罢，尹源进向叶子存拱手施礼，正式与叶子存结交。尹源进命人拿来红笺，写好聘书，预先礼聘叶子存担任家塾教师。

不久，叶子存在县考中考取第一名，前去拜见主持考试的东莞知县并致谢。叶子存问知县："为什么取我为冠军？""你的文章境界新颖、奇异，力压群英。""哪一篇最奇异?""我当知县后，不再批阅试卷，所谓'奇异'，是阅卷先生的评论。""我能认识阅卷先生吗?"知县先是见叶子存衣着丑陋，接着听他接连质问，觉得非常唐突，心里早已不悦，现在又喋喋不休问个不停，便勃然大怒，骂道:"你真是个魔鬼、狂妄之徒!你毫无大雅之风，不配为士人之首!"知县拿起笔，在名单中将叶子存的名字划去，以第二名补上。(据《霭楼逸志》卷二、《茶山乡志》卷十，陈贺周撰)

邓云鹤 雄文以载道，二子皆进士

邓云鹤（1705年10月20日—1740年7月15日），字天翼，号紫峰，邓廷喆四子，茶山村人。

邓云鹤天生聪颖，学识渊博，熟习儒家经典，作文浑灏雄奇，蕴含深刻义理。翰林院编修蒋恭棐称颂曰："此载道之文也。"

雍正七年（1729年），邓云鹤考中举人，拣选知县，但考了三次进士均未考中。

邓云鹤幼年没有跟随父亲邓廷喆上京，留在茶山家中侍奉母亲。邓云鹤对母亲能和颜悦色、尽心孝顺，对同胞兄弟能和睦相处、亲密无间。邓云鹤尤其严谨处理道义、利益问题。有人送给他海田、渔浦，他坚决不接受。乡人有解决不了的纷争，请邓云鹤评理，邓云鹤细心开导，让纷争得以圆满解决。自知理屈的人干脆中途而返，不敢面对邓云鹤。东莞县令印光任有什么重要政事，都请教过邓云鹤后才实施，但邓云鹤从不轻易拜访印光任。

邓云鹤年仅三十五岁便去世，世人为之惋惜。广东巡抚德保收集广东人物资料时，得知邓云鹤，叹息道："陈太邱的忠诚老实、王彦方的严肃正直，两位汉朝道德模范的优秀品德，邓云鹤兼而有之。"为此，德保为邓云鹤撰写墓表。

邓云鹤长子邓大林、三子邓大经均考中进士，次子邓大业考中举人。邓云鹤因长子邓大林，被皇帝诰赠朝议大夫、户部云南司员外郎加二级。

[据《东莞诗录》、民国《东莞县志》、《茶山乡志》、《茶山邓氏族谱》（1927年）、《茶山历代碑刻》，陈贺周撰]

林兰雪、袁氏 乾隆年间罕见的才女、女诗人

林兰雪，清乾隆年间人，林蒲封（莞城人）女，邓大林妻，邓淳前母。

林兰雪生于书香世家，其父林蒲封官侍读学士，是乾隆皇帝老师，其家学渊源不可谓不厚。林兰雪嫁邓大林，邓大林为进士、翰林院庶吉士，家中四代科甲。林兰雪"性贞静，自幼即能诗"，少时得父亲教导，有兄弟姐妹时时唱和，婚后有丈夫为诗词伴侣，有如此非凡家庭环境，擅诗亦在所必然。

林兰雪卒年仅二十五岁，无子嗣，著有《小山楼诗草》，由邓淳约于道光二十六年（1846年）出版，道光《广东通志》、光绪《广州府志》、民国《东莞县志》均著录，可惜如今已不传。《闺秀正始集》选其诗一首，《粤东诗海》选其诗六首，《岭海诗钞》选其诗二首，《东莞诗录》选其诗五十三首。

受邓淳之请，陈在谦为《小山楼诗草》作序，称林兰雪与顺德陈静斋、阳春谢小楼并称广东"才女"，称林兰雪之诗"清婉流利，不杂闺阁本色，至其佳处，须眉男子时或逊焉"。

邓淳挚友黄培芳《粤岳草堂诗话》云："吾友东莞邓淳前母林恭人，翰林学士蒲封女。著《小山楼诗草》。其《闺中闲乐词》云：'红栏曲曲映清薬，闲取纶竿傍晓舒。先戒小鬟摇树影，恐惊争饵乐游鱼。'清空如话，得物我相忘之趣。又句云：'梦里不知魂化蝶，醒来身在广寒游。'《暮春》句云：'未识春归今几许？珠帘在护日迟迟。'皆可想见贞静标格。"[1]

《半闲诗趣》曰："《樱桃》《墨梅》诸诗泃可传也。"

从《东莞诗录》所选五十三首诗来看，林兰雪的诗多写景、咏物。林兰雪的诗有独特的女性视角、女性感悟，这在古诗中是极其罕见、难得的。尤其《闺中行乐词》十首，描写闲适的富家女性生活，构思精巧，意境独特，诗句"清婉流利"，既有诗歌艺术价值，亦有民俗文化价值，不可谓价

---

[1] 冼玉清：《更生记 广东女子艺文考 广东文献丛谈》，广西师范大学出版社，2014年，第66页。

值不高！林兰雪"才女"之名，实是名副其实！下为《闺中行乐词》十首。

年华相递总芬芳，才谢梅花绽海棠。
春昼渐长慵绣作，卷帘闲待燕归梁。

小院红稀绿正荣，苔钱铺径雨初晴。
晓来爱听娇莺啭，镜里新妆尚未成。

画屏斜障夜娟娟，不掩纱窗对月眠。
梦里不知魂化蝶，醒来身在广寒边。

红栏曲曲映清蕖，闲取纶竿傍晓舒[1]。
先戒小鬟摇树影，恐惊争饵落游鱼。

绿媚浓阴荫画廊，虾须帘薄午风凉。
欲知何以消长昼，半部南华一炷香。

榴阴斜转日当庭，风过芙蕖入袖馨。
起看采莲池畔立，戏将团扇扑蜻蜓。

闺中乐事不曾休，金井梧桐又报秋。
结习未忘聊检点，预为七夕结针楼。

蝉声初过日清和，结尽榴花落尽荷。
乍入新秋帘幕爽，焚香窗下绣轻罗。

彤云密布雪花垂，庭草俄成玉树枝。
屏掩博山闲瑞脑，帘前冒冷塑狮儿。

---

[1] 冼玉清：《更生记 广东女子艺文考 广东文献丛谈》，广西师范大学出版社，2014年，第66页。《东莞诗录》卷六十四作："红栏曲曲映清渠，闲取丝纶傍晓舒。"

玉管将吹换律灰，园林深处赏新梅。

折来未敢簪云鬓，先取浓枝献寿杯。

与林兰雪大致同时，茶山有另一女诗人袁氏，著有《甘荠集》。民国《东莞县志》卷七十六云："袁氏，李君选妻。聪慧闲静，知书通大义。嫁逾年，夫亡，敬事舅姑，米盐琐屑，悉身任之。家产为夫弟侵噬，氏隐忍不言，惟篝灯纺织，夜以继日，数十年如一日。所著《甘荠集》，辞旨清越，哀而不伤。乾隆二十五年（1760年）旌表。"

与林兰雪生长于极其优越的家庭环境不同，袁氏在丈夫去世后，家产为丈夫兄弟侵吞。袁氏隐忍不言，在侍奉公婆、操持柴米油盐等琐细家务的同时，还要挑灯纺织谋生。在如此艰苦的条件下，袁氏仍著有《甘荠集》，这是非常值得后人景仰、学习的。（据民国《东莞县志》卷七十六、《东莞诗录》卷六十四、冼玉清《广东女子艺文考》，陈贺周整理）

孙士登 重修学宫，力保义渡

　　孙士登，字应周，号芥石，孙屋村人。府学生，雍正七年（1729年）副贡第十三名。乾隆元年（1736年）丙辰恩科第七十六名举人。其后，孙士登六次参加会试都未考取进士，考虑到母亲年老，便留在家里奉养母亲，不再参加会试。

　　孙士登生平好学，老而弥笃，性质朴，喜施予，曾为乡中捐助粮食、倡修桥梁，乡人都很感激他。乾隆十六年（1751年），东莞县令周儒重修学宫，推举孙士登负责其事。孙士登为此用心筹划，殚精竭虑，不辞劳苦。乾隆十六年（1751年）三月，孙屋附近十排义渡的渡夫去世，土豪趁机将义渡据为己有，向过往行人收取费用，遂引发周边乡人争议。孙士登率领乡人向县令告状，最终判决十排义渡重归公益，免费向乡人提供摆渡服务，并立碑为证（《十排义渡碑记》），孙士登居碑上"首事绅士"之首。

　　乾隆三十二年（1767年），由举人赐授翰林院典簿。年八十卒。（据民国《东莞县志》卷六十八、《东莞文人年表》第731页、《茶山历代碑刻》第235页，吴沃根、陈贺周撰）

《十排义渡碑记》（引自《茶山历代碑刻》）

谢淮 茶山谢族医家始祖

    谢淮（1697—1760年），字伯南，别字惕斋，嘉应州（今梅州）人，康熙三十六年（1697年）生于广州，与其兄谢泓约于康熙四十六年（1707年）移居东莞茶山圩。雍正乙卯（1735年），嘉应州举行科试，谢淮被知州李匡然选拔为第六名，入州庠学习。李匡然称赞谢淮："为文理法兼到，而词彩焕发、气象峥嵘，盖积学有年矣。"

    因家贫而人多，兄嫂连亡，侄儿幼小，加以连年饥馑，谢淮习医为业，抚育侄儿如己出。乾隆年间（1736—1795年），邓大林母病，屡医无效，派人到北京请名医陈修园到茶山诊治，又请谢淮会诊。陈修园对谢淮的处方大为赞赏。谢淮治愈了邓大林母亲的病，因此，邓大林邀请谢淮入籍茶山。谢淮著有医书传给后人，其后谢氏一直涌现以医术知名的后人，著名者有其曾侄孙谢杰祥。今存谢淮所编《谢氏家谱》。（据《谢氏家谱》《茶山乡志》《营立拔轩谢公家祠碑记》，陈贺周撰）

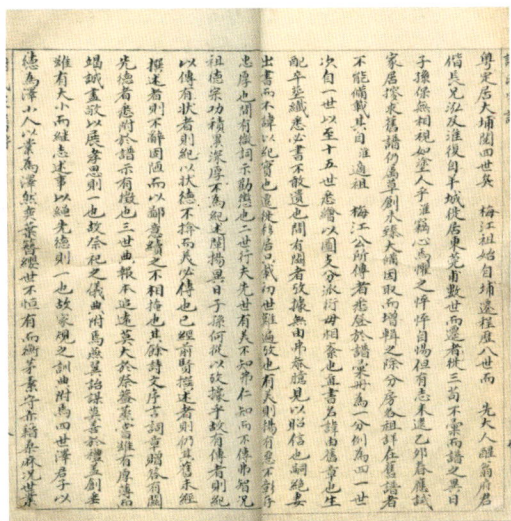

谢淮所编《谢氏家谱》

林宝树 诚信致富，儒商之风

林宝树（1709年5月3日—1779年8月19日），字高彻，号芦山，茶山圩上步林屋人。

林宝树少负英姿，家中清贫，十四岁即创业发迹，待人、经商能固守诚信。林宝树曾在石龙做生意。一日，他的店铺发生火灾，仆人慌忙从石龙跑回茶山向他报告，他立刻赶赴石龙。走到半路，他突然停下脚步，对仆人说："店铺虽已焚毁，但我不能失去诚信。我昨夜答应朋友拿几两银给他，现在要赶回茶山，不能耽误了朋友的事。"其忠厚诚信、待人真诚，往往如此。林宝树天性豪迈，喜交游，无论贵贱。大家都喜欢和林宝树结交，与他做生意的人遍及数县。林宝树家里总是宾客盈门。

林宝树一生风尘仆仆，辛勤经商，总能看懂商业行情，故能白手兴家，其积累下来的家产非常丰厚。林宝树有8个儿子（另有一子出继），曾一夜上8条梁，即一次盖起8栋房子，可见其家产之丰。林宝树在家中高悬"得所"匾额，寓意为人、处事都要"适得其所"。富裕后，林宝树没有恃富而骄，而是致力于造福家乡，常常救人之急，帮扶乡里穷人，接济亲戚、族人更不在话下。

林宝树虽然是个商人，但手不释卷，能以诗自雄。中年后，林宝树捐资得到"国子上舍"的名衔，成为国家最高学府"国子监"的名誉学生，有儒商之风。晚年好读书，工吟咏，"邀朋每拟千钟饮，考古常将四库看"，以诗酒自娱；"异书喜教群孙读"，以教导子孙读书为乐。

林宝树经常写诗，并组织诗社，与乡中名士作诗唱和。茶山乡社学每月初一的优秀诗文评选、公益活动，一定少不了林宝树的组织、参与。林宝树七十一岁大寿时，一众子孙、亲友为其隆重祝寿，林宝树回首往昔，作诗抒怀，得欧苏、何安澜等三十三位名流、亲友应和。林宝树诗云：

七十年来历苦酸，风尘鞅鞅渐相安。

长堤绿柳争春色，古径苍松耐岁寒。

租薄有时赊酒醉，日长无事借书看。

今朝马齿惭加长，淑气盈庭且共欢。

　　林宝树享年七十一岁，逝世的时候，茶山乡中老少都为他痛哭流泪。

　　林宝树有三位妻子，堪称贤内助。正室陈氏，擅长家务，侍奉公婆堪称世人典范，为人慈爱、和蔼，能体恤下人。侧室胡氏，白天忙碌于家庭细务，晚上挑灯纺织，彻夜不休，又亲自养猪售卖。胡氏将纺织、养猪所得一点一点积累下来，死后作为遗产，资助子孙后代读书、参加科举，惠及几代人。侧室何氏，赋性端庄，持家严肃。儿媳去妯娌家问候，何氏要求她们整肃衣妆，先命婢女前去，以免小叔在家，产生误会。每天膳食所需，先问过各儿媳的需求，再和婢女一起去市场购买，避免浪费。与胡氏一样，何氏亦勤于纺织，夜夜不倦。何氏去世后，遗产亦用以资助子孙后代读书。三位妇人辛勤劳动、节俭持家、惠及后代的事迹，值得今人学习。

（据《茶山上步林氏谱传》《茶山历代碑刻》，陈贺周撰）

欧苏 《霭楼逸志》传奇事，茶山八景述古今

欧苏（1750—?），字权瞻，一字睿珍，别字霭楼，号澜川，茶山人。邓淳《养拙山房诗话》称："霭楼少时聪颖，博览群籍，五十岁才考中秀才。平日里，他放下窗帘、关上门户，致力于钻研古代文化。他很少和别人交游来往，生平孝敬亲人，待人和气，安贫乐道，不屑于打理家庭、生产事务，到了八九十岁，还手不释卷。"

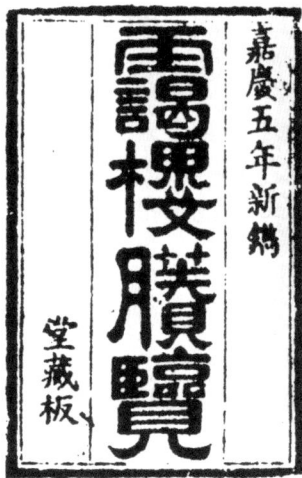

欧苏《霭楼剩览》（引自《东莞历史文献丛书》）

欧苏曾有志于编著《茶山志略》，记载茶山乡的山川、人物，并按年代先后辑录茶山人的诗、文、序、赋等文学作品，以及外省人所写的有关茶山乡人物的诗、文。又计划编辑清谈、诗话、字汇（按字音编排的简易字典）、文集、杂著、诗集、俚语、家谱等书，书名以"霭楼"冠首。这些书均初步写成，欧苏觉得自己学问未深，不敢轻易问世。

乾隆五十九年（1794年），欧苏利用授徒的闲暇时间，将从父老、师友处听闻的逸事、传言，用两个月写成《霭楼逸志》，计一百八十条。杨宝霖

先生认为："《霭楼逸志》的主旨就是劝惩。姑且放下作者的主观愿望，从内容来看，《霭楼逸志》有很多是难得的资料……作者为乡村塾师，所接触多为社会下层人士，书中所记反映清代中叶广东，尤其是珠江三角洲社会状况，是研究当时广东社会的重要资料。"

邓淳《养拙山房诗话》称："霭楼著有《霭楼逸志》《霭楼剩览》《霭楼诗话》《霭楼诗文稿》《阐事奇观丛说》《字腋》诸书。"《东莞诗录》载有欧苏《宝山芙蓉寺八景》诗八首，《茶山乡志》载有欧苏编写的《茶山八景》，欧苏所著《霭楼逸志》《霭楼剩览》由杨宝霖先生整理，于2008年出版。［据《东莞诗录》、《茶山乡志》、《霭楼逸志》（杨宝霖整理）、《茶山上步林氏谱传》，陈贺周整理］

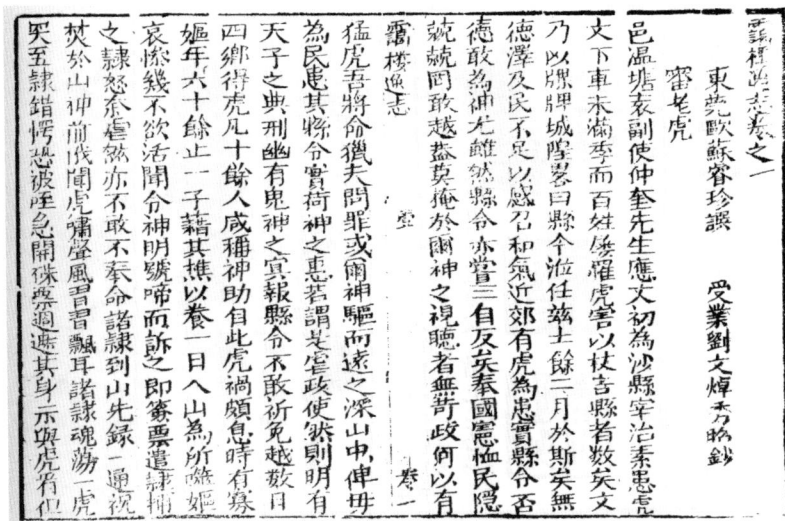

欧苏《霭楼逸志》（引自《东莞历史文献丛书》）

李镜　兴教薄赋，案无留牍

　　李镜，字亮金，号静浦，又号楚石，茶山人。性聪敏，博通群籍。童年时，李镜和父亲李链一起深夜读书。读至丑时（凌晨1时至3时），窗外传来鸡啼声，父亲对李镜说："夜深了，我出副对联让你对一下，上联是'鸡唱不离丑'。"李镜应声答道："雷鸣始自春。"父亲一听，心中暗暗激赏。乾隆二十七年（1762年），李镜未到二十岁，即考中举人。乾隆三十一年（1766年），李镜考中进士，以知县任用。贵州巡抚申请提拔6名有能力的官员，李镜是其中之一。李镜被委派至湖南购买铅，事毕，被任命为仁怀县知县。在仁怀县，李镜大力兴办教育、减轻百姓税赋，案头上从来不留下未及时处理的公文。约在乾隆三十五年（1770年），清朝与缅甸的战争结束，但仁怀县境内余孽尚未平定。李镜召募乡勇，擒获贼首郑某等人，依法严惩，仁怀县百姓得以安居乐业。其后，李镜奉调补平越知县（今属贵州省黔南自治州），仁怀县百姓夹道相送，拉着车边挽留李镜，县里的一些好学之士干脆带着粮食跟着李镜一起去平越县。李镜未抵达平越县任职，遇到父亲去世，哀痛成疾，随即去世。李镜著有《见睫琐言》（今存辑本八条）、《撷芳园诗草》。《东莞诗录》收录李镜诗十二题、十五首。（据民国《东莞县志》、《东莞诗录》、《茶山乡志》、《霭楼逸志（外四种）》，陈贺周撰）

刘连魁　清廉正直的"刘菩萨"

刘连魁，字翰先，号星门，增埗村沙墩人。

刘连魁"进士第"匾额（陈贺周摄）

　　刘连魁青少年时以才华闻名于学校。乾隆四十八年（1783年），中举人；乾隆四十九年（1784年），中进士。刘连魁被选任为山东日照知县，但因不阿权贵，被贪官和珅憎恨，长达十九年都没有出仕。嘉庆九年（1804年），刘连魁调补福建平和县（今属漳州市）县令。刘连魁刚到任，立即考察民间疾苦，尊敬、礼遇耆老及博学之士，整治礼教，杜绝贿赂，以移风易俗为己任。平和县地处山区，民风彪悍好斗，动辄致数十人死亡。不法之徒与官吏串通，专挑富裕人家下手谋财，往往让人家倾家荡产。刘连魁在察访案情之后，严厉惩治，遏止了谋财之风。每到节日，刘连魁必到县学巡视、讲学，勉励学生们要讲究礼义谦让，每次都有百余名学生围着刘连魁，争着旁听。刘连魁在任十年，审案公平正义、宽厚仁慈，百姓没有一直打的官司，狱里没有滞留的犯人，百姓都称颂刘连魁为"刘菩萨"。刘连魁离任时，上级查出粮仓亏空，而亏空实为前任县令在任满前把稻谷偷走，换上谷壳，在表层铺上稻谷。刘连魁只好留在平和县，设帐授徒，以所得学费填补粮仓亏空。三年之后，刘连魁才得以回乡。回乡时，平和县官员、百姓夹道远送。平和人、第八任海澄公黄嘉谟等人十分推崇刘连魁，将其比作西汉时治理蜀郡、政绩卓著的教育家文翁。今沙墩村民小组存刘连魁"进士第"木匾，增城石厦村存刘连魁所题"悦山刘公祠"匾额。(据民国《东莞县志》、《沙墩刘氏族谱》，陈贺周整理)

刘连魁题"悦山刘公祠"匾额。释文：嘉庆辛未（1811年）仲春，悦山刘公祠，赐进士出身福建平和县知县弟连魁拜题。(引自《沙墩村刘氏族谱》)

谢杰祥 清朝东莞名医

谢墀，字杰祥，号丹山，是谢淮之兄谢泓的曾孙，茶山圩人。

谢杰祥幼年聪颖，博览群籍，精通历代医书。十八岁从医为业，病人从四面八方慕名前来，排队就诊，一经诊治，很快见效。

厚街王肇和的父亲患病，看过的医生都认为是身体虚弱，便给他进补，却没有取得疗效，病人行将病亡。谢杰祥到厚街后，诊断其病症是"阳明实热"，拟用泻药。围在谢杰祥身边的医生都嘲笑他太过轻率，认为病人年高虚弱，万万不可用泻药。谢杰祥不为所动，坚持使用。过了十来天，病人果然病愈。

厚街王某听闻谢杰祥医术高超，前来茶山求诊。谢杰祥认为他的病可以治好，跟他说："明年秋后，如果你再发病，且盲了一只眼，那就治不好了。你要切记我的话！"王某听后半信半疑。第二年秋天，王某的家人急忙赶到茶山，对谢杰祥说："病人果然像您所说的，一只眼盲了，请您火速前往厚街诊治。"谢杰祥坚决不去，反而催促王某家人赶紧回家准备后事。王某家人听后，马上赶回家，还没有到家，王某已经死了。

东坑卢某深夜得重病，请谢杰祥到诊。谢杰祥对卢某家人说："病人虽然病危，但如果服药后早上起来口边有白痕出现，那就好；如果没有，那就治不好了。"第二天早上起来，卢某口边果然出现白痕。卢某接着服了几剂药，病便痊愈了。

石㙟陈某得病，前来求治，谢杰祥恰好在外出诊，便约谢杰祥明天到石㙟诊治。第二天，谢杰祥从外面回来后，得知此事，马上赶到石㙟。病人快不行了，家人准备把他搬到草席上办理后事。谢杰祥认为还可以医治，赶紧叫陈某家人用糯米饭趁热敷在陈某身上，并给陈某喂稀粥。陈某吃了两天药，病症便消失了。陈某家人向谢杰祥询问缘故。他说："这是因为病人禁绝了谷气，胃气变得十分虚弱。之前的医生认为暑病不能食用米类食物，而不知过于虚弱的人应当用谷气补救血气，才导致陈某病得这么重。"

　　上茶园袁佑英的母亲患病，食物吃到口里就吐出来，病情危重。谢杰祥拟用辛甘酸法给她治病。其时恰好荔枝初熟，谢杰祥让病人食用大量酸酸的青荔枝，治好了她的病。谢杰祥的治疗因人而变化，治愈无数病人，堪称医术精明。

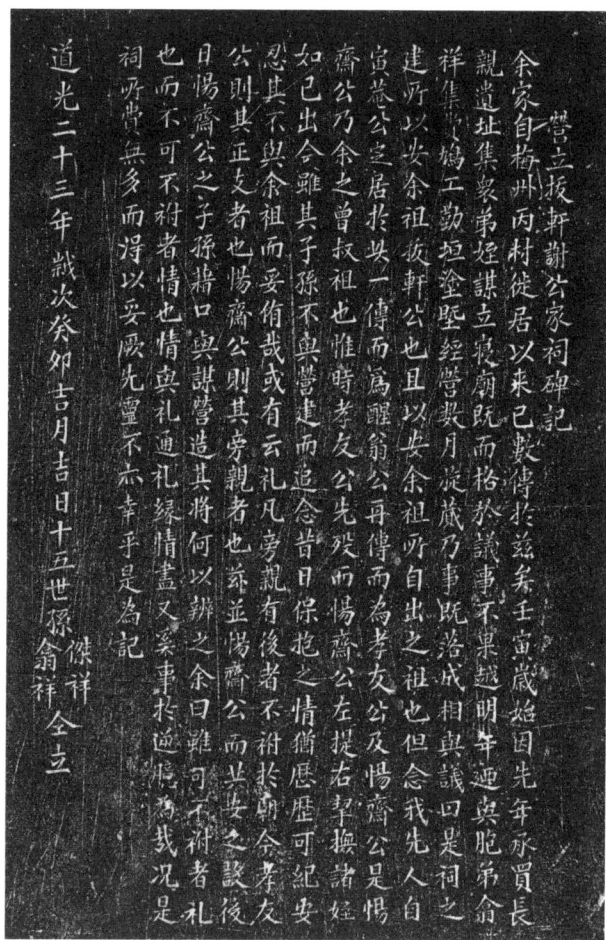

谢杰祥所立《拔轩谢公祠碑》(引自《茶山历代碑刻》)

　　谢杰祥为人醇厚仁慈，很有爱心。有一次，谢杰祥外出遇雨，道路被淹，不能前行。一位牧童背着谢杰祥趟过了水。谢杰祥见牧童身体瘦弱，很可怜他，偷偷给他把了脉。谢杰祥大惊，问牧童："你有兄弟吗？"牧童回答："没有。"谢杰祥长叹一口气，继续问："你家离这里多远？"牧童答：

"大约一里。"谢杰祥听了，便绕道跟着牧童回家。谢杰祥对牧童的母亲说："你儿子今年十四岁了，我刚才给他把了脉，他可能只有三年命，你快点给他娶妻生子，延续香火。你儿子好心背我趟水，而你又只有一个儿子，我才告诉你这些。"牧童母亲听了大惊，流泪谢过谢杰祥后，向邻居借钱为儿子娶妻。一年后，孙子出生。孙子一周岁时，妇人的儿子果然死了。过了几年，妇人在路上遇到谢杰祥，将自己儿子的死讯告诉谢杰祥，流泪感谢谢杰祥。谢杰祥说："你儿子后继有人，这是你们家的福分，我只不过侥幸说中而已，不用感谢。"

谢杰祥生平喜欢帮助别人，不仅不收穷人的诊金，而且从不吝啬给穷人们赠药。道光、咸丰年间，以医术闻名的东莞人，首推谢杰祥。谢杰祥著有医学论著藏于家中，其子孙多以医术闻名。

今存谢杰祥所立《营立拔轩谢公家祠碑记》（1843年）。在碑文中，谢杰祥感恩曾叔祖谢淮在其曾祖父谢泓去世后抚育其祖父，力排众议，将谢淮供奉在为其祖父而建的家祠中，其感恩之心值得今人传颂。（据《谢氏家谱》《茶山乡志》《营立拔轩谢公家祠碑记》《清十五世显考丹山谢公墓》，陈贺周撰）

谢高卓 —生征战，马革裹尸还

谢高卓（1840—1878年），号晋三，南社村人，清咸丰十一年（1861年）辛酉科武举人。谢高卓性情温和儒雅，言行小心谨慎，一如文雅书生，但志向高远，胸有雄韬伟略，常有立功万里之志。

谢高卓（南社村委会供图）

清同治八年（1869年），谢高卓随左宗棠征剿、平定陕甘地区金积堡的叛乱，以出众的军功被奏保蓝翎守备衔。

清同治十一年（1872年），复随左宗棠攻克甘肃河州，升为正四品武职都司，诰授武义骑尉，赏换花翎。清光绪二年丙子（1876年）七月，清将军金顺率总兵邓增进攻叛军巢穴，谢高卓运来开花大炮，炮轰城上叛军，攻下此城。因战功显赫，谢高卓被晋升为游击将军（从三品武职）加广东即补参将衔（正三品武职）。

西北叛乱平定后，值台湾山区加礼宛、巾老耶两社不服巡抚管理，杀死官吏作乱。清光绪四年（1878年）戊寅，谢高卓随总兵吴光亮前往剿匪。有人劝谢高卓说："台湾水土险恶，你是有一定功名富贵的人了，何必冒险到那里去送死呢？"谢高卓大义凛然地回答："大丈夫志在四方，以报效国家为天职，青山到处可埋骨也。"谢高卓竟以劳疾卒于军中，享年三十九岁。（据民国《东莞县志》卷七十三、《清实录·同治实录》、《新编左宗棠年谱》，吴沃根撰）

谢高卓墓（在南社，陈贺周摄）

叶良 镇南关大捷立奇功

叶良，字镜波，京山村人。以军功升任蓝翎尽先守备，统领水师巡船。

时值中法战争，光绪十年十月十一（1884年11月28日），兵部尚书彭玉麟、两广总督张之洞电奏清政府，派前广西提督冯子材、广西右江镇总兵王孝祺支援中法战争前线。王孝祺率粤军八营（叶良率领其中的勤字新前营），由梧州开赴龙州。

光绪十一年二月初五（1885年3月21日）夜，冯子材、王孝祺率军夜袭文渊。二月初六（3月22日），叶良率领新前营众死士，与新正、副营一起，由山后攀崖而上，攻夺山顶，夺得法军两个堡垒。法军将领尼格里受此刺激，决定进攻镇南关内的关前隘，正中冯子材诱敌深入之计。

二月初七（3月23日）晨，法军将领尼格里率领法军进攻清军重兵固守的关前隘。冯子材、王孝祺督兵迎击，又急调驻守在周边的其他清军来援。是日，法军攻占了清军踞守的三座堡垒。王孝祺后来在电告张之洞的电文中称："祺亲冒火弹，带奋勇小队百人，由僻径穿敌后，令卑部各营分三面仰攻。"

二月初八（3月24日）天明，决战开始。法军拔出刺刀，向清军所筑战壕、长城发起冲锋。王孝祺军固守西路，率兵与法军肉搏，至酉时（下午五时至七时），将西路法军击败。王孝祺称："初八晨，敌逼幕府前二里。祺奋不顾身，率部堵御。长城外数里，四山皆敌，燃炮轰天，彼此鏖战三点钟之久。突有真法鬼千百余人当冲直犯，将次闯入长城。祺当派卑部新前、右、新正三营，挑选精锐，力遏凶锋。"冯子材镇守长城之上，亲自督战，又指挥将士打开长城的栅门，冲出城外，与法军直接肉搏。在清军各路军队合力之下，清军夺回初七所失三座堡垒，又夺得大量法军军火、骡马、干粮等战利品。清军乘胜追出镇南关外，法军退入文渊，时已二更。

二月初十（3月26日），清军休整一天后，乘胜挥师出镇南关追击法军，王孝祺统率勤军随同。二月十二（3月28日），清军与法军在驱骡激战，王孝祺率兵参与战斗，清军重伤法军将领尼格里。二月十三（3月29日），清军收复谅山。

五月十五（6月27日），清廷下旨奖赏镇南关大捷有功人员，旨中记载："袁学祥着免补游击、参将，仍留广东以副将尽先补用，并赏给尚勇巴图鲁名号……王孝良并赏换花翎，赏给力勇巴图鲁名号，叶华良并赏加副将衔……叶华良等均着免拔千总，叶华良并免补守备，以都司尽先补用。"民国《东莞县志》卷七十三称："良以功擢参将，赏换花翎，并加副将衔，会和议成，乃东归，调署佛山都司。"则旨中"叶华良"即叶良。

光绪十五年（1889年），京山村重修帝相庙。《帝相庙重修碑记》载："协镇叶良题银叁拾大员。"此碑今存。民国《东莞县志》称叶良"后终于家"，民国《东莞县志》于1927年出版，则叶良于1927年前去世。（据民国《东莞县志》、《中法战争史》，陈贺周撰）

按，廖宗麟在《中法战争史》中称："中法战争是中国近代抵抗外侵的最高成就，创造了中国近代史的奇迹，是中国人民反帝斗争的光辉典范……冯子材组织和指挥的镇南关大捷，重创法国侵略者，打出了国威和军威，创造了中国近代反对外侵战争不以战败结束的奇迹，从而为广大民众树立了英勇抗敌的反帝爱国英雄形象。"（第778页、第785页）虽然叶良的名字只在清廷的圣旨中以"叶华良"出现，但是，叶良所率领的勤字新前营及所隶属的王孝祺粤军在中法战争中战功赫赫，叶良亦以战功名列圣旨上，可知叶良必定随同王孝祺，在战争最前沿，在山岭、丛林之中，冒着枪林弹雨，与冯子材等爱国将士一起，为抵抗入侵外敌而奋不顾身、浴血奋战，这是值得今天的茶山人民引以为豪的，也是能激发起茶山人民无限的爱国热情的。

除了叶良，参与了中法战争的茶山人还有袁茂芳、袁振邦。《茶山乡志》卷四："袁茂芳，字襄猷，号少夔，上元人……少夔习弓箭，从族叔振邦服军，克服谅山，蒙福建布政使司、湘军统领王德榜拔补千总，尽先补用。"袁茂芳是否为光绪十年五月十五圣旨所载"袁学祥"待考。光绪八年（1882年），袁镇邦获"旨赏戴花翎"，"袁镇邦"当即《茶山乡志》所称"袁振邦"，而以光绪八年计，袁镇邦受赏当在中法战争期间（因何军功受赏待考）。

民国《东莞县志》卷七十三"叶良传"称"孝祺与禅将张春发""良时隶春发部下也"，而张春发实隶属王德榜，则县志所载叶良在镇南关大捷中伏击法军辎重的事迹不可信。

陈其柏 爱国爱乡、急公好义的秀才

　　陈其柏，号荫南，塘角村人。陈其柏为人刚正，体魄强悍，能以力胜人。十个铜钱叠于桌上，陈其柏握拳捶之，无不击碎。其后，陈其柏改变志趣，转而攻读诗书，工于古文辞，旁涉八股文。每次考试，陈其柏都得第一。清光绪七年（1881年），陈其柏师从茶山宿儒刘淦清，刘淦清认为他必能考取功名。此年，陈其柏果然考中秀才，入县学读书。陈其柏曾在上元设帐授徒，后任茶山两等小学教师。陈其柏教学能循循善诱，其学生人才辈出。

　　陈其柏生平见义勇为。曾为了帮乡人解决纷争，不惜将自己本来就不多的家产卖掉，代乡人垫资赔偿。中日甲午战争（1894年）期间，陈其柏听闻我国海军全军覆没，朝中大臣卖国求和，签订《马关条约》，陈其柏激愤异常，怒发冲冠，仰天长叹，郁抑成病。陈其柏曾梦见自己亲身与日本作战，在睡梦中拍击床板，大声怒骂日本侵略中国。陈其柏勇于赴义的事迹，大多如此，实出于天性。

　　民国某年，东莞发生水灾，塘角附近的东江福隆堤外，洪水滔天，福隆堤行将崩塌。陈其柏率领众多塘角子弟前往护堤。虽然水深及胸，陈其柏仍然大敲铜锣，拼命激励乡人积极抢险。因防御得力，福隆堤最终安然无恙。

　　陈其柏平时衣食简陋，不慕荣利，不苟取不义之财，别人不敢因私请求。陈其柏七十岁时在家去世。（据《茶山乡志》卷七，陈贺周整理）

陈高第 政法科举人

陈高第（1873—1912年），字肖山，一字逸慧，号霞骞，祖籍下朗村陈屋。曾祖陈龙安为道光二年壬午科（1822年）武进士，始迁居莞城，祖父陈玉堂，父亲陈子常，几代都是在乡中享有道德声誉的乡贤。

陈高第自幼聪慧过人，从小就有志于古代圣贤之学，喜欢写古诗、古文，不屑于科举应试文章。光绪十九年（1893年）冬，师从新会梁启超、番禺韩云台两先生学习。光绪二十年（1894年），考得第一名，补博士弟子员。后又拜南海康有为先生为师。博通群籍，于《春秋》《仪礼》《礼记》《周礼》尤有心得。光绪二十八年（1902年），东莞县令刘德恒创办新式学堂，聘任陈高第教授国文，县中英俊之士多出其门。

陈高第认为在国家多难之时，如果不详细了解世界各国事务不足以为世所用，遂东渡日本游学。1908年，毕业于日本法政大学，奉旨赏给法政科举人。宣统元年（1909年），廷试二等第一，奉旨以七品小京官分部补用，签分吏部文选司，屡屡处理重要政务。宣统二年（1910年），因功晋职，补主事，赏戴花翎，钦派考试法官、襄校官。宣统三年（1911年），吏部奉裁，奏调内阁叙官局行走。民国后，当局礼聘陈高第，陈高第不为所动，携妻挈子避居天津，然后孤身一人回北京，以教书自给。由于忧愤成疾，卒于宣武城南东莞会馆，享年四十岁。

陈高第天性孝顺，父亲患上肺疾，他吃住不离左右，衣不解带，服侍父亲十分周到。家中虽清贫，但别人有困难时总能诚恳帮助。兄弟间友爱无间，人无闲言。平时待人处事态度随和，与人无所抵触。严于律己，宽以待人，从不沾惹嫖赌等坏习惯。作诗学杜甫、韩愈等大家，魄力雄厚，名重一时。著有《中外刑律异同考》一书。（据《茶山乡志》，吴沃根整理）

刘淦清（引自民国《茶山乡志》）

刘淦清 教书育人，发展蚕桑

　　刘淦清，字建猷，号润川，茶山圩刘屋市人。父亲刘荣达，勤俭仁厚，事母至孝。刘淦清自幼颖异，天性孝友，一如其父。二十岁前已文名远播，同治七年（1868年）以县学第一名考入府学，补增生，以纳粟奖贡生。虽然每次郡学考试都是名列第一，为唐承恩、何仁山诸前辈所器重，但每次参加科举考试都没有考取功名。

　　父亲去世后，刘淦清放弃科举考试。刘淦清与邑人户部主事陈嘉谟友善，每次见面都谈论至通宵达旦。平时精研宋儒性理之学，躬行实践，朝夕自省，教导儿子刘文亮、刘德亮等人说："毋自欺也。"其恭谨、仁厚，每每如此。因家贫，他自立门户，授徒养家。光绪年间（1871—1908年），士人多潜心钻研科举应试文章，精天文、算术者尚少。刘淦清独开一面，殚力研究，在六经的基础上，兼以几何、代数教授学生。其学生大多对文章、艺术有深入研究，获取科举功名的也指不胜数。

　　光绪年间，黄瀚华、朱辉煌、黎咏沂、邓柳山等倡办东莞蚕桑局，为邑人兴利，每年筹得数千两银捐款，借茶山杨邑侯祠为蚕桑总局。刘淦清为此写了《蚕桑格式》一书（作于1890年秋之后），协力提倡，事迹记载于县志中。陈伯陶以刘淦清富有经验，推举他为东莞农事试验场场长，委托他提倡、发展蚕桑。进入民国后，邑人倡办自治，刘淯清被推举为东莞县议会副议长。

清末变法，邑绅徐夔飏为东莞学堂（东莞中学前身）监督，特礼聘刘淯清为国文教员。光绪二十九年（1903年），刘淯清向东莞明伦堂申请在茶山乡设立东莞县立第八初级小学，茶山乡开办学校实由此始。

晚年，刘淯清耽于老子、庄子的道家学说，忘怀得失，以道自娱。宣统三年（1911年），组织重修刘氏祖祠、重建先祖庐墓，督促子侄重修族谱，孜孜不倦。刘淯清曾为创建石龙惠育医院付出努力，并于1913年9月亲撰《倡建惠育医院碑记》一文。年八十，卒于家。

刘淯清的儿子刘文亮（《茶山乡志》编者之一），禀承家学，由县试冠军补优附生，历任东莞县立各小学校教职，邑中名隽多出其门。三子刘应亮，两广高等工业学校毕业。四子刘钦亮，香港黎光书院院长。（据《茶山乡志》《石龙镇志》，吴沃根撰）

谢元俊（谢元俊后人供图）

谢元俊 南社清朝文进士

谢元俊（1848年2月27日—1917年6月4日），字湛恩，号冠千，原名廷璋，别字磻谿，南社人。谢元俊父亲谢文杰经商致富，供谢元俊攻读诗书。同治庚午科（1870年）顺天举人，光绪丙子恩科（1876年）三甲第八十九名进士，钦点即用知县，钦加礼部郎中、祠祭司行走，诰授奉政大夫，例授文林郎。在京候命时，恰逢母亲逝世，谢元俊回乡守制，没有出仕。

南社谢元俊故居，为全国重点文物保护单位；谢元俊于清光绪八年（1882年）营建的私宅兼书院：资政第，为全国重点文物保护单位。谢元俊于清光绪十六年（1890年）为大圳圩的文兴社学题写匾额，此匾额今存照片。（据《十八世积培祖房家谱》《茶山历代碑刻》，陈贺周整理）

谢元俊故居（陈培坤摄）

谢元俊所立功名旗杆石
（陈贺周摄）

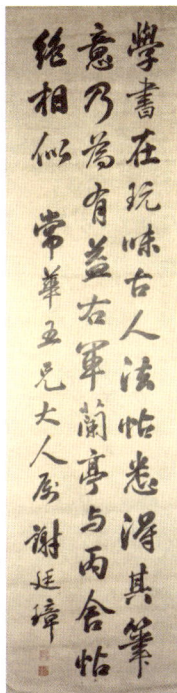

谢元俊书法
（南社村委会供图）

谢元俊于清光绪八年（1882年）营建的私宅兼书院：资政第（茶山文联供图）

麦日桃 常行善事，济困扶危

麦日桃（？—1918年），字景熙，别字松生。超朗村麦屋人。清末民初，任驻港东莞阖邑总商会总理事兼司库。

麦日桃15岁赴港当海员。一次，货轮自今马来西亚返中国香港，途中遭遇风暴，船身入水下沉，几十名船员罹难，唯麦日桃爬上露出海面的桅杆，被海浪冲到荒岛，以泥土充饥。四五日后，香港英发隆公司商船途经荒岛海面，发现岛上有人挥动衣服，于是靠岛救人，麦日桃得救。从此，麦日桃为自己取一别名"松生"（谐音"重生"）。商船回香港后，为英发隆公司英籍老板所雇。后，老板返英国，将英发隆公司转让给麦日桃经营。由于经营管理得法，生意日渐兴旺，由此发迹。发迹后，麦日桃认为自己绝处逢生，要回报上苍，便常行善事，济困扶危。1912年，珠江三角洲一带发生水灾，东莞尤甚。麦日桃发起赈济，带头捐款，商会之人随之慷慨捐助。所得善款用于购买洋米、面包、饼干，用轮船和火车运载，自石龙至东莞墟内，沿途济施。为重修龙湖墩，及打造桥门，麦日桃又倡议并联合同仁捐金2400银元。此外，又助乡人修建祠堂和洪圣古庙。（据《东莞市茶山镇志》）

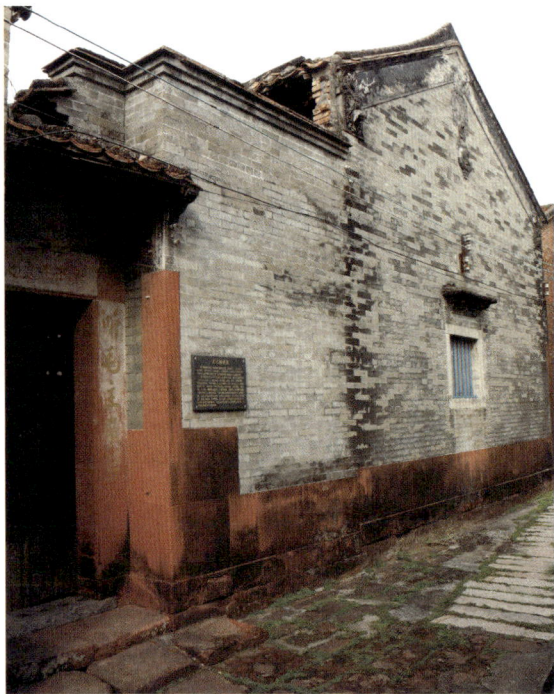

麦日桃故居（在超朗村麦屋，陈贺周摄）

寒溪水罗氏乡贤 爱国家族，英才辈出

爱国家族第一代：罗锦华

1840年，第一次鸦片战争爆发，拉开沉痛的中国近代史序幕。与此同时，在邻国越南，法国殖民者采取免税等优惠政策吸引中国劳工，催生了华人往越南谋生的高潮。寒溪水村民罗锦华（1820—1906年）趁着这股打工潮踏出国门，从东莞到越南谋求发展，创立"天泰号"杂货铺，后来发展成拥有越南会安古城半条街的富商，业务亦拓展到顺化及西贡。罗锦华虽身在海外，但和当时大多数的海外华侨一样，对故国家乡怀着深厚感情。这种爱国之情也熏陶着其后人。在近代国家民族危难之际，罗锦华后人涌现出多名革命英雄。

爱国家族第二代：罗炳祥、罗宝祥

罗锦华长子罗炳祥（1840—1902年）早年跟随父亲在越南会安经商，曾多次以"天泰号"商铺名义捐款支持孙中山先生的革命事业。罗炳祥传承了家族一贯的爱国传统，对子女教育十分重视，其7名子女中，罗蔡挹、罗蔡高的后人英才辈出，杰出代表有罗立斌、罗克明、罗柱等。

罗锦华三子罗宝祥（1870—1947年）在19世纪末20世纪初，受孙中山革命派的书刊激发，曾多次与到越南向华侨宣传革命的孙中山先生见面，确立了其爱国主义思想。

罗炳祥、罗宝祥兄弟和大部分爱国华侨一

罗宝祥

样，漂泊半生后选择回国定居，落叶归根。他们回国后，情系桑梓，组织捐款修缮了寒溪水村罗氏宗祠。

爱国家族第三代：罗蔡怀、罗蔡高、罗允俭、罗允本

罗蔡怀：外交官

罗蔡怀，罗炳祥之子。年轻时在法国、荷兰等国留学，曾在驻比利时及卢森堡大公国公馆工作，后来在中国驻法国大使馆任外交官。1976年在越南病逝。

罗蔡高：毕业于北京大学法律系

罗蔡高（1895—1969年），罗炳祥之子，号云山（曾用名罗高、罗博修），后以号行世，1895年生于寒溪水村，毕业于国立北京大学（初名京师大学堂）法律系。1949年前曾任台山县地方法院院长，1949年后曾任广州市越秀区政协委员。罗蔡高爱国爱乡，积极支持家乡建设，热心捐助家乡慈善事业。罗蔡高传承罗氏家族尊师重教的优良传统，教育后代从小努力学习，长大报效国家、服务人民。罗蔡高共有8个子女，分别为罗立斌、罗克明、罗国兴、罗肇兴、罗映梅、罗杰兴、罗任兴和罗少荐，均为中国共产党党员。

罗蔡高

罗允俭：抗日英雄，英勇捐躯

罗允俭（1895—1939年）、罗允本（1902—1944年）是罗宝祥之子。1919年的"五四"爱国主义运动迅速影响全国，此时就读于东莞学堂（东莞中学前身）的罗允本与兄长罗允俭积极响应，两人心中燃烧起救国图强的火焰。后兄弟二人辗转回到越南会安，继续宣扬"五四"精神，却被当

时的法国殖民当局视为眼中钉，用"莫须有"的罪名驱逐出境。兄弟二人回国后，认识到必须武装自己，才能救国兴邦，随即报考了黄埔军校。在抗日战争期间，兄弟二人相继壮烈牺牲。

1938年10月12日，日军登陆大亚湾，撕开入侵华南的裂口，长驱直入。3天后，惠州沦陷。日寇一路烧杀抢掠，沿途百姓陷入水深火热之中。时任惠州杨村宪兵大队长的罗允俭（后化名"罗剑魂"掩护抗日工作）在惠州与日军血战一场后，撤回到家乡继续抗战，任两埗乡联防大队长。1939年10月，长年在外执行任务的罗允俭回家看望孩子，被汉奸发现行踪并向日军告密。日军随即派一支小分队赶至寒溪水村，包围罗家一天一夜而未果。次日清晨，日军抓起多名村民作为要挟，又施火攻企图破门而入，但罗家门板为坤甸红木所造，坚实而耐火烧，大火久攻未

罗允俭

下（现寒溪水罗氏革命史迹陈列馆之一号馆大门门框上依然可见当时火烧痕迹）。罗允俭眼看情况危急，为免连累更多无辜村民，在把家里小孩都抱入水缸中避火后，自己则从天井爬出大宅引开日军注意，在屋顶攀爬时遭日军埋伏的机枪击中，英勇捐躯。

罗允本：参加"长沙保卫战"，为国捐躯

日军在大亚湾登陆时，罗允本时任驻大亚湾国民革命军连长，与同袍一起英勇抗击，最终因武器落后及遭日空军轰炸，国民革命军伤亡惨重。在战斗中罗允本多处负伤，后随零散部队到后方养伤。1939年10月，罗允本得知兄长罗允俭在寒溪水家中遇害的消息后，只身秘密回家为兄长处理身后事。在丧兄之痛未愈之时，后方传来消息，要求罗允本迅速回部队集合，奔赴形势告急的湖南长沙。

1939年9月至1944年8月期间，中国军队与侵华日军在以长沙为中心的第九战区进行了4次大规模的激烈攻防战，史称"长沙保卫战"。长沙乃国民政府控制下的西南唯一屏障，要阻止日军与其南方部队会师，在于守住长沙，其战略位置非常重要。因此，罗允本所在的部队被紧急调动去支

援第九战区。

第一次会战爆发于1939年9月，日军集中10万兵力从赣北、鄂南、湘北3个方向向长沙发起了进攻，长沙岌岌可危。在第九战区司令长官薛岳将军指挥下，中国军队摆开著名的"天炉战法"，调动国民革命军30多个师和3个挺进纵队，总兵力24万多。此次战役最终歼灭日军2万余人，令日军撤退回原地，宣告中国军队胜利。此时罗允本在第九战区任营长一职。他紧接着参加了1941年9月的第二次和1941年12月的第三次会战。中国军队在三次会战中大获全胜，共歼日军10余万。1944年5月，日军再度集结来犯，爆发了第四次会战（亦称"长衡会战"），长沙最终沦陷，罗允本在此次会战中英勇殉国。

爱国家族第四代：罗柱、罗立斌、罗慧舒、罗克明、罗涛、罗国兴、罗肇兴、罗嘉登、罗杰兴、罗映梅、罗慧贻、罗景光

在先辈的爱国思想影响下，罗锦华的后代们先后参加革命。罗立斌、罗克明在红军时期参加革命；罗柱、罗慧舒在抗日战争时期参加革命；罗映梅、罗肇兴、罗慧贻在解放战争时期分别参加广州地下党组织、粤赣湘边纵队；罗灼兴之子罗景光参加了抗美援朝战争。他们在极其艰苦的条件下长期坚持武装斗争，把毕生精力无私地奉献给党和人民的革命事业。

罗柱：忠诚无畏的炮兵英雄

罗柱

罗柱（1912—1998年），原名罗柱兴，罗蔡挹之子，1912年12月在越南出生。1936年4月，在广州燕塘军校和黄埔军校广州分校受训。受舅父袁振英的影响，革命思想得到启蒙。1938年开始，积极参与革命活动，后在罗立斌、罗克明等人协助下，于1939年3月赴西安参加革命，4月到延安抗日军政大学学习。1940年6月，在八路军总部炮兵团任军事助教。1941年2月，加入中国共产党。1942年6月，受命带领连队战士出色完成南泥湾纸

厂建设任务。1944年，在延安保卫处任文书，参加延安整风运动。1945年，在延安炮兵学校学习，同年12月，任东北三纵队九师二十七团炮兵连连长。1946年，参加了四平保卫战和四保临江战役。1947年11月，任东北三纵队炮兵团作战参谋，同年12月，调任东北三纵队炮兵团副营长。1948年，任东北三纵队炮兵团副政委，在辽沈战役中参加了锦州战役、塔山阻击战，并参加了平津战役。1949年6月，任中国人民解放军第四野战军炮兵五师四十四团政委。1949年10月，任第四野战军炮兵师队列科科长。1950年8月，任中央军委炮司队列科科长。1952年12月，任沈阳高级炮兵学校编译室主任。1955年，获授中校军衔，获三级独立自由勋章及三级解放勋章。1961年3月，从部队转业，调任辽宁省交通学院党委常委、组织部部长兼人事处处长。1973年离休，享受地专级待遇。

罗柱在几十年的革命工作中，忠于党，忠于人民。他坚决执行党的政策，严守党的纪律，立场坚定，待人和蔼，团结同志，艰苦朴素，廉洁奉公，不图名利，深受同志们的尊敬。在抗日战争和解放战争中，罗柱不怕牺牲，英勇作战，用忠诚和无畏谱写了人生最壮丽的诗篇。

罗慧舒：为地下党收集情报

罗慧舒（1917—1995年），罗允俭之女，罗涛之姊。1939—1943年，罗慧舒与周玲（罗涛妻子）等人加入共产党后，受命以开设诊所为掩护，开

罗慧舒

展情报工作。1940年，罗慧舒遇到前来看病的国民党译电员温巩章，两人认识不久后结为夫妻。罗慧舒发展温巩章为共产党党员，为地下党收集情报。温巩章利用其身份，为共产党提供了大量情报，为深圳地区的解放事业作出了特殊贡献。

罗涛：榴花塔阻击战，痛击日寇

罗涛（1922—1992年），原名罗嘉实，罗允俭之子。1922年，罗涛出生于越南会安。9岁时，罗涛随心怀祖国的父亲罗允俭从越南回到家乡寒溪水村生活，学习传统儒家文化。1937年全面抗战爆发，传承着罗氏家族爱国热情的罗涛积极参加一系列救国运动。马克思列宁主义等一系列先进思想唤起了他投身共产主义革命事业的决心，让他选择了与父亲不一样的救国之路。1938年10月，罗涛加入中国共产党。

罗涛

1938年10月12日，日军登陆大亚湾，惠州、博罗、石龙相继失守，兵锋直指华南重镇广州，东莞县城危在旦夕。为阻击日军渡过东江，刚成立的东莞抗日模范壮丁队与壮丁常备队坚守峡口要塞，多次阻击日军渡江。日军见强行进犯莞城未果，遂在石碣、刘屋一带村庄烧杀抢掠。坚守在榴花塔下的壮丁队队员罗涛与其他战士们义愤填膺，决定渡江痛打日寇。11月13日晨，罗涛和战友们与日军骑兵以命相搏。由于缺乏作战经验，战斗队伤亡较大，罗涛也多处负伤。日军遭受打击后，退回石龙。这场战斗史称"榴花塔阻击战"，是东莞抗日第一役，也是中共在华南地区首次组织领导的对日抗击。

"榴花塔阻击战"之后，罗涛以教师身份为掩护，在东莞地区从事群众工作及武装斗争。1945年7月起，罗涛先后任东江纵队江南政治部宣干事、路东税务处政治委员。1946年6月30日，罗涛随东江纵队主力北撤山东。1949年10月，调入中央社会部，历任副处长、处长等职。1978年10月，任中共广东省委调查部副部长。1983年获准离休。1992年12月28日因病逝世，享年70岁。

罗国兴：华南农学院教授

罗国兴（1923—1994年），罗蔡高之子，1923年3月出生。华南农业大学教授。全国麻作学会会员，广东麻作学会副主任。华南农学院毕业。曾3次出国学习及工作。主要贡献：进行麻作遗传育种研究，培育出20多个黄麻品系；获从事教学工作30年教师荣誉证。主要著述：参与编写《作物栽培学》、《中国麻作栽培学》"黄麻栽培"部分、《农业百科全书》（其中两个项目）、《百科全书》（有关黄麻条目）、《麻作施肥》、《英汉科技词汇》（合编）等书；发表学术论文10多篇。（本段引自《东莞当代学人》第791页，略改）

罗国兴之子罗健芳现在广东省人民医院从医，为著名的心外科专家。

1985年，罗立斌与弟妹合影。图中左起：罗任兴（中共广东省委党校教授，2008年获改革开放30周年"感动广东人物"荣誉）、罗映梅（北京航空学院发动机系总支副书记）、罗克明、罗立斌、罗国兴（华南农业大学教授）、罗少苄（云南印染厂幼儿园园长）、罗肇兴（武汉市服务公司经理）。另外，罗杰兴（长期从事电力方面教学及技术研究工作）因事未参加该次聚会。

罗肇兴：团级干部

罗肇兴（1929—1997年）。1938年与罗映梅跟随其父罗蔡高前往越南顺化，1948年回国读书及在香港打工，后在广州华侨第二师范学校读书。毕业后，志在参加革命，听闻深圳宝安有游击队伍，便在夜晚前往，望见兵营字样便入内，望能投军，但却发现为国民党军营，故跑离该处，因夜色较深，方才逃过追捕。参军后，主要在深圳边防部队工作，后为独立司后勤部长（团级干部）。70年代转业，在武汉市服务公司担任副经理。

罗嘉登：研究中越关系的学者

罗嘉登（1924—1999年），又名罗方明，罗锦华曾孙，出生于越南广南省会安市。1946年，参加革命。1949年，进入越南南部解放区，成立越南解联文工团，其创作的《越南真是个好地方》《中越人民心连心》等歌曲在越南南方广为流传，对动员越南华侨参加抗战作出了积极的贡献。同年，参加印度支那共产党（越南共产党前身）。抗法战争结束，荣获"胡志明三级抗战勋章"。1954年，在越南河内任《新越华报》副总编兼三版副刊主编。抗美战争结束后，《新越华报》停刊。1987年归国，在广西社会科学院从事印度支那三国研究，撰写《越南重工业》《越南经济实评》等多篇论文，参加编写《越南经济》《近代中越关系》等书，多次获奖。

罗杰兴：郑州电力学校校长

罗杰兴，罗蔡高之子，曾任原郑州电力学校（现郑州电力高等专科学校）校长。

罗映梅：北京航空学院发动机系党总支副书记

罗映梅（1931—　　　），寒溪水村人。年幼时期，日军入侵广东后，随家人去了越南顺化，在兄长、地下党组织的引导下阅读大量进步书刊，懂得了不少革命道理，思想进步，倾向革命。1948年，从越南西贡回到广州，考入广东省立女子师范学校，在校期间思想进步，积极组织同学阅读进步书籍。1949年5月放假回寒溪水，加入龙若冰领导的粤赣湘边纵一支队三团黄沙武工队，后因身体原因回寒溪水小学（现为罗氏宗祠），白天开展迎接解放宣传工作，晚上接待武工队，后来介绍罗慧贻参加粤赣湘边纵队。1954年2月，加入中国共产党。1956年，任北区（今越秀区）区委办公室副主任兼调查研究室科长。1958年与北京航空学院（现北京航空航天大学，简称"北航"）马积明结婚，调去北京航空学院任发动机系党总支副书记。1961年，进入中国人民大学历史系中共党史专业干部进修班读书。1962年，回北京航空学院发动机系任党总支副书记。1963年，任北京师范大学物理系工作队党支部委员，开展社会主义教育。1964年，调回北航政治部政治教研室任教员、党支部委员。1966年，去河南"五七"干校劳动改造，后调回北航航空材料系任中共党史讲师，发展学生党员。1996年，离休，享受副处级待遇。

罗慧贻：中共东莞市委原常委

罗慧贻（1934—　），罗允本之女。1949年9月，在大岭山连平参加游击队，当卫生员。中华人民共和国成立初期，先后在东莞卫生院、石龙惠育医院当卫生员。1952年，在企石区参加土改工作，当妇联主任。1957年，任东莞县妇联干事、副主任。1961年，任中共寮步区委办公室主任。1963年，任中共附城公社党委副书记。1964年，为中共篁村公社党委代书记。1968年，在东莞县"五七"干校学习，中期，分配到东莞粉厂宣传队。1972年后，历任中共石排公社党委副书记、书记，中共横沥公社党委书记。1980年，任东莞县副县长兼县妇联主任。1984年，任中共东莞县（市）委常委。1994年后，任东莞市人大常委会副主任、党组副书记。1999年4月，离休。

罗慧贻

（据《罗氏家谱》、《广东东莞寒溪水乡采集全村丁口源流缩编家谱》、寒溪水罗氏革命史迹陈列馆展览资料、《东莞市茶山镇志》，陈贺周、吴沃根整理）

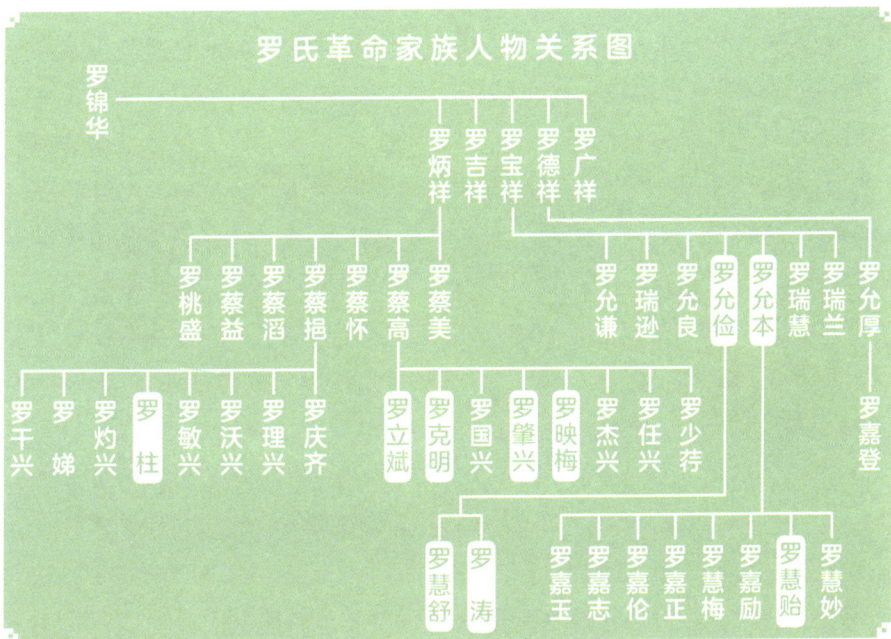

罗氏革命家族人物关系图

罗锦华

罗炳祥　罗吉祥　罗宝祥　罗德祥　罗广祥

罗桃盛　罗蔡益　罗蔡滔　罗蔡挹　罗蔡怀　罗蔡高　罗蔡美　罗允谦　罗瑞逊　罗允良　罗允俭　罗允本　罗瑞慧　罗瑞兰　罗允厚

罗干兴　罗娣　罗灼兴　罗柱　罗敏兴　罗沃兴　罗理兴　罗庆齐　罗立斌　罗克明　罗国兴　罗肇兴　罗映梅　罗杰兴　罗任兴　罗少荐　罗嘉登

罗慧舒　罗涛　罗嘉玉　罗嘉志　罗嘉伦　罗嘉正　罗慧梅　罗嘉励　罗慧贻　罗慧妙

林树熙 不乐仕进，书画自娱

林树熙（1862—1932年），字棠封，一号建侯，别署棠风、佛地闲人，茶山圩上步林屋人。性颖悟，光绪七年（1881年），二十岁进县学，不久食饩为禀生。宣统元年（1909年）己酉科岁贡。以赈捐陕西出力，赏戴蓝翎、广西补用直隶州州判。耽酒赋诗，不乐仕进。隐于佛山，每年回乡一次，与父老子弟饮酒为乐，辄流连不忍去。工书法，韶秀绝伦。晚岁尤工绘事，得北宋米南宫（米芾）笔意，人获其尺幅者，辄珍如拱璧。前来求书画的人都馈以美酒，林树熙豪饮后挥毫落纸，满纸画意洒脱，如有神助。年七十余，尚能作蝇头小楷，人莫能及。

林树熙为民国时期国画研究会香港分会会员。黄般若《名书画集》云："（林树熙）写墨笔山水，清新雅丽……民初，潘达微开宝光照相店于香港，林与潘友善，尝以肖像照片，填补国画为背景。于时一新耳目，省港照相店中，今尚存林之笔迹也。"黄般若之子黄大德云："开摄影与国画结合之先河。"（据《茶山乡志》卷四、《黄般若美术文集》第102页、《东莞历史文化论集》第344页，吴沃根整理）

照片背景为林树熙所画（茶山文联供图）

天光潋滟

湖似见天船影湖水清清

醒来博轮一桨朵香

林树熙在无庆

林树熙 山水画（茶山文联供图）

叶宝仑 抗日名将蒋光鼐的老师

叶宝仑（1873—1936年），名满铎，字镇棠，别字子琼，龙头乡（今超朗村叶屋）人。叶宝仑于清光绪二十一年（1895年）考中秀才，二十七年（1901年）考中举人，曾任蕉岭（今属梅州市）县令。清光绪二十八年（1902年）至三十一年（1905年），叶宝仑任东莞学堂国文教员，是抗日名将蒋光鼐的老师。1935年1月，叶宝仑与徐夔扬、杨鹤宾、杨锡光、罗舜球、崔斯潘、徐绍业、骆荷锟、祁正、张淦光、邓庆仁、张秉煌等12人结文酒之会——凤台新社，每月雅集一次，互相唱和，迭为宾主。1936年9月，叶宝仑去世，杨鹤宾为其撰挽联（见杨鹤宾《呕心吟草·续集》）。

杨鹤宾所编《凤台新社吟草初集》（1936年）收录叶宝仑诗27首。下面所录一首，叶宝仑抒发其感怀身世、壮志难酬之情。诗云：

> 湖山无恙盍归来，
> 报到奇花已结胎。
> 浮世乍醒蛱蝶梦，
> 芳辰同上凤凰台。
> 郢中和曲诗千首，
> 陇上寻春酒百杯。
> 惟有风光三月好，
> 数声幽鸟啭林隈。

苏泽东在其所编《宋台秋唱》和《宋台图咏》中，各录叶宝仑诗四首。下录叶宝仑《宋台图咏》四首：

> 玉玺沉江事可哀，
> 崖山何处不蒿莱。
> 伤心莫听南飞雁，

秋雨秋风唉宋台。

半角河山日又昏，
中原到处有啼痕。
谁怜天水孤臣泪，
化作奔涛撼鲤门。

六陵依旧郁冬青，
城外夷歌不忍听。
杜宇一声悲帝子，
海天无语昼冥冥。

鼎湖龙去几星霜，
可有扁舟载二王。
最是乱山青未了，
渔樵相与话沧桑。

（据杨鹤宾《呕心吟草·续集》《凤台新社吟草初集》《东莞县同案录》、苏泽东《国朝东莞题名录》、《龙湖头叶氏族谱》，麦惠棠撰。感谢杨宝霖先生教示并为本文提供资料）

乙亥（1935年）十一月凤台新社同人拍照纪念（后排右起第三人为叶宝仑）

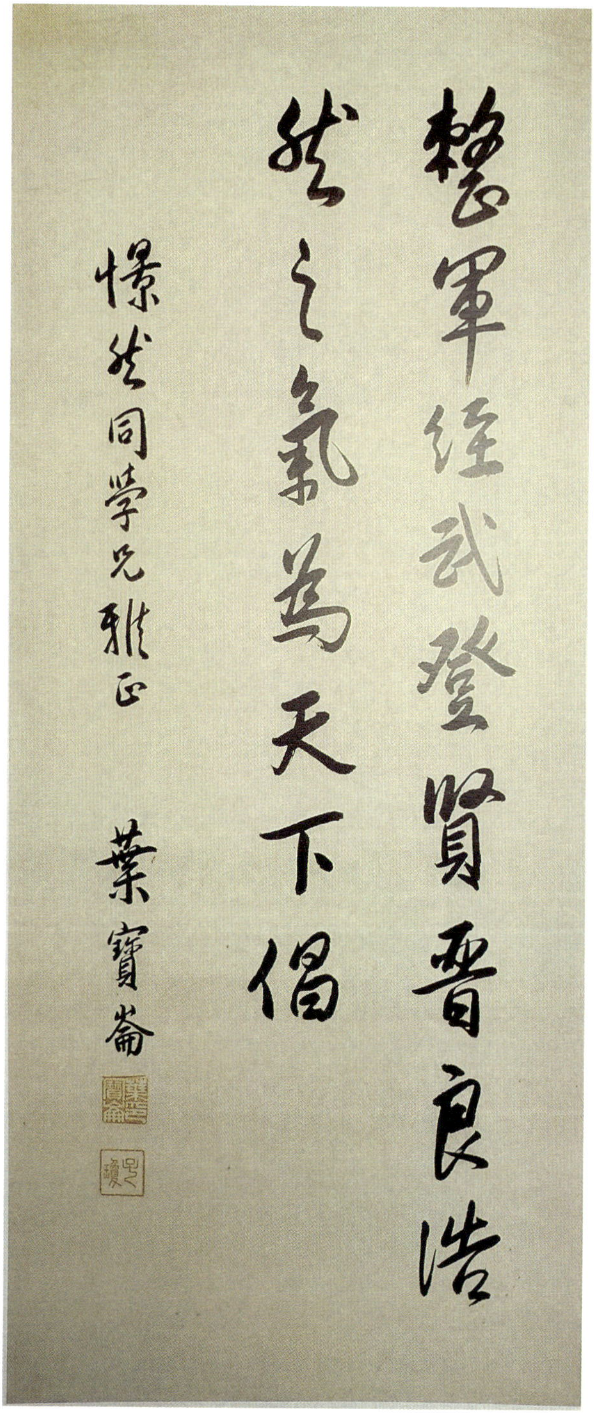

整軍經武登賢晉良浩

然之氣為天下倡

愫芬同學兄雅正

葉寶崙

叶宝仑书法

卫子珊（卫子珊后人供图）

卫子珊 布衣业儒，养蜂自乐

　　卫子珊（1868—1938年），讳沛邦，字国珍，茶山卫屋人，业儒，布衣，赋性淡泊，好栽兰桂及养蜜蜂以自乐。其子卫应秩曾为南海江孔殷太史作养蜂指导。公为文雅洁，诗尚性情、严谨，为人所称道。中年设述明小学于卫大夫祠，课以经术为主，副以商业一科，故出其门能诗文者不乏其人，而精于持筹握算者多矣，还精工于蜜蜂巢础，驰名国内，饮誉四代。公生于同治七年（1868年），终于1938年初冬，享寿七十。著有《芦山诗文集》各一卷，《中西养蜜秘言》一

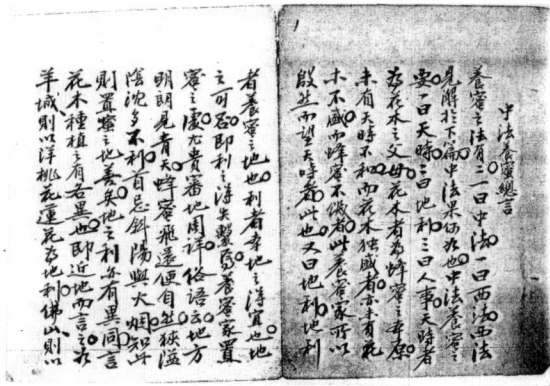

卫子珊《中西养蜜秘言》

册。孙四人，本焱、锡川、已鑫、向晶。[引自《茶山镇志（稿）》（1988年），袁晃勋撰]

刘文亮（引自民国《茶山乡志》）

刘文亮 一生讲学，敢夸门下共登龙

刘文亮（1876—1940年），字华国，号朴轩，茶山刘屋市人。刘文亮少时任公职，凡有请托，必婉言却之；有人许以重金，刘文亮亦却之。清光绪二十八年（1902年），东莞知县刘德恒创立东莞学堂（东莞中学前身），命刘文亮任教员，不久，又命刘文亮讲学于明伦堂。因此，刘文亮是东莞学堂最早期的教师之一。刘文亮在东莞学堂的学生有李扬敬、徐景唐等人，后成为将领。刘文亮对此颇自豪，其《六十生朝感赋》有句云："敢夸门下共登龙。"并自注："邑中英俊，自军长数人以下，出门下者，颇不乏人。"

清光绪二十九年（1903年），刘文亮由县冠军入县学，补优附生，成为秀才。但刘文亮没有考得更高的功名，其《六十生朝感赋》自嘲云："司马依然一秀才。"

刘文亮一生讲学。1907年1月，刘文亮开办迪明初等小学堂，学生约50人，校址在石龙猪糖街。1913年，刘淦清、钟学超、刘文亮、钟学修在刘屋市捐资倡立茶山两等小学校。民国初年，掌教于县立第一小学（校址在旧县城东门外）。1918年，任石龙线香街（织箩街）县立第十国民学校校长。

刘文亮幼承家学，精于易数，治学严谨。著有《朴轩诗文集》（二卷）、《罗经阐微》《西法弧角天星图说》《茶山刘氏族谱》等，与袁应淦、钟学修共同编修《茶山乡志》。刘文亮为《茶山乡志》绘制《茶山寨内全图》，以地图的形式，真实、准确、详细地记录了茶山寨内的山岭、河流、池塘、村庄、道路、祠堂等内容。此图是研究茶山历史、文化的极重要文献，实有无可估量的价值！

刘文亮不仅是教育家，也是联坛高手。茶山名中医谢砺生第二子和第三子同时举行婚礼。这在当时是空前之举，传为佳话，刘文亮撰联祝贺，联曰："鸠鸣乍听，钟鼓纷呈，好添竹叶千壶，携手同倾双喜酒；燕尔新婚，埙篪竞爽，恰值梅花十月，并头齐放小阳春。"茶山20世纪20年代亦有某姓兄弟同日完婚，刘文亮亦以联贺之："笑看梅萼初开口，会见荆花各并头。"

刘文亮亦热心于公益事业。清宣统年间（1909—1911年），茶山东岳庙、关帝庙、广济桥重修，刘文亮作《募修东岳关圣二帝庙小引》。1933年，东岳庙重修，刘文亮作《重修东岳行宫记》，今存东岳庙。（据《茶山乡志》《东莞市茶山镇志》《石龙镇志》《东莞联话》，陈贺周、吴沃根整理）

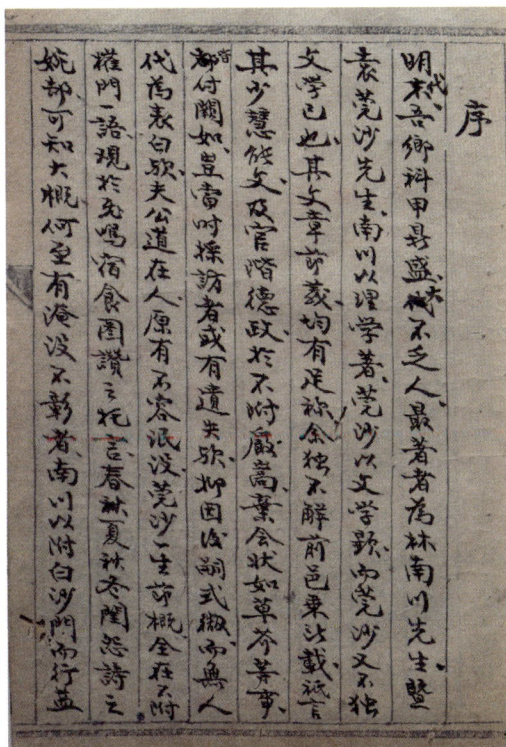

刘文亮《莞沙续集·序》

黄少梅 国画研究会创办人之一

　　黄少梅（1886—1940年），名君勉，字阿弥，员头山黄屋（今刘黄村黄屋）人。画室名竹平安馆、愤画斋。早年从何作干习画，画宗新罗山人，笔法淡逸，疏落有致，信手亦能乱真。尤工仕女，造型合乎透视比例，体貌娟美，衣纹清古，讲究舒徐法度，设色雅淡，诗情画意含蓄其中。精鉴碑贴，于画学源流、金石拓本，综贯兼赅，博闻强识，著有《竹平安馆论画》。曾与潘达微等人共同创办《时事画报》，写时事画多不署名，间署"江夏十一郎"，亦尝写漫画。民国后，曾为画报作《无弦》漫画作封面，讽刺时政。1912年，与潘达微携侄子黄般若化装成乞丐到佛山行乞体验贫困生活。归后，同绘《流民图》长卷。1920年，参加广东省第一次美术展览会。1923年，与黄般若等8位广州知名国画家共同发起癸亥合作社（后更名国画研究会）。国画研究会是民国时期广东地区人数最多、影响最大的一个美术社团，是中国画坛传统与创新的主阵地，黄少梅作为创办人之一，居功甚伟，曾任国画研究会第三届常务委员。1934年，参加在德国柏林举行的"中国现代绘画展览"。（据《东莞市茶山镇志》等资料，吴沃根整理）

黄少梅画作（广东省博物馆供图）

黄少梅画作（广东省博物馆供图）

殷仲铭（殷仲铭后人供图）

殷仲铭 英勇阻击日寇，振兴中国松香工业

殷仲铭（1890—1951年），字荣璋，茶山圩殷屋围人。殷仲铭出生于商人家庭，青少年时，在石龙与林直勉（后任孙中山秘书）受业于宿儒袁厚常之门。受革命思潮影响，倜傥尚气节，以革命救国为己任，与林直勉一同加入中国同盟会，担任中国同盟会石龙镇执行委员会主任委员。清宣统三年（1911年）4月27日的黄花岗之役，他随起义队伍攻打两广总督府。起义失败后，遁入罗浮山冲虚观，以道士身份隐居，后转赴香港，继续从事反清活动。1912年元旦，孙中山在南京就任临时大总统，殷仲铭从香港返回内地追随孙中山。

1920年，任惠军第四标第三营营长、石龙镇商团军副团长。1922年，调升中央直辖第七军第二师第八团陆军上校团长，屡立战功，荣获中央革命功勋委员会一等功勋章（勋章第54号）。1923年5月，孙中山挥师讨伐陈炯明，殷仲铭随军东征。1924年，在黄埔军校受训。1925年10月，随东征军第二次东征。1926年7月，随军参加北伐，兵至阳江县时，其母去世，返乡奔丧。其父遗下石龙大兴纸行，无人管理，殷仲铭为亲友所劝，弃军从商，继承父业。

殷仲铭是中国松香工业先行者、松节油的创始人。他为发展中国松香事业不辞艰辛，走遍东江山区各县，鼓励和指导农民生产松脂。20世纪20年代后期，首先引进外国蒸馏设备，改装为精制松香的蒸馏器，提高松香的产量和质量，并提炼出副产品——松节油。殷仲铭先后在广东省东江、西江等地开设松香厂10余间。

1938年10月，广州沦陷，东莞告急。殷仲铭积极参加抗日救亡运动，出任东莞县民众抗日统率委员会委员兼大队长。11月4日，盘踞石龙的日军企图进犯茶山，殷仲铭、袁敬义与东莞抗日模范壮丁队陈昶（中华人民共和国成立后曾任东莞县长）联系，双方有感于国难当头，遂执行国共合作、一致抗日的精神，合力在京山渡口阻击日军，掩护群众安全转移。11月9日至12日，广东民众抗日自卫团第四区统率委员会副主任王若周，指挥横沥、南社、常平、茶山等乡的自卫团（殷仲铭属茶山自卫团）数千人，分别在莞龙公路、广九铁路沿线和莞太公路截击三路进犯莞城的日军1000余人。其中，莞龙公路方面的战斗尤为激烈，三次与日军开展肉搏，击毙日军100余人。经过4天激战，终将日军击溃，收复南社。11月19日，殷仲铭率茶山自卫团迎击再次进犯茶山的日军200余人，双方互有伤亡。12月初，日军乘三辆按压式工程车，沿铁路从常平进犯樟木头。殷仲铭率领部队与游击队伏击于老虎坳，打死日军10余人。

钟学修称誉曰："仲铭为国驰驱，殊为勇敢。在峡口、西湖、樟木头一带阻击日寇，歼敌甚众，士气为之大振，中华民族不屈不挠之浩气磅礴天地间，蔚为邦国之光。"

抗战胜利后，殷仲铭仍从事工商业。一生乐善好施，修桥、筑路（如捐建从东岳庙至西湖的石路）、创办医院、保护社学等善事不胜枚举，为乡人所称道。曾任东莞县政府参议员、石龙镇慈善医院董事长等职。殷仲铭曾在家乡建一园，名"乜园"（1959年改为茶山公社驻地，今为茶山公安分局），并自撰一联曰："今日尽行为我地，他朝究属乜谁园。"以本地方言入联，妙趣横生。

1950年秋，任广东省土产出口公司松香收购部门技术顾问。1951年春，任广东省松香工业研究会技术顾问。1951年12月，卒于广州寓所。（据《茶山乡志》《茶山镇志（稿）》《东莞市茶山镇志》《石龙历史人物录》、袁功甫《飞山耸翠楼存稿》、殷达权《故陆军上校殷仲铭团长简历》、何煜珠《散珠集》，陈贺周、吴沃根整理）

陈渔洲（引自《白疹秘钥》）

陈渔洲 一代知名中医

陈渔洲（1893—1975年），名泽梁，号藻潜，渔洲乃其字，原为寮步镇石坋村人，后迁居茶山圩。陈渔洲少时从横坑钟铭鼎治古文，后随父学医。因父早逝，家境清贫，始在村中兼为童子师以糊口。后到广州医学卫生社学习，1925年，以"最优等"成绩毕业。1931年，定居茶山。是年，东莞举行首次中医考试，陈渔洲得第二名。1937年，县第四届中医考试，被聘为考试委员。中华人民共和国成立后，被选为东莞县第二、三、四届人民代表大会代表。

陈渔洲治学严谨，对医术精益求精，以《内经》《难经》《伤寒》《金匮》等经典为宗，以清朝吴、叶之温病学说为辅，参以宋、元、明以来名家学说，择善而从，治病必求其本。治内科杂症，不拘一格，尤善治温病。治白疹，主张养阴清化，反对温补，自成一派，颇为同道者关注。各地慕名求医者众，医名日起。1958年，陈渔洲所写的《我带徒的经验与计划》一文在《广东中医》发表。省卫生厅为褒扬其事迹，撰文发表于《南方日报》。1959年，《我对麻疹斗争的经验》一文发表于《广东中医》，获东莞县科学一等奖，中国科学院将其翻译成外文向国外介绍。著有《白疹秘钥》《藻潜医案》《藻潜医话》等。（据《东莞市茶山镇志》）

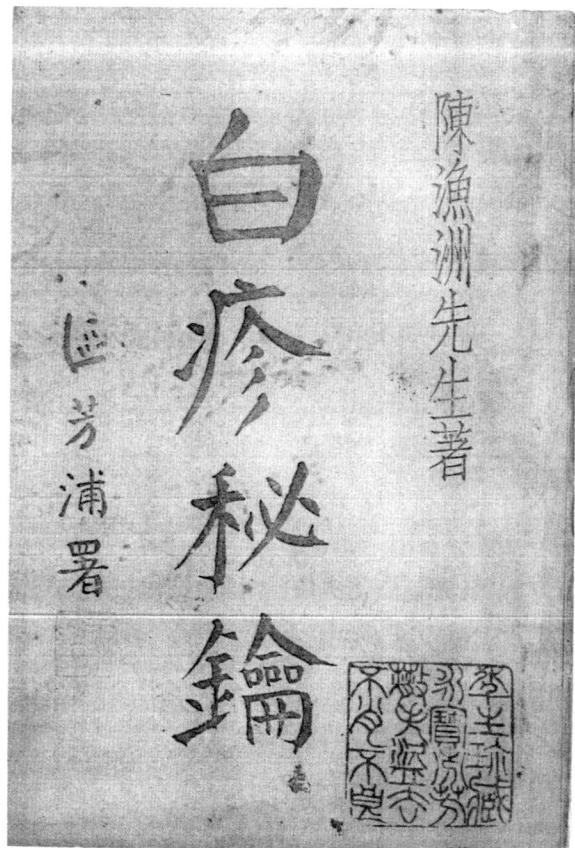

陈渔洲所著《白疹秘钥》

陈子乾 知名中医

陈子乾（1894—1978年），名浩铭，子乾乃其字，下朗村陈屋人。祖、父在寮步圩经营米店兼办邮务。陈子乾少时勤敏好学，尝言："志在为国为民，不为良相，必为良医。"跟常平名医周沛棠学医，四载有成。翌年，主诊于常平商会赠医局。四年任满，转寮步圩设"春生草堂"，悬壶行医，同时加入"兴中会"。日军入侵时，转往香港授徒行医。香港沦陷后，回石龙设医馆，并任卫协会会长，被委任为东莞县中医考试阅卷委员。曾协助塘边村、陈家埔办学。精研"艾灸拔罐"之新医术，愈病者众。晚年，隐居乡间，义务应诊。逝世后，乡人建"子乾亭"以示纪念。（据《东莞市茶山镇志》）

子乾亭（1987年建，骆炳根摄）

陈逸夫 献身教育事业

陈逸夫（右）与妹陈逸云
（引自《艺海双珠》）

陈逸夫（1902年一？），亦名芸娘，女，下朗村陈屋人。自幼聪敏，及长，就学于江南持志大学。1926年结婚，随军北伐。1933年，留学于日本东京文化学院。1937年从日本回东莞。日寇犯中原，广州沦陷，携子女避难于广西藤县，任县政府书记。至冬，辞职去贵州，执教于贵阳省立中学、国立侨校。1943年，往四川重庆江津华侨中学执教。1944年暑假，从江津华侨中学回重庆，参加刚成立的"嘉陵诗社"，吟诗唱和。曾任赈济委员会专员、妇女慰劳总会抗属工厂厂长等职。1945年抗战胜利，夫已为国捐躯。她与侨中张云校长、翟俊千教授等到长安寺庆祝中秋，文友陆续离开四川，饯别于沙利文酒家。1946年春，从重庆乘飞机回广州，在广东省政府任咨议员。初冬回东莞。1947年6月19日，当选为东莞县参议会参议员。同年，到东莞太平镇莲溪书院县立师范任教。1949—1952年居香港，1952年离港去台湾。1953年秋，执教于台湾彰化县立彰化女中。1954年秋至1961年执教于台湾苗栗县立苗栗中学。80年代在台湾病逝。陈逸夫善诗词，著有《水仙词集》。遗著有诗词稿一批，遗画10余帧。（据陈云庵编校《艺海双珠·陈逸夫陈逸云姐妹诗词集》《东莞市茶山镇志》、何煜南《散珠集》，吴沃根整理）

《陈逸夫陈逸云姐妹诗词集》

陈逸夫《墨竹图》(茶山文联供图)

邓普（邓普后人供图）

邓普 部队宣教干事，著名电影编剧

　　邓普（1924—1982年），原名邓炳标，上元村人，中共党员，原天山电影制片厂编剧。邓普早年投身于抗日救亡运动，1949年参加中国人民解放军，历任粤赣湘边纵队东江第三支队第六团禺北办事处秘书，华南局南通部文印员，军委二部干校学员，曾任新疆军区后勤政治部宣教科干事，新疆生产建设兵团农六师梧桐窝子八一农场政治处宣教股干事、股长，农六师政治宣教科副科长。1962年调至兵团政治部文化部任文艺创作员、文艺科干事，从事文艺创作；1975年调至天山电影制片厂任编辑、编剧。

　　邓普1942年开始发表作品。1979年加入中国作家协会。著有长篇小说《军队的女儿》《情满天山》，大型彩色纪录片《军垦战歌》（撰稿），电影文学剧本《天山牧歌》《到天山去的青年人》《妙计》《阿凡提的故事》《绿色的梦》等。电影文学剧本《向导》获1979年全国优秀故事片奖。

　　邓普在八一农场期间创办《工地快报》，每天骑自行车深入连队，到田间地头采访，了解情况，夜晚编印快报。经常向《猛进报》《生产战线报》等报刊投稿。代表作品小说《军队的女儿》曾在青少年中产生广泛影响。这部小说是以八一农场女青年王孟筠为原型，后被邓普改编成电影剧本《生命的火花》，1962年被西安电影制片厂拍成电影，由著名导演东方执导，由黄意鳞、党启锡、王志杰、杨惠珍、陈坪等出演。1992年，电影《生命的火花》被中共中央宣传部和共青团中央列为中华人民共和国百部爱国主义教育影片之一。1964年编写《军垦战歌》，后拍成彩色大型纪录片，片中歌曲《边疆处处赛江南》直到今天还广为传唱。小说《老猎人的见证》被改写成电影剧本《向导》，由北京青年电影制片厂和新疆电影制片厂联合拍成电影，1979年获得文化部优秀影片奖、优秀创作奖。（据网上资料及邓普之子邓勤口述，陈贺周、吴沃根整理）

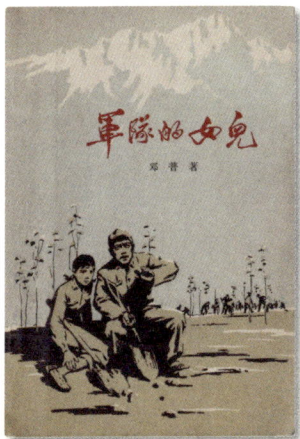

邓普的部分著作：《军队的女儿》《情满天山》《向导》

《军队的女儿》于1963年出版，其后多次重印、再版，并被改编为电影、连环画，名为《生命的火花》，被誉为"一部影响几代中国当代的优长篇小说的红色经典"。2013年，作为人民文学出版社的"朝内166人文文库"。秀作品，收入人民文学出版社的"朝内166人文文库"。

附录：

电影《生命的火花》剧情简介

中华人民共和国成立初期，许多青年为了祖国的需要，加入开发边疆的队伍，来到西北的天山脚下，要在这里建起第一座农场。刘海英是这群青年中年纪较小的一个。在她七八岁的时候，父亲就被国民党反动派杀害了。父亲生前曾给了她革命思想的教育，培养了她坚定勇敢的意志和对革命事业的热爱。她在劳动中吃苦耐劳，热情愉快。她由于努力钻研业务，很快学会了开拖拉机。

一天，海英正驾驶着拖拉机在田间工作时，忽然发现一个孩子落水。她不顾一切跳下河去，救起了那个孩子，自己却因寒水浸泡，旧病关节炎、中耳炎复发，不得不忍痛离开工作岗位。农场的领导为了解除她的痛苦，给她买了助听器，帮助她恢复了听力。不久，她碰到了更大的不幸。在一个狂风暴雨之夜，小队的人都外出抢收去了，突然山洪暴发。这时，上级打来电话命令立即打开支渠水闸，防止庄稼被水冲毁。在这千钧一发之际，海英不顾个人安危，冒着疾风骤雨，通过泥泞的长堤，连滚带爬地到了水闸边，打开闸门，保护了大片的庄稼。但她的两条病腿在遭受长时间的寒水浸泡和过度辛劳后，终于瘫痪。

一向乐观的海英一时陷入绝望的深渊中。农场的老场长是海英父亲生前战友，很理解这个自己看着长大的姑娘的心情。他严肃而慈爱的开导，像把开心的钥匙，对她产生了莫大的启发和鼓舞。是呀，生命是可贵的，既然活着就要让它发出火花，放出光芒。海英重新振作起来，乐观起来。经过和病魔的顽强斗争，她终于恢复了健康，重新驾驶着她心爱的拖拉机奔驰在祖国富饶的土地上。(据网上资料)

袁镇岳 《资本论》研究学者，论著译著等身

袁镇岳（1916—1986年），字亦山，上元村人。1942年，毕业于中山大学经济系，获法学士学位。1946年，任教于厦门大学，直至去世。历任厦门大学经济学院顾问、经济研究所所长、经济系主任、台湾研究所所长、中国民主同盟福建省委顾问、厦门市委副主委，福建省经济学会会长，中国《资本论》研究会理事，中国港澳经济研究会常务理事。

袁镇岳长期从事《资本论》和政治经济学的教学与研究，主要论著、译著有《资本论讲座》（与王亚南合编）、《资本论与部门经济理论》、《经济计量学导论》（与林克明合译）、《亚洲地区的出口加工区》（六人合译）、《资本论图解》（第二卷）、《经济数学》（与高鸿桢合译）等。（转载自《东莞市茶山镇志》）

袁镇岳的部分著作

袁晃勋 国学功底深厚的诗人

　　袁晃勋（1907—1988年），茶山圩人，幼年入读传统书塾，师从卫子珊，有极深的旧学功底。卫子珊对袁晃勋的诗才极为赞赏。有一年茶山诗会，卫子珊让袁晃勋将袁晃勋写的诗以卫子珊之名，张贴在上埗林屋大祠堂前供民众品评，并对袁晃勋说："如果有人敢说你写的诗不好，叫他来跟我辩论。"

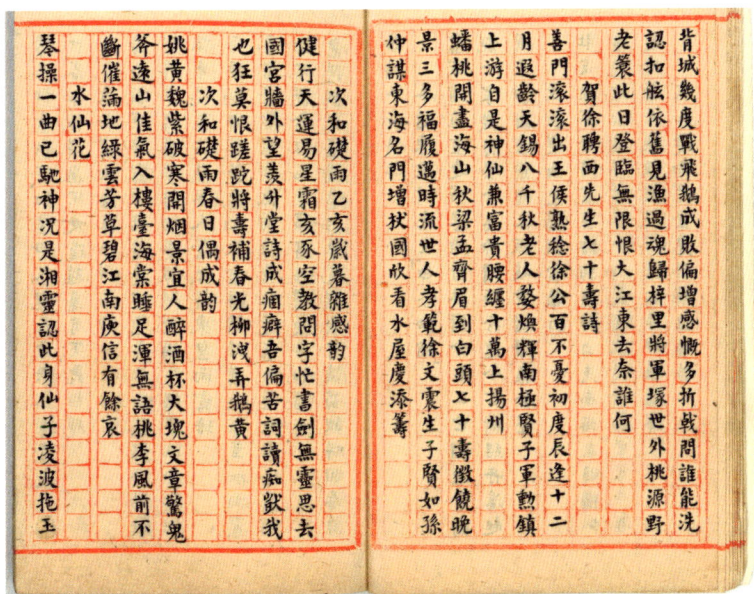

袁晃勋《茶岭山房诗草》

　　袁晃勋高中毕业后考入中山大学学习经济，曾受教于清末探花、诗书画家、文史学家商衍鎏。其后，在广州任海军司令部文书。广州沦陷后回东莞，曾短暂任榴花乡乡长。其时发生火烧温塘大祠堂、戏棚等事件，上级拟逮捕温塘村民，袁晃勋上书曰："温塘是有贼，不是人人皆贼，何以玉石俱焚？"事件遂得以平息，善良的村民得到保护。事后，袁晃勋辞去乡长之职，回到茶山，在茶山圩、刘黄、南社等处任教师，知名学生有陆璧轩、陈雪轩、袁衢康、袁振鸣等人。

袁晃勋一生负有诗名，常与同时代的茶山诗人如刘文亮、卫子珊、袁础雨、袁功甫、陈渔洲、李才达等人唱和。1935年，袁晃勋与袁功甫、袁础雨成立蓬庐诗社。20世纪80年代，商承祚等文化名流到茶山品尝荔枝，与茶山诗人即席联句。写到压轴的最后两句时，诗人们互相谦让，迟迟无人敢下笔，袁晃勋见此，上前大笔一挥，将诗写完。商承祚见到袁晃勋所写诗句，大吃一惊，想不到茶山这个乡下地方居然有如此才思敏捷的诗人。商承祚了解后，才知道袁晃勋是其父亲商衍鎏的学生。后来，商承祚与袁晃勋常有书信往来，尊称袁晃勋为"学兄"。

晚年，袁晃勋闲守乡间，读书、作诗、养蜂怡情，今存《茶岭山房诗草（上卷）》及若干诗稿、文稿。袁晃勋有深厚的国学功底，好读古书，其诗用典较多，遣词典雅，意境高古。（据《茶岭山房诗草》及袁晃勋之子袁满滔口述，陈贺周撰）

附录：

和功甫榄山怀古

郊坰考献有贞珉，名士青山万古新。遍径黄花曾待客，及门桃李是何人。金银不识麋为侣，鱼鸟忘情树作邻。壑转峰回村尚在，白云空与洞相亲。

次和功甫除夕韵

修名犹未立，何以慰慈亲。蔗境希来日，柴门报早春。三更将送客，分岁未眠人。妇问停杯否？云宜试酿新。

日寇陷广州避难香江病中感怀却寄础雨

香海乔居似寓公，病魔偏扰不通融。痛思骨肉愁思友，责负兴亡愧负躬。南国已生朝露草，故园休问晚秋菘。何堪心似惊弓鸟，让子雄飞万里风。

庚辰七夕有感（1940年）

燎原烈火起芦沟，七七于今几度秋。塞上厉兵还秣马，天边织女会牵牛。神仙也有悲欢事，人世宁无治乱忧。救国匹夫应有责，拟从乞巧却仇雠。

庭前即景

棚前历乱毷绵瓜，绿缛欣荣怒放花。暑潦雨晴天气爽，贪凉叶底宿虾蟆。

初夏

山光岚影座中来，草木深深绕曲隈。峡水一溪浮绿藻，海风千里落黄梅。荔淫晴雨占时熟，荷卷烟波破晓开。蝉弄琴声蛙弄鼓，行吟柳岸兴悠哉。

残红锦褪覆阶苔，春去声中燕子来。霪雨凉生侵枕簟，薰风暗逗长蒿莱。轻盈鸭绿波千顷，初熟鹅黄酒一杯。最是绕城山色好，青葱佳气入楼台。

生朝感怀（1946年）

黄花一度一生辰，马齿徒增已四旬。栎树百围空顾匠，楸枰对局每饶人。早知有数安常变，也识交情半假真。蕴藉诗书天地大，鸢飞鱼跃尚精神。

次和洪铭家先生《甲子元旦书怀》（1984年）

屠苏酒酌饮居邻，共祝康宁德日新。处处春联含瑞气，家家爆竹庆良辰。蹉跎可补欣添寿，顽健分明赖养真。七七岁逢重甲子，敢邀天眷百年身。

杨秉公 书、诗、印、联高手

杨秉公（？—1998年），上元村上周塘人。抗日期间，杨秉公在河源工作，当地大四喜茶楼请其撰一联。他撰曰："大敌当前，毋忘上国衣冠，煮酒先忧天下事；四方报喜，切记中原豪杰，登楼同结世间缘。"此联切合时势，使人品茗而兴爱国之心。抗战胜利后，杨秉公长居香港九龙山区，空气清新，环境幽静，风景颇佳。杨秉公自书门联曰："烟水苍茫，客到路随花外问；云山缥缈，人来门向月中敲。"颇有不食人间烟火的味道。香港九龙南山新村落成征联，杨秉公以两联应征，均被录取。第一联曰："南岭梅芳，家家鸡犬桑麻，邻比共跻仁寿域；东篱菊放，处处楼台灯火，门开喜见太平山。"第二联曰："南弦无俗韵；山水有清音。"

杨秉公为书、诗、印、联高手，1998年去世，著有《杨秉公印存》一书。（据陈雪轩《东莞联话》等，吴沃根整理）

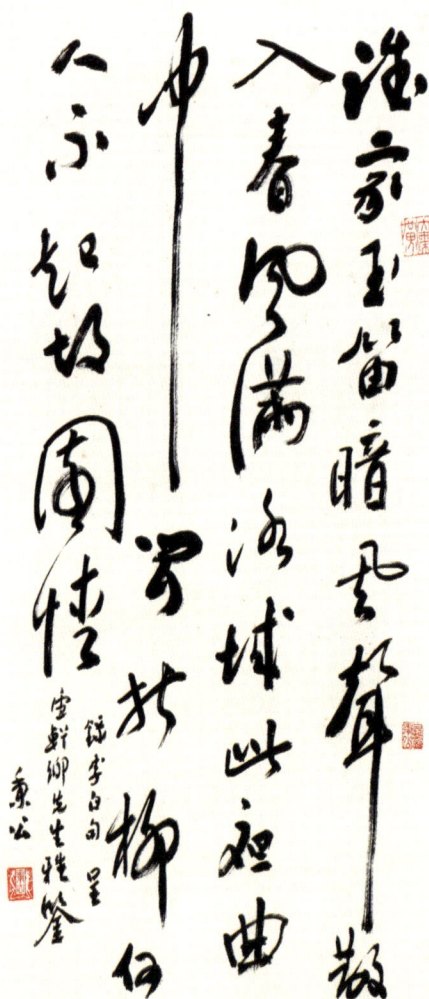

杨秉公书法作品（茶山文联供图）

卫耀文 乐善好施，大爱无疆

1981年12月26日，茶山自来水厂奠基仪式（第一排左起：蔡志伦、罗慧贻、陈景流、梁荫燊、卫耀文、陈荏球）

卫耀文（1908年12月15日—1998年10月17日），茶山圩卫屋人。1929年，卫耀文在石龙创立惠来书局。惠来书局曾红极一时，业务覆盖广州、增城、东莞、惠州等地，是当时广东文化界的名店，影响了一代又一代的文化人。后抗日战争全面爆发，惠来书局主体建筑被日军炸毁，迁至常平经营。抗日战争结束后，卫耀文重回石龙旧址重建惠来书局。眼光独到的卫耀文以创新模式经营，惠来书局发展极其迅速，对东莞文化教育界有着深远的影响。中华人民共和国成立后，惠来书局于1953年与东莞县新华书店实行公私合营，自此惠来书局便不复存在。1954年，卫耀文离开东莞到香港创立图元印务公司。虽然人在香港，但卫耀文仍心系家乡，为家乡做了不少实事。

20世纪80年代，正值改革开放初期，当时茶山居民饮水、用水仍以挑河水、打井水为主。随着改革开放的推进，经济发展越来越快，工业兴起，需要消耗大量的工业用水，原来的取水方式已不能满足日益增长的用水需求，甚至有厂商愿意在茶山建厂，但在考察后认为取水难而放弃，这对当时的茶山政府来说是一个严峻的挑战。为了改变这一现状，茶山镇决心建立自己的自来水厂。1981年，茶山自来水厂正式破土动工，但后续资金并不充足，卫耀文和梁荫燊先生在回到家乡后，与时任厂长陈荏球、党组书记蔡志伦商量捐款事宜，积极发动香港同胞捐款。"香港有很多同胞都关注内地的发展，也许能帮到你们"，他说。最后，茶山自来水厂筹得港币262506元、人民币1764元。茶山自来水厂落成后，卫耀文还为茶山自来水厂捐赠了一部面包车。茶山自来水厂的落成，为茶山居民带来了干净的自来水，也为茶山的工业发展奠定了基础。

1983年，茶山撤社建区，卫生院更名为茶山区卫生院。当时的茶山区卫生院，内科只能诊治一般的常见病，外科只能处理阑尾切除这样的小手术，已经满足不了居民的就医需求，许多居民要到石龙、莞城的医院就医。1989年，茶山政府决定新建茶山医院。在社会各界人士的资助下，茶山医院筹得500万元捐款，其中卫耀文捐款3万元。

卫耀文曾说："做人，一定要向善。"20世纪90年代初，茶山文化站图书馆刚设立时，卫耀文捐赠了1100本图书和1万元现金，该馆命名为"卫世贤图书馆"。同一时期，茶山敬老院、茶山中心小学的卷宗中也留下了卫耀文的捐款芳名。（转载自《茶园》2018年10月10日第三版，曹晓昕撰）

谢兆吉 法学家

谢兆吉（1908—1999年），别号蔼人，茶山圩谢家人。1931年，毕业于广东法官学校。1933年，国民政府法官初试、翌年再试均及格，奉派充广东茂名地方法院书记官兼候补推事。1935年，调充廉江分院推事。1936年，派署廉江地方法院推事兼院长。1937年，调署广东三水地方法院院长。1939年，任平远地方法院院长。1940年，调署河源地方法院院长。1944年，调署兴宁地方法院院长。1945年抗战胜利后，奉电接任广东汕头地方法院院长，并获国民政府颁授的胜利勋章。1946年，调署广东中山地方法院院长。1948年，转任最高法院推事。曾任军法学校教授，获蒋介石颁发的陆海空军褒状。1949年，往台湾。1954—1956年，受聘为高等考试襄试委员。1999年，在台湾病逝。著有《实施耕者有其田条例释论》《检痕诗集》《重光诗集》《蔼人诗草》《人性的探讨》等。（据《东莞市茶山镇志》）

谢兆吉书法作品（茶山文联供图）

陈雪轩（引自《雪轩诗钞》）

陈雪轩 当代诗人

　　余名雪轩，号白屋。壬戌仲春二十三日生于东莞之石步村。行次，小名仲祥。慕于陵陈仲子之为人，亦号仲子。十岁随父母迁居茶山。性鲁钝，六岁启蒙于先君，日读数行，不能成诵。先君业中医，不常教，日从邻儿嬉戏。迁茶山后，十三岁始就小学，十六岁上初中，读不两月，家乡陷敌，转徙流离，遂失学。年十九，遵父母命成婚。却扇之夕，余赋花烛词，有"荆钗裙布吾家妇，封建余威误自由"之句。思之殊可笑。世间有几许真正之自由婚姻哉？婚姻，乃人生课程之任务尔。婚后，以小学教师为生。神州易帜之初，余惑于当日之思潮，抱幻想之热忱，弃家投身工作。1958年夏，余时任职律师，被划为"右"派分子。革职降级，投放林场劳动改造。三年后，以摘帽"右"派之身，流放于邑之穷边地为营业员。1979年，落实纠偏政策时，级虽恢复，职则未也。余自戏称为"半个'右'派"。1982年，退休回家，至今忽又十年矣！

　　余生丁乱世，闰厄黄杨，几死者屡。1938年8月24日，敌机滥炸石龙市区，自余宿地左邻起，至街尾之数十座民房铺户全被夷为平地。1941年夏，余自横坑往莞城途中，于一山丘上，猝遇大队日寇上犯惠州，无地可避，壮胆迎面行，将过半，一日寇忽执余手，命为挑夫，余以手指肩，示无力。幸其非真，终释余行。1943年夏，余自下南回茶山，伞内藏有抗日杂志，经东岳庙时，遇两日酋，被劫去怀表一个，幸未搜布伞。此皆去死不远，情景至今尚历历在目。1968年夏，狂飚席卷大地，群魔乱舞，余以鸡肋之身，几丧于鲁拳之下。继即被遣回家，不转户口，不予粮食、工薪。虽乡人知余，无苛求，而生计几于待毙，纵有牛衣，未敢对泣。人生处此，情何以堪！半载后，命回单位，在工作中接受监督改造，直至纠偏平反之时。魑魅窥人，文章憎命，世道如斯，无可言者。今年届古稀，清夜扪心，尚无玷行，视世之翻云覆雨手，窃富贵而不知耻者，足以傲矣，虽贫何害！身历大难而不死，天留一双老眼，长看神州史无前例之事态，幸何如之！幸何如之！

余性迂拙，不善谋身，痂嗜韵语，劳者自歌，用以遣兴。稿有《效颦诗草》《白屋诗存》《苔花集》等。生有三女一子，均已自立门户。子女及婿，性均纯朴，安贫食力，无时世习气，此余之所慰者。内外孙九人，闲听稚孙绕膝唤阿爷，其乐何极。（转载自《雪轩诗钞》，原题为《七十自传》）

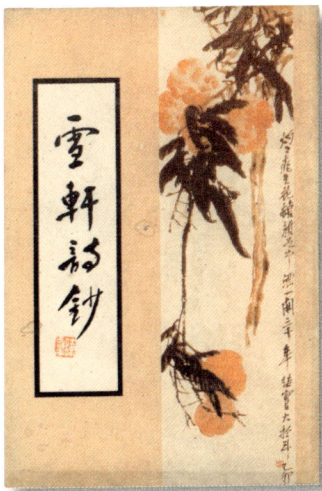

《雪轩诗钞》（1996年）　　　《雪轩诗钞续集》（2003年）

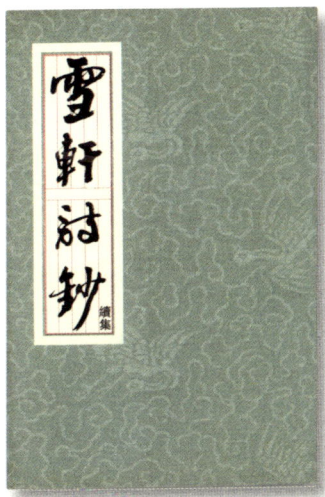

附录

陈雪轩简介

陈雪轩（1922年3月21日—2020年8月4日），又名仲子，笔名白屋，号半右先生。广东东莞人。东官诗社会员、广东中华诗词学会会员、东莞市中华诗词学会理事、石龙老干部诗书画社顾问、东莞古籍整理小组成员。小学毕业后因抗战军兴而失学。1946年陈雪轩加入东官诗社。改革开放后，曾获"九七回归颂"二等奖、"李杜杯"佳作奖。常在《东莞文史》上发表研究文章。著有《雪轩诗钞》《雪轩诗钞续集》《东莞联话》等。[1]

1986年10月至1988年9月，陈雪轩、袁振鸣执笔编写《茶山镇志》。[2]编成后，陈雪轩有诗句云："一统承平修志日，愧吾得预滥竽身。敢将直笔希前哲，岂有微言启后人。"[3]

陈雪轩工诗，有诗名。东莞诗人、文史学者杨宝霖先生曰："先生曩以妙年英质，为东官诗社后劲，今又以苍颜白发，作东莞诗词学会之耆宿，承前启后者，莞邑中，先生一人而已。"[4]浙江省诗词与楹联学会理事周明道作《雪轩诗钞序》曰："大抵其诗作，洗尽铅华，蕴意幽深，忧而不伤，乐而不淫，有三百篇温柔敦厚之遗意，而达炉火纯青之境，非具眼不能窥其要妙，戛戛难哉。"[5]（陈贺周整理）

---

[1] 以上引自"百度百科"。陈雪轩的生卒年月日由其亲属提供。
[2] 《东莞市茶山镇志》编纂委员会：《东莞市茶山镇志》，岭南美术出版社，2010年，第796页。
[3] 陈雪轩：《〈茶山镇志〉编成感赋（二首）》，陈雪轩：《雪轩诗钞》，1996年，第75页。
[4] 杨宝霖：《序言》，陈雪轩：《雪轩诗钞》，1996年，第175页。
[5] 陈雪轩：《雪轩诗钞》，1996年，第1页。

茶山革命烈士

卢洪婉

（略）

钟加善

钟加善（1915—1943年），原籍良平上屯，后定居茶山增埗卢屋村。1939年2月，参加东江纵队飞马队，任小队长。1943年7月，在温塘战役中牺牲。

王沛贤

王沛贤（1919—1944年），又名王浩、王灿，原籍厚街，中共党员。1938年，在厚街参加东江救亡工作队。1939年，在东江华侨回乡服务团博罗队工作，任组长。1940年初，被捕，囚于韶关；年底，获释。1943年冬，在莞城码头被日军杀害。

林 棠

林棠（1921—1944年），茶山圩人。1943年1月，参加东江纵队，在第二支队第三大队独立中队当战士。翌年5月，在石排圩塘尾村与李湖敌军作战时牺牲。

梁 通

梁通（1927—1944年），女，原名曾凤通，东莞石排曾屋村人。小时候，被卖到石碣梁家村一户梁姓人家当养女，随堂叔梁晓光到茶山居住。1944年1月，梁通摆脱家庭束缚，参加广东人民抗日游击队东江纵队，在第二支队第三大队以卢兴、张苞为队长的江虎队当卫生员。同年6月，随江虎队夜袭东莞马嘶圩（今属博罗）的日、伪军据点。战斗中，她冒着敌人的猛烈炮火把受伤的班长背下火线。此时，她被敌机枪射中脚部和腹部，与伤员一起倒下，鲜血直流，仍奋力挺起上身，端起班长的手提机枪，对准敌炮楼机眼扫射，把敌人的机枪火力点压住，掩护江虎队杀进村子消灭敌人，自己在战斗中牺牲。

钟应湘

钟应湘（1948—1969年），超朗人。1969年2月，参加中国人民解放军，在8739部队21小队当战士；12月，加入中国共产主义青年团。同年12月5日，在河北省涞阳县灭火抢救中牺牲。

陈洪光

陈洪光（1964—2003年），超朗陈屋人。1987年，毕业于广东医学院，被分配到广州市胸科医院工作。后任该医院重症监护室（ICU）主任、副主任医师。1993年，加入中国共产党。1994年，到广州市呼吸疾病研究所重症监护室进修。2001年，被广东省卫生厅评为"行风评议工作先进个人"。2003年，获广东省"五一"劳动奖章和优秀共产党员称号。自2003年2月9日广州市胸科医院接到第一例非典型肺炎（简称"非典"）病人开始，陈洪光一直坚守岗位救治"非典"病人。4月16日，被确诊感染"非典"，5月7日，殉职。（引自《东莞市茶山镇志》，引用时删去西湖村的游成、张广才、张江三人，卢洪婉另有传记）

茶山若干乡贤小传

说明：茶山历代乡贤人数众多、灿若星辰，除本书前面已有传记、简传的乡贤外，另有众多乡贤的简短传记记载于民国《东莞县志》、《茶山乡志》《东莞市茶山镇志》等书。下面大致按年代顺序，原文转载上述书籍所载若干茶山乡贤的传记。

林琰

林琰，字秉之，号野庵，府庠生，光族弟（按，茶山圩人）。幼从光学，光偕拜陈献章之门。尝与光静处清湖洞及扶胥，光有所得，辄以语琰。又尝与光跋献章记梦诗，献章即以贻贺钦。为人恺悌坦夷，宗党多爱之。年三十后，放于诗酒，傲睨若无人，卒以酒失，诖误下狱。献章闻之，书与宝安诸友，询其安否。事白，后就乡试，不利，遂卒，年四十二。献章诗悼之云："扶胥早寄坐中身，晚入黉宫忽四春。放意自名狂者事，到头谁是醉乡人。世缘可徇聊同俗，习气难除每丧真。闻道平湖归渐近，相逢空有一沾巾。"琰诗不甚经意，然每有佳处。卒后，光搜其稿，得二册，献章为之跋。（民国《东莞县志》卷五十六）

林时嘉

林时嘉，字子逢，光族子也（按，茶山圩人）。幼从光学，光勉以为儒，因从光游陈献章之门。自律甚严，入邑庠，规行矩步，不习流俗，虽盛暑未尝去冠服，无事则终日对书，唔咿不辍。提学魏校，尝选为广州西隅社学师。初聘妻李，未娶而瞽，母欲改聘。时嘉坚执不可，竟娶之，相敬终其身不衰，时高其义。白沙尝作《紫菊吟》寄之。诗云：严霜百卉枯，三径挺秋菊。绿叶明紫英，微风递寒馥。芳情谢桃李，雅望联松竹。怀哉种花人，杳在江一曲。遗我盘中金，南窗伴幽独。时无续骚手，憔悴谁当录。

且脱头上巾，茅柴今可漉。"按《白沙集》中又有《林子逢至白沙作示之》，诗云："旧雨还君紫菊诗，秋风过我白龙池。应看衰俗人情破，肯放中流柱脚敧。弄影果谁非稚子，请缨正自不男儿。人间若问逍遥化，紫极宫中有一碑。"又《和林子逢至白沙》，诗云："一样清风几样花，乾坤分付各生涯。如今着我沧江上，只有秋香扑钓槎。"又《送林时嘉》，诗云："南川梦里旧青湖，何处青灯一榻孤。留取幽禽守花月，隔林还与尽情呼。"又有《赠袁晖用林时嘉韵》诗，时嘉盖能诗者。及光卒，时嘉为文祭之，有"致命遂志，固守其愚"语，其力学盖至老不倦云。(民国《东莞县志》卷五十六。按，东岳庙今存林光所撰《重建东岳行宫记》碑，有"语族子时嘉书以遗之"句，历来认为此碑是林时嘉所书。)

林时矩

林时矩，亦光族子（按，茶山圩人）。从学于献章，献章尝与书曰："宇宙更有何事？天自信天，地自信地，吾自信吾，自动自静，自阖自辟，自舒自卷，感于此，应于彼，发乎迩，见乎违。人争一个觉才觉，便我大而物小，物尽而我无尽。"又曰："禅家语初看亦甚可喜，然实是儱侗，与吾儒似同而异，毫厘间便分霄壤，此古人所以贵择之精也。起脚一差，立到前面，无归宿，无准的，便自日用间，种种各别，不可不勘破。"又与林友云："时矩可与共语，吾兄但降心气受之，不为无益。"其称许如此。(民国《东莞县志》卷五十六)

林敬

林敬，字子翼，亦光族子（按，茶山圩人）。与袁晖同学于献章。献章尝寄诗云："颇忆江湖林子翼，小斋留饭更袁晖。人心人面人人异，贤辈如前共饭时。"(民国《东莞县志》卷五十六)

何视履

何视履（按，茶山圩人），字素轩，介节夙持，尤邃于理学，得正心养性之工。白沙赠以诗:"读易溪边日已斜,晚风吹落钓鱼槎。江门水月真无限,犹照先生帽顶花。"盖尝来往江门者。(据《茶山乡志》卷四)

袁金蟾

袁金蟾,号西川,茶山人,袁晖仲子也(按,下朗村人)。少不娶,从白沙先生游,以诗答先生云:"独坐桂花边,清香杳杳然。夜深山寂寂,明月满西川。"久之,弃去,披发两肩,独居一室,不与人接。常跣足,冬夏惟单衣,卧榻蛛蝥尘积,仅能容身。间出,浴于河,则安坐水中,将发挂于垂杨,时于沙际以竹划其诗于地。或试以金钱,置经行处,辄趋步去。县令孙学古诣其庐,逼见之,瞪目而视,人莫测其意。尝游广西宝林寺,作诗云:"宝林风月似曹溪,一派传来转到西。不管前人旧衣钵,更从何处问菩提。举杯化鹤仙姿近,掷钵降龙佛羽齐。自古一花开五叶,到头结果要人为。"年八十四终。人称为仙,后有人仿佛见之增城山中。(民国《东莞县志》卷七十四)

邱连奎

邱连奎,字文兆,茶园人。客于外,遇同里某以百金寄之,无知者。里人暴卒邱舍,连奎乃以所寄金还其家。同舍客失所藏金,颇疑连奎。连奎不置辩,买金偿之。后知为主人妾私匿,其人始愧谢。(民国《东莞县志》卷五十九)

卫九洲

卫九洲,字允宅,茶山人。以吏员历贵州前卫经历。时安酋有异志,力陈当道为备。未几,果叛。巡抚以一切侦探事宜委之。亲冒矢石,突围请援。战陷,不屈死。抚按疏请赐恤,赠州同。(民国《东莞县志》卷六十)

陈其琛

陈其琛,字来献,周塘人。少孤,事母孝。万历三十一年乡荐,以才名见重一时,尤负知人鉴,所赏誉多显达。识邑令胡继美于未遇时,及来宰邑，数年未尝一干谒，胡以"真孝廉"称之。尝从彭幼朔谈导引术，甚得玄理。有《〈参同契〉笺疏》。子万几别有传。（民国《东莞县志》卷六十）

朱祚昌

朱祚昌，字可大，上南人，夏萌袁某之甥。少居茶山，读书于其岳父刘钜之家。举万历四十六年乡试第一，联捷登进士。除武学教授，转礼部仪制司主事，历郎中，出参浙藩，分守金衢严道。会岁大祲，捐俸倡赈，民赖以苏。金衢妖贼蠢动，祚昌蘪饷蒐卒，先为之备。贼至，一鼓歼之。迁广西按察副使，以忤御史归。后起四川安绵兵备道，未任卒。（《茶山乡志》卷七）

袁用雨

袁用雨，字辰用，茶山人。崇祯二年岁贡，历文昌、连平训导。时士之来试者，多非土著，用雨申严禁令，悉攻斥之，举君行先生"欲求事君而先欺君"之语，以相教诫，勒之碑石。捐俸修学宫，建祭器，造士甚勤。（民国《东莞县志》卷六十三）

何鸿飞

何鸿飞（按，茶山圩人），少补生员。喜谈兵，崇祯间以荐授卫千户，旋调三楚，随征湖湘，积功，官都金事，镇守衡阳等处。旋辞归，杜门不出，缄口讳言时事。一旦，无病而终。（《茶山乡志》卷四）

张嗣垣

张嗣垣，字仲师，张穆之族人也（按，茶山圩人）。简傲不羁，性嗜书，寒暑不辍。闻博罗张萱多奇书，往就读焉。好游山水，动淹旬月，尝徜徉罗浮飞来间。邑令马维陛多其才，试辄取冠。马欲诸生行庭参礼，嗣垣上诗讽之。马愧其言，仍用旧制。年三十二卒，病时自为墓志，书毕而逝。著有《余力轩稿》。（《茶山乡志》卷四）

嗣垣，崇祯间诸生，年三十二卒，自为墓志云："张仲垣者，号仲师。有父母妻弟而无子。少读书，习举子业，气高而积薄，志大而才疏。好为诗，然弗能工。久之，缘事破其家，以此郁郁不得志。死之日，自为铭曰：'未了生缘，先偿死债。为知者骇，为雠者快，为为子者戒。我铭其居，俾勿坏。'"亦可悲也。(《东莞诗录》卷二十二)

陈光胤

陈光胤，字文锡，号澹园，塘角人。明崇祯六年（1633年）举人，明崇祯十三年（1640年）特赐进士，钦点兵部主事，即用福建寿宁县知县，升兵部职方清吏司员外郎，特授四川道监察御史，今存所书"陈氏宗祠"木匾。(陈贺周整理)

卢鼎

卢鼎，字升卿，增步人。顺治辛卯举人，戊戌会试乙榜。少孤，事母孝谨。性聪颖，家蓄古今书最富，焚香考覈，寒暑不辍。诗文行楷，擅场一时。好购置文石及古玩器，暇则出以娱客，摩挲忘倦，有米元章、赵孟頫风。一时名隽皆走附，望纳交。以游琼南，遇风，恐怖，归未几卒。著有《邻山堂集》。(民国《东莞县志》卷六十五)

殷岳

殷岳，字昂卿，茶山人。以《春秋》领顺治十一年乡荐，为人纯质尚义。康熙十八年，当事帅师捕盗，按行峡内诸乡，群小恣诬指。岳诣军门，力陈冤抑无辜，得释者甚众。族人逋粮，欲鬻祖祠，岳捐产代输，祠得无恙。性恬退，耻干谒，一经皓首，泊如也。卒年六十七。(民国《东莞县志》卷六十五)

卢沄

卢沄，字叔远，增步人，瑛田孙，上铭仲子。九岁而孤，稍长，刻厉积学，领康熙八年乡荐。沉静淡泊，不汲汲家人生产。工楷书，笔法遒逸。
（民国《东莞县志》卷六十六）

叶聪

叶聪，字子钦，京山人。性嗜学，家贫不给。弟明商于廉，聪往依之。以廉籍补弟子员，饩于庠。康熙十七年岁荐，选授三水教谕，循循善诱，多士奋兴。升国子监学录，以年老乞归，卒于家。子连吉，恩贡，文昌教谕，出嗣弟明，赠明如其官，人以为爱兄之报。（民国《东莞县志》卷六十六）

卢元复

卢元复，字环夏，增步人。领康熙丙子年乡荐，选广西贺县教谕，迁柳、庆二府教授，晋四川平武知县。锄奸抑强，待贼尤严而有法，人不敢欺。雍正癸卯、甲辰，两调川闱同考官。后以目疾乞休。（民国《东莞县志》卷六十七）

林熹

林熹，字尚瀚，凤冈子（按，茶山圩人）。少年，文字颇有可观，惟体魄雄壮，岁试文场不利，转试武场，竟获售。归谒文庙，有嘲之曰："武学谒文庙，夫子莞尔笑。"熹闻而耻之，又弃武习文，为诸生，雍正十一年膺岁荐。（《茶山乡志》卷四）

黄之球

黄之球，字天玉，号侣石，茶山人。弱冠随应增城县考，补弟子员。雍正丙午，以《诗经》领乡荐。五上春官，不第，截选知县。归，隐居不仕。邑令印光任、王灏屡聘主宝安、龙溪两院讲席，邑中名士多出其门。弟之琪，字琬若，跬步谨肃。乾隆辛未，占增城县考冠军，增人大哗。之琪归茶山，越年，府考冠军，补邑诸生。李太守赠诗云："茶山小子真英

杰，东莞增城两案元。"所著诗文，与之球合编曰《棠棣集》。(民国《东莞县志》卷六十八)

邓凤

邓凤(按，茶山村人)，字鸣岳。少敏慧，丰仪峻整。雍正元年拔贡，督学惠士奇以国器目之。凤入都廷，侍父廷喆于京邸，日从名公卿游，佥谓："中书君有子矣！"归家二十余年，足迹不入城市，撰授长宁教谕。日进诸生，讲论不辍，文风丕振。子曾裕，郡廪生，静谨能文，教育堂弟大林、大业、大经，两登甲榜，一领乡荐。(《茶山乡志》卷四)

钟晓宣

钟晓宣，茶山人。家贫，父卒，母欲身殉，晓宣时五岁，跪而请曰："母死，儿何以生？"母为感动。稍长，鬻薪供母，晓夜勤劬。奉养必出自己力，有馈之粟，辞不受。母疾，吁天以身代。居丧，水浆不入口。独居思母，常终夜哭，老亦如之。乾隆元年，题请建坊。(民国《东莞县志》卷六十八)

彭元琮

彭元琮(按，茶山村人)，少颖悟，贯通经史，膺乾隆十一年岁荐。胸怀恬淡，不乐仕进，以经义教授其生徒。家居，罕至城市，唯读书不倦。年八十六卒。(《茶山乡志》卷四)

温章元

温章元(按，茶山圩人)，字司衮。少有隽才，倜傥负气节。时客民思占籍冒考者众，章元偕同学请于当道，事得止。领乾隆癸酉科乡试第一名，甲戌会闱乙榜，以知县拣发湖南。历署永明兼署永顺同知，补新宁县，所至以廉惠著。公余辄进诸生，讲学论文，多所造就，民甚亲之。以劳瘁卒，家无余财，邑人亲为殓视，立祠城隍庙侧以祀之。著有《奇门纂要》一书。(《茶山乡志》卷四)

温章元与邑人郑修俱能文。乾隆壬申恩科乡试，题为"可使足民如其礼乐"。场后，郑张其文于壁，标曰"新科解元闱墨"，同人争为传诵。温见之，录所作加其上。郑初不服，阅至中二股，曰："吾第二矣。"榜发果然。(《茶山乡志》卷十三)

陈旭

陈旭，字耀东，塘阁（按，即塘角）人。性孝友，少嗜学，博通经史，领乾隆二十七年乡荐。生平善于诱掖，四方负笈从游者众。(民国《东莞县志》卷六十九)

陈文鸿

陈文鸿，字学傅，号宾亭，周塘人，乾隆丁酉乡荐，官四川万县知县。《陈氏家谱》："文鸿性端重，敦孝友。家世力农，或牧牛，悉执卷就树下读不辍。性品和而厚，人有不及，悉以情恕，曾无厉色。服官十余载，所至皆以宽仁慈爱颂焉。罢归，囊无余赀，泊如也。"(《东莞诗录》卷四十二)

何资生

何资生，字上瑞，茶山人。性聪敏，博学能文，为诸生，声藉甚。授徒讲学，邑名隽半出其门。生平笃于孝友，饬躬励行，以古道自期，里党咸敬畏之。膺乾隆三十七年岁荐，未仕，卒。子澄澜，字光垣，岁贡；安澜，字柱垣，己亥举人。(民国《东莞县志》卷六十九)

袁法祖

袁法祖，字瞻荷，号睫巢，茶山人。由国学生领乾隆丁酉乡荐。尝学诗于顺德黎简，与番禺吕坚酬唱。简录其诗附集中，及卒，简以诗挽之，云："知尔垂死意，学诗门户成。目前一寸路，身后千秋名。我必传汝诗，使汝死瞑目。来世为诗人，汝亦得自读。汝之心中血，是我笔下泪。区区

文字业，习苦道则坏。去去袁睫巢，一往蚊转皆。"其惋惜如此。(民国《东莞县志》卷六十九)

杨最德

杨最德，字昭大，周塘人。年十八补诸生；乾隆庚子，年九十中副车，钦赐举人；辛丑，加赐都察院都事。生平品行端方，虽受职，家居未尝有所干谒。卒年九十四。(民国《东莞县志》卷六十九)

林日通

林日通(按，茶山圩人)，字睿昌，凤冈曾孙。少颖悟，过目成诵。性淳谨言，动不少苟。工书，喜吟咏，领乾隆五十九年乡荐。寻卒，士林惜之。(《茶山乡志》卷四)

袁象贤

袁象贤(按，上元村人)，字肖孔，号兰轩。其父廷泽，晚年起家，是以象贤幼时未免失学，日惟奔走于贸易之场，心常以为恨。然性好诗书，雅重儒术，所至之处，莫不各有吟咏以寄意。与人交易，一出以至诚，不欺人，而人自不忍欺之。故家赀虽非甚富，然屡延名师，以课其弟侄。虽费重金，不惜也。性慷慨，能知大体，于房祖祠颓废，则独力葺而新之。族中欲置尝产以谋公益，众以无力中止，竟毅然捐出千余金，以成就其义举，至今族人均受其荫(即今墩头大塘)。少年行事，已自惊人，惟未及强仕之期，竟溘然长逝，人咸惜之。子四人，临终遗嘱：不论家计若何，必须择一子求学，俾得延长其读书种子焉。家人即以其中子业儒，名瑞麟，成其志也。至孙煜勋，即膺岁荐，候选训导。(《茶山乡志》卷四)

黄贻穀

黄贻穀，字乐裔，号淑庵，茶山人。少淹博，乾隆戊申、壬子两膺副荐，皆第六，尝自嘲云："自惭学问无多进，始信文章有定评。"一时传为佳话。性严毅，取与不苟，解纷排难，情理兼尽，人咸重之，邑令尝旌其间。道光丙戌，官吴川教谕，多士喜出其门，林殿撰召棠尤相推重。致仕，久之乃殁。著有《六经略笺》二十六卷，《三传略笺》八卷。(民国《东莞县志》卷六十九)

钟见麟

钟见麟，字玉书，茶山人，国学生。性孝友，敦本睦宗，尝捐赀修茔祠、置尝产。家素封，自奉俭约，而好善乐施。有鬻女于其门者，察其父方困于狱，鬻女赎罪，遂赠金还券，母女咸泣而去。沙头崔氏子携金偿负，检查，溢五百金，知其误，驰数百里归之。又尝路拾遗金，坐待还其人。殁年八十九。孙焕文，光绪乙亥副贡生，内阁中书；毓，己丑恩科顺天举人。(民国《东莞县志》卷七十)

何玉舟

何玉舟，字鹿山，茶山人，道光末廪生。性笃孝，父殁，庐墓，母曰："当恋苦块，余何依？"乃归，强颜慰母，朝夕饮泣。斩衰，蔬食终三年。初，父贸易于澜石，庶母随之。父死，庶母留督庶弟，权其业。玉舟语弟曰："吾不能亲奉，若父母遗产，拨汝以供甘旨。吾教读所获，亦足奉我母也。"年逾五旬，问视无间。母殁，庐墓三年，未尝见齿。遇忌日，省墓哀泣。教人以孝悌为先。家虽贫，岁饥，分食亲友，悯行殍，倡建义居亭于茶山，曰："此父母遗训也。"其善则归亲如此。(民国《东莞县志》卷七十一)

钟深

钟深，字浩坚，茶山人。少执业微贱，尝走丘垅间同，尽录始祖以下碑志。父老怪问之，笑而不言。年五十，以商起家，即修复始祖以下坟茔及诸祖祠，费万余金，乃叹曰："余少贫窭，今幸酬夙志，以释诸父老之疑者，天也。"性好施与，岁暮，族中贫者必以金纳其门。暇则读性理诸书。闻九江朱次琦讲学，往问道焉。年七十余卒。子毓，光绪己丑顺天举人。（民国《东莞县志》卷七十一）

袁廷钧

袁廷钧，字关石。其大父燕台，素有大志，具良吏才，历署保宁府经厅，阆中县典史，晋陉分县，所在皆有循声。父蓼湾，以国学生报捐按察使司经历，奖云骑尉。廷钧生而聪慧，志节不凡。以武举入都，考授兵部正差官。生平敬以持已，谦以接人，众望归焉。以节俭起家，富甲一乡。自奉俭约，而延师教子弟，礼必丰厚。兄弟同居六十年。廷钧居长，家产悉自经理，及析产，丝毫不自私。生二子，长福章，国学生；次照吉，字拱南，以冠军进庠，光绪三十二年，以赈捐出力，奖中书科中书衔。孙敬仁，毕业于北京国立法政专门学校，历任广州地方审判厅中山县分庭检察官；敬义，创办茶山乡商团，被选为正团长，历任五十六乡联团局局长，第六区公所所长；峻，黄埔海军中学毕业生，潮安十五师经理处处长；雄，日本士官学校毕业。（《茶山乡志》卷四）

林萼华

林萼华（按，茶山圩人），字协勋，号棣生，日通孙。性谨厚，与人无忤。居恒安贫乐道，一意读书，以裁成后学为己任。箪瓢屡空，晏如也。晚年领咸丰十一年辛酉乡荐，无意仕进。在邑局助理局务，专以息事宁人为主。居乡倡修社学，以振文风。维持乡曲，奖励后进，孜孜不倦。里人钟焕义与其弟鼎，皆出其门。年八十有余卒。（《茶山乡志》卷四）

卢日新

卢日新，字敬修，号小铭，祖籍增埗村卢屋，迁莞城宝积巷。清道光丁酉科（1837年）举人（第二十八名），道光二十七年（1847年）进士，官工部主事。为官清正，好读书。辞职归，设馆授徒。与弟卢日省诗集俱称

《爱莲轩诗钞》。(《东莞市茶山镇志》)

卢日新，字敬修，号小铭，城内宝积巷人。先是，族人有梦报进士者帖揭于门曰"日新"。及生，父以是名，人异人。少静慧，父赤贫而劬学不辍。与张金鑑友善，相切劘。金鑑字子铭，时有"二铭"之目。道光乙未，同进于庠。咸丰甲辰，金鑑成进士，官礼部，而日新亦于丁未成进士，官工部主事。日新性清介，官京师，时杜门读书，不事干谒。积资十余年，两次题请补缺，辄为有力者所夺。日新安若命，不以为戚戚也。寻以父母老告归。归后设教于里，从游者多取科第去。时年过五十，双亲犹健，问安视膳，昕夕忘劳，人称其孝。光绪初，父母相继亡，日新毁瘠踰恒人，遂卒。(民国《东莞县志》卷七十一)

袁凤书

袁凤书，字萃贞，号月秋，茶山镇上元坊人。幼随师爕卿读书，以颖异闻。清光绪十五年己丑（1889年）恩科顺天中式大挑二等及第，奉旨以儒学用。以赈捐出力，奖同知衔，赏戴蓝翎。清光绪二十九年癸卯（1903年），巨盗马王海广集匪徒，大有不轨行动。凤书上书上峰，禀请捕巨盗马王海。同年九月初九，虎门提督何祥清偕总兵吴祥达水陆并进，合围其村。马王海即率其死党百余人拒战，炮击吴祥达，马立毙。吴愤甚，跃步督战，冒弹冲入其垒，焚村中祠舍数十家，杀数十人，余党歼焉。马王海走匿蔗地中，为邻村农民擒获以献，置诸法。凤书捍卫桑梓，不遗余力，有足多者。(《茶山乡东隅坊袁氏族谱》)

钟焕文

钟焕文（按，茶山村人），字廷璋，号绚甫，梦桂子。梦桂工诗善画，弱冠从韩珠船游。韩擅诗、字、画三绝，梦桂师其意，为同学画扇，冒书珠船名，且摹其题款书法。韩偶见之，猝不能辨，因召梦桂奖励之。是岁，梦桂卒。时焕文才三岁，幼弟鼎产数月，祖见麟及母封氏鞠育之。焕文幼颖悟，伯浩坚、叔星房均器重之。性孝友，夜鼓三下，犹为祖父搔背不倦。弱冠进庠，光绪乙亥战棘闱，主试见其文，拟列前茅，以三场策误书"历"

字，犯庙讳，降副车。由副贡援例奖授资政大夫员外郎衔。内阁中书供职年余，以母老告归。侍食必亲调甘旨，不肯假手婢妾。念母孀苦，请旌于朝，征诗表之。母殁十余年，墓祭必泣不自胜。弟鼎，少有文誉，早卒，每上墓，亦必泣，其笃于天性如此。生平慷慨敢任，经理邑沙田局垂四十年，不畏强御，取与不苟，家以益贫，而怡然自乐。工诗能书，素不学画，而随意挥翰，大有父风，人莫知之。子学超，号铭常，未尝习画，为其祖母封太夫人绘像，精细无伦，虽素业绘事者莫及也，著有《钟氏族谱》；学修，字叔敬，邑庠生，著有《后易草堂易注》《涵芬堂诗剩》。（《茶山乡志》卷四）

袁茂芳

袁茂芳，字襄猷，号少夔，上元人。性孝友，四岁失怙，与兄笏臣奉叔父和钧如父。事母孝，人无间焉。疏财重义，族中贫窘者求无不应。笏臣从事诗书，少夔习弓箭，从族叔振邦服军务，克复谅山，蒙福建布政使司湘军统领王德榜拔补千总，俟先补用。以母老，不忍远离，归乡就商业。与石龙、温塘诸名士叶芸生、黎咏雩、袁厚常、昆仲袁景韩辈，创办普善堂，继充省城广仁善堂值理。二十七岁而卒，人咸惜之。子宗仑，字揠秀，别字星河，业儒。孙逸，别字逸生，由北京陆军军医学堂毕业，历充军佐，任西南政府广东第一集团军总司令部第三军第八师中校军医处处长；轶燊，广州教忠中学肄业。（《茶山乡志》卷四）

陈国榘

陈国榘（1896—1930年），字伯隽，陈高第之子，祖籍下朗村陈屋，先代迁居莞城。陈高第在京任职时，陈国榘随父在京师读书。年十七，陈高第因病卒于京城南东莞会馆。陈国榘哀毁尽礼，奉灵柩及老母归东莞，跋涉数千里，上慰老母，下抚幼弟，事事精到，逾于老成，家乡亲友无不称异。1913年冬，考入东莞县立中学（东莞中学前身）。后入北京大学读书，师友称誉，声名鹊起。陈国榘的寓所名曰"适庐"，与东莞学子切磋于其中，享誉京师。京师之巨卿名流无不知有"适庐"，"适庐"之中有陈国榘其人也。梁启超在京创立松坡纪念图书馆，命陈国榘主持其间，尽读所藏中外书籍，学识有长足进步。1922年，毕业于北京大学，获法学士学位。回粤，任法制委员会委员。同僚六人，古应芬、林云陔诸公皆前辈，陈国榘年最少而能与诸前辈并驾齐驱，法制典章多出其手。兼任法官学校教务主任、广东法政大学主任。后因积劳成疾，辞职远游北美，疗养身体。不久，进入加利福尼亚大学学习，获法学硕士学位。返国后，1928年，任汕头市市长，有整顿学校、创建公园等政绩。后又以病去职，1930年卒于家，享年三十五岁。著有《国际外交史稿》。（据《茶山乡志》《东莞市茶山镇志》，吴沃根整理）

袁苞

袁苞（1885—1941年），下朗村人。1916年，考入广东省立高等师范学堂。毕业后，留学日本。归国，任广州第二十四国民学校校长。1920年，任广州市第一高等小学（1927年易名为广州市第五十一小学）校长。因成绩卓著，被派赴日本考察教育。归国后，改三年制高小为六年制完全小学，学生达1500多人。重视英语和图、工、音、体等科目，不惜自己出资聘请专家任教。倡导基础知识教学与实用技术教学相结合，以"仁智勇"教育学生。广州市第五十一小学被誉为"模范小学"。1937年，抗日战争爆发，广州市第五十一小学停办，袁苞带领部分师生到香港创办灵峰中学。（《东莞市茶山镇志》）

刘景清

刘景清（1869—1944年），字树海，绰号"师爷海"，冲美村人。在香港长大，为香港知名人士。曾在法院当英语传译员。1933年前后，任石龙惠育医院（石龙人民医院前身）名誉理事长。利用其在香港的影响力，筹集资金，为家乡做善举。1934年4月，公祭义坟；9月，领回并发放香港东华医院的水灾救济款。创办平民学校——光中初级小学，免费让学生入学。1936年，任香港渣甸燕梳分局总理、香港东华三院总理。此外，曾任香港戒毒会促进会长、侨港东莞工商总会副主席。

抗日战争时期，刘景清曾为抗战募捐大量经费。1941年12月8日，他拒绝为日军当"维持会长"，携眷远徙广西，靠变卖衣服为生。(《东莞市茶山镇志》)

袁雄

袁雄（1908—1972年），一名敬驹，上元村人。毕业于日本士官学校。回国后，任职于广州燕塘军校。抗日时期，在叶肇部任职，为六十六军少将。曾任军械处处长、广东军管区司令部参谋。(《东莞市茶山镇志》)

袁柳溪

袁柳溪，上元村人。毕业于两广方言高等专门学校。早年，加入中国同盟会。民国时期，加入中华革命军，参加讨袁（世凯）、讨龙（济光）诸役。1919年，与陈策、李绮庵等奉孙中山密令，骑夺粤舰队之江大、江固等舰，起义讨莫（荣新）失败，同系于狱。1922年，陈炯明在广州叛变，孙中山蒙难，他追随入北洋舰，参加靖乱战争。抗战前，历任粤海军舰队司令部秘书长、财政部科长、英德县县长等职。抗战时，任虎门要塞司令部秘书。(《东莞市茶山镇志》)

袁良骅

袁良骅（1895—1981年），字子襄，上元村人。曾就读于黄埔水师工业学堂，毕业于广东海军学校。1915年，加入中华革命党。1916年，与革命党人陈策等十余人在广州夺取龙济光座舰宝壁号及炮舰江巩号，声讨袁世凯。1918年，奉孙中山命令，与同安舰舰长温树德合力炮击观音山，迫使莫荣新服从孙中山命令，使广州局势得到暂时安定。

1919年，袁良骅奉孙中山密令，与陈策、李绮庵等袭取粤舰队之江大、江固两艘军舰，讨伐广东督军莫荣新。1920年，任粤军挺进队统领。1921年，改任飞熊舰舰长。1922年春，奉孙中山指令，与陈策率队一举将北洋舰队巡洋舰海圻等十一艘军舰全部击坏并俘获。袁良骅指挥飞熊舰夺取永丰舰（后改为中山舰）取得了胜利，被委任为北洋舰队舞凤号舰长。同年6月，陈炯明叛变，围攻广州总统府。袁良骅联合各舰迎接孙中山登舰。同时，广东江防司令陈策亦率数舰前来会师，由五舰舰长出名讨陈，袁良骅乃其中之一。

1923年5月，袁良骅任广州大元帅府海军江固舰舰长。抗战胜利后，袁良骅任广州市临时参议会参议员、副议长兼代议长。1981年9月25日，在台湾逝世。著有《冤狱赔偿刍议》《建立陪审制度》《海军基本教育》等书。（《东莞市茶山镇志》）

刘锡森

刘锡森（1912—1992年），祖籍刘黄村。著名新加坡侨领。新加坡国际红十字会主席、新加坡东安会馆永远名誉会长、香港东莞茶山同乡会第一届名誉会长。20世纪80年代，曾多次回乡寻根问祖。1987年，捐资35万元兴建刘黄村刘茂林小学。1989年，捐资32万元兴建茶山医院。（《东莞市茶山镇志》）

李才达

李才达先生（1909—1995年），余之启蒙师也。余忆童稚时，负笈馆中，先生谆谆善诱，教导殷勤，常寓教于乐之中，莘莘学子，如坐春风，师生之情甚笃，皆得意而从学焉。先生一生勤奋，教学相长。孜孜不倦，笔耕之暇，学足三余。诗赋文章，多所涉及，尤于青乌之学，素有心得。且乐道安贫，谦恭自守。虽道路坎坷，而不改其志也。今当耄耋之年，犹步履康健。孔子曰："仁者寿。"先生得之。先生无意为诗人，然每有所感，辄多吟咏。其诗明白晓畅，有香山之遗风，雅逸清新，得宋人之韵味。惜早期之作，散佚无存，喜得晚晴，稍留篇什。今蒙先生俯允，集此诗存，留迹人间，永资纪念，指津后辈，长作遐思，则余亦幸得附骥尾之荣也。（此文为1993年陆璧轩先生为《罗阳山人诗存》所作序言）

袁衢康

袁衢康，下朗村人。香港茶山同乡会名誉会长。从小在香港谋生。改革开放以来，对家乡各项公益事业贡献良多。以身作则发动居港同乡捐资，曾捐赠茶山自来水厂5万元、茶山敬老院5万元、茶山医院40万元。此外，对袁崇焕纪念堂的重建、下朗村的公益事业也有资助。（《东莞市茶山镇志》）

梁荫燊

梁荫燊（1913—1997年），原籍茶山圩，旅港同胞。1979年底，茶山筹备兴建自来水厂。梁荫燊热心支持家乡建设，与卫耀文一起积极发动港澳同胞捐款。梁荫燊常常亲自上门发动，多方筹措，集腋成裘，又奔波于香港、茶山两地，大力协调相关事宜。最终，筹得231名港澳同胞的善款港币262506元、人民币1764元，梁荫燊个人捐款达3万元，为兴建茶山水厂作出了杰出贡献。梁荫燊亦曾捐助兴建茶山医院、茶山敬老院，资助举办龙舟比赛等。（陈荏球、罗慧芳口述，陈贺周整理）

袁旭

袁旭（1923—2004年），茶山圩大巷人，"东江纵队"战士。早年，在莞城奇香饼家打工。1943年9月，在温塘还金亭参加抗日游击队。1944年，以曾生卫生员身份随两广纵队北上烟台。曾参加淮海战役。回莞后，在"东莞大队"工作，转广州"南海分局"，任海军医院业务主任。1985年12月，离休。（《东莞市茶山镇志》）

蔡志伦

蔡志伦（1932—2004年），上元村人。1949—1954年，任上元村文书。1955年，加入中国共产党。1954年4月至1956年，任上元乡第一任乡长。1956—1957年，任中共上元村党支部书记。1957—1958年，任中共茶山农场党支部书记。1959—1962年，任中共茶山公社党委委员。1962年7月至1981年，任中共茶山公社党委副书记。1981年2月至1983年9月，任中共茶山公社党委书记。1983年9月至1986年12月，任中共茶山区委书记。1987年1月至1991年，任东莞市国土资源局局长。1991年12月至1996年，任第十届东莞市人民代表大会常务委员会委员。(《东莞市茶山镇志》)

袁维新

袁维新（1958—2008年），茶山圩人。1975年参加工作，为茶山水电会职工。1988年10月，任东莞华利电脑商标有限公司副总经理。1994年12月，任茶山镇供销社主任。1995年3月，加入中国共产党。1996年4月，任中共茶山供销社党支部书记。1998年5月，在安徽省财经学院就读，经济管理专业大专毕业。1999年11月，任茶山镇副镇长。2002年3月至2007年4月，任中共茶山镇委副书记、茶山镇镇长。2004年，在中共中央党校就读，本科毕业。2007年5月，任中共东莞市供销社党组书记、主任。(《东莞市茶山镇志》)

茶山当代乡贤简介

说明：《东莞市茶山镇志》上的"人物简介"全文转载如下。这些茶山乡贤在2010年该志出版时健在。在此基础上，由各村供稿，以出生年代为序，补充若干有突出成就的、健在的茶山乡贤的简介，包括：刘庆良、陈健文、谢陈锡、陈耀荣、邓予立、杨东如、杨润雄、陈树良。

袁乃安

袁乃安（1918年—　），下朗村人。广东省立新勤大学商学院会计系毕业，保送到财政部中国茶叶公司工作，旋任地政处测量仪器制造厂会计组组长、会计室主任。1948年，任广东省立法学院教授。曾参与筹备广州市会计师公会并任理事。著有《农仓经营及会计》《经济学大纲》《会计学》等书。

谢继棠

谢继棠（1923年—　），南社村人，从小在香港长大。广州大学法学学士、澳门华南大学硕士、日本亚洲大学哲学博士。历任萃英学校校长、香港华联书院校董兼教授、香港的士运输公司总经理、香港联合公共小型巴士总商会主席、香港广九电业联合总会副主席、香港博爱医院总理、香港中华业余游泳联会副会长、香港东莞同乡总会副主席、东莞理工学院筹委会执委等职，是香港拯溺总会、沙田街坊福利会、九龙区大厦联谊总会、香港谢氏宗亲会的名誉会长，以及香港律师文员协进会顾问。

卢启光

卢启光（1924年—　），卢边村人。少年时代，于乡间打柴度日，后赴港谋生。随吴醒魂学习粤剧表演艺术，勤学苦练，戏艺大进，成为粤剧界著名文武生主角，小武功夫别具一格。中华人民共和国成立后，在东方红粤剧团、新世界粤剧团、广州市粤剧四团担任主要角色。曾任东莞粤剧团团长、广西南宁粤剧团艺术顾问。（按，据卢边村提供的信息，卢启光已故）

陈云庵

陈云庵（1927年—　　），原名陈妹，又名陈梅、陈东林，号三福堂主，下朗陈屋人。著名收藏家、学者。世居香港。早年，就读于东莞中学。1946年，毕业于韶关广州大学附属高中。由其姑母陈逸云举荐，就读于国立南京中央大学。秘密加入中国共产党。后转上海复旦大学新闻系。曾在香港从事媒体工作。中华人民共和国成立后，任中共福建省委宣传部部长。1989年，到美国留学，先在密苏里州立大学研究艺术，后转入哈佛东亚艺术研究中心，师从费正清教授学习考古，着重研究古玉器。其间，辗转意、英、美等国博物馆，高价拍摄被掠夺的中国文物。1997年，离休。著有《艺海寻珠》《艺海赏珠》《艺海吟珠》《艺海忆珠》等书。

罗强

罗强（1930年—　　），别名罗杨振，寒溪水人。1942年，在寮步参加游击队组织的青年会，搞抗日宣传。1947年，在香港参加香港海员工会（中共地下组织）及其附属组织海燕团。1949年6月，参加游击队，编入东江纵队第一支队三团镇龙队一排一班，不久改为政治战士（秘密身份），任副班长、班长；9月，加入中国共产党。1951年，毕业于青岛市快艇学校，任新成立的二十一快艇大队一中队枪炮班班长。1954年3月，任三十一快艇大队一中队水手长。1956年3月，调快艇六支队一大队，先后任副艇长、艇长。1958年6月，转业到安徽省安庆钢铁厂，先后任基建科设备安装组组长、碴矿水泥厂负责人。1964年后，曾任安庆市机械厂（海军4812厂前身）装配车间副主任、市阀门厂副厂长、中共安庆市第二机床厂党委副书记兼副厂长、市科学委员会计划科科长。1981年后，历任广东省金属加工厂副厂长、广东冷气设备有限公司副经理、广州长洲工业公司总经理。1990年6月，离休。

谢东海

谢东海（1930年—　　），南社村人。早年，在香港中文学院高级会计班结业，广州南方大学（第四期）毕业，中山大学汉语文学专修科函授毕业。1951年，在郁南县参加土改。之后，任郁南县供销社副主任、中共大乡基层党委第一书记及公社党委书记。1959年，调中共肇庆地委工作，曾任《西江通讯》编辑组副组长、中共肇庆地委科长、中共肇庆地区革委会办公室副主任。1980年，任肇庆地区（后改为肇庆市）对外经济贸易委员会副主任。1990年，退休。

刘庆良

刘庆良（1931年—　　），刘黄村人。遥感专家，1956年东北林学院经营专业毕业。1980年调至华南农业大学森林经理研究室从事教学和遥感工作，历任副教授、研究室副主任，全国森林经理学会理事、中国地理学会环境遥感分会理事等职。除承担教学任务外，曾参与"腾冲区域航空遥感应用技术"研究项目，获国家科技进步一等奖，主持南昆山遥感试验场地物光谱测试科研，其成果被中国科学院接纳入中科院航天遥感数据库；主持"应用航天遥感技术进行绿化动态监测试验研究"并完成课题报告，获自然科学二等奖；主持"广州市航空遥感综合调查——广州市经济林调查"，获省部级科研三等奖；主持"国营林场森林经营方案，执行反馈的研究"获自然科学奖；出版《腾冲航空遥感样片集》；编著16万字的《林业遥感》讲义；还出席过亚洲遥感国际会议。终身享受国务院颁发的政府特殊津贴。退休后，仍担任广东省遥感与GIS学会常务理事、东莞市社会经济发展研究理事等职。（刘黄村供稿）

陈景流

陈景流（1931年—　　），塘角村人。东莞同乡总会副主席、副会长、永远名誉会长，茶山同乡会名誉会长、会长、永远会长。1949年，移居香港。曾当烧焊技工，后开办联华机器风电焊铁工厂、联华冷气工程公司及陈王有限公司。改革开放后，先后投资设立东莞太平龙眼联华五金制品有限公司、东莞太平龙眼景轩五金制品厂、东莞太平龙泉商业广场、东莞光辉毛织厂等，均任董事长。一向支持家乡公益事业：1989年，捐赠28万元建茶山医院；1995年，捐赠10万元建茶山中学；1997年，回乡投资400余万元购地建厂房2栋，捐赠70余万元为家乡买校车，创办老人活动中心，举办敬老活动，安装路灯等；2002年，捐赠32.8万元建茶山第三小学。

陈景棠

陈景棠（1932年—　），塘角村人。高级经济师。1950年，上海市立吴淞中学高中毕业，先后就读于北京中央贸易部干部学校、北京对外贸易学院西语系。1955年1月，加入中国共产党。1956年，任中国驻瑞士大使馆商务参赞处公司代表。1972年，任北京中国仪器进出口总公司科长。1977年，任中国驻西德大使馆商务参赞处商务二秘。1981年，任北京中国仪器进出口总公司副总经理。1986年，任珠海市人民政府副市长。1991年，任珠海市第三届人民代表大会常务委员会副主任。1995年6月，退休。

袁瑞明

袁瑞明（1932年—　），上元村人，美籍华人。1949年，离乡赴港。1957年，前往美国。1997年，退休返回香港。乐善好施，倾情教育。1996年，参加狮子会，积极参与狮子会组织的"敬老筹款""希望工程""中国行动"等活动。任元朗狮子会中国事务大使期间，多次前往河北、青海等地探望白内障病人，多次前往广州、广西等地为"老人中心"筹款，为贫困山区儿童筹集扶贫基金。1998年，与元朗狮子会各捐资5万港元，在连南民族医院建立外科手术室。1999年，捐资38万元在河北省宁晋县重建史家台小学。2002年，向中山市东区小学捐赠1.2万元，资助两名贫困生上大学，1名上高中。2003年，向茶山镇教育基金会捐赠10万元。2003—2004年，任元朗狮子会会长，个人捐赠30万元在新会三江镇八堡学校兴建"袁瑞明教学楼"并应聘名誉校长。2005年，向"助学长征"基金会捐赠两万元，获世界狮子总会颁授钻石金章。

陈健文

陈健文,祖籍上元村下周塘,内蒙古自治区政协委员,香港海富国际金融控股集团有限公司董事局主席、香港卓悦控股副主席、保良局总理、香港特别行政区太平绅士,一直致力于帮助创新型企业,推动产业整合发展。多年来,陈健文与其企业融入内地,帮扶经济,如投资贫困地区巴马县,助力当地百姓脱贫致富等,为推动当地发展作出了贡献。(上元村供稿)

刘绍钧

刘绍钧(1935年—),增埗村沙墩人,定居香港。1986—2003年,任广东省政协委员。1987—1988年,任香港测量师学会会长,建设部中国房地产估价高级顾问。1988—1999年,任香港地产行政师学会会长,香港特别行政区第一届政府推选委员会委员,第一、二届选举委员会委员,香港大学名誉院士,中国人民大学客座教授,建设部干部学院名誉教授,中华房地产建设研究发展基金会主席,香港大学基金会名誉会长,被授予香港特别行政区铜紫荆星章勋衔。

袁根炯

袁根炯(1936年—),横江村人。工程师。1964年,毕业于华南工学院,分配到广东省第一汽车制配厂工作,轮胎翻新技术水平较高,被誉为"轮胎翻新专家"。1975年初,赴北京与意大利技术代表团交流。1980年9月,获广东省科技成果三等奖。1986年,获国家科技进步二等奖。

刘惠文

刘惠文(1937年—),刘黄村人。1951年,小学毕业后赴广州求学。1953年,移居香港,初为汽车司机。1961年,转启德机场工作。改革开放后,对家乡各项公益事业贡献良多,曾发动在港乡亲集资,购货车捐赠家乡,捐款给刘茂林学校购置设备。1992年,联同香港东莞同乡总会多名会员及村人黄展云、黄煜等集资组建公司，亲任董事、总经理，先期斥资400万港元在家乡修建道路，填沙扩充土地，打造投资环境。历任香港东莞茶山同乡会主席、香港特别行政区选举委员会委员、香港东莞同乡总会常务副主席、世界深东社团联合协调部部长。

袁焯威

袁焯威（1937年—　），横江村人。1948年，赴港，后任香港运输处考牌官。1974年，移居加拿大温哥华。1992年，与袁标、袁周灿等发起筹组加拿大东莞同乡会，历任第一、二、三、五届会长，第四届副会长。是温哥华美心集团董事、总经理，兼任加拿大华人足球总会副主席、加拿大华人交通安全会副总监。

罗长山

罗长山（1938年—　），又名罗景照，祖籍寒溪水村。出生于越南顺化，1955年，回国。毕业于广西师范大学中文系。曾任广西罗城县教育局局长、广西教育学院教务处科长、副研究员。精通越南语、老挝语，对越南、老挝历史、文化、语言研究颇有造诣。出版过《老挝民间故事》《越南女诗圣胡春香》《越南传统文化与民间文学》等著作。

刘荫稳

刘荫稳（1938年—　），祖籍刘黄村，出生于新加坡。著名新加坡侨领刘锡森之子。随父经营公司业务，后建立并经营打桩有限公司，业务覆盖多个国家和地区。在新加坡、马来西亚均有投资，设有银号贷款公司。爱国爱乡，长期致力于中新交流工作，倡建新加坡东安会馆并连任四届会长。所任社会职务甚多，如新加坡国际红十字会主席、新加坡中华总商会名誉董事、新加坡日本文化协会名誉会长。1978年，出资邀请新加坡一些著名教授到北京培训中国企业家达5个月之久，长期资助家乡学校、组织新生代华侨华人到中国交流。

刘青林

刘青林（1940年—　　），祖籍刘黄村。出生于新加坡，著名新加坡侨领刘锡森之子、刘荫稳之弟，东莞市第一批荣誉市民。秉承父业，建立自己经营的打桩有限公司，拓展建筑、地产行业，业务遍及世界各地，在加拿大和东南亚各国投资地产尤多。1994年，代表其父和刘氏家族，捐资140万元兴建建筑面积2700多平方米的厂房，以厂房租金管理费和固定增值收入作为学校经费来源。2001年，捐资128万元为学校兴建建筑面积1600平方米的五层电化教学楼。从1996年起，每年都用近3万元为刘黄村举办敬老活动，近5万元慰问茶山敬老院老人。2002年，向茶山镇教育基金捐款100万元。

谢陈锡

谢陈锡（1942年—　　），茶山圩人。1965年毕业于华东水利学院，1974年任江西省宜春地区水电局副局长，1980年任江西省地方电力建设管理局局长，1993年任江西省水利厅总工程师、副厅长、江西省水利厅助理巡视员，2002年退休。主持和参与了宜春地区和江西省的重大水利项目规划、设计和审查工作，为江西省的水利电力建设工作作出一定的贡献。曾两次获国家计委和水利部共同颁发的农村电气化试点建设先进工作者奖、获水利部综合经营先进个人奖、宜春市科技进步三等奖。退休后受聘为江西省水利特邀专家，参与重大水利规划、五大河流规划的修编审查工作和重大水利工程验收工作。

发表的论文有《微机集控装置在我省地方电力系统35KV变电站中的应用》《玉山县电网无功补偿的理论分析与实践》《加强水利工程建设项目管理，提高工程建设质量》《科学技术是振兴宜春水利的动力》等。（谢陈邦供稿）

罗海鹏

罗海鹏（1947年—　　），寒溪水人。研究员。毕业于中国科学技术大学数学系。曾任广西科学院副院长、中国计算机学会理事、广西计算机学会理事长、广西计算机用户协会副理事长、中国科学技术大学广西校友会秘书长、《广西科学》杂志和《广西科学院学报》主编。在中外多种刊物上发表论文200多篇，出版《离散数学的理论和习题》等多种译著。主持多个国家自然科学基金和广西自然科学基金项目，曾获广西科学院科技进步特等奖和一、二、三等奖，广西计算机优秀成果一、二、三等奖，广西科技进步一、三等奖。

陈耀荣

陈耀荣（1948年—　　），塘角村人，曾任东莞市人民代表大会常务委员会财政经济工作委员会副主任、依法治市工作领导小组办公室主任（正处级）。（塘角村供稿）

邓予立

邓予立（1950年—　　），祖籍上元村沙角头，出生于香港，现为北京市政协委员、北京海外联谊会理事、北京中华文化学院教授。香港著名企业家、金融家，香港交易所上市公司亨达国际控股有限公司主席兼创办人，亨达（瑞士）金融服务有限公司董事长，国际金融学院荣誉赞助人，"集雅斋"创办人之一。邓予立对中国文化有浓厚兴趣，并致力于提倡及推广中国艺术。（上元村供稿）

袁光铭

袁光铭（1954年—　　），祖籍下朗村。东亚银行中国区主管（私人银行部）。出生于香港，获多伦多大学经济学硕士学位，曾任香港留学生协会第九届会长。20世纪90年代，曾任职花旗银行上海分行首任行长、华润（集团）有限公司财务部助理总经理、瑞士友邦银行亚太区私人银行总裁等职，在银行和金融服务业领域拥有丰富的从业经验。获加拿大MBA学位、加拿大银行家学会会士（FICB），注册高级专业经济师（FCPE），中国香港证券及期货事务督察委员会持牌代理、中国香港注册财务策划师（HKRFP）、中国证券业协会注册证券从业员等专业资格，并担任广东外商公会理事，沪港经济发展协会理事、香港专业及资深行政人员协会理事、香港《基本法》

推介联席会议顾问、康大育才基金有限公司副主席、岭南大学校董等社会职务。1998—2003年，任上海市第八届青年联合会副主席。2007年，任上海市政协第十一届委员会委员。

杨东如

杨东如（1958年—　　），祖籍上元村上周塘，在职研究生学历。于1975年7月开始在樟木头公社联合厂工作，历任中共樟木头区委材料员、区委办副主任、区委委员、办公室主任，1983年8月任中共东莞县委办公室股级干部，1984年10月起历任樟木头镇党委副书记、镇长、党委书记、人大主席。2002年2月起任东莞市外经贸局副局长。其后，任东莞市民政局局长。（上元村供稿）

杨润雄

杨润雄，祖籍上元村上周塘，现任香港特别行政区教育局局长。杨润雄在1992年加入政府之前，曾从事专业会计工作7年。在政府工作期间，杨润雄曾任职多个不同政策局及部门，包括食物及卫生局、民政事务局、九龙城民政事务处、香港驻悉尼经济贸易办事处。2012年11月，出任香港特别行政区教育局副局长；2017年7月起，出任香港特别行政区教育局局长。（上元村供稿）

陈树良

陈树良（1968年—　　），塘角村人，致公党成员，1991年7月参加工作，大学本科学历、法学学士。现任东莞市政协副主席，市中级人民法院副院长、审判委员会委员、审判员，致公党东莞市委会主委、致公党广东省委会社会与法制建设委员会副主任。

1987年9月—1991年7月，在中山大学法学专业学习，大学本科毕业；

1991年7月—1992年7月，东莞市对外经济律师事务所见习律师；

1992年7月—1998年1月，东莞市对外经济律师事务所律师（1994年8月定为科员）；

1998年1月—2002年3月，东莞市法律援助中心科员；

2002年3月—2004年7月，东莞市法律援助处副主任；

2004年7月—2006年4月，东莞市法律援助处主任；

2006年4月—2011年9月，东莞市中级人民法院副院长、审判委员会委员、审判员；

2011年9月—2012年12月，东莞市中级人民法院副院长、审判委员会委员、审判员，致公党东莞市委员会副主委（2012年11月定为正处级）；

2012年12月—2016年6月，东莞市中级人民法院副院长、审判委员会委员、审判员，致公党东莞市委员会副主委，致公党广东省委员会社会与法制建设委员会副主任；

2016年6月—2017年1月，东莞市中级人民法院副院长、审判委员会委员、审判员，致公党东莞市委员会主委，致公党广东省委员会社会与法制建设委员会副主任；

2017年1月—   ，东莞市政协副主席，市中级人民法院副院长、审判委员会委员、审判员，致公党东莞市委员会主委，致公党广东省委员会社会与法制建设委员会副主任。

东莞市政协十一、十二届常委，东莞市政协十、十三届委员。

2017年1月11日，当选东莞市政协第十三届委员会副主席。（塘角村供稿）

主要参考文献

主要参考文献

[1] 广东省立中山图书馆，东莞市莞城图书馆.东莞历史文献丛书［M］.广州：广东人民出版社，2017.

[2] 陈伯陶.东莞县志［M］.东莞县养和书局，民国十六年（1927）.

[3] 袁应淦.茶山乡志［M］.石龙南方印务局，民国二十四年（1935）.

[4] 钱穆.国史大纲［M］.北京：商务印书馆，1997.

[5] 陈振.宋史［M］.上海：上海人民出版社，2015.

[6] 周良霄.元史［M］.上海：上海人民出版社，2019.

[7] 南炳文，汤纲.明史［M］.上海：上海人民出版社，2018.

[8] 顾诚，南明史［M］.北京：光明日报出版社，2019.

[9] 方志钦，蒋祖缘.广东通史（古代上册)［M］.广州：广东高等教育出版社，1996.

[10] 方志钦，蒋祖缘.广东通史（古代下册)［M］.广州：广东高等教育出版社，2007.

[11] 方志钦，蒋祖缘.广东通史（近代上册)［M］.广州：广东高等教育出版社，2010.

[12] 方志钦，蒋祖缘.广东通史（近代下册)［M］.广州：广东高等教育出版社，2010.

[13] 东莞市《茶山镇志》编写组.茶山镇志（稿)［M］.抄本复印本，1988.

[14] 东莞市地方志编纂委员会.东莞市志［M］.广州：广东人民出版社，1995.

[15]《东莞市茶山镇志》编纂委员会.东莞市茶山镇志［M］.广州：岭南美术出版社，2010.

[16] 谌小灵.东莞古代史［M］.广州：广东人民出版社，2016.

[17] ［明]黄佐.广州人物传［M］.广州：广东高等教育出版社，1991.

[18] 中共东莞市委组织部，中共东莞市委党史办.东莞英烈［M］.1986.

[19] 东莞市地方志编纂办公室.东莞人物录 [M].1988.

[20] 张磊.东莞英才录 [M].北京：中华工商联合出版社，1997.

[21] 张磊.东莞奇人录 [M].香港：中华文化出版社，1994.

[22] 管林.广东历史人物辞典 [M].广州：广东高等教育出版社，2001.

[23] 中共东莞市委宣传部，东莞市文学艺术界联合会.东莞历史人物 [M].广州：广东教育出版社，2008.

[24] 中共东莞市委宣传部，东莞市文学艺术界联合会.东莞现代人物 [M].广州：广东教育出版社，2008.

[25] 中共东莞市委宣传部，东莞市文学艺术界联合会.东莞当代学人 [M].广州：广东教育出版社，2008.

[26] 东莞市博物馆，暨南大学历史地理教研室.东莞历史名人 [M].广州：广东人民出版社，2013.

[27] [明]郭棐.粤大记 [M].广州：广东人民出版社，2014.

[28] [明]袁昌祚.莞沙续集 [M].抄本复印本，民国十六年（1927）.

[29] [明]王希文，王猷.石屏遗集 壮其遗集 [M].上海：上海古籍出版社，2011.

[30] [明]陈琏.琴轩集 [M].上海：上海古籍出版社，2011.

[31] [明]罗亨信.罗亨信集 [M].上海：上海古籍出版社，2011.

[32] [明]张家玉.张家玉集 [M].广州：广东高等教育出版社，1992.

[33] [清]屈大均.广东新语 [M].北京：中华书局，1997.

[34] [清]卓尔堪.遗民诗 [M].上海：华东师范大学出版社，2013.

[35] [清]冯奉初.潮州耆旧集 [M].广州：暨南大学出版社，2016.

[36] [清]梁廷枏.夷氛闻记 [M].北京：中华书局，1997.

[37] 容庚，汪宗衍.铁桥集 [M].香港：何氏至乐楼，1974.

[38] 张其淦.东莞诗录 [M].民国十年（1921）.

[39] 袁雨亭.意园续集 [M].茶山：意园书屋.

[40] 刘乃勋.一庐全集 [M].香港：中华书局有限公司，2018.

[41] 黄般若.黄般若美术文集 [M].北京：人民美术出版社，1997.

[42] 陈雪轩.雪轩诗钞续集 [M].澳门：澳门学人出版社，2003.

[43] 陈云庵.艺海双珠：陈逸夫陈逸云姐妹诗词集 [M].2012.

[44] 邓进滔.东莞邓氏诗文集（上）[M].东莞：乐水园，2006.

[45] 容肇祖.明代思想史 [M].郑州：河南人民出版社，2016.

[46] 杨宝霖.自力斋文史农史论文选集 [C].广州：广东高等教育出版社，1993.

[47] 汪宗衍，黄莎莉.张穆年谱 [M].香港：香港中文大学文物馆，1991.

[48] 单小英.张穆 [M].广州：岭南美术出版社，2011.

[49] 王丹.张穆评传 [M].广州：广东人民出版社，2017.

[50] 莞城美术馆.天骨超俊：张穆艺术研究展作品集 [C].广州：岭南美术出版社，2017.

[51] 廖宗麟.中法战争史 [M].天津：天津古籍出版社，2002.

[52] 冼玉清.更生记 广东女子艺文考 广东文献丛谈 [M].桂林：广西师范大学出版社，2014.

[53] 广东省文史研究馆.三元里人民抗英斗争史料 [C].北京：中华书局，1978.

[54] 东莞市政协，暨南大学历史系.明清时期珠江三角洲区域史研究 [C].广州：广东人民出版社，2011.

[55] 东莞市政协，广东省博物馆，东莞市博物馆.东莞历代书画选 [C].北京：文物出版社，2004.

[56] 秦有朋.陈献章书法集 [M].广州：岭南美术出版社，2008.

[57] 茶山镇文学艺术界联合会.文掀后浪 艺继前徽：东莞市茶山镇文艺巡礼 [M].2010.

[58] 李君明.东莞文人年表 [M].广州：广东人民出版社，2015.

[59] 陈贺周.茶山历代碑刻 [M].广州：世界图书出版广东有限公司，2018.

[60] 东莞市政协文史委员会.东莞文史（26）[M].1997.

[61] 东莞市政协文史委员会.东莞文史（29）[M].1998.

[62] 东莞市博物馆.大朗镇屏山社区松山湖材料实验室用地考古调查勘探报告 [R].未刊稿，2019.

[63] 东莞市博物馆.茶山镇岗地遗址考古调查报告 [R].未刊稿，2020.

[64] 上周塘杨氏.杨氏族谱 [Z].抄本复印本，明崇祯十六年（1643）.

[65] 下周塘陈氏.周塘陈氏族谱 [Z].抄本复印本，清道光十九年（1839）.

[66] 茶山卫氏.卫氏族谱 [Z].抄本复印本，清咸丰元年（1851）.

[67] 上步林氏.茶山上步林氏谱传 [Z].抄本复印本，清咸丰年间（1851—1861）.

[68] 孙屋村孙氏.孙氏族谱 [Z].抄本复印本，清光绪三年（1877）.

[69] 下朗陈氏.陈氏族谱 [Z].抄本复印本，清光绪十三年（1887）.

[70] 南社谢氏.南社谢氏族谱 [Z].抄本复印本，清光绪三十四年（1908）.

[71] 超朗麦氏.仪一堂家谱 [Z].抄本复印本，民国二年（1913）.

[72] 南社谢氏.十八世积培祖房家谱 [Z].抄本复印本，民国六年（1917）.

[73] 茶山邓氏.茶山邓氏族谱 [Z].抄本复印本，民国十六年（1927）.

[74] 塱头刘氏.刘氏族谱 [Z].抄本复印本，民国十八年（1929）.

[75] 钟学修.淳家坊钟氏族谱 [Z].抄本复印本，民国三十七年（1948）.

[76] 下朗袁氏.袁氏族谱 [Z].抄本复印本，无年月.

[77] 裕后堂林.茶山大夫房林光裕堂 [Z].抄本复印本，无年月.

[78] 茶山圩谢氏.谢氏家谱 [Z].抄本复印本，无年月.

[79] 茶山邓氏.邓氏族谱（卷五）[Z].抄本复印本，无年月.

[80] 庾锦辉.庾氏族谱 [Z].抄本复印本，1986.

[81] 员头山何氏.东莞员头山何氏族谱 [Z].抄本复印本，1996.

[82] 庾裕良.庾氏志（赣粤湘桂卷）[Z].1999.

[83] 上元袁氏.茶山乡东隅坊袁氏族谱 [Z].2000.

[84] 超朗叶氏.龙湖头叶氏族谱 [Z].2004.

[85] 大井头叶氏族谱编委会.东莞市大朗镇大井头叶氏族谱 [Z].2010.

[86] 沙墩村刘氏族谱编纂委员会.沙墩村刘氏族谱 [Z].2011.

[87] 寒溪水村.罗氏族谱 [Z].2019.

后　记

　　《茶山乡贤》是2018年11月底开始编写的。领导希望2019年5月茶园游会期间能拿到成果，我认为过于仓促，建议在2019年内完成。在我的设想中，民国《东莞县志》《茶山乡志》《东莞市茶山镇志》所记载的茶山人物传记有些简略，不甚翔实，我要将我所见的文集、族谱、碑刻等大量文献资料整合起来，重新撰写大部分茶山乡贤的传记。我稍稍统计了一下，本书要写的茶山乡贤多达180多人（最终收录250多人）！我的压力可谓"山大"！

　　2019年3月，虽然还有很多乡贤传记等着要写，我还是狠下心来，专门花了3个星期时间，写成10000多字的《张穆》初稿。我自以为相对于之前文献所载较为简略的张穆传记，《张穆》已写得较为详细，算是差强人意，便于3月26日将《张穆》寄呈杨宝霖先生教正，也告诉杨先生《茶山乡贤》计划在一年内完成。

　　2019年4月，我收到杨先生长达14页的回信。杨先生对"2019年内完成编写、出版"既惊且忧，说："假如有人将一捆捆的茶山历代文献放在君之前，要详细阅读，做出需要的标志，一年的时间尚嫌太短，如今要君自找材料，又要编写，君即使有三头六臂也应付不过来。此老朽之忧也。"杨先生又在信中列举张穆的资料，指出拙稿的几处硬伤。奉读杨先生赐函，字字如鞭在背，我为自己的为学不谨极感羞愧。

　　既然《张穆》的初稿有较大问题，那是一定要重写的。重写，必然需要更多时间。2019年5月中旬，我拿着已写成的46位茶山乡贤的传记初稿，向领导建议将出版计划推迟至2020年。我说："如果真要在今年内完成出版，现在写成的文稿已差不多可以凑成一本书。但是，本着对历史负责的态度，恳请再给我一年时间。"幸得领导理解、同意。

　　既然时间可以宽松些，我下决心将《张穆》写好。我又花了三四个月时间，仔细阅读张穆《铁桥集》中每一篇诗、文，从诗、文中提炼出张穆的生平行迹和思想、情感，尽自己所能，以较为严谨的学术态度重写《张穆》。大幅修改后的《张穆》约有42000字，光注释就有200多条，约17000字。

2019年9月至2020年春节这四五个月，茶山东岳公园要刻一批反映茶山历史文化的石刻，我颇花了一些时间在上面。其间，我花了一个来月时间写了一篇个人觉得较为重要的《"茶园""茶山"地名初考》（此文的主要部分后来发表在《耕读》杂志上，并用在《茶山历史建筑图志》一书中）。2020年1月10日，我将重写的《张穆》和《"茶园""茶山"地名初考》寄呈杨先生教正。

写完《张穆》后，我一不做二不休，决心根据记载何真事迹极详细的《庐江郡何氏家记》，重写《何真》——此前我已花了两三个星期写成约八千字的传记。按照我的工作计划，《茶山乡贤》要在2020年4—5月完成初稿，交出版社排版。与此同时，在2020年内，我还要完成《茶山古建筑艺术》、《茶山历史建筑图志》（我是第二作者）二书的编写、出版，而在2020年春节前，我还没有开始编写《茶山古建筑艺术》的文稿！时间一日比一日紧迫，我料想春节假期也不能休息了，只能待在家里专心重写《何真》。

2020年1月24日，除夕当天，新冠疫情紧急，我妻子收拾简单行装，奔赴东莞市第九人民医院抗疫前线。妻子离家后，我心里很担忧妻子在前线的安危，同时也很敬佩妻子能在疫情的紧急关头勇敢地站出来。我知道忧心无济于事，便埋头重写《何真》，让自己不去忧虑太多。整个春节假期，我每天都是在一边为妻子担心，一边埋头写稿中度过的。况且，在疫情笼罩之下，春节期间也不能外出拜年了。

2020年2月2日，春节假期最后一天，承蒙领导关怀，我接下来可以留在家里上班，以便在家照顾老人、孩子。2月12日，我写了《出征》一诗送给妻子。其中一节如下：

在你值夜班，通宵守护病人
用你坚定的信心鼓励病人战胜疾病时，
我正在家里的电脑前，全神贯注地赶写文稿。
我知道，这是你和前线医护人员一起奋勇守护得来的平安时光，
我在不同的战线上，和你并肩战斗！

既然妻子已经上了抗疫前线，我也要拿出战斗的态度，坚守自己的阵地。我咬紧牙关，每天督促、强制自己准时坐到电脑前，完成一定量的写作任务才能休息。春寒料峭，一动不动坐着写作，其实是很冷的，我就穿着厚厚的棉衣、棉裤御寒。此情此景，正如十年前的冬天我写《莞语探源》那时。不同的是，此时心里多了一份对身在抗疫前线、不在自己身边的妻子的牵挂，身边也多了一个需要不时照顾的孩子。

经过一个多月每天不放松、不懈怠的坚持，至3月13日，我几乎将整本《庐江郡何氏家记》全都翻译成白话文，写成56000多字的《何真》初稿。这是《茶山乡贤》中篇幅最长的一篇传记，也是《张穆》之外分量最重的一篇传记。当然，写完《何真》后，我也不能松懈下来休息，要立刻转去编写《茶山古建筑艺术》的文稿。

3月24日，杨先生寄来厚达几十页的长信。原来，春节期间杨先生身体抱恙，故回信延迟。杨先生在信中说："大作《张穆》不知较前之作高多少倍。前奉芜函，全揭硬伤，今读大作，硬伤虽有一二，未足为怪，即使名家、大家亦有一二，不以一眚掩大德也。"除了几十页长信外，杨先生还在我的《张穆》打印稿上用红笔小楷字，在每一页的页边严谨地写上他的赐教。我收信后，立即按杨先生的意见对《张穆》进行修改。如果没有杨先生的鞭策、赐教，《张穆》不会是如今的样子。杨先生的赐教大恩，我此生实不敢半刻忘怀。

4月8日，妻子从抗疫前线凯旋。4月13日，我回单位上班。恢复正常上班模式后，我更加不能松懈——毕竟压在我头上的有《茶山乡贤》《茶山古建筑艺术》《茶山历史建筑图志》三座大山。我只能每天都憋着一口气，紧绷着神经，聚精会神、忙忙碌碌地使劲将三本书的进度往前赶，周六、周日也必定回单位加班，五一假期也没有完整休息过一天。

如此紧张的工作状态其实是很伤身体的。每天下班后，我的颈椎发硬，双肩酸痛，腰椎也隐隐不舒服，很明显是疲劳过度而受伤了。此时整个人几乎不能自主，根本没有多余的脑力可以去做点别的什么事情。当然，比起邓淳晚年侨居莞城拾芥园，在老病交加的困境下，以强烈的使命感，以时日无多的紧迫感，一心为保存东莞历史文献而耗尽全部精神编写《宝安诗正》，我为《茶山乡贤》所付出的努力根本算不了什么。

6月3日，我将《茶山乡贤》的第一稿交出版社排版。我当然知道还有若干位重要的茶山乡贤还没有认真去写，但也只能将已有的文稿先排版，不然就赶不上进度了。6月15日，《茶山古建筑艺术》的初稿也交付排版，我可以专心一篇接一篇地补写《茶山乡贤》的文稿，其中林凤冈、邓淳、陈龙安等乡贤的传记颇花了些时间、精力。写文稿的同时，我又联系茶山几位收藏有祖先画像的先生，恳请他们暂借给我拿到东城拍摄，用作《茶山乡贤》的插图。全部乡贤的传记都写完后，我又花了十多天时间撰写《茶山乡贤》的《前言》。

8月13日，《茶山乡贤》初稿终于写完，发给出版社排版，并寄呈杨宝霖老师教正。之后，我又连续忙了一段时间，至8月底，终于将三本书的初稿写完。至此，连续奋战大半年之后，我终于可以在周末休息。

8月29日早上，我和家人一起在惠东海边游泳。在海里，我随海浪上下浮沉，游着游着，渐感胸口作闷，继而接连呕吐。我知道情况不妙，赶紧奋力向岸边游去——幸好身上套着游泳圈。上岸后，才走几步，便感觉天旋地转，晕倒在沙滩上。幸好妻子就在身边，她很镇定，判断我是因为长期低头写作，颈椎劳损引发眩晕。她立即对我进行紧急救治，并联系120救护车等事宜。在沙滩上躺了一个多小时，身体也被火热的太阳晒红了，我才在妻子的照顾下慢慢缓过神来。一句话，如果妻子当时不在身边，后果真不堪设想！现在想来也心有余悸。

从惠东回茶山后，妻子立即安排我做全身检查，幸无大碍。躺在惠东的沙滩上时，我想，这次无论如何都要休十几天年假，让身体真正休息一下。回来后，想到《茶山乡贤》已全部排好版，正等着校对，便如常上班，只是连续一周抽空去医院做理疗。刚开始的几天，头脑仍然昏沉，颇有些难受，但厚厚一沓《茶山乡贤》书稿放在桌面上，我又忍不住要低头认真校对。当然，周六、周日真不敢再加班了。在惠东海边晕倒之后，我已成惊弓之鸟，害怕万一劳累过度而再次晕倒，那真的是得不偿失、欲速则不达了。

9月14日，因极度劳累，患重感冒，不得不请假休息了两天。9月19日，收到杨先生赐函。杨先生为核实陈高第、陈官桃等人的东莞学堂经历，专程携拙稿到东莞中学档案室查找资料，如此严谨的学术态度，令我敬佩、感激不已。我认真拜读赐函，遵照杨先生教示逐一在校稿上改正（本书如有错误，主要责任在我，与杨先生完全无关）。至9月24日，经过三个多星期的认真校对，终于校完第一稿，寄给出版社修改。此后，承蒙多方赐教，又增补了几位乡贤的内容。

《茶山乡贤》凝聚了无数人的心血，也凝聚了我个人的心血。回顾两年多来的艰辛努力，虽说"临表涕零，不知所言"，但总的来说，我为此深感荣幸、自豪！

陈贺周

2020年12月16日